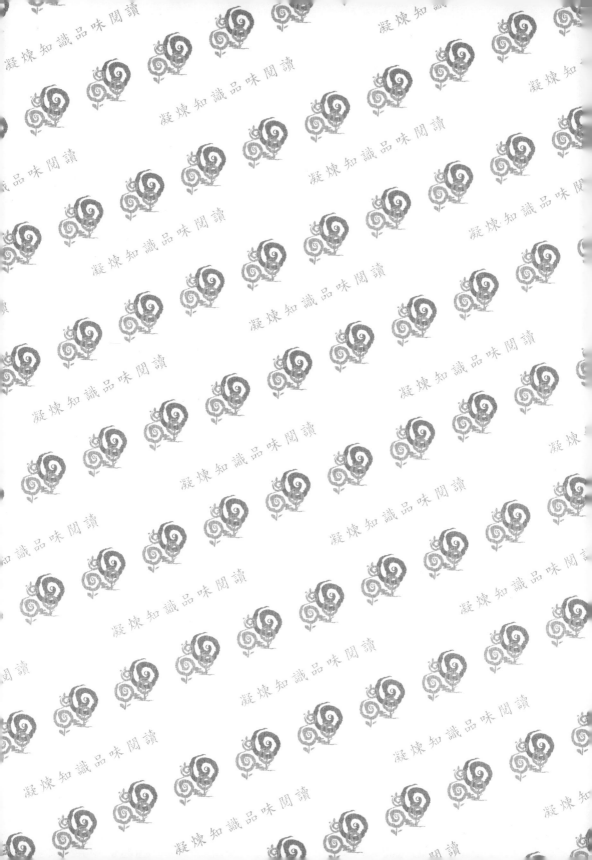

歐洲中心主義
與社會科學
——挑戰西方至上的舊思維

謝宏仁——著

五南圖書出版公司 印行

序言——
社會科學界裡的一場「豬羊變色」牌局

　　往事不堪回首，特別是在這個以考試成績來評量一切的小島上。

　　回想起自己在年輕時，因為總是考不上這美麗寶島所成立的任何一家研究所，索性於 1996 年的年初帶了兩只塑料行李箱子，在整理家當之後，遠赴紐約州賓漢頓大學（Binghamton University, State University of New York, SUNY）就讀社會學研究所。那是年少輕狂的時代，懂得的事真不多，就連「直攻博士」都不知道，在那兒一念就花了近十年的光陰。記得，在那段歲月裡，有點辛苦，但總是告訴自己，這研究所是世界經濟體系學派（The Modern World-System School）的所在地，而且，國際級大師華勒斯坦（Immanuel Wallerstein）當時仍在授課，有幸可以在課堂上一睹大師風采。而若是能從這裡拿到畢業證書的話，那將會是多麼令我感到驕傲的事啊！是故，無論如何，日子再苦，都得撐下去。後來就真駕駛了三年的校車（Blue Bus），雖然最後的學期成績，華勒斯坦給了我一個 B，這個字母代表著一名研究生最差之成績。然而，即使如此，多年以後，每當心裡想到這個研究所時，仍舊讓我感到與有榮焉，畢竟，想在社會（科）學界裡創立一個學派，談何容易。能夠在大師的課堂上，即使一言不發（這是我最常做的事），也不是唾手可得的經驗。

　　刹那間，二十幾年過去了，滄海已成桑田，華勒斯坦也到了另一個世界，然而，華氏寫下的那個 B 在我心裡留下的陰影，至今揮之不去。話說到這裡，各位讀者千萬不要以為，吾人會為了那個「客觀的」成績，而將我自己「主觀的」憤懣放進了本書稍後的專章之中，這樣的可能性，即使有的話，也只是微量，不

會影響該章節的研究分析太多。畢業之後，吾人寫了幾本專書，批評了幾位鼎鼎大名的學者，當然，為了寫作上能有點創意，唯一的方法就是閱讀，但閱讀讓人失去年輕，同時增加智慧（如果用心的話）。的確，冥冥之中，好像有一隻看不見的手，在引導我走向一條既定的道路。一年半以前，即在腦海中浮現了這本書的標題之中的一部分，之後，再圍繞著那半個主題，用十根手指頭，施予不同的力道，結合幾種輸入法的規則，將心裡的想法呈現在眼前的螢幕上，其結果竟然是《歐洲中心主義與社會科學》，出乎吾人意料之外。然而，更不可思議的是在〈華勒斯坦〉專章，其副標題最後是以〈不愧為當代「歐洲中心主義」的首席代言人〉來形容華勒斯坦的主要論點。簡單說，這些年來，吾人從華勒斯坦之世界體系學派的追隨者，變成一位反對者，而且，將華氏描繪成一個當代歐洲中心主義的最重要的代言人，此頭銜對華勒斯坦是個嚴重的指控，如果吾人提不出證據的話。

故事的情節是這樣的。話說在 1990 年代中期的時候，吾人在世界經濟體系學派那兒為華勒斯坦拍了幾年的手，當時，因為手腕過度用力，還花了點時間復健；現在想起來，仍覺得汗顏。2020 年代初期，吾人認為華氏是歐洲中心主義之首席代言人，至少有三個原因：其一，華勒斯坦的「現代」世界體系，起源於歐洲，完全忽略在歐洲世界體系約莫於 1450 年出現之前，早已存在彼此以不同程度連結在一起的數個經濟體系；其二，當歐洲人向海外擴張時，非西方世界只能靜靜等待歐洲人將所謂的「未開化」地區「併入」以歐洲為中心的經濟體系，殊不知，數百年前，歐洲人到遠東（中國）是去購買當地的高階產品，是歐洲人在尋求貿易的機會；其三，華勒斯坦的長 16 世紀，歐洲人開始向海外擴張，哥倫布必須在 1492 年「發現」新大陸，讓歐洲人有機會在海外占據殖民地，快速累積財富。一切看似理所當然，華氏深信

之，因為哥氏的「冒險」故事對其「現代」世界體系的形成與茁壯有幫助。然而，就連哥倫布「發現」新大陸這件事都是西方人建構出來的，事實上，哥倫布在出發之前，手中已有了中國人畫好的世界地圖了。哥倫布「發現」新大陸長期以來被視為歐洲領先全球的開始，但是，吾人以為，這件事應可被視為「歐洲中心主義」的原點。

　　吾人對於世界體系大師華勒斯坦之看法的 180 度轉變，或許可以被看成是「豬羊變色」的開端。有一天，歷史會告訴我們，或者我們的後輩，當豬羊變色的時候，以前曾經在課堂上、會議上，或者是公開發表的園地裡，真心讚美過本書內任何一位學者的人，或許是他們應該開始擔心的時候了。相反地，當年對於來自西方的社會科學抱持著質疑態度而不被主流所接受者，應該有機會一吐怨氣了。這麼說，在這本書出版以前，那些曾經大力推銷本書內之十三（加一）位有頭有臉的學者，可能為自己帶來一些名利與社會資本；然而，就在此書之後，無奈地，以前辛辛苦苦一點一滴累積的學術地位與名氣，將會逐漸變成一文不值，而且，更可能的是，今後學生對本書所討論的多位著名學者之看法將會來個大轉向，在數線上往負分的方向前進。

　　此時，想起了公共電視台語台有一節目——「青春咱的夢」，內容所談的都是年輕人如何完成其夢想的故事，極具啟發性。雖然，吾人曾經為了大量閱讀而同時失去了年輕，然而，在這簡短的序言中，也許可以暫時不管收視率而略談一下「中年咱的夢」，這種沒人想看的節目。的確，在本書未完成之前，吾人心裡能想到的，都是該怎樣做才能激勵自己繼續寫下去，因為象牙塔裡沒有人影，更不可能看見座右銘。但是，在全書即將完成之際，談夢想反而變得實際一些。是故，也許是時候談一個「中年咱的夢」了，直白地說，吾人的期待是：希望本書之於年輕人，會像是打

了 COVID-19 的疫苗那樣，短期內，可能會產生一些副作用，造成些許不適，然而，對於所有社會科學的莘莘學子們，卻足以產生群體免疫的效果，身體別再為「歐洲中心主義」這種病毒侵入；即使真被突破感染了，也不至於變成重症患者。

在這裡，過往的經驗開始提醒著吾人，此刻，應該又到了致謝的時候。五南圖書公司的編輯群，靜芬副總編、佳瑩責編，與孝慈美編等，十餘年來，持續且默默地在其專業能力的基礎上，協助本人處理在整個寫作的過程中所遭遇的各種困難，經過了這麼多年，始終找不到最適切的字句來表達對她們的感謝之意。尚有必須一提之事，那就是，擁有卓越編輯能力的廖育信博士，於過去十年在潤稿的工作上，不遺餘力，本人在此敬申謝忱。只是，近來，廖博士在其主要工作上已讓他忙到難以分身，所以，這一次的「團隊」工作，他因故缺席，這是吾人略感稍微可惜之處。家人的陪伴，總得寫上幾句，即使價值本身難以衡量，內子淑芳竭盡心力將家裡維持在一個可以安心寫作的氛圍之中，兒子耘非剛上高中，在網路電玩之後所剩不多的時間裡，他看起來像是愈來愈喜歡閱讀，但並非為了考試，日後應該會是一個有勇氣以其不理想的成績，卻勇於挑戰填鴨式教育的年輕人。總之，謝謝家人在這艱難的寫作過程中的陪伴。

是時候了，動手準備迎接一個社會科學「豬羊變色」後的新時代吧！

謝宏仁

2022 年 2 月 22 日

序於輔仁大學羅耀拉大樓 SL302 室

目錄
CONTENTS

序言——社會科學界裡的一場「豬羊變色」牌局　　　　　　　　　　i

導論——西方人建構的東方知識　　　　　　　　　　　　　　　　1

Part I
西邊冬青櫟的樹冠裡，隱藏著十一根支撐的枝幹

第一章　洛克（John Locke）——
　　　　啓蒙時代早期歐洲中心主義思維下的〈中國筆記〉　　　13

第二章　彌爾（John Stuart Mill）——
　　　　19 世紀大英帝國殖民主義的化妝師　　　　　　　　　41

第三章　馬克思（Karl Marx）——
　　　　身在倫敦濃霧裡，哪能看得清中國？　　　　　　　　69

第四章　涂爾幹（Émile Durkheim）——
　　　　工業的「現代」西方為全球楷模只是理所當然　　　　97

第五章　韋伯（Max Weber）——
　　　　「沒有歷史的」東、西方歷史比較研究大師　　　　　125

第六章　費正清（John K. Fairbank）——
　　　　一位走進了 1842 死巷裡的「中國通」　　　　　　　155

第七章　諾斯（Douglass C. North）——
　　　　令諾貝爾經濟學獎得主知難而退的路徑依賴　　　　183

第八章　華勒斯坦（Immanuel Wallerstein）——
　　　　不愧是當代「歐洲中心主義」的首席代言人　　　　211

第 九 章　阿律奇（Giovanni Arrighi）——

　　　　　不只亞當·斯密在北京，布勞岱爾也造訪過這座城市　　239

第 十 章　福山（Francis Fukuyama）——

　　　　　以為自己看到的是「歷史的終結」，但還在交叉路口上　　269

第十一章　弗格森（Niall Ferguson）——

　　　　　為成就 108 課綱，教育部部長採信大英帝國的謊言　　297

Part II

蔥翠綠葉的庇蔭底下，站著三個來自東邊的學者

第十二章　黃仁宇（Ray Huang）——

　　　　　明朝本「無事」，庸人自擾之！那到底誰是庸人？　　327

第十三章　黃宗智（Philip C. C. Huang）——

　　　　　驅車前往長江三角洲，尋找被消失的美洲白銀　　353

第十四章　顧忠華（Chung-Hwa Ku）——

　　　　　中國一帶一路與全球韋伯復興之不可思議的親合關係　　385

結論——歐洲中心主義與學者聲望之間的正相關　　413

導論——西方人建構的東方知識

　　曾經有人提出了以下的看法，這位學者認爲，在社會科學的領域之中，整個西方知識體系可以看做是由三支畫筆組成，包括西方哲學二分法、歐洲中心主義（Eurocentrism），與費正清（John K. Fairbank）的1842歷史分期等。三者相輔相成，支撐著彼此，讓西方知識體系得以歷久彌新[1]。這本書以該作者的其中一支畫筆——歐洲中心主義——爲書名，未必是好事，因爲就如該學者所言，三支畫筆互助合作，彼此強化，若刻意區分之，還可能得到反效果。不過，筆者最後還是決定用歐洲中心主義爲本書書名之一部，理由或許不夠充分，但沒有風險，利潤不高，勇於承擔，收穫滿滿，至少這樣的機會是存在的。

　　以歐洲中心主義爲書名的理由如下：首先，以歐洲中心主義爲書名的英文書籍不在少數，不過，若以中文書來看，雖然與此意識形態有關的書籍相當多——表示這個概念讓許多學者感到興趣——然而，以此爲書名的中文書竟然找不到，令吾人難以接受。因爲，社會科學從西方傳入東方，一定是站在歐洲的角度看世界，如此的話，歐洲中心主義的思維方式應該難以避免。其次，雖然三支畫筆不易區分開來，然而，在分析的時候，爲了瞭解各別之功用與效果，似乎又不得不先區分此三者。但因爲1842分期是美國歷史學大師費正清所提出，可以在本書的〈費正清〉專章充分理解之，而本書的主題即爲歐洲中心主義，是故只要在本章〈導論〉當中述及二分法即可，是有機會可以完成的。再者，即使在分析時，我們可以將上述三者暫時性地予以區別開來，但在本書的分析之中，我們還是會看到三者，或者其中之二者，在某些特定的情境中

1　謝宏仁，《顛覆你的歷史觀：連歷史老師也不知道的史實》，增訂二版（台北：五南圖書，2021）。

支援彼此。也就是說，分析時可以將三者分開，但在實際的操作時，實則合一。總而言之，以歐洲中心主義為書名的開始，不只可以立即吸引讀者的注意，而且吾人相信，可以將社會科學領域裡埋藏了許多作者的真正用意挖掘出來，這件事有其價值，相信讀者能在稍後的分析中發現之。以下，我們先談談二分法，再述及「西方建構的東方」，最後吾人概略地解釋每個章節所欲完成之事。

西方哲學二分法

　　什麼是西方哲學二分法所造成的效果呢？簡單說，是反映在社會（科）學的二元性之上。每位學者所關切的議題不同，就像是：有／無、存在／缺席、現代／傳統、資本主義／封建主義、大規模生產／維持家計的生產、向海（開放）／向陸（封閉）。然而，詮釋框架（解釋架構）可以說都是以現代性／傳統性、現代主義／傳統主義二元性的方法區分。東方是想像出來的，也就是東方主義的作者愛德華・薩依德（Edward Said, 1935-2003）的主軸，不只是在文學、藝術（軟實力）的呈現之上，社會（科）學（硬實力）亦復如是。不過，上述的二元對立，並不是全部，我們還得再加上基督教的善／惡二元論，因為歷史上，西方總是扮演著「善」的角色，非西方（東方）則總是「惡」的[2]。讀者試著想想，在歷史的書寫上，是不是基督教文明總是用一些較良善的形容詞與名詞呢？八、九不離十吧！

　　自 11 世紀開始，十字軍東征伊斯蘭，基督教文明總是代表正義的一方，相反地，伊斯蘭文明則是倒了大霉似地總是被「要求」扮演邪惡的角色。大家或許還記得或者聽說過 2003 年美英——恰巧地剛好是基督教文明兩大代表——聯手攻擊伊拉克時，小布希總統與布萊爾首相公開指責海珊邪惡政權擁有毀滅性武器，為了世界「正義」必須將之除去。結果，什麼也沒發現，倒是在該地區造成了 300 萬無辜難民。當然CNN 只談美國的精密武器有多麼準確，這樣才能在全球軍火市場引起

2　岡田英弘，《世界史的誕生：蒙古帝國與東西洋史觀的終結》（台北：八旗文化，2016）。

注意，日後賣出更多軍火以賺取暴利。布萊爾在十多年以後，在該國國會指責其不具正當性的出兵之超過 700 頁的報告出版了之後，仍然堅持自己當年出兵的合理性，就因為「正義」。簡言之，二分法不只讓二元對立產生位階的高低，並且西方學者本身的價值取向也反映在其研究之中。

然而，「二分法」的確有其效果，可以讓複雜的世界看起來有秩序一點，但其代價很高，經常讓人們看不清楚真相，因為就連那些可能讓人們更能理解這個社會——經常由社會科學的老師來提供——的知識本身就是歐洲中心主義思維下的產物，論點是偏頗的。在本書中的多處，我們會看到例子。

西方建構的東方

一開始，西方對中國產生興趣，聽說遠東有個大國，那裡有富麗的皇宮，整齊的街道，人民安居樂業，生活無憂。隨著中西文化交流日盛，彼此應該更加瞭解才對，但這只是理想而已，並非實際的狀況。

旅美香港學者孔誥峰（Ho-Fung Hung）發表於《社會學理論》（*Sociological Theory*）之〈東方知識與社會理論：1600-1900 中國與歐洲對東方－西方差異的概念形成〉（Orientalist knowledge and Social Theory: China and the European Conceptions of East-West Differences from 1600-1900）一文指出，自 15 世紀起，西方列強開始擴張其海外領土（也就是大航海時代的來臨），在接下來的數個世紀中，歐洲人對於東方世界——特別是中國——的描繪，與西方知識界對於中國的「認知」（或誤解），也隨著西方世界在世界經濟體系地位的改變而跟著改觀。在西方為了「瞭解」東方社會而構築的知識體系裡，「傳統」中國裡的方方面面都遭到嚴重誤解，無論我們談的是法律體系、經濟發展、政治制度，或者其他。孔氏的研究指出，在 18 世紀之後，西方中產階級逐漸崛起，於是對於東方（中國）的印象也漸漸地從熱愛轉變到對中國專

制主義的批評[3]。在本書之中，我們將會在不同的章節討論之。

　　所以，在這種解釋框架下，東方（中國）只能是某種既定的樣子，那麼到底是什麼樣子呢？具體地說，那時候全球最強盛者是明朝中國，西歐尚在努力追趕之中。但是，對於西方學者而言，想要「具體地說」根本不可能，因為他們只能「猜測地說」，或者「想像地說」。只是，非西方學者百年以來，都把西方學者的「想像」當成「實境秀」在觀賞了，而且還寫了難以計數的論文來與西方學者的「想像」對話。如前所述，伴隨著西方在世界經濟體系的位置逐漸上升，他們心裡「想像」的中國地位也愈來愈低下，愈來愈不像其實際之模樣了。這麼說，後來在「歐洲中心主義」的加持之下，歐洲的領先，竟然在時間上一再地被往前推，推到了五百年前，就在哥倫布「發現」新大陸之後。簡單說，過去在這本書出版之前，我們看到的東方，其實是西方人「建構的」、「想像的」東方，並非東方的真實面貌。

　　而關於「西方建構的東方」之所以如此成功，除了西方學者的努力之外，非西方國家的知識分子亦貢獻不少，而且非西方國家的制度安排，特別是教育單位，亦扮演其推波助瀾之角色。知識分子到海外追求最新的知識，他們——即使不是全部，也是絕大多數——在不知不覺當中，在帶著有用的知識回國時，順便也帶回了歐洲中心主義的思維，這與十多年前的筆者根本上沒有兩樣。換句話說，學者們以為自己學習到西方最好的知識，而且還是「客觀的」、「公正的」、「不帶偏見的」觀察視角回到本國，再加上其教育熱誠，快速地將歐洲中心主義的思維複製給下一代。另外，制度安排也在為歐洲中心主義思維背書，以台灣為例，各界高度期待的 108 課綱，特別是影響學生如何看待世界、看待歷史，與看待自身的歷史科課綱，裡頭充滿了歐洲中心主義的觀點與論述，這讓人遺憾。

3　Ho-Fung Hung, "Orientalist knowledge and Social Theory: China and the European Conceptions of East-West Differences from 1600-1900," *Sociological Theory*, Vol. 21, Issue 3 (September, 2003), pp. 254-280.

章節安排

如果來自西方的知識體系可以被看成是一棵巨大橡樹的話，那麼多數人會因爲它翠綠的樹冠而將目光停在其上，久久不能移開。現實生活中，的確也是如此，對於社會科學產生興趣的學子們，少有人不被西方擁有之數量如此多、其成就如此傲人的社會（科）學家之風采所深深吸引。接下來，我們即將進入「討論區」，得先略述每章的概要。

本書分成比重分配極爲不均的兩個部分，即第一部分的「西邊冬青櫟的樹冠裡，隱藏著十一根支撐的枝幹」與第二部分「蔥翠綠葉的庇蔭底下，站著三個來自東邊的學者」。第一部分由十一位極具知名度的西方學者組成，包括洛克、彌爾、馬克思、涂爾幹、韋伯、費正清、諾斯、華勒斯坦、阿律奇、福山與弗格森等；第二部分則由三位東方（華裔）學者組成，前兩位是全球知名的黃仁宇與黃宗智，最後一位則是顧忠華，目前其名氣較小，但也在「成長」當中，未來之發展，指日可待。

我們從第一部分——西邊冬青櫟的樹冠裡，隱藏著十一根支撐的枝幹——開始。

第一章〈洛克〉[4]：洛克是啓蒙時代早期的大思想家，在政治哲學的領域裡獨領風騷，深遠的影響力，至今不墜。洛氏被視爲「自由主義之父」，自由主義是西方國家構成的主要原則，如今仍然激勵人們追求與生俱來的權利。不過，吾人的重心置於洛克在 18 世紀初完成的〈中國筆記〉，此一讀書摘要目前保存在牛津大學，是瞭解洛克「中國觀」的第一手資料，同時也是發現啓蒙早期的學者不瞭解、甚至輕視中國的重要文獻。吾人以爲，如果不是原點的話，也可以視之爲歐洲中心主義的開端。

第二章〈彌爾〉：與洛克相似的地方有二，其一，兩人都叫約翰；其二，與洛克相同，彌爾也因爲提倡「自由主義」而聞名於世，他被稱

4　外國學者的譯名，原則上是名字在前，姓氏在後，然而若是學術界早已習慣僅使用其英文姓氏之音譯或者該外國學者已取中國姓名——例如，洛克、華勒斯坦（Immanuel Wallerstein）、費正清等——的話，那麼本書除了各章一開始使用其全名之外，其他地方將不再使用英文名字之音譯。

爲「自由主義之集大成者」，這讓人難以分辨彌爾與洛克誰是世界自由主義之首席。本章主要在解釋兩個衝突的概念，即「自由主義」與「殖民主義」，爲何可以在彌爾的思維之中，協調得如此恰到好處，沒有扞格。另外，值得一提的是，彌爾巧妙運用邊泌（Jeremy Bentham, 1748-1832）的「預設證據」來合理化英國在華販賣鴉片的非法貿易，的確讓人印象深刻。聽說，這與彌爾所認知的「自由」有關。

第三章〈馬克思〉：本章討論馬克思在 1850 年代流亡倫敦時，爲《紐約（每日）論壇報》撰寫社論時所發表的文章，其間正值第二次鴉片戰爭（中國稱爲「英法聯軍」），馬氏亦發表了不少篇對英國以及法國在清廷土地上所從事之非法行爲——即不遵守先前所簽訂的條約。具體而言，英軍強行進入白河（海河水系），馬克思認爲這是英軍的非法入侵行動，應予以譴責。不過，馬克思對於當年在清中國所發生的事仍存在不少誤解，例如中國棉業的發展等，其中亦包含不同程度的歐洲中心主義思維，吾人一併予以澄清。

第四章〈涂爾幹〉：可以說，涂爾幹足以成爲 19 世紀歷史主義之代表，他認爲工業化的「現代」西方足以成爲全球楷模，涂氏樂觀地認爲歷史會朝「進步」的方向前進，非西方國家只要跟隨西方國家的腳步即可。對涂氏而言，西方是「現代性」的承載者，與「自由貿易」的信仰者。本章試圖以鴉片戰爭爲例，證明西方的「現代性」包含不少非法的成分在裡頭，吾人欲藉此打破涂氏之迷思。

第五章〈韋伯〉：號稱東、西方歷史比較大師的韋伯，竟然在這個章節的一開始就被冠上了「沒有歷史的」這樣的形容詞，由此可見，韋伯的「眞知灼見」並非每個人都欣賞。然而，事實上，韋伯應該是全球最廣爲人知的（歷史）社會學家。韋伯同時是一位律師，對於法律制度有一定的見解，所以，他試著比較西方與中國的法律制度，而且普遍認爲韋伯的立論基礎相當穩固，充其量只有小瑕疵而已，不可能犯大錯。但吾人欲證明，韋伯根本不懂中國法律體系，因爲他自己所認爲的「傳統」中國是個不清楚義務觀的社會，在這樣的社會裡，人民沒有權利的概念，但其生命財產卻受到完整的保護。

　　第六章〈費正清〉：費氏是美國學界的頭號中國通，美國人是透過費正清的眼睛來看中國的。費氏的「1842 分期」稱該年之前的中國爲「傳統」中國，稱是年之後的中國爲「現代」中國。在費氏的想法裡，晚期中華帝國若能產生什麼有意義的變化，都是在西方列強到來之後才發生的，這正是「西方衝擊論」的原型。吾人以爲，費氏的說法是西方哲學二分法的產物，其分期法任意地將中國一分爲二，也就是傳統與現代中國。

　　第七章〈諾斯〉：諾斯是 1993 年諾貝爾經濟學獎得主，其得獎之主因是將「制度」帶回，因爲制度與交易成本有關，具體而言，好的制度能夠減少成本的支出，因而有利於交易的進行，這聽起來極有道理，難怪大獎落入他家，得獎之後，諾斯名利雙收。另外，諾斯認爲財產權的保障是交易得以進行之重要機制，但一直以來，中國被視爲欠缺財產權的地方，殊不知，清末之前的中國是個義務觀的社會，官方保障人民生命財產「權」的方式與西方權利觀的社會有極大的差異。

　　第八章〈華勒斯坦〉：華勒斯坦是資本主義現代世界（經濟）體系（The Modern World System）的創始者，他的世界體系誕生於長 16 世紀（指 1450 年至 1599 年），約莫在 1450 年，比起韋伯的 16 世紀宗教改革的某一段時間之後，產生的資本主義要早一些。其著名的「併入」（incorporation）概念，將非西方國家視爲被動者，甚至是沒有歷史的地區，只能靜待歐洲的世界體系將其納入資本主義世界之中。然而，16 世紀之後，一直到了 18、19 世紀，都是歐洲人來到中國尋求貿易的機會，因爲他們需要中國的高階產品。顯然，華勒斯坦的世界體系理論與實際不符。

　　第九章〈阿律奇〉：阿律奇是世界體系理論的二把手，僅排在華勒斯坦之後，可見其學術地位之高。阿律奇爲了強調東、西方發展路徑不同，且同時突顯西方之所以成爲今日的西方，是因爲前者只有勤勉革命，後者則有工業革命。不過，吾人以爲，阿律奇走過了頭，回不來了，他選擇了黃宗智的內捲化（involution）概念來解釋中國長達數百年的停滯，這是一個錯誤，因爲內捲化並未發生在中國。但吾人以爲，

阿律奇爲了達到其理論的完美，選擇相信黃宗智所言，這是比較可惜的地方。

　　第十章〈福山〉：福山在 1980 年代末期看到了「歷史的終結」，於是向世人宣稱其所見者，至今已過了數十個年頭，福山似乎仍堅持其所見與所判斷者爲眞。然而，事實上，福山並不瞭解所謂的資本主義「自由市場」的運作，因爲如果自由市場之運作如已開發國家所宣稱，那麼，後進國家應該可以漸漸追上工業國的水平才對，然而，全球貧富差距仍在擴大之中。福山以爲自己看到了「歷史的終結」，但其實只是在一個十字路口而已。

　　第十一章〈弗格森〉：弗格森是當今英國最著名的歷史學家，出版了不少傑作，而且弗氏跟上了時代的潮流，找到了六大 APP，他告訴其讀者，因爲這些「應用程式」讓歐洲，特別是英國，領先了五百年之久。在工業革命之後，歐洲國家似乎是逐漸領先了，但明清盛世之時，歐洲國家不是還對中國手工業製品趨之若鶩嗎？歐洲不是曾經有一段時期流行「中國風」嗎？如果歐洲是「先進」地區，何以會欣賞「落後」地區的手工藝品？我們對此感到懷疑，但教育部的 108 課綱對弗氏的說法卻深信不疑。

　　接下來，是本書第二部分——蔥翠綠葉的庇蔭底下，站著三個來自東邊的學者——的開始。

　　第十二章〈黃仁宇〉：這一章是東方（華裔）學者的開始，由黃仁宇爲代表應該是最適合的，因爲他寫過一本看似「不重要」（或「無關緊要」，of no significance）的書，曾經被翻譯成十幾國的語言，這是全球對明朝感到興趣的讀者之福音。只是，這本號稱不重要的書，其實相當重要，因爲其中的論點錯誤百出，若不修正之，則間接地支持了歐洲中心主義的看法，讀者應該費心地閱讀本章。

　　第十三章〈黃宗智〉：得過亞洲研究專書之（最）重要獎項，啓發了無數學子們，讓他們更能「瞭解」到中國自南宋以來，富庶的長江三角洲，爲何自明初時，其農業就處於停滯的狀態，時間長達六百年。黃宗智告訴我們，這是因爲生產力無法提升，產生了內捲化，所以中國的

小農們必須等到改革開放，鄉村工業逐漸發展起來以後，生產力才得以提升。然而，即使明、清中國並未發生工業革命，但也未如黃氏所言，不幸地發生了內捲化的現象。黃氏的專書，得到了歐洲中心主義觀點下所給予的獎項，原因是：完全呼應西方人對於「傳統」中國所持之偏見。

　　第十四章〈顧忠華〉：目前顧忠華的名氣並不大，但吾人相當看好其後勢，筆者之所以看好顧氏的理由，也是因為他所提出之「洞見」。顧氏相當讚賞韋伯的論點，亦即中國的「傳統」價值阻礙了經濟發展，是故，顧氏堅持，中國的改革開放之所以獲得成功，是因為文化大革命期間（1966-1976）已將「傳統」價值摧毀，改革才能成功。相信唯有極具潛力的研究者，才能提出這樣的觀點。按顧氏的說法推論之，中國「一帶一路」倡議，只要先將某些相對落後國家的「傳統」予以去除，成功都是指日可待的。

　　以上的作者，乍看之下似乎找不到什麼共同點，到底筆者是如何選取的呢？事實上，總數十四位作者，是存在著共同點的，而這也是歐洲中心主義思維下的結果，難以避免。其共同點有三：第一，該作者並不瞭解東方（中國）；第二，該作者看不起東方（中國）；第三，兩者皆是。

　　接下來，我們即將進入社會科學界裡一場極為重要的、如在序言裡所提之「豬羊變色」的牌局，如果贏了的話，我們將會帶著微笑收拾殘局。

第一部分
西邊冬青櫟的樹冠裡，
隱藏著十一根支撐的枝幹

　　約翰・洛克（John Locke, 1632-1704）是筆者首先「發難」之對象。
洛克是世界級的英國哲學家、啟蒙運動之要角，他之所以有名，吾人以
為，至少有以下幾個原因：其一，他被形容為「自由主義之父」[1]。可以
說，自由主義是西方國家構成的原則，日後弔詭地，同時也諷刺地，隨
著重商主義（帝國主義與殖民主義）者向海外擴張、占據殖民地，長時
期之後，此意識形態也在不同程度上影響並改變了亞洲、非洲與拉丁美
洲等地區之文化。

　　概略地說，自由主義有以下之基本主張，包括：政府不應以任何理
由侵害個人自由；不應因個人之種族、膚色、性別，與年齡而受不公平
待遇；個人行動只有在損及他人利益的前提下才得加以干涉；政府應提
供一個有秩序的環境讓人民來追求其理想之生活方式。洛克以「自由主
義之父」的稱號流傳至今，按理說，他如果還活著，那麼應該不會滿意
人類因種族、膚色與性別等而獲致之極不公平待遇才對。當然，這可以
歸咎於後來人類的自私行為，視國家經濟發展為零和遊戲，而這正是西
方列強已實行數百年的重商主義之精髓，或者稱之為其核心價值。

　　其二，洛克還主張立法權是國家最高權力機關，而且行政權與立法
權的分立對於政府的運作是較佳的，這可以避免立法者同時掌握行政權

1　在本書之第二章，我們將會討論「自由主義的集大成者」，也就是 19 世紀英國最重要的哲學
家約翰・彌爾，請見〈彌爾〉專章。這裡，我們不討論洛克對自由主義之洞見。不過，吾人希
望洛克心中所想的「自由主義」會是人類的普世價值，而非像彌爾那般，只適用於西方人。
關於洛克與自由主義，請參照例如：Timothy Stanton, "John Locke and the Fable of Liberalism,"
Historical Journal, Vol. 61, Issue 3 (September, 2018), pp. 597-622; Mathew Leisinger, "Locke's
Arguments against the Freedom to Will," *British Journal for the History of Philosophy*, Vol. 25, Issue 4
(July, 2017), pp. 642-662; Jerome Huyler, "Was Locke a Liberal?" *Independent Review*, Vol. 1, Issue 4
(Spring, 1997), pp. 523-542。

力，利用職務將經濟利益輸送到自己或者親信的帳戶之中；或者那些手中握有行政權力者，運用立法的權力，設立法案讓其私人的利益能得到擴大的機會，造成不公平的現象。以我們目前的智識水準來看待行政與立法權分立一事，似乎是沒什麼大不了的。然而，在數百年前的 17 世紀時，洛克已經可以想到政府的不同部門，其間之權力可能互相干擾或者強化彼此，造成不公之現象，這的確了不起。此外，洛克也深思過，到底什麼樣的政府對於國家治理而言，是相對較好的狀態，也就是有利於國家與人民，這就不只是件困難的事，而且他可以說是走在時代的先鋒者。因此，我們在第一章就選擇探討洛克的論點、學說，或者是其治學方法，自有其重要性。不過，讚美學術界之世界級巨擘絕非筆者之專長，單就書名《歐洲中心主義與社會科學──挑戰西方至上的舊思維》來看，就知道筆者應該在這裡稍微節制些。

　　其三，契約論可以視之為洛克自由主義思想之另一重點，這與他對自然權利之堅持有關，因為他認為在自然狀態之中，若是人人都享受著完全自由的話，那麼，衝突則難以避免。在此情形之下，就必須成立政治實體（政府）來管理，以維持一個有秩序的社會，讓人民擁有追求各自所認為的理想生活方式，而這正是政府的責任。此外，洛克在建構其社會契約理論時，他宣稱政府在統治時，需取得被統治者之同意，一旦缺乏這種同意，人民便有了推翻政府的權利。筆者認為，人民與政府之間的關係，亦可以視為契約的成立與執行；政府在執行統治之時，人民的「同意」──如洛克所言──相當重要，沒有人民的同意，契約在執行時，必然受到人民的反對，政府與人民之間的齟齬無可避免，此將危及政府統治之正當性。簡言之，吾人亦同意洛克所言，人民的「同意」是政府與人民之間「契約」得以成立的重要因素 [2]。

2　約翰‧洛克，《政府論》（台北：帕米爾書店，1969）。關於社會契約理論，身處當代的我們不難理解，契約的簽訂與稍後的執行，其背後必須公權力（政府）負責監督，便利於隨時將破壞或不執行契約內容者繩之以法。
　　這裡，吾人對社會契約論有點微詞。這麼說，當我們看到西方的某些事物也好、制度也罷，非西方知識分子似乎很輕易地就能表現出對於西方的優越予以極高的評價。例如，洛克的社會契約理論，我們總是以為，契約這種如此進步之制度「理應」出現在西方社會才是，所以，我們也會間接地認定，第一次出現契約的地區必然是在歐洲，特別是西歐或北歐。

　　上述所言，吾人以為，應該可以算是一種「隨波逐流」的分析方式，具體而言，就是跟著主流的說法，充其量只是做點細微的修正，但與主流的說法無甚差異。以洛克為例，普遍認為洛克是「自由主義之父」，那麼最為保險的方法，同時也是一種明哲保身之作法，那就是在這裡，筆者亦不去挑戰洛克「自由主義之父」的稱號。當然，這不是一位勇敢的學者應該有的作法，但吾人的理由是，這樣的話，可以避免嚇壞了學術界的同僚。在社會科學領域裡，不若在自然科學界那般，極少──或者應該說「沒有」任何一位──非西方學者已臻大師的境界，也許是這個理由，少有人勇於對西方的大人物進行嚴厲之批判。筆者願意姑且一試，看看能不能稍微動搖大師級的洛克在全球知識界的地位。另外，吾人必須將討論議題圍繞在「歐洲中心主義」（Eurocentrism）的思維之上，是故，本書的重點就不宜置於上述大家所熟悉的議題討論之上了。吾人欲將重心放在洛克的「中國觀」為主要論述對象，特別是洛克晚年的手稿〈中國筆記〉[3]，這些手稿記載了17至18世紀中華文化在海外流傳的珍貴文獻，三百多年以來，基本上是無人知曉。可以說，這是研究中華文化與啓蒙運動二者關係的重要資料。

　　就如〈導論〉所言，本書所選擇的十四位作者之中，簡略地說，至少有三個共同點存在於這些──至少大部分──作者之間，此三者彼此之間並非無關。其一，這些作者們不怎麼瞭解東方，他們不清楚東方（特別是中國）的真實樣貌；其二，部分作者看不起東方（同樣地，特別是中國），其原因很可能是因為不瞭解；其三，兩者都是，也就是

事實上，1969年在吐魯番盆地位於高昌故城西北的阿斯塔那（Astana）古墓第135號，出土了一件胡語文書，但只是出土了3世紀到8世紀末的4萬件漢文文書片段當中的一件而已。這份粟特語文書並非官方檔案，而是「世俗文書」，這份文書立於西元639年，在與玄奘同時期的麴氏高昌國的首都高昌成立，距今的吐魯番市東邊大約40公里的高昌故城，這是一份「女奴隸買賣的契約文書」。當然，買賣奴隸這件事本身並不光彩，所以，參與過黑奴貿易的國家，像是西班牙、荷蘭、英國、德國、瑞典、與丹麥等，並未常常提及過往的事。
但重點是，這份文件上面有高昌書記長pt'wr（帕圖爾）之印，表示契約的成立，除了有買賣雙方之外，政府部門也運用公權力，在民間的「同意」之下，負責契約的執行，與不執行之後的懲罰，這是發生在洛克在世的10個世紀以前。不過，目前的世界史看來，幾乎所有值得學習的事物都出現在西方，並且，都是在哥倫布「發現」美洲之後，也就是15、16世紀之後，而這不就是歐洲中心主義的具體展現嗎？正是。對於該文件有興趣的讀者，可以參照森安孝夫，《絲路、遊牧民與唐帝國》（新北：八旗文化，2018），第246-250頁。
3　韓凌，《洛克與中國：洛克「中國筆記」考辨》（北京：北京大學出版社，2019）。

部分作者既不（願）瞭解中國，同時也看不起中國。就此三個共同點而言，洛克其實是很適合當成本書第一章的主角，除了他的出生日期相對較早這個事實之外。

　　本章之結構安排如下，首先，因為洛克是啓蒙時代早期人物，我們得先知道為何啓蒙主義者不只是世界主義者，同時也是歷史主義者。其次，從歐洲看世界，這是歐洲中心主義的精髓，我們得知道從這個角度看出去的世界之模樣。第三，所謂的「西學東漸」之前，曾經先有過「東學西漸」過程，吾人舉具體的例子來說明，包括哥倫布手中其實有地圖而並非在海上漫遊、洛克為中國寫下的研究摘要等。第四，洛克的〈中國筆記〉是第一手資料，數百年來少有人知，而這些手稿，充滿著洛克對中國的誤解，吾人以為，洛克對中國宗教的描述，或隱或顯地，流露出他對遠東這個遙遠國度之輕視，這正是歐洲中心主義思維下所見者。最後，吾人總結本章之發現。

啓蒙主義者、世界主義者、歷史主義者及其論述

　　洛克是啓蒙時代早期的思想家，對於其思想上的貢獻，我們並不陌生。一般認為，洛克在政治哲學領域發揮其之影響力，其《政府論》[4]奠定其自由主義政治思想之基礎，至今仍為政治系必讀之經典。不過，關於洛克在學術上的成就，絕非只是最近的學生都閱讀他的著作而

4　洛伊德‧湯瑪斯（D. A. Lloyd Thomas）著，黃煜文譯，《洛克與《政府論》》（台北：五南圖書，2015）。值得注意的是，此書之作者湯瑪斯關注洛克激進立場，不過，洛克的思想所涉及的層面太廣，其讀者注意的面向也可能有極大的差異。例如，約翰‧鄧恩（John Dunn）在其著作中，強調洛克對於責任政府與寬容等之自由價值的闡釋，以期瞭解這些價值如何形塑出18世紀歐洲啓蒙時期的思想，請參照：鄧恩著，方尚芩譯，《洛克》（南京：譯林出版社，2020）。在此，有必要花些許時間略微提一下反對學術界總在讚美先前的歐洲列強之學者們對於世界之偉大貢獻，吾人以為，非西方的知識分子由衷地讚揚西方知識體系所衍生出的各種知識，這間接地且無形地促成歐洲中心主義的蓬勃發展。好在，筆者最近看到一篇比較不同的文章，值得介紹一下，其詳細書目如下：Hrvoje Cvijanovic, "Producing European Modernity: Mythmaking and (Racial) Bourgeois-Capitalist Worldmaking in Modern Philosophical and Literary Writings," *Croatian Political Science Review*, Vol. 56, No. 3-4 (2019), pp. 81-105。作者Cvijanovic藉由穿透關於「理性的個人」、「理性地組織這個世界」、「開發荒野之地」以及「享受生產與消費的自由」等等之迷思，歐洲中產階級建構了生活於現代政府與資本主義生產體系裡所謂的「現代人」（modern man）之形象，「合理化掠奪……〔殖民地〕社會與天然資源」在整個殖民主義的社會經濟運作之中（第81頁）。吾人以為Cvijanovic所言甚是，並且早期的啓蒙思想家洛克，當然也參與其中。

已。事實上，早在 17 世紀末，洛克的著作即已引起了學者的辯論，例如，他在 1690 年出版的《人類理解論》（*An Essay Concerning Human Understanding*）一書，即引發了一群蘇格蘭與愛爾蘭道德哲學家發表了對於宗教信仰之起源的全新描述[5]。18 世紀末，美國這個新的國家建立不久，事實上，其奠基者湯瑪士‧傑佛遜（Thomas Jefferson, 1743-1826），亦曾於 1790 年讚賞過洛克的《政府論》這本「小書」[6]。這麼說，洛克對政府的想法，於 18 世紀末時，已經被傑佛遜運用在建立新的國家之運作上了。洛克之影響力可謂歷久彌新，直到最近，仍然有學者以洛克概念化後的中產階級之理想政府為標準，來檢視中國所謂的「民主專制」（democratic dictatorship）政體[7]。上述的分析，足以讓我們知道英國這位大思想家的影響力。

　　然而，普遍上大家尚不清楚的是：洛克身為啓蒙主義初期之思想大家，而啓蒙主義者基本上亦會是世界主義者，同時也是歷史主義者。事實上，歐洲一直要到 19 世紀時，歷史主義的氛圍才瀰漫在整個知識圈之中。洛克雖是啓蒙早期的人物，然而其世界主義、歷史主義之思維，亦可在其著作中發現，特別是他為其「中國觀」寫下來的摘要，當然這些摘要並未成書。

　　在歷史主義的影響之下，知識分子經常表現出十分（或過度）樂觀的心態，認為歷史是往「進步」的方向前進，西方是走得相對較快的區域。盛行於 19 世紀，表示在蔚為風潮之前，即已出現過好一陣子了。的確，歷史主義可以追溯到更早以前，張西平、羅瑩引用學者周寧的研究，他們指出了 16 至 18 世紀的啓蒙主義者，同時是「世界主義者」與「歷史主義者」[8]。稱啓蒙主義者是世界主義者，或許與普遍認為的意

5　R. J. W. Mills, "Lord Kames' Analysis of the Natural Origins of Religion: the Essays on the Principles of Morality and Natural Religion (1751)," *Historical Research*, Vol. 89, No. 246 (November, 2016), pp. 751-775; John Locke, *An Essay Concerning Human Understanding with the Second Treatise of Government* (with an Introduction by Mark G. Spencer (Hertfordshire: Wordsworth, 2014).

6　Robert K. Faulkner, "Spreading Progress: Jefferson's Mix of Science and Liberty," *The Good Society*, Vol. 17, No. 1 (March, 2008), pp. 26-32, p. 27.

7　Douglas Howland, "Popular Sovereignty and Democratic Centralism in the People's Republic of China," *Social Test 110*, Vol. 30, No. 1 (Spring, 2012), pp. 1-25, p. 1.

8　有必要說明一下歷史主義的進步觀到底從何時開始形成、何時興盛。先前，王晴佳認為 19 世紀

義不甚相近，啓蒙主義者「他們描述世界的目的是確定歐洲在世界中的位置，他們敘述歷史是爲了確立自由與進步的價值〔吾人以爲非西方人可能容易受此『價值』之欺瞞〕，並將歐洲文明作爲世界歷史主體」。探討歐洲文明於何時成爲了世界歷史的主體，這可能不是一個很好的問題，倒不如問，中世紀之後的歐洲，打從何時開始對自己有了足夠的信心，以成爲世界的主體[9]。雖然，這裡並非討論此問題的好地方，不過，吾人以爲，這當然與歐洲在世界體系裡之地位上升，也與地理大發現有關，歐洲國家向海外擴張時，因爲科技——特別是軍火——的進步，可以說是戰無不勝，攻無不克。不意外地，戰勝國「自然而然」掌握了話語權，而這便是歐洲中心主義得以盛行的必要條件，歐洲也在不知不覺之中，變成了「世界歷史主體」了。歐洲的戰勝國在武力征服之後，除了繼續征服之外，更重要的是，需要一套完整的論述，而這應該就是歐洲中心主義的開端吧[10]！在最初的階段——大約在啓蒙時期，我們將以洛克爲例，但是「年久月深」（台語，意謂著很長的時間）之後，像筆者的人愈來愈多，紙開始包不住火了。

那麼，到底歐洲國家需要什麼樣的論述呢？大抵上，歐洲是進步的、自由的，走在歷史階段的前方；其他的民族，需要被帶領，才可能走出野蠻的境界，才可能走入文明。既然西方走在歷史的前沿，那麼非西方國家自己想向前走，應該也走不遠，於是所謂的「白種人的負擔」之說，也就普遍爲西方人所接受了。可是，這種「負擔」在很多時候必須用武力來完成，因爲非西方人實在太「野蠻」、離「文明」太

的歐洲瀰漫著歷史主義的氣圍，特別是在該世紀的中葉，當達爾文完成其《物種起源》之後。而這裡所言者，是指 16 至 18 世紀的啓蒙時期，歷史主義者的「進步觀」處於逐漸成形的階段，畢竟，一股風氣的流行通常得花上不少時間。簡言之，吾人以爲，此處並無矛盾之處，特別是在歷史主義發生的時間點上。

9　米歇·傅柯（Michel Foucault）著，王德威譯，《知識的考掘》（*L'archeologie du savoir*）（台北：麥田出版，1993）。

10　因此，相對於世界主義者，亦有學者嘗試探討啓蒙主義者是否爲種族主義者，例如，強納·戈登伯格（Jonah Goldberg）在其文章〈Was the Enlightenment Racist〉（*National Review*, July 9, 2018, pp. 32-34）即問了相似之問題。只是，該文只提中國與俄羅斯兩國在馬列主義的意識形態之下，利用政治鬥爭屠殺了不少異議人士，對於西方向外擴張時對其他種族的迫害避口不提，對戈登伯格這位作者而言，啓蒙主義者似乎與種族主義無涉，但吾人不支持戈登伯格的看法。

遙遠了，所以「啓蒙主義者努力在知識與觀念中『發現』並『建設』一個完整的、體現人類幸福價值觀的世界秩序，該秩序的核心就是進步，進步的主義是西方，世界其他地區與民族只是對象〔什麼樣的對象呢？〕，……被認識……被發現……被征服……〔對象〕」[11]。有了「合理的」論述之後，武力的運用得到了學術上的支持，西方列強之間彼此「尊重」，其目的非常純粹，就是爲了帶領落後的國家走入「文明的」社會，只有這樣的社會才能體現人類的幸福。只是，在看到幸福以前，成千上萬先「被發現」，然後再「被征服」的「對象」，在尚未「被認識」的情況下，就已經先成爲「馬克沁機槍」（Maxim gun）[12]下的亡魂了。

從歐洲看世界

關於歐洲中心主義最爲簡單的定義是，站在歐洲的角度去看這個世界。聽起來問題似乎不大，然而事實上，在社會科學領域裡，歐洲中心主義的確含有負面意義。在這一小節之中，我們先討論這個議題，其次，我們得看看「西學東漸」以前發生過什麼事，這有助於釐清歐洲中心主義之不適性。最後，吾人想談談非西方知識分子在歐洲中心主義思維下所扮演之角色。

負面的歐洲中心主義

爲何歐洲中心主義是負面的呢？簡單說，因爲受害者都是非西方社會，而且長期以來，沒有太多來自這些國家的聲音，因爲話語權被列強等國掌握著，相對落後國家所遭遇之不公，難以伸張。

像「歐洲中心主義」這樣的概念帶有偏頗、不公正之意，應該沒有研究者會喜歡這個詞放在自己身上才是，不僅如此，還可能花費些時

---

11 周寧，〈西方的中國形象〉，周寧編，《世界之中國：域外中國形象研究》（南京：南京大學出版社，2007），第49-50頁，引自：張西平、羅瑩，〈序言二：在與西方思想的對話中展開儒學研究〉，韓凌，《洛克與中國》，頁1-18，第11頁。

12 尼爾·弗格森（Niall Ferguson）著，睿容譯，第五章，〈馬克沁機槍的威力〉，《帝國：大英帝國世界秩序的興衰以及給世界強權的啓示》，四版（新北：廣場出版，2019），頁281-363，第284頁。

間與精力，想盡辦法讓自己遠離它。想要遠離「歐洲中心主義」思維之影響，其目的應該是想讓自己的研究盡可能地迎合「客觀」、「中立」這樣的標準。聽說，學者們早已被訓練成不被自己的價值所左右的專業人員，在進行資料分析的時候，可以將自己「與生俱來」和「社會化」所形塑的價值暫時地安置在大腦裡一個像是倉庫的地方，等待研究終了時，再將之取回。聽起來，還真有點不可思議的樣子，的確，先「保存」可能影響研究結果的價值之因素，以求得研究的「客觀」與「中立」，這件事本身就帶有烏托邦的色彩。然而，在此我們不深究之[13]。

　　話說歐洲中心主義是從歐洲的角度來看整個世界，這樣的角度未必有問題。例如，依賴理論（Dependency Theory）大師級學者安德魯·貢德·弗蘭克（Andre Gunder Frank, 1929-2005）所撰之大作《白銀資本：重視經濟全球化中的東方》[14]可以說是以亞洲中心主義之視角來看整個世界。所以，運用某一種角度來觀察人類世界，這件事本身似乎沒有問題。那麼，為何學者一聽到「歐洲中心主義」時，馬上就會覺得這是個具有負面意義的標籤？直覺的反應是，自己所提出的觀點與歐洲中心主義沒有牽連，就算有的話，也不是存心為之。歐洲中心主義這個視角的問題在於，其支持者認為歐洲在征服了全球之後，自信心的提升最終到了難以抑制的地步，隨著時間的流逝，西方學者逐漸不滿足於歐洲得等到18世紀末，甚至是19世紀中葉時才略勝過遠東的中國[15]。於是，在地緣政治與地緣文化的優勢下，哥倫布「發現」新大陸這件事就值得大書特書，目的是讓西方的領先時間遠遠早於18、19世紀，從哥

13　對於此議題有興趣的讀者，請參考：謝宏仁，第二章，〈隱身在歷史研究的「價值中立」〉，《社會學囧很大2.0：看大師韋伯為何誤導人類思維》（台北：五南圖書，2019），第69-122頁。

14　安德魯·貢德·弗蘭克著，劉北成譯，《白銀資本：重視經濟全球化中的東方》（*ReOrient: Global Economy in the Asian Age*）（北京：中央編譯，2001 (Berkeley, Calif.: University of California Press, 1998)）。

15　關於西方（英國，具體而言）與東方（中國）之興衰的時間點，認為英格蘭勝過清中國是在18世紀中期以後，請參照：Kenneth Pomeranz, *The Great Divergence: China, Europe, and the Making of the Modern World Economy* (Princeton and Oxford: Princeton University Press, 2000)。認為英國贏過中國的時間點晚至19世紀中葉，請參照：謝宏仁，第五章，〈鴉片的政治經濟學〉，《顛覆你的歷史觀：連歷史老師也不知道的史實》，增訂二版（台北：五南圖書，2021），第223-266頁。

倫布駕了幾艘小船，在短短的幾個月之內就完成人類世界最偉大的壯舉時便開始。一切看似天衣無縫，然而事實是就連哥倫布「發現」了美洲這件事，都是來自西方的社會（科）學所建構出來的，講白話一點，就是虛構的，只是個騙人的故事而已。我們稍後還會再談到。

「西學東漸」之前

筆者認爲，歐洲中心主義的得力助手之一是非西方知識分子不談「西學東漸」之前所發生的事，因爲談了之後，必然會讓「東學西漸」的現象更加清楚地呈現出來。

非西方（東方，特別是中國）的知識分子，在中西文化交流史上，習慣於「西學東漸」這個概念所承載的意義，但卻不清楚「西學東漸」之前發生了什麼事？吾人以爲，歐洲中心主義之所以能夠盛行起來，多半也因爲西方的學者所刻意塑造的「假象」，那就是「聖化自我」是西方得以成爲今日西方的主要原因，一切的努力不曾靠外力的協助。而東方（中國）之所以能夠走向「現代化」，將其「傳統」的因素革除，靠的則是西力的衝擊。這說法，在稍後的〈費正清〉專章會談得更清楚些。

可以說，歐洲中心主義自啓蒙時代（16 至 18 世紀）就開始，我們得談談啓蒙時代，這個時代的早期，是本章的主角洛克在英國獨領風騷的時代，恰好是大清盛世的時期，是「東學西漸」的年代。如同《洛克與中國》作者韓凌所言，洛克的〈中國筆記〉，是其讀書後之重點摘要，是以「17 至 18 世紀中西文化交流中的『中學西傳』爲主線，力圖將洛克『中國筆記』放在歐洲的時代背景和知識變遷之中進行研究，兼顧歷史性與哲學性」[16]，這是韓凌對自己的期許。不過，筆者倒是從這些摘要看到了不少歐洲中心主義的影子，而且大致上，影子算是清晰，可能是因爲背景的光線還夠明亮吧！

自 19 世紀中葉之後，具體而言，鴉片戰爭的清廷被英格蘭擊潰之後，「救亡圖存」這四個字成爲中國知識分子最常想到的事，是故當時的中西文化交流以「西學東漸」爲主。然而，在這之前，也就是洛克成

16　韓凌，《洛克與中國》（北京：北京大學出版社，2019），第 9 頁。

年且在世的時候，是 17 世紀中葉至 18 世紀初之時，中西文化交流中，是以「中學西傳」為主線[17]，相反於 19 世紀中葉時的方向。此時，啟蒙運動可能已經有點小小成就，就像西方學者，例如本章的洛克，以及本書的其他作者所認為的那樣，歐洲自啟蒙時代——甚至更早以前，像是哥倫布「發現」新大陸不久後的 16 世紀初期——即已領先全球，在時間上，西方已領先五百年的說法甚囂塵上，我們在稍後的章節（第十一章〈弗格森〉專章）將會更具體地詳述之。我們回到上述的 17、18 世紀中西文化交流的議題，這段時間，遠東是清朝盛世，且洛克的〈中國筆記〉剛剛好是「中學西傳」之明證，但啟蒙時代初期的洛克對中國的「理解」與輕視，倒是讓人看清楚了西方優越主義如何蔓延在學術界。

這麼說，歐洲中心主義的問題是，西方學者下意識地覺得歐洲處於發展的頂端，從而，西方人對於世界的優越感油然而生。多數學者在未經比較之前——即使是比較過了，也只是虛晃幾招而已——洛克的〈中國筆記〉則是連比較的機會都沒有，就斷言中國宗教與禮儀是他心中所「想像」出來的模樣，所幸，這份摘要並未被洛克寫成文章，流傳於世，否則的話，誤導後世將更深更廣。當然，我們看到的支撐著西方知識體系這棵大樹的樹冠之所以如此之大，是因為有十一根明顯的枝幹支持著它，而洛克只是其一而已。在想像之中，歐洲的文明被那些相信歐洲中心主義的學者們堅信是全世界最進步的文明，這是因為歐洲被相信是處於人類歷史發展的最高階段，的確如此，因為看起來很像是這樣，如果我們談的時間點只侷限是在 19 世紀末葉的話。此時，倒了大霉的非洲被歐洲列強給瓜分了，地理位置較遠的中國，也奄奄一息。歐洲中心主義者認為，非西方國家都是野蠻的，因為歷史有一定的進程，而且，每個國家處於不同的發展階段，最好的辦法是向歐洲學習，於是，歐洲列強有了理由去統治其他的非西方國家，西方的優越性是歐洲國家征服其他國家之後的結果，同時，也是非西方國家應該學習歐洲的原因。而且，為了讓非西方國家用更快的速度達到西方國家之境界，西方

17　前揭書，第 9 頁。

國家願意在海外投資更多有利於殖民地發展的預算，聽說殖民時期的黃鼠狼總是會給雞拜年。

　　如上所述，不同國家處於相異的發展階段。的確，歐洲中心主義的起源與近代西方的歷史哲學——像是階段論、進步論，與普遍主義等——不無關係，並且在世界史的研究之中，這些想法還頗爲盛行，當然，這又與歐洲國家掌握文化傳播工具有關。歐洲中心主義的重點在於「建構」非西方的歷史圖像，刻意地讚揚非西方國家古代的成就，竭盡全力地扭曲與貶低其近代的貢獻，如此才能找到侵略和征服非西方國家的「正當性」。這麼說，在 15 世紀末哥倫布「發現」新大陸之後，歐洲列強接二連三地向海外擴張，都是帶著「正當性」出航的，也就是說社會科學假借「科學」之名，行「歐洲中心主義」之實。令人感到意外但也不是眞的那樣意外的是，就在歐洲中心主義的思維底下，就連哥倫布「發現」新大陸這件人類歷史上如此重要的事，都是西方學者建構出來的，我們很快地就會將注意力轉移到這個話題之上。

　　以下的分析，我們會看到啓蒙時代早期「東學西漸」的例子，其一，哥倫布手中的地圖，是中國人畫的；其二，洛克對中國宗教的筆記，內容充滿誤解與輕視，這正是歐洲中心主義的組成要素。在看到實例之前，我們還得談談非西方知識分子的角色扮演。

非西方知識分子之角色

　　我們要談談非西方國家的知識分子，因爲這是歐洲中心主義的重要組成部分。爲何非西方國家會在歐洲中心主義扮演一定的角色呢？因爲知識的擴散通常或總是從發展較好的國家或地區向相對落後之地流動，而非相反，例如「西學東漸」之前的「東學西漸」，洛克的〈中國筆記〉即爲後者之顯例。可以想見的是，當歐洲在世界經濟體系之位置逐漸上升之際，西學東漸的例子也會更爲明顯，只是相較於非洲、拉丁美洲與東南亞，清中國的勢力相對強勁一些，所以西學東漸的態勢得等到鴉片戰爭[18]之後才會愈加明朗。那麼，爲什麼非西方國家的知識分子是歐

---

18 在稍後的章節之中，我們會看到吾人對於鴉片戰爭的詮釋，例如〈馬克思〉專章、〈費正清〉

洲中心主義的要素之一呢？話說曾被殖民的國家，在喜獲獨立之後，知識分子還得歷經一段心態調整的煎熬，這表現在知識選擇、吸收與融合在地思維的過程。具體而言，知識分子大都希望自己的國家進步，所以一方面，努力地向外尋找學習的對象，而這通常是自己的殖民母國；另一方面，甫獲獨立之地位，不是應該用最快的速度追趕，讓人民的生活水準很快地像殖民母國的「高階」人民那般嗎？是故，知識分子一方面想方設法地擁抱原來的殖民者，一方面則是努力地想要脫離對殖民母國的依賴。這種愛恨交加的情愫，混雜著個人面對殖民母國時的自卑，與面對國家與國人時的自大。時間久了，「衣食足」而「知榮辱」，外來的知識恐怕成為下一波知識分子所欲攻擊之對象。於是，與國家發展密切相關的社會科學之本土化，似乎成為先前被殖民國家的知識分子理應承擔的責任了。但這只是理想而已，非關實際，多數的知識分子並非如是想，也非如是做，而是呼應殖民者的知識體系[19]。

簡單說，吾人以為，非西方知識分子對殖民母國之知識體系的認同、附和，甚至是大力讚揚，全是歐洲中心主義的重要成分，從這個角度來看，非西方知識分子在維繫歐洲中心主義之「強韌」功不可沒。

「東學西漸」之顯例

在歐洲與中國之間長期以來的經濟和知識交流之中，除了中國經常被當作東方社會的代表以外，「西學東漸」是 19 世紀之後，東方（特別是中國）相當熟知的知識「移動」方向，這樣的想法深植在學者的思維之中，幾乎難以改變。因此，有必要談一兩個實際的例子，來證明在「西學東漸」之前發生過的「東學西漸」。明顯地，二者在知識的流動上，方向是相反的。我們看看 15 世紀末哥倫布手中的地圖，以及 18 世紀洛克的〈中國筆記〉這兩個重要例子，後者是本章之重點，而前者則長期以來被視為西方崛起的開端，我們一併予以打破。

專章等。更完整的解釋，請參照：謝宏仁，第五章，〈鴉片的政治經濟學〉，《顛覆你的歷史觀》，增訂二版（台北：五南圖書，2021），第 223-266 頁。

19　關於這個議題，請參照：本書之〈弗格森〉專章。

　　理想上，我們需要更多這樣的例子，才能讓「西學東漸」── 歐洲中心主義之內核 ── 予以攻破，這是一件長期的工作。我們先看哥倫布手中的地圖，當然，哥氏一直隱藏得很好。

哥倫布手中的地圖

　　哥倫布手中的地圖必然繪製於 1492 年之前，否則以歐洲當時的科技水準（具體而言，尚無法測量經度），不可能橫越大西洋，因爲哥倫布根本不會知道他要航行的海洋的大小。

　　以下的論點，主要參考自拙著《顛覆你的歷史觀》[20] 一書，我們得留意一張古地圖，這張繪製於 16 世紀初的地圖將會告訴我們一些關於哥倫布的「偉大事蹟」，或者說是謊言。簡單說，在短時間之內，我們可能還無法確定哥倫布手中的地圖到底是哪一張？但我們可以確定的是，哥氏有一張來自中國的地圖，否則哥倫布的幾艘小船，不可能在數十天之內往返於大西洋兩岸之間。此刻，我們將注意力放在一張古地圖上，它是 1513 年的皮里・雷斯地圖。

　　值得一提的是，1513 年的皮里・雷斯世界地圖係由奧圖曼帝國所繪製的。1929 年，在土耳其伊斯坦布爾宮中發現了部分地圖。從地圖碎片可以識別出大西洋、南歐、北非和南美東部沿海地區，地圖上有很多土耳其文。根據地圖上的注釋，皮里・雷斯地圖只是世界地圖的一部分，這地圖還應該包括地中海、印度洋和遠東地區。筆者認爲，這地圖至少有兩點值得更多關注。

20　謝宏仁，《顛覆你的歷史觀》，特別是第一章〈哥倫布是個騙子：拿著前人的地圖去「探險」〉，第 43-88 頁。

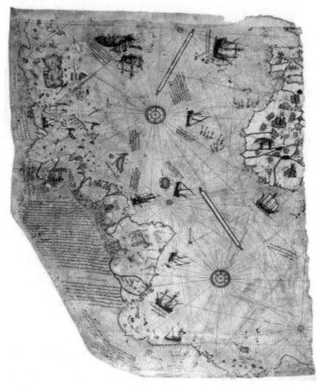

圖1　皮里‧雷斯世界地圖

這張地圖保存於土耳其伊斯坦堡的托普卡匹皇宮。維基百科，https://en.wikipedia.org/wiki/Piri_Reis_
map，檢索日期：2020.02.08。

　　首先，有人認為1513年皮里‧雷斯地圖的信息來自1492年哥倫
布導航。時機確實看起來合理，但事實上只有部分而已；因為15世紀
和16世紀，穆斯林反對與東方人交易的基督教徒。前者封鎖了陸路以
阻止後者，被視為最高機密的航海圖是絕無可能從基督徒手中轉移到穆
斯林手中的。也因此，1513年的皮里‧雷斯地圖極不可能是從哥倫布
那裡複製去的。此外，哥倫布已經航行了四次，但他從未到過南半球，
1513年的皮里‧雷斯地圖要如何顯示南美的東海岸與哥倫布的副本一
樣？

　　其次，1513 年的皮里・雷斯地圖不僅告訴我們從哥倫布那裡得到什麼，而且這張地圖還顯示哥倫布遠航的目的。歷史學家發現地圖上的南美洲有筆註記，令人訝異的是，皮里・雷斯地圖上南美的東海岸異常清晰，這與哥倫布「發現」美洲有關。這筆注釋可以描述如下：在一條名爲安提利亞（Antilia）的海岸線，由一位名叫哥倫布（Columbus）的熱那亞異教徒，於阿拉伯曆 896 年（1492 年）發現。偶然地，這個人拿出一本書，指出在西海（即大西洋）盡頭有海濱、島嶼、貴金屬和寶石。哥倫布向熱那亞的偉大人物闡述了這本書的內容，但遭到拒絕。然後，他轉向西班牙的王室，並向他們講述同樣的故事。最終，哥倫布獲得兩艘裝備精良的船，駛向大西海，以完成他「不可能」的任務。從皮里・雷斯地圖的注釋中可以看出，哥倫布確實知道他要去哪裡。他的冒險與「發現」無關。

　　另外，這幅皮里・雷斯地圖是世界地圖的一部分，最初是 *Bahriye* 這本書籍的一部，該書由雷斯（Reis）海軍上將編寫，於 1513 年完成，其餘已佚。雷斯的手札提及「世界地圖」（mappa mundi）、四幅葡萄牙地圖、一幅印度地圖和一幅西半球平面圖，哥倫布在西半球發現所謂的「安提利亞」大陸。根據皮里・雷斯地圖上的注釋，我們知道哥倫布有一張地圖。更重要的是，雷斯確實解釋了哥倫布如何導入當時的新資訊。此外，西班牙奴隸可懋・雷斯（Kemal Reis，皮里・雷斯的叔叔）曾與哥倫布一起造訪過新大陸三次。奴隸說，到達直布羅陀海峽時，他們先向南，再轉向西。在航行了 4,000 英里之後，他們抵達一座小島。大海很快平靜下來，北極星變得模糊。這個奴隸所描述的內容，包括方向、距離、星象，都顯示在哥倫布的地圖上。

　　該注釋還指出，當地人在港口帶著魚，前來與西班牙人交換非常有價值的琉璃珠。也就是說，哥倫布從這本書中學到了東西，並帶來許多琉璃珠。西班牙人告訴當地人要多帶些金子，他們就能交換更多珠子。此外，該注釋還指明，該地圖（即皮里・雷斯地圖）上的海岸和島嶼均承襲自哥倫布地圖。顯然，哥倫布看過一本書，其中標示出大西洋偏遠地區的一些島嶼，尤其是安提利亞。哥倫布被教導要帶琉璃珠來交換貴

金屬，根據雷斯的個人筆記，很明顯哥倫布手中有地圖和書籍。他擁有獲取「發現」新世界所需的所有信息。簡而言之，如果哥倫布手上沒有地圖，他將是一個迷失在某處的探險家。

接著，我們再看「東學西漸」的另一例子，就是洛克的〈中國筆記〉。

洛克的〈中國筆記〉

欲瞭解洛克的「中國觀」，我們有必要先談談韓凌的《洛克與中國：「中國筆記」考辨》這本傑作。吾人以為，這是矯正「歐洲中心主義」偏頗觀點的重要起點，就筆者本人的價值判斷——古典社會學大師韋伯（Max Weber, 1864-1920）說這不宜放在研究當中——而言，我們有必要先去除過去對於東方（中國）的錯誤理解，進而修正之，才可能讓學者放棄歐洲中心主義觀點下所產生之論述。基於這樣的想法，吾人以為，我們有必要深入探討洛克在其筆記本上到底寫下了什麼？有哪些是必須予以改正，甚至是拋棄的部分？簡單說，我們不能讓這些錯誤——無論多麼微小——延續下去，成天只是在讚美西方學者所留下對世界「有益」之想法，像是「自由主義」，或者是「社會契約」之類的事。如果是這樣的話，那麼歐洲中心主義之思維恐怕得再持續數十年，甚至百年以上。吾人以為，討論洛克的「中國觀」有其價值。筆者這樣的論點，相信受過專業訓練的讀者仍舊會感到不滿意，但若只是扮演著西方「大師」的傳聲筒，難道會是這些讀者心中的理想嗎？應該不是。

從洛克與其親友的書信來看，我們可以得知洛克約莫在 1696 年（37 歲）開始密切注意中國。從其已刊或未刊的著作之中，洛克亦曾論及中國，當然這些都成為他「中國觀」的組成部分。上述資料均見於〈中國筆記〉完成之前，或可視為〈中國筆記〉之「前理解」。看得出來，洛克積極地想獲得任何歐洲出版界「關於中國的最新書籍、在英國出現的東方人或返歐傳教士，與中國的貿易情況，並且渴望獲得有關中國政治和宗教的第一手資料」[21]。在三個多世紀以前的歐洲，洛克所處

21　韓凌，《洛克與中國》（北京：北京大學出版社，2019），第 188 頁。

的年代裡，就書籍來說，主要的出版品，還是耶穌會的會士所撰，再加上一些商人、軍人的海外經驗，或者還可以再加上少數旅遊者所帶回之異地風情的消息等。在當時的洛克就如此用心地蒐集關於中國的資料，最後轉變成他的〈中國筆記〉，不得不說洛克在研究資料的蒐集上，已經樹立讓後世得以學習的典範了。就這一點而言，相較於兩百多年後才出生的韋伯，洛克似乎在對中國的研究上用心更多。關於韋伯「誤解」（或「根本就不懂」）傳統中國的眞實模樣，在稍後第五章之〈韋伯〉專章的討論中，我們將會述及。這裡，我們繼續將鎂光燈聚焦在洛克的身上。

　　韓凌推論洛克的〈中國筆記〉大約是在 1702 年所寫，總共 28 頁，細分爲十三個主題，包括了「中國的宗教」（Sinensium Religio）、「中國的神學」（Sinensium Theologia）、「理」（Li）、「太極」（Taikie）、「精神與人類靈魂」（Spirite et Anima humana）、「上帝」（Xanti, Rex altus）、「天」（Tien）、「孔子」（Confucius）、「地球、星體、山川、河流的守護神」（Terra, Planetarum, Montium, Flumine, Geny sive Spiritus）、「祖先」（Progenitores）、「儒教」（Literati）、「偶像崇拜者」（Idolatrae）、「佛教、道教、伊斯蘭教」（Bonzy, Magi, Mahometans）[22]。看起來，洛克比一百餘年後才出生的東、西方歷史比較大師韋伯用功了不少。在這些主題之中，下一小節，我們立即選擇部分相對重要者加以討論。

洛克〈中國筆記〉之論點

　　這是洛克在 18 世紀初期完成其「中國觀」之筆記，它未成書，但得以看出在他的「想像」裡，不乏對中國宗教的輕視，而這正是歐洲中心主義最重要的組成部分。具體而言，運用對「他者」的鄙視，間接地誇耀西方的優越性，有時候，這種方式比直接說出西方的美好，更深植

22　筆者使用〈中國筆記〉之書名號，代表的是專書中之一章，主因是總共 28 頁的分量，大約是一章的大小。但事實上，〈中國筆記〉並非嚴格意義上的「章（節）」，而只是洛克用來摘錄其閱讀重要的筆記本而已。在此使用代表章（節）的符號，只是便宜之計，因爲似乎沒有公認的符號來代表某某作者的重點「摘要」。前揭書，第 36 頁（表 2-1）、第 37 頁。

人心。〈中國筆記〉之論點是本章重中之重，是故，分為五個部分說明，包括儒教這個概念的正確性、中國統治階級都是無神論者、中國的「上帝」不是「God」、西方全能的上帝，以及中國「物質的天」其實也是「精神的天」，以下一一分述之。

儒家倫理或儒教

這裡的論述應該不能算是嚴格的學術探討，而比較像是研究者根據自己的主觀意見在發牢騷，但我們姑且聽之。洛克談的是儒教，並非儒家倫理。事實上，可能因為自漢朝（206 B.C.E.-220 A.D.）之後，朝廷罷絀百家、獨尊儒術，三綱（君為臣綱、父為子綱、夫為婦綱）五常（仁、義、禮、智、信）為統治階級治國的重要手段，推行至全國，所以假定在王土上生活者，都受到儒家倫理的影響。然而，事實上儒家倫理很難被認為是一宗教，只是西方「大師級」人物——像是本章的主角洛克與古典社會學大師韋伯——都將之視為宗教，不少學者，包括筆者，只得將儒家倫理視為一種宗教，但事實上根本不是，也許這正是誤解的開始，因為就常識來看，道教與佛教才是中國民間的主要信仰。有關儒家——主要是孔子——的祭典，基本上是官方負責執行。天底下，有哪一種「宗教」只有官方版，而日常生活之中看不到民間版本的呢？有。就是「儒教」，這可能是世界上六大宗教——天主教、基督教、伊斯蘭教、印度教、佛教與道教——之外的「宗教」吧！只是至今未曾聽過有人稱呼自己因為信奉儒家思想、遵循儒家倫理，而稱呼自己是個「儒教徒」。有人認為，宗教在外在的形式上，總得要有組織與制度，但吾人實在很難看得出「儒教」的組織與制度。

不過，淨是談日常生活所見（與不見），難以服人，還得與「大師級」人物對話才行，此時，涂爾幹（Emile Durkheim）的看法，就值得一提了。涂氏說，宗教得有四大要素，包括聖物、思想信仰、儀式與道德社群[23]。其中，或許我們可以輕易地接受「儒教」的思想信仰與儀式，但什麼是「儒教」的聖物呢？不太確定，是孔子的「神像」（或

23　涂爾幹，《宗教生活的基本形式》（台北：桂冠出版社，1992）。稍後，我們在本書的〈涂爾幹〉專章，還會看到「大師級」人物之「洞見」，雖然關切的議題與這裡有不少差異。

「雕像」）呢？還是得加上孟子等呢？不清楚，應該也難以找到共識，所以，聖物這個條件難以成立，於是乎，神聖與世俗不易區分。另外，「儒教」的道德社群在哪裡呢？這可以說是一種「道德共同體」之概念，常常是由具有魅力的宗教領袖來領導，但「儒教」卻找不到宗教領袖，根據涂爾幹的說法，沒有「道德社群」，就不易區分是「宗教」或「巫術」，但誰會認爲「儒教」有後者的成分呢？應該沒有。

　　總之，筆者不認爲儒家思想或其倫理足以成爲一宗教信仰，不過，「有朋自遠方來」就尊重「友人」的說法，在這裡，我們將儒家思想或其倫理視爲一宗教，也就是「儒教」，理由是爲了方便「對話」的進行。

中國的統治階級是無神論者

　　這裡，我們討論洛克對於中國宗教與禮儀的看法。先前，我們已經知道了洛克自 17 世紀末開始，即對遠東的中國感到無比的興趣。那麼，其〈中國筆記〉是什麼樣的作品呢？這有必要加以說明，因爲這是瞭解洛克之「中國觀」的必要讀物，而其中一個重要議題，洛克認爲，中國的統治階級都是百分之百的無神論者。《洛克與中國》的作者韓凌在整理洛克的〈中國筆記〉這份手稿以後，她寫道：

> 洛克「中國筆記」表面上是一本讀書摘要，對中國的宗教和禮儀「述而不作」。但事實上，洛克只是對天主教內部「禮儀之爭」的兩大焦點──「譯名之爭」和「禮儀」之爭──「存而不論」，對中國宗教的關鍵概念和根本性質卻觀點鮮明，理解深刻。洛克看似只是摘錄並羅列了《中國禮儀史》等文獻中對中國宗教和禮儀的描述，實際上卻奇蹟般地透過傳教士們晦澀冗長並且時常自相矛盾的描述抓住了中國宗教的內核，最終得出「中國統治階級──士大夫們──都是純粹的無神論者」的結論。[24]

24　韓凌，《洛克與中國》（北京：北京大學出版社，2019），第 170 頁。

　　本段話提到的「譯名之爭」與「禮儀之爭」（Chinese Rites Controversy）二者，有必要再加以說明。事實上，「禮儀之爭」是中西文化交流史，同時也是天主教在中國傳教史的重大事件，此事件指的是，17 世紀中葉到 18 世紀中葉，天主教對於以下二者之爭論：其一，能否用中國典籍中的「天」和「上帝」來稱呼天主教的「天主」；其二，能否允許中國天主教徒參加祭祖儀式[25]。從這一段當中，我們看到了此時期的「禮儀之爭」，在中國的耶穌會會士——例如大家所熟知的利瑪竇——為了有利於傳教的進行，不受太多的阻礙，應該會贊成，否則的話，可能遭致當地居民的反彈，利氏的「適應政策」[26]顧名思義可略知其態度。而身處於歐洲的耶穌會會士則可能因為不甚瞭解當地的情形，或者堅持自己對於聖經原典的看法，又或者，該會士與利瑪竇過去有些嫌隙未能解決，而反對中國既有的禮儀。不過，在這裡，我們不涉入此議題，還是得回到洛克的看法。

　　利瑪竇主要透過四個方面來貫徹其「適應政策」：第一，生活方面，儒服乘轎；第二，術語方面，用中國古籍中的「上帝」和「天」指代「God」；第三，倫理方面，以儒家的道德概念解釋基督教倫理；第四，禮儀方面，將祭祖祭孔解釋為政治性和社會性行為而允許執行[27]。第一點產生的爭議最少，第四點最多，吾人認為，第二點尤為重要，因為這不只是在耶穌會會士內部與羅馬教廷的爭執而言，事實上，洛克在其〈中國筆記〉的摘要裡也對第二點表達過看法。我們在稍後的章節會再予以詳加討論。

　　我們暫且先回到上述那段話裡，《洛克與中國》的作者韓凌認為洛克的立場明顯，且洛氏奇蹟般地抓住了「中國宗教的內核」，即「中國統治階級……都是純粹的無神論者」。看起來，韓凌同意洛氏此一論點。在這裡，我們需要玄元宗壇授籙道士何宿玄——2016 年第八屆道

25　前揭書，第 19 頁。
26　前揭書，第 17 頁。另外，「禮儀之爭」最終導致了耶穌會被解散。韓凌認為在華耶穌會成於「適應政策」，也敗於該政策，主因在於羅馬教廷和其他修會顧慮到了「適應政策」對基督教教義會產生危險。
27　前揭書，第 17 頁。

教玄門講經台灣道士代表（道號元虛子）──的協助，吾人於2021年9月兩次以電話訪問何道士，再輔以電子郵件深刻討論其中部分問題，筆者認爲，何宿玄道士的看法對我們理解洛氏觀點──統治階級是無神論者──的正確性有相當之助益。在訪談中，何道士述及，道家原本沒有神像，所崇拜者是一種「大道」的靈氣。在與儒家的想法結合之後，因爲要崇拜山川、天地、宇宙，所以開始有了崇拜之物，屬多神教，並非洛克所言中國的統治階級──通常是儒家的士人（儒士）──是純粹的無神論者。吾人以爲，在此議題上，東方（中國）在洛克的眼中只是西方一神論的對應之物，西方一神論占據優勢地位，東方無神論屈居下方。明顯地，這是二分法框架下的思維。

除了上述的看法之外，何宿玄的另一說法，亦可證明中國統治階級絕非「純粹的無神論者」，筆者認爲也相當值得參考。何道士說，天主教是一神論，在其教義裡，只有耶和華是造物主。但是，在造物主所創造的「世界」，還必須有天使來管理，負責執行造物主的命令，除此之外，還有許許多多的聖人，讓成千上萬的信徒得以追隨之，天使與聖人的位階當然是低於造物主，但也有其神性。以這樣的觀點來看，天主教亦可視爲多神教，但造物主只有一位，其位階最高，無可質疑。東方的道教（在結合儒教的想法之後）也是多神教，位階最高者是天公伯，其他的神位階較低，負責執行不同的「業務」，照顧著有不同需要的信徒，例如，關聖帝君、玄天上帝、保生大帝等。從此一視角觀之，道教亦可視爲一神教，因爲可以代表「大道」者只有天公伯，其他的神明只是在不同的領域負其責而已[28]。

28　筆者分別於2021年9月20日，與同年9月26日兩天，電話訪問何宿玄。玄元宗壇授錄道士何宿玄表示其訪談之資料可以參考以下之書目，例如，陳基政編譯，《四書讀本》（新北：西北國際文化，2010），特別是第十六章〈鬼神之爲德〉，第二十五章〈誠者自成〉，與第二十六章〈至誠無息〉；呂洞賓，《太乙金華宗旨》，第二章〈元神、識神〉；關於東嶽大帝，請參照：全國宗教資訊網的資訊；關於漢朝獨尊儒術之前，帝王與祭天的儀式與意涵，請參照：南韓儒學學者郭沂相關網站；關於自然神的信仰、帝王的封禪，與泰山神的崇拜，請參照，例如：王元臣，〈泰山神的信仰源流淺說〉，《山東科技大學學報（社會科學版）》，第7卷第4期（2015年12月），第51-54頁；關於儒家思想與基督教文化之比較，請參照，例如：何宿玄，〈分析黎老師《儒家思想與基督教文化的共榮發展》中的哲學向度〉，未發表之「哲學諮商」期末報告，第1-6頁。

　　然而，假如我們相信〈中國筆記〉的作者洛克所言而完全不想加以反駁的話，那麼不就又回到了現有之狀態，也就是，非西方的學者熱情擁抱西方學者「有價值」的論點，而對於東方（中國）之誤解再度選擇視而不見嗎？這不是學者應有的態度。舉例而言，洛克曾寫過：「嚴格來說，儒教是中國的國教，即便如今儒教只是這個大帝國居民所信奉的三大宗教之一，另兩大宗教都是後來的，源自其他國家的外來宗教[29]。」從洛克的說法來看，他對道教知之甚寡，可以說是完完全全不瞭解，在東漢（25 A.D.-220 A.D.）張天師之後，始用組織的方法把「道」變成了「教」，在張天師之前，沒有教團、沒有組織。如前所述，欲稱儒教為宗教還得費上一番功夫，更何況要像洛克般地聲稱「儒教是中國的國教」則更是難以服人。反對筆者的人，應該會替洛克說上幾句，他又不懂中文，怎麼可能知道這些。吾人以為，洛克更不可能知道千年以前，中國老早是個符合其「社會契約論」之國度，那麼，為何質疑洛克的人不是太多呢？提出所謂的「社會契約論」真有那麼了不起，還是只因為他是西方「大師級」人物？

中國的「上帝」不是「God」

　　我們剛剛提到過，利瑪竇主要透過四個方面來貫徹其「適應政策」，其中的第二點值得再思，而且更重要者，洛克對此一問題亦在其筆記中提及自己的看法，吾人以為，我們可以還算是清楚地看到，在17世紀中葉之後的洛克，對於東方已產生了輕視之意，無須等到後世的學者才得以看出。利瑪竇適應政策的第二點是，利氏與在華耶穌會會士，使用了中國古籍的「上帝」和「天」來指代「God」，這一點很可能與耶穌會日後遭到解散有關，當然原因應該不只這一項而已。那麼，洛克怎麼看待中國的「上帝」、「天」，與西方的「God」呢？

　　簡單說，這是精神／物質（西方／東方）二方法的另一展現，洛克竭力想說明的是，中國的「上帝」只是「物質的天」，不承認「完全獨立於物質的純粹精神[30]」。

29　韓凌，《洛克與中國》（北京：北京大學出版社，2019），第 43 頁。
30　前揭書，第 61 頁。

稍後，我們會談到儒家的「天」不只是「物質的天」，同時也是「精神的天」，然而即使是這樣，我們也難以改變洛克堅持唯有「純粹精神」才處於最高的位階，中國的「物質」與「精神」合而爲一的「天」，仍然不是西方的「純粹精神」，只能處於較低的位階而已。在這裡值得一提的是：洛克只是「堅信」他自己記下的筆記，無從驗證之，雖然聽說他是崇尚經驗主義的人。

洛克清楚地記下了他的想法，他說：「『上帝』字面上的意思是指『最高的主宰』或『至高無上的王』。從古代的中國人和哲學家開始，直到今天〔約莫 1702 年時〕，『上帝』指的都是『物質的天』……中國人用『上帝』指稱事物的變化和發展，但是中國人不認爲『上帝』理解或知曉這一切……中國哲學既定的不可動搖的基礎是『萬物同一體[31]』。」《洛克與中國》的作者在「萬物同一體」加上了她的註解，有必要提出來討論，因爲這正是洛克想要表達的。韓凌解釋道：

> 古希臘哲學以降，從古時的伊壁鳩魯、德謨克利特，到 17 世紀的斯賓諾莎，「萬物同一體」一直是歐洲唯物論的核心觀念。洛克全力強調中國人相信「萬物同一體」就是將中國哲學與唯物論聯繫起來，而對於洛克時代的知識分子來說，這種聯繫就等於認定中國哲學是一種唯物論哲學。[32]

洛克雖然做了筆記，也寫了摘要，目前他的〈中國筆記〉更保存在牛津大學供後人緬懷這位啓蒙早期之偉大思想家，只是裡頭的內容其實乏善可陳。古物的確有其價值，特別是在觀看的人不清楚裡頭到底寫了些什麼東西的情況下。在洛克不甚瞭解中國哲學的前提之下，做得相

31　前揭書，第 59、61 頁。在《洛克與中國》的第 61 頁底部，作者韓凌寫下了她的註釋，此註解有其重要性，吾人欲在內文中討論之。「萬物同一體」底下畫有兩條線，這是洛克認爲中國哲學最重要的原則，也是她認爲有問題的地方。不過，吾人以爲，有問題是：洛克認爲西方「God」處於最高階，中國的「天」、「上帝」則居於下，這是洛克先入爲主的觀點。吾人相信，洛克自己的問題更爲嚴重。

32　前揭書，第 61 頁，註解 2。

對「較好」的是：將中國的「物質的天」拿來對應於西方「（純粹）精神的天」，西方占優勢，因爲其上帝是純粹精神；東方（中國）居於下位，因爲其上帝是物質的天，這是洛克在東、西方比較之後所做的「貢獻」，雖然我們仍然不清楚他到底根據了什麼？較爲明顯的部分則是西方哲學二分法所形成的解釋框架。

對於洛克而言，只有西方的上帝才可以用「God」，因爲祂是全能的，以下我們看看「西方全能的上帝」。

西方全能的上帝

洛克在「精神和人類靈魂」這個主題之中，寫上一句很短的句子：「儒教不承認純粹精神。」[33]洛克的意思是：西方的上帝與中國的上帝不同，此一看法，與利瑪竇在中國執行的「適應政策」極爲不同。簡言之，對洛克而言，只有西方才有全能的上帝。

我們再看看洛克在〈中國筆記〉寫下的幾段話。洛克提到：「中國人的哲學不承認獨立於物質實體的精神存在。事實上，古代的中國人承認一種不可思議的微妙存在，有人稱之爲『純粹空間』，中國人將之視爲『第一律』，即萬物存在之源，也就是中國人信仰的『天』或『上帝』[34]。」《洛克與中國》的作者韓凌爲「第一律」加上了註解：

> 此處洛克是借用古希臘羅馬哲學（如柏拉圖哲學）中的「第一律」來指稱世界萬物的本源和根本動力。基督教哲學中的「第一律」是上帝，而中國古代經典用「天」或「上帝」借萬物的本源，接下來洛克將探討中國的「天」或「上帝」與基督教的「上帝」是不是一回事。[35]

當然不是一回事，洛克在此時便落入了「二分法」的窠臼之中。這裡再提一下二分法是什麼。

33　前揭書，第 51 頁。
34　前揭書，第 45 頁。
35　前揭書，第 45 頁。

　　西方哲學的二分法例子不少，看分析的議題而有不同的二元對立。例如：有／無、存在／缺席、現代／傳統、資本主義／封建主義、大規模生產／維持家計的生產、向海（開放）／向陸（封閉）。我們還得留意的是：這些二元對立，在天平兩端的「重量」並不是相同的，具體而言，二分法褒揚存在、輕視缺席；讚賞現代、貶低傳統[36]；鼓勵資本主義（大規模生產[37]）、標籤化封建主義[38]（維持家計的生產）。在本章之中，我們可以見到使用「二分法」的前輩洛克，因爲其〈中國筆記〉談的是中國的宗教與禮儀，於是，他將精神／物質二分，西方的「上帝」是純粹精神的、是萬能的，與全知的；但東方（中國）的「天」則無論如何都是物質的天。「精神」站在高階之處，「物質」則處於較低的位置；西方在上，東方在下。

　　洛克道出：「儒教也將『天』理解爲某種更完美的存在，即一種創造並統攝萬物的智慧的、能動的規律或本質。」這段話的最後一個字，也就是「質」，《洛克與中國》的作者韓凌爲此加上了註解，此註解與儒家的「天」有關，而且是韓凌爲洛克的「天」與「上帝」二者做了比較。韓凌說：

> 此處洛克討論了儒家的「天」和「上帝」的兩種可能的理解。前者是稱爲「理」或「太極」的模糊存在，這在洛克看來是物質的；後者是智慧的和能動的，這就非常接近於全能、全知、全善的基督教上帝了，那麼就是精神的。[39]

36　雖然，這裡不適合談發展研究，但明顯地，「傳統」二字受到了極大的委曲，特別是在所謂的「現代化理論」（Modernization）之論述中。

37　數百年來，都是黑奴在從事勞力密集的大規模生產，不是嗎？沒有黑人勞動力，所謂的大規模生產如何可能？當然，後來中國人也經由「豬仔貿易」加入了生產行列。

38　但中國早已脫離了封建主義，而且，即使中國曾經有實行過封建主義，也與歐洲的封建主義不同。重點（之一）是，爲何一定要按照馬克思（或華勒斯坦）所言，資本主義必須從封建主義的灰燼中產生呢？歷史有這麼「聽話」一定跟著某人的說法，或指定的方向前進嗎？這令筆者難以認同。

39　韓凌，《洛克與中國》（北京：北京大學出版社，2019），第49頁。

我們可以清楚地看到洛克認為基督教上帝是全能的、全知的，以及全善的，所以是「精神的」；儒家的「天」或「上帝」則被洛克視為是物質的，但同時洛克又將「物質的天」視為「理」或「太極」，這其實是讓人摸不著頭緒的。雖然洛克在〈中國筆記〉裡寫下了「天」或「上帝」可以被視之為「理」或「太極」，不過這只是洛克在閱讀之後所做的摘要，但我們可以約略地看到，洛克是在二分法底下進行其思維活動。具體而言，西方／東方；精神／物質，二分法的對應物之間，並非「平起平坐」，而有優劣之分。對於洛克來說，精神在上位，物質在下位，不過持此想法者，當然不只洛克而已。

物質的天也是精神的天

儒教的「天」是否真如洛克的說法，中國的「天」或「上帝」只是「物質的天」而不涉及「精神的」嗎？為了解答這個問題，根據道士何宿玄之看法，洛克的論點至少有兩處可以再斟酌：其一，事實上，在儒家出現之前，即已出現君主祭天的作法了，祭天時，君必須與天聯繫，此時天已經神格化了，是故中國的「天」不只是「物質的天」，也與精神有關；天道或天命，就是精神；其二，宋代理學已經將精神與物質的關係談得很清楚：心（天性，來自於天，也就是精神）與性（物質的，受到環境的影響）[40]。以上二者，清楚地告訴我們，洛克在相當程度上誤解了中國的宗教，合理的推論是，洛氏是受到二分法的影響，因為他根本就尚未開始研究中國的宗教。

洛克說：「儒教唯一的神就是『物質的天』。」[41]「不同於道教和佛教，儒教將『天』視為世界萬物的規律。儒教的『天』是一種非常微妙的物質，名曰『理』或『太極』。」[42]在這兩段話之中，可以看出洛克強調的是，儒教的神是「物質的」，這是相對於西方基督教之「精神

40　資料整理自電話訪問何宿玄之訪談稿。另，關於宋代儒學思想，請參照朱熹，《近思錄》的第一卷《體道》（香港：中華書局，2015）。值得一提的是宋代的儒學並不支持靈魂與身體分開來對待，反而主張的是身體力行之完整超越，不苟同於那些只崇尚單純精神修鍊和解脫之說的作法，因為此類行為無益於社會。

41　韓凌，《洛克與中國》（北京：北京大學出版社，2019），第45頁。

42　前揭書，第47頁。

的」神。另外，洛克還胡亂拼湊地將儒教的「天」與「理」或「太極」連結起來，這是有問題的作法，洛克的目的只是在於欲將儒教的神歸於「物質的」範疇而已，事實上，吾人懷疑洛克對「天」、「理」、「太極」有多少瞭解，雖然洛氏的確用心地做了筆記。玄元宗壇授籙道士何宿玄對於「理」或「太極」持不同之看法，我們先談後者「太極」。

　　太極包含陰（物質）與陽（精神），陰陽二者不斷地互動，這是萬物運作的法則，絕非如洛克所言，只有「物質的」而沒有「精神的」力量牽涉其中。何道士繼續談到「理」，此與《中庸》這部經典有關，宋代理學談天理的「理」，既有「中庸」之道，有天意的存在，不可測度。候鳥的遷徙是大自然的現象，達到萬物和諧之境，即是天意，爲的是延續。再以人爲例，誠實的人，可以展現天意，透過誠實，人的精神與天意合爲一體。總而言之，洛克對儒教的「天」有所誤解，「天」不只是「物質的天」，尚有「精神的天」。這是應該予以修正者。否則的話，身爲東方（非西方）知識分子，恐怕將淪爲成天爲歐洲中心主義（或西方優越主義）喝采者，無意間強化了西方的知識霸權。因此，吾人以爲，應該把握機會向西方學者澄清東方眞實的模樣。

　　所幸，〈中國筆記〉只是摘要而已，數百年以來知道的人不多，且目前收藏在牛津大學的手稿並未成書，否則一旦成書之後，想必內容應該會有許多誤解之處，因爲二分法的框架之下，不做研究也能知道答案；在誤導人們想法的程度上也會加深。筆者在本文中試圖指出洛克對中國的誤解，並且試圖反駁並修正之，或許讀者不易看出洛克的「誤解」與歐洲中心主義下的思維活動有何關聯，然而吾人以爲，至少這些「誤解」不正是利用其知識霸權間接地在強化歐洲中心主義思維嗎？吾人以爲，正是如此。

　　這裡，似乎是到了做結論的時候，我們不做任何耽擱，馬上爲本章的發現做個總結，讓讀者回想一下我們所討論的幾個議題。

本章結語

　　一般來說，洛克爲大英帝國，也爲我們所處的世界留下了不少珍貴的想法，像是政府論、社會契約論，與自由主義等，在 17 世紀中葉以後至 18 世紀初之時，洛克的確爲啓蒙時期的歐洲留下了珍貴之非物質遺產，這是人類所共有者，應該有相當多的英國人民爲此而感到驕傲，而且慶幸自己身爲這個偉大國家的一部分，三不五時想到這點，心裡難免產生與有榮焉之感，西方優越性油然而生。過去曾經是日不落國的殖民地上生活著的「本土」知識分子，說得一口流利的英語，而對於自己的母語則差一點忘記了第三人稱的主詞到底要不要加個什麼字尾，才能夠與第一人稱做出區別。說也奇怪，過去的知識分子處心積慮地想從殖民母國的控制下獲得獨立的地位，一旦獨立了，後來的知識分子卻千方百計地想要移民到殖民母國去，因爲那裡的生活品質看起來遠比自己的母國好上不知道多少倍。於是，這些被寄予厚望的知識分子，他們的優先考量倒不是自己一生當中能爲這個殘破的國家做多少事，而是盡可能地隱藏自己與家人移民的眞正目的，絕不能讓人知道自己的心裡在想什麼，不然的話，就只能偷偷摸摸地利用午夜時分，搭車前往機場等候一早前往倫敦的班機了。

　　說實話，筆者並非不喜歡看到井然有序的社會，雖然政府各種管制的技術愈來愈讓人難以識別出來，讓人感到窒息。但是，「有秩序」的意思是：雖然未必一定都是如此，但卻是有可能讓最大多數人享受最大的自由，只要人們有機會選擇自己喜歡的政治制度的話。洛克的著作對於政府的角色、政府與人民的關係、財產權、自由的政治制度等，給予後世不少啓發，這些貢獻的確不宜予以抹煞。然而，吾人以爲，更重要的是，洛克身爲啓蒙時代早期的大思想家，當時，他對中國宗教的看法，就如前面的分析所呈現者，是偏頗的觀點，而且這些觀點基本上是來自於他的想像，若不予以澄清，讓這保存得極好的第一手資料，繼續讓英國，甚至是全球的研究者視爲人間瑰寶的話，這不是——至少間接地——在強化歐洲中心主義的思維嗎？吾人以爲，這樣必須在這裡將洛克在其手稿中對於中國宗教與禮儀的錯誤見解，予以修正。

第 二 章 彌爾（John Stuart Mill）—— 19世紀大英帝國殖民主義的化妝師

　　英國的約翰・彌爾[1]（John Stuart Mill, 1806-1873）是 19 世紀最重要的哲學家、作家，也是一位公眾人物，聽說其傑出成就只有 20 世紀的柏蘭特・羅素（Bertrand Russell, 1872-1970）可以與之相提並論，至今仍在社會哲學與政治哲學界廣爲人知。箇中原因（之一）是，1850年代的英國，在工業革命之後，出現了許多社會問題，其父親詹姆士・彌爾（James Mill, 1773-1836）是當時重要的思想家，並且，老彌爾對於彌爾的教育極度重視，幾乎每天都花時間在他身上。因此，彌爾 3 歲開始學習希臘文，5 歲閱讀柏拉圖的著作，8 歲時學習拉丁文，11 歲學習牛頓的理論，12 歲閱讀邏輯學的經典著作，14 歲時已讀完亞當・斯密（Adam Smith）的《國富論》（*The Wealth of Nations*）、大衛・李嘉圖（David Ricardo）的《政治經濟學與稅收原理》（*Principles of Political Economy and Taxation*）以及高等數學。此外，值得一提的是，彌爾必須向其父親報告每日閱讀摘要，而且他排斥「塡鴨式〔教育〕系統」，只培養對各種想法的批判能力[2]。由此可見，老彌爾從彌爾小時候，就已經很嚴格地要求他，而彌爾沒讓他的父親失望，後來在英國學術界與政治界都頗富盛名。

1　本書所論及之外國學者，除了每章的標題之外，在文章的內容出現第一次姓名時，均以其原文呈現。之後，就依筆者的淺見來判斷，若是華文學術界普遍熟悉的外國學者，之後所論及者，都以其中文姓氏來書寫，較不熟悉者，則仍以其原文姓氏（大體上是英文）稱之。因此，本章將以「彌爾」來代表 John Stuart Mill，而以「老彌爾」來稱其父親，其父親在彌爾的人生初期，同時也擔任其教師，可以說老彌爾有不少的觀念——特別是對印度的看法——由彌爾所繼承，我們會在本章中看到幾個重要的部分。

2　Nicholas Capaldi, *John Stuart Mill: A Biography* (Cambridge, UK: Cambridge University Press, 2004), p. ix-x, 1, 6-7, 9.

　　彌爾不僅僅「在邏輯學、倫理學與政治學上滋養我們」，他還被認為是個具有德性的好人，可以說「他是我們所有人道德課程之泉源」[3]。這麼說，彌爾成名的原因不只是在他的學術生活，同時在其道德生活裡，後世亦可從他身上擷取有用的課程，無論它是什麼。甚至還有人曾經如此讚美彌爾：「凡是天才所應具備的條件，一般而言，這些條件將更適合（用在）彌爾身上」，其「個人生活與反抗暴政以求得自主管理的動力有所牽連，他的父親強加了第一個暴政〔於彌爾之上〕……彌爾感覺到自己無法達到他父親的標準」[4]。有一個如此關心自己小孩教育的父親，彌爾日後想過平凡一點的生活都不可能，「事後解釋」的確是如此。我們看一下最近才付梓的《約翰‧彌爾自傳》，這本中文版的書是如何描述這本傳記的獨特性，該書是「一本約翰‧彌爾記錄自己閱讀思考學習的知識之旅，對現代讀者來說，可以看到約翰‧彌爾是如何藉由閱讀、思考與寫作，而成為在人類思想史上具有重要地位的人物」[5]。一直在旅程中陪伴彌爾的正是他的父親，經過每日的對話，父親的知識完整地傳遞給兒子。因此，我們看到了一位思想巨人之養成過程。

　　除了上述對於彌爾極為正面的描述之外，也有人稱彌爾是大不列顛（The Great Britain）最偉大的自由主義理論家，事實上，也是（大英）帝國的堅定信仰者[6]。這裡有必要先解釋一下，一方面，彌爾是被視為19世紀最偉大的自由主義者，然而另一方面，他支持帝國在海內外的行動，具體地說，彌爾在政治上，對大英帝國在全球的殖民活動是持正面態度的。乍聽之下，這讓人感到似乎有矛盾之處，事實也是如此。此矛盾對於這位大師級人物的聲望尤為重要，筆者將會詳細分析之。是

3　William Leonard Courtney, *Life and Writings of John Stuart Mill, with a Bibliography by John P. Anderson* (Bristol: Thoemmes Press, 1994), p. v, vii.

4　Carol A.L. Prager, "Intervention and Empire: John Stuart Mill and International Relations," *Political Studies*, Vol. 53, Issue 3 (October, 2005), pp. 621-640, p. 624.

5　約翰‧彌爾著，陳蒼多譯，《約翰‧彌爾自傳》（台北：五南圖書，2020）。請參照該書封面之「本書特色」部分。

6　Patrick Brantlinger, "The Collected Works of John Stuart Mill," *Victorian Studies*, Vol. 34, Issue 2 (Winter, 1991), pp. 258-260.

故，不同於上述對彌爾有點歌功頌德的描繪，本文將從兩大面向著手，吾人的目的在於推翻大多數學者對於這位英國 19 世紀最重要的哲學家之正面評價。簡單說，筆者打算一反學術界長期以來對於西方學者一貫地採取「溫文儒雅」──盡可能地多讚美少指責──之作風，直接批判自由主義「大師」級人物彌爾。具體而言，本文有興趣，且欲處理的只有兩大議題，這是在過去少見者。第一個議題是這位號稱是「自由主義集大成者」的彌爾──自 1823 年至 1858 年服務於東印度公司（Eastern India Company, EIC）──是如何看待在他心目中占有崇高地位的（大英）帝國，從事的卻是在遠東地區販毒這件事？他是如何運用其獨特的學術能力來「合理化」走私毒品到清廷所管轄的土地上？第二個議題則是關於一個明顯的矛盾點，也就是，彌爾如何調和自己的論述，一方面，他終生爲「自由主義」奮戰，這是他「人類的成長（或發展）」重要的戰役；另一方面，他又支持帝國的殖民活動，即使他非常清楚英國殖民政府在 1860 年的牙買加（Jamaica）暴動殺了不少無辜生命，更不用說 1857 年的印度兵起義（Sepoy Mutiny），當時他仍在爲東印度公司貢獻其所長[7]。

　　本章結構主要由上述兩大部分，再加上吾人討論「二分法」的第三部分所組成，最後這個部分亦可視爲第一、二部分的補充。如前所述，第一部分是彌爾對「自由主義」的看法，包括了彌爾對「人類的自由」（human freedom）之看法，以及解釋彌爾的重要著作《論自由》這本書與鴉片戰爭之間的關係；第二部分吾人將解釋彌爾的「自由主義」與「殖民主義」，二者看似矛盾，但其實它們共舞的姿勢還是滿吸引人們的目光。子題包括：「人類成長」的倫理（ethic of human growth）；自由主義與殖民主義並存的「矛盾」；成長的倫理、功利主義與殖民主義之間緊密但過去爲人所忽略的關係等。因爲這個部分吾人發現唐‧哈比比（Don A. Habibi）教授之專著《約翰‧彌爾與人類成長的倫理》

7　Katherine Smits, "John Stuart Mill on the Antipodes: Settler Violence against Indigenous Peoples and the Legitimacy of Colonial Rule," *Australian Journal of Politics and History*, Vol. 54, No. 1 (November, 2008), pp. 1-15.

（*John Stuart Mill and the Ethic of Human Growth*）[8]，對於解釋第二部分議題有相當之助益，所以，此部分主要引自哈比比教授之觀點。第三部分，筆者提出一個相對較新且過去為學者所忽略的看法，那就是，彌爾父子的觀點其實是受了西方哲學二分法的影響，吾人將在這個部分用具體證據以證明之。最後，吾人總結本章之發現。

彌爾對「自由主義」的看法

這個小節將由兩個部分組成，包括「人類的自由」，以及彌爾的《論自由》[9] 與鴉片戰爭的關係。吾人以為，長期以來，學者們忽略了彌爾在這本傑作中試圖合理化英國王室在清中國的販毒行為，這可以證明——至少部分地——彌爾並非一位「自由主義的集大成者」，反而更像是 19 世紀「帝國的殖民主義化妝師」。

所謂「人類的自由」

彌爾對於「自由主義」的推崇，以及他深受世界各地之學者、學子們的愛戴，倒也無須等到 1989 年柏林圍牆倒塌，所謂的「自由世界」獲得勝利之後才被發現。筆者剛好找到了一本於 1988 年撰寫完成的關於彌爾對於自由（freedom）觀念的博士論文，或許可以將其中的部分觀點拿來討論，藉以瞭解彌爾對於「自由主義」之洞見，以及他為後世所推崇的原因。當然，對於許多在浩瀚的書海航行了許久的學者而言，一本博士論文或許不值得大驚小怪，不過，我們倒可以透過這位當年剛準備好要拿到博士學位的作者，看到對彌爾「自由主義」之些許質疑，因為這是博士學位的追求過程中，重要訓練之一部分。同時，我們也可以從當中發現，這篇博士論文，並未討論英國殖民地印度的情形，此一「疏漏」——無論刻意與否——實為可惜，因為彌爾的一生當中，有一段時間居住在英國殖民地印度。那麼，彌爾在談論「自由主義」之時，

8　Don A. Habibi, *John Stuart Mill and the Ethic of Human Growth* (Dordrecht: Kluwer Academic Publishers, 2001).

9　彌爾的《論自由》首次出版的時間是 1859 年。本文主要參考自台北五南圖書公司最近幾年出版的「經典名著文庫」編號 34 號的《論自由》。請參照：約翰‧斯圖爾特‧彌爾著，孟凡禮譯，《論自由》（台北：五南圖書，2018〔1859〕）。

又如何看待印度這塊土地以及該土地上成千上萬的印度人呢？印度人享受一定程度的自由嗎？可惜，該文並未討論，因此本章或可試著補充之。

　　上述吾人所提之論文，是克里斯多福・朱德（Christopher E. Chude）的《人類自理的想法：社會－政治哲學的批判性詮釋》（*The Idea of Human Freedom: A Critical Interpretation in Socio-Political Philosophy*），這本博士論文的主要目的之一是，解釋彌爾認為只要不妨害他人，自由應該是「不受限制的」（unlimited），換句話說，一個人的自由是絕對的，除非這個人的自由會傷害其他人。不過，不同於彌爾的說法，朱德則主張為了「世界和平、平等、愛與安全」[10]，自由應該受到某種程度的控制。看起來，彌爾似乎走得遠一些，任何可能危害到自由的原則都應該予以排除。那麼，朱德所言「人類的自由」所指為何呢？關於「自由」，在朱德的專書裡用了兩個單字，其一就是freedom，另一個則是 liberty，且這兩個字在其文中交互使用著。在朱德的定義中，freedom 指的是「一種自由的狀態」，或者「免於被他人所控制的自由」，換句話說，「〔它〕是一種自由的狀態，可以隨心所欲地去做讓自己高興的事」[11]。那麼，上述定義下的「自由」又是以什麼樣的形式出現呢？這種形式的自由可以說是「自主（self-autonomy），它是一種可以自由選擇的狀態，……是獨立於任何外在干預」[12]。

　　關於彌爾的「自由」之概念，我們可以將其區分為兩個領域來談：第一，在人們日常生活的層次上，自由是指在一個人或一群人身上看不到「任何限制」他（們）「做正確的事」，以及「（自由）遍及了人類生活中多變的領域」；其次，在政治領域裡，我們之所以需要政府，是因為人民要政府保障其自由，免於被其他人的自由所侵犯。那麼，政府必須使用權力，要如何才能適當地使用權力呢？彌爾在其名著《論自由》一書中提到：「權力可以被正確地使用在那些**已經開化的**〔粗體為

10　Christopher Ejimofor Chude, *The Idea of Human Freedom: A Critical Interpretation in Socio-Political Philosophy* (Roma: Pontifical urban University, unpublished dissertation, 1988), p. 20.

11　Ibid., p. 45.

12　Ibid., pp. 45-46.

吾人所加〕社會的所有成員之唯一目的，是爲了避免其受到他人的傷害……。」[13] 吾人相信，一般人會留意到的是彌爾所說的「個人的自由是絕對的，除非其自由傷害了其他人」[14]，然而，彌爾談的自由是指定給居住在已經「開化的」歐洲，並不包括非歐洲世界。

　　簡單說，人們認爲彌爾是「自由主義的集大成者」，但事實上，彌爾的「自由主義」看起來是只給當時的歐洲人，也許特別是只給英國人的，絕不可能是給非西方社會的人，在稍後的分析中，可以看到更多非西方人不僅沒能享受到任何定義下的「自由」，而且是在彌爾定義下的「（半）野蠻人」，需要歐洲人來帶領他們朝向「進步的」方向邁進。

　　接著，我們討論一個過去不曾被注意到的問題，彌爾的大作《論自由》與鴉片戰爭的關係。

彌爾的《論自由》與鴉片戰爭

　　1840 年，彌爾大約 30 來歲，不可能不知道鴉片產自印度，而且這毒品還是在東印度公司的壟斷之下。彌爾於 1823 年至 1858 年期間服務於東印度公司[15]，他又是如何看待這件事？不過，應該很少人會將彌爾這位 19 世紀英國（最）重要的思想家之（最）重要著作《論自由》，與大英帝國只是爲了錢而對清中國發動鴉片戰爭這件不怎麼光彩的事連繫在一起吧！？在這裡，請容筆者嘗試看看，也許還真能找到二者之間「不可告人」的祕密也說不定呢！不過，筆者似乎得簡單地（再）談一談鴉片戰爭的眞正起因──它與英國大使是否得向清國的皇帝磕頭無關，而是與茶葉有關。撰寫這一小節的主要原因在於，彌爾曾經爲合理化英國爲了販賣毒品（鴉片）而出兵中國努力過，他的努力應予以「肯

13　John Stuart Mill, *On Liberty in Essential Work of John Stuart Mill*; ed. Max Lerner (New York: Bantam, 1965 [1859]), pp. 249-360, cited in Chude, *The Idea of Human Freedom*, p. 46.

14　Chude, *The Idea of Human Freedom*, p. 47.

15　大多數（可以說，幾乎是全部）的學者都認爲彌爾對印度的狀況──無論是知識上或行政上的──是可以完全掌握的，也就是說，彌爾對印度所持之觀點是成熟的，是已經完全發展了的。不過，若以當代的觀點視之，彌爾不曾在印度旅行，不會任何一種印度語言，也沒有深交的印度人，也許，比較可能的是，他以一個統治者的角度來看待印度這塊殖民地。不過，本文不加入上述的辯論，因爲筆者認爲還有更重要的議題需要解決。有關彌爾與印度之間的關係，請參照：Lynn Zastoupil, "J.S. Mill and India," *Victorian Studies*, Vol. 32, Issue 1 (Autumn, 1988), pp. 31-54。

定」，於是，我們得花點時間看看彌爾如何為大英帝國的軍事（應該說是侵略）行動背書。

概略地說，「現代」且篤信重商主義的英國，向「傳統」且重農的清廷購買了許多茶葉，付了不少白銀給清朝；但白銀是貴重金屬，在重商主義者看來，這是英國國力的喪失，王室對此感到憂心。工業革命之後，工人需要提神的飲料，對茶葉的需求與日俱增，白銀持續外流至中國。以當代經濟學的話來說，清中國一直享受著貿易順差，可惜，後來遇到了英國無良的商人，優勢漸失。具體而言，工業革命後，相當自豪於工廠製品的英國商人，對自己的製造能力過度自信，認為只要是倫敦或曼徹斯特能夠製造出來的產品，全世界都會搶著購買，清廷也會如此，所以無須煩惱銷路的問題。可是，工廠製品雖然因為大量製造而使單價更低，但加上運費之後，當時，大概沒有消費者會對「英國製造」感到興趣。於是，英國便決定在其殖民地印度種植鴉片這項農產品，加工成中國人喜歡的口味之後，再送到中國，銷路愈來愈好，於是白銀終於流回了英國。後來，道光皇帝（1820-1850 年在位）決定取締這項於雍正時期（1722-1735 年在位）就下令禁止的毒品貿易，這下英國龐大的利潤難以持續，奢華的王室之開銷將苦無著落，於是英國決定為了錢而發動戰爭，這才是戰爭的真正原因[16]。當然，對英國而言──對王室更是如此──知道的人愈少愈好。那麼，彌爾為何要合理化英國在清廷的土地上販毒這件事呢？當然，這與英國國家財富、國力的增長有關，彌爾應該很愛國，但這只是吾人的推測而已。不過，彌爾的的確確在其大作上為販賣毒品這件事進行了學術的討論。

在經濟學的知識學習上，彌爾可能受到其好友李嘉圖的啟發，但即使如此，彌爾還是堅持「自由」二字。不過，與西方國家所熱愛的「自由貿易」理念不甚相同，彌爾對自由的看法有其一致性，原因之一可能是因為他的自由原則很簡單，那就是：個人的自由是絕對的，只要不影響（或傷害）他人即可。一個好的政府──對彌爾而言──也無須替

---

16 關於鴉片戰爭的詳細論述，請參照：謝宏仁，第五章，〈鴉片的政治經濟學〉，《顛覆你的歷史觀：連歷史老師也不知道的史實》，增訂二版（台北：五南圖書，2021），第 223-266 頁。

老百姓做太多，只要能夠在社會上維持上述的原則即可，其他的事可以不必去做。換句話說，彌爾為政府畫了界線，超過了界線，個人的自由就會受到影響。而對於商業貿易，它是一種社會行為，任何人想辦法將商品賣給大眾時，多少「會影響到其他人以及社會總體的利益」，這不可避免，是故，「原則上其行為就應該受到社會的管轄」。因此，在彌爾的時代裡，處於相對較早的時間，當然有人主張「限定商品價格和規定製造程度乃是政府的義務」。然而，經過了很長一段時間的爭鬥與調和之後，人們（或者具體而言，知識分子、商人，政府官員等）才瞭解「唯一的制約」是：政府必須保證「消費者具有選擇商家的完全自由」，進而「給予生產者和銷售者完全的自由」[17]，這是最有效的辦法，讓商品得以物美價廉。從這個唯一的「制約」及其「商業貿易」的角度來看，彌爾的確不愧於「自由主義」之集大成者。

在上述的「制約」之下，政府根本沒有理由要求生產者與銷售人員做任何他們不想做的事，政府唯一能做且必須做的，就是想方設法地給予消費者選擇商家的完全自由而已。在這種情況之下，彌爾繼續說道：

> 有些干涉商業之例從根本上說確屬自由問題，例如……緬因州禁酒令，以及禁止向中國輸入鴉片、限制出售毒藥等；簡言之，一切旨在令某種特定商品無從購買或難以獲得的干涉皆屬此類，這種干涉應予反對之處，不在於其侵犯了生產者或銷售者的自由，而在於侵犯了購買者的自由……如果毒藥的購買和使用從不會被用於殺人以外的目的，那麼禁止其生產和銷售就是正當合理的。可是它們之所以被需要，可能是為了無害而且有益的目的，而限制不可能只強加於前一種情形〔即殺人〕，卻無礙於後一種情形〔有益的目的，例如醫療〕。[18]

17　彌爾著，孟凡禮譯，第五章，〈論自由原則的應用〉，《論自由》（台北：五南圖書，2018），第126-148頁，頁127。

18　前揭書，第127、128頁。

在此一段落的前半部，談的是上述「唯一的制約」，即政府必須能夠保證消費者能夠選擇商家的完全自由，任何輕微的、間接限制都不能被彌爾所容忍。不過，彌爾的〈論自由原則的應用〉，對於生產者與銷售者卻是給予了完完全全的自由，也不管鴉片（或其他毒品）是否為他國政府所禁止。然而，這樣講也不對，因為鴉片在歐洲大陸是被禁止販賣與銷售的，彌爾比我們早知道了一百多年，更何況，彌爾在離中國比較近的印度時，應該也聽過，鴉片同樣也為清中國所禁，為何英國在清廷不同意販賣違禁品時，決定發動戰爭？又為何彌爾在他1859年出版的《論自由》宣揚其鴉片販賣在中國的「合理性」呢？因為此時正是第二次鴉片戰爭（英法聯軍）仍在進行之期間嗎？那麼，此時的中國人之「自由」是不是受到限制了呢？的確是，但對彌爾而言，清廷仍處於（半）野蠻狀態，無須侈談「自由」，就算說了，中國人也聽不懂。

我們知道彌爾是邊沁（Jeremy Bentham, 1748-1832）的嫡傳弟子，相信彌爾在他身上學到了不少東西，也許正好可以應用在處理鴉片戰爭這個棘手的問題上。不巧地，邊沁的「預設證據」[19]可以派上用場，幫忙解決彌爾的難題，在裡子上，這讓英國得以藉由販毒來賺取暴利；而在面子上，又可以讓王室在珠光寶氣的情況下全身而退。為什麼呢？當然，彌爾即使用一位倫敦名不見經傳的小公務員來當作例子，他仍然不會忘記得先扯上「自由」，或許這樣子才會像是個學者吧！彌爾說了以下的「故事」，這故事可以解決他的「王室的販毒困境」[20]。

> 如果一個公職人員乃至任何個人，深知某座橋梁已岌岌可危，卻見有人試圖從橋上通過，而倉促之間又來不及警告，他們就可以一把將他拖回來，這算不上對他的自由有任何真正侵犯；因為自由在於為其所欲為，而墜河溺水決非他所欲

19　邊沁，《證據原理導論》（Bentham, *An Introductory View of the Rationale of Evidence*），《邊沁作品集》，第6卷，第60頁。原編者注，引自：前揭書，第148頁，注釋1。

20　這個困境的名稱，並非來自某位知名學者的想法、著作，或是評論，而只是筆者的突發奇想而已。不喜歡這個名詞裡的「販毒」二字之讀者──大部分（可能）是英國的讀者，根據吾人的準確的臆測──可以為自己換成「王室的1840困境」，或許這小小的修正，讀者的感覺會好一些。

之事。但是，如果某事對他並無必然的損害，而是僅有損害的危險〔例如抽食鴉片〕，則此事是否足以值得讓他冒險一試，除了他自己外沒人能代他做出判斷。因為，在這種情況下……我認為，他受到會有危險的警告就足夠了，而不該被強行阻止以身涉險〔例如吸毒〕。將類似的理由應用於出售毒藥之類的問題……為藥品貼上標籤，載明其危險性質，就可說是一種可行而又不致侵犯自由的預防措施……在我看來，既能為利用毒藥犯罪設置障礙，又要注意不致侵犯那些將此物用於其他目的之人的自由，唯一的方式莫過於使用邊沁貼切名之的「預設證據」，這個辦法是……締結契約時，必須遵守某些正式手續，如當事人的簽名、見證人……來做為契約生效的條件……並且只要據此，就沒有任何東西能使契約失去法律效力……。[21]

看起來，彌爾的聰明作法，只是在「甩鍋」[22]而已，我們當然得以鴉片這項毒藥當作例子。上述的說法，有幾個要點可以申論之，首先，彌爾不只給了「消費者具有選擇商家的完全自由」，也就是名義上是尊重消費者的自由，但事實上，彌爾試圖不去追究鴉片的販賣與吸食在清朝的土地上是犯罪行為。現在，假設筆者皮包裡的 10 萬元是犯罪所得，因為筆者冒著被抓的風險，到台北火車站地下室擔任車手，後來筆者「成功」了，這 10 萬塊是筆者的佣金，請問筆者能拿著這 10 萬元，要求政府充分保障我「選擇商家的完全自由」嗎？當然不行！但這卻是「自由主義的集大成者」彌爾在其大作《論自由》一書所使用的相似例子。吾人猜想，反對筆者的學者們會反駁，時代是不同的，彌爾活在 19 世紀，現在已是 21 世紀初了，不能拿現在的看法來質疑過去發生的

21　彌爾著，孟凡禮譯，《論自由》（台北：五南圖書，2018），第 128、129 頁。
22　這是目前台灣常用的華語專有名詞，其他華人社會裡應該尚未流行起來，也許不久之後全世界的華人都喜歡使用這個詞也說不定。「甩鍋」這個詞（可能）大部分是用在政治人物的身上，其意思是將責任甩到其他人身上，讓別人為某件錯誤的事負責，自己在鍋子甩了之後，獲得了「全身而退」的機會。當然，某人一旦被冠上了「甩鍋」之後，大概已經先惹了一身腥。

事。的確，18世紀的強盜事件與21世紀的強盜事件不能一概而論，必須分析個別的、具體的事件，但筆者此處正是在分析具體的事件——鴉片戰爭。

第二，如彌爾所言，應該「給予生產者和銷售者完全的自由」，乍聽之下，好像彌爾眞如一位經濟學家那般，在商貿活動上，也爲政府的管制活動畫下了界線，他認爲最有效率的、最能促進交易活動的政府，莫過於保護生產者與銷售者百分之百的自由。那麼，我們現在將鴉片「貿易」當成例子來檢視彌爾的說法，按照其主張，大英帝國給予在印度這塊殖民地上的鴉片生產者最充分的自由，而清廷應該給予英國在廣州（及其他地區）的銷售者絲毫不加限制的自由，吾人相信，最同意上述這個說法的人應該是彌爾的朋友李嘉圖，因爲李嘉圖留給世人其最知名的相對比較利益法則。大英帝國應用該法則，在印度種植鴉片，用它來交換清中國擁有相對優勢的茶葉，將會使白銀流回印度，然後再由駐印度的英國商人購買曼徹斯特工廠生產的商品——工廠的東西有人買就好了，不一定要中國人買，印度人也可以——如此，工業「革命」才有成功的可能；原來鴉片貿易同時支持了英國的工業化過程，相信這是出乎李嘉圖與彌爾這兩位經濟學家的意料。簡言之，原來彌爾「送給」（鴉片）生產者與銷售者完全的自由，不受任何限制，間接地促成了今日人們仍然覺得佩服與羨慕的英國工業「革命」[23]。

第三，邊沁的「預設證據」，說穿了也只是爲毒品的包裝上寫上少數幾行警語而已，對邊沁與彌爾而言——特別是後者——印上幾句話，告訴買家這產品可能對身體健康產生某些風險，加上當事人簽了名；或者，當事人在吸毒之後神智稍微不是那麼清楚，所以找了見證人，見證人也簽了名。因此，在「預設證據」的保護傘之下，生產者與銷售者就可以規避所有（刑事）責任，因爲當事人已經知道了吸毒的風險，或者再加上見證者的背書。然而，印度也好，中國也罷，都是彌爾認爲心目中最理想的（半）野蠻社會的例子，因此邊沁的「預設證據」根本也沒

---

23 謝宏仁，第五章，〈鴉片的政治經濟學〉，《顚覆你的歷史觀》，增訂二版（台北：五南圖書，2021）。

發生在廣州或是清廷所轄的其他地區，因為若要向住在這兒的居民解釋來自於「開化的」社會之法律，簡直是件不可能的事。所以，彌爾只是純粹在學理上發揮其邏輯的縝密性，只是用嘴巴向他的友人說說而已，並未真的向英國政府具體地建議要廣州那些可以完全自由選擇（賣鴉片）商家的消費者，在購買時，得先學會寫出自己的姓名，如果學不會的話，可以帶一位有簽名能力的讀書人來當見證人。可是，彌爾不知道或假裝不知道，鴉片得靠走私才能進入中國，所有的商家都躲起來了，消費者得有特定的管道才能找到商家，然而，消費者還是愈來愈多，不知道這些消費者有沒有享受到彌爾所說的「完全自由」地選擇商家呢？

　　最後，彌爾表面上關心全「人類的成長」，他找到了生產者、銷售者，與消費者三全其美的辦法，那就是：「為藥品貼上標籤……既能為利用毒藥犯罪設置障礙，又……不致侵犯那些將此物用於其他目的之人的自由。」這種方法看起來的確是考慮到了「人類」的成長，彌爾至少考慮了三類人──如果世界上只有這三類人的話，那麼人類倒是成長不少。為毒藥貼上警語之後，就可以促進「全人類」的成長了，但問題是：全世界不可能用（鴉片的）生產者、銷售者，與消費者三種類別就將所有人涵蓋，因為還有數千種商品或更多。另外，更難以理解的是，毒藥貼了標籤之後「能為利用毒藥犯罪設置障礙」，而「設置障礙」能讓犯罪的人怯步？在清廷的統治下，買或僅僅是試圖買毒藥就是犯罪了，是英國人（加上後來的法國人）想要把障礙除去，讓鴉片成為合法商品。在彌爾成為19世紀最偉大的思想家之前，他根本不瞭解歷史事實。

　　以上，我們看到了「自由主義的集大成者」彌爾，如何巧妙地使用其繁複的「自由」之論述為大英帝國在海外從事的無良活動找到了「平穩的」台階下。當然，我們很難想像，終生關心著「人類的成長」之偉大哲學家，竟然對於帝國在海外販毒這件事沒有一點責備的意思，反而是全心全意地支持帝國的所有活動。也許彌爾覺得買賣鴉片沒什麼大不了的，只要在鴉片裝箱時，記得寫上警語就可以解決（英國）法律的問題，但擁有著彌爾所建議的「完全自由」的生產者與銷售者還來不及這麼做之前，鴉片煙已經送到了廣州，而在廣州「自由的」消費者根本也

沒看到「預設證據」就抽起了鴉片煙了，因爲「開化的」英國政府對這種法律上的「證據」亦興趣缺缺，也不想和（半）野蠻人談什麼「自由」的抽象權利，但對於使用大砲則是充滿了熱情。

自由主義與殖民主義共舞

在這一小節之中，我們將討論「人類成長的倫理」，和自由主義與殖民主義的「矛盾」兩大子題，後者尚包括了彌爾之成長的倫理、功利主義與殖民主義之間的關係等。

人類成長的倫理

關於「人類成長的倫理」這個標題，事實上是來自於前述哈比比教授之專著。筆者在此借用其標題，原因有二：其一，「人類成長」是彌爾終生的信仰，包括他在東印度公司時，他都認爲在英國人的治理與帶領之下，印度這個落後的、停滯的社會將會動起來，像歐洲人一樣享受「開化的」（civilized）社會所能提供的一切，最重要的是市民的自由，在彌爾的價值系統裡，但這得花上一段很長的時間。哈比比教授說：

> 彌爾的成長倫理形塑了他功利主義的基礎，其自由主義亦如此。他對於人類成長與進步的承諾是如此巨大，以致於在產生〔價值〕衝突之時，會蓋過其他的價值。自由、自治（權）、民主，與（簡單的）快樂都屈從於成長。而爲了刺激進步，彌爾證明了外國干涉（干預）、文化衝擊〔動亂〕、專制主義，與戰爭爲正當。【24】

其二，彌爾之論點引起相對較大的爭議點，是他支持大英帝國在海外的殖民運動，但吾人以爲，殖民主義對大多數的人──特別是非西方的知識分子──而言，應該少有人會正面看待列強在海外的殖民活動。然而，彌爾卻「一反常理」地支持帝國的殖民主義，這個問題有其重要

24　Habibi, *John Stuart Mill and the Ethic of Human Growth*, p. 193.

性，必須予以解決。具體而言，彌爾認為「人類的成長」與「殖民主義」存在著密切關係，後者可以促成前者之發展，如果殖民政策訂定與執行得當的話。以英國與印度的關係為例，在英國（東印度公司）管理得宜的情形之下，殖民主義將使人類往進步的方向前進。若以功利主義的角度來衡量的話，開化了的英國人在殖民地──例如印度──的所作所為，將會把幸福的數量最大化。根據上述的兩個理由，值得花點時間來理解彌爾的「人類的成長」之倫理。

這本哈比比的著作，也就是《約翰・彌爾與人類成長的倫理》（*John Stuart Mill and the Ethic of Human Growth*），其書封封底的「本書特色」，出版社是如此介紹哈比比的專著：「……彌爾的一生與其工作中，持續最久也最重要者……是他對於人類（之個人與社會）改良與進步之帶著熱情的信仰……許多的學者忽略了彌爾『（人類）成長的倫理（growth ethic）』，而導致了對於彌爾價值系統的誤解……這個（指哈比比）研究不僅定義了而且〔重新〕建立了彌爾成長的倫理之重要性……權力的合法性，又及（彌爾對）英國殖民主義的支持等。」從上述這段話裡，我們可以看出，人類成長之倫理在彌爾的思維中占據著重要位置，而這個部分，吾人以為，可以解釋彌爾身為「自由主義的集大成者」之同時，他又可以支持大英帝國的殖民活動。不少學者對於彌爾支持殖民主義這件事大加撻伐，以致於看不到哈比比所確信之觀點，那就是彌爾對於殖民主義保持著他一貫的支持立場。然而，吾人以為，哈比比並未看出彌爾的「人類的成長」之倫理與「殖民主義」、「功利主義」三者之間有著密切的關係。另外，筆者以為，哈比比不僅沒有看見上述三者間的關係，也未能看清，為何彌爾認為歐洲（或具體而言，英國）人足以帶領非西方民族走向「進步」的境界，其實與西方哲學的二方法有關。換句話說，彌爾是在一個看似完美的、邏輯縝密的（二分法）解釋架構（或詮釋框架）下，端出他的學說。

接下來，我們先看看這位彌爾學說的專家哈比比教授所看到的問題及其重要性。

「矛盾」之所在

　　這裡所指的是自由主義與殖民主義並存的「矛盾」。在討論彌爾的思想中一個看來仍懸而未決的問題時，哈比比引述了布魯斯・馬茲利許（Bruce Mazlish）的說法，馬茲利許寫道：「說來奇怪，在〔殖民主義〕這個愈來愈重要的脈絡裡，殖民治理的知識竟然沒有激發彌爾對於自由的相關問題，與（人們的）自我發展進行深入的瞭解。」[25]這段話裡，馬茲利許質疑了彌爾論點裡一個重要的矛盾點，那就是：一方面，彌爾高談其自由的價值與個體發展的重要性；另一方面，卻支持英國的帝國主義擴張，並且利用殖民主義的相關知識——動物學、植物學、地質學、礦物學、水文、教育等——來治理殖民地，像是美洲、澳洲與印度等，而且，彌爾在印度必定見識過殖民地的高壓統治對當地所造成的危害與破壞，這明顯地與自由主義不合，那麼學者又該如何解釋彌爾學術論點（或心理）的矛盾呢？

　　上述看起來像是個矛盾的論點，筆者認為它的確並不容易理解，但卻值得花一點時間加以澄清。對於上述的論點，哈比比大略地將研究彌爾的學者分為兩派：其一，這部分的學者，例如瑪克士・連那（Max Lerner）與以撒亞・伯林（Isaiah Berlin），視彌爾為英雄，甚至完全忽略了彌爾對殖民主義抱持著支持態度，並且將他視為一名「反殖民戰士」[26]。這一派的學者當然也包括了華文作者，而且華文的出版社不可能忽略彌爾這一位 19 世紀英國最偉大的哲學家。例如，學者張明貴對彌爾即推崇有加，基本上，不易看到其專著裡有批評彌爾的說法，即使是有，也是點到為止，欠缺重要性。在張氏的《約翰彌爾》一書中，即可看到他將彌爾形容為「19 世紀英國偉大的哲學家……〔他〕對個人自由不朽的論述……在哲學、經濟學、理則學，乃至政治、社會與

25　Bruce Mazlish, *James and John Stuart Mill: Father and Son in the Nineteenth Century* (New York: Basic Books, 1975), p. 144, cited in Don A. Habibi, *John Stuart Mill and the Ethic of Human Growth*, p. 185.

26　Max Lerner's Introduction to *Essential Works of John Stuart Mill* (New York: Bantam Books, 1965, p. vill. For Isaiah Berlin, please refer to "John Stuart Mill and the Ends of Life," in *Four Essays on Liberty* (New York:Oxford University Press, 1969), p. 179, 202, cited in Ibid., p. 203.

倫理思想上……都有其深入而獨到的見解。尤其在自由主義的政治與經濟思想上，彌爾更是集古典自由主義思想之大成，而開啟了新自由主義」[27]。從這段話裡，我們可以看出，彌爾涉獵了各個學術領域，但最後則是「集古典自由主義思想之大成」，換句話說，在張氏的心目中，彌爾實為「自由主義之父」。

　　而另一派的學者，我們再以哈比比的書中所舉出的兩位學者為例。比克滸・巴瑞克（Bhikhu Parekh）極其直接地批評彌爾式的自由主義是「歐洲中心主義的、狹窄的、傳教式的，與教條的」。另外，史都華・賈司特曼（Stewart Justman）則走得更遠了，他認為彌爾根本是個驕傲自大的偽君子，他更直接指出了「彌爾是個種族主義者」[28]，上述的說法，在接下來的分析中，我們會談到。然而，吾人以為，巴瑞克與賈司特曼對於彌爾的簡短結論並非沒有道理，因為從上述的「矛盾」中看來，殖民主義對殖民地所做的掠奪與破壞，至今都讓相對落後的國家與地區難以看到經濟起飛的模樣，對於被殖民者的心理所造成的創傷則更是難以解決[29]。

　　這一派的問題在於，他們與哈比比一樣，沒有看出為何前述的「矛盾」在彌爾的論點之中可以同時並存，而且在邏輯上是合理的，這也是哈比比提出了彌爾在支持大英帝國的殖民主義這件事上具有「一致性」[30]。可惜的是，哈比比仍不清楚，彌爾的「一致性」得以維繫的理由是什麼？換句話說，這一派的學者的確注意到了上述存在於彌爾思想的矛盾，但卻沒有為此「一致性」提出解釋。然而，在稍後的分析中，吾人將提出為何殖民主義在彌爾的想法中維持著「一致性」，而同時彌爾又能成為後世所認可的自由主義之巨擘。

27　張明貴，《約翰彌爾》（台北：東大圖書，1986），第 5 頁。

28　Bhikhu Parekh, "Decolonizing Liberalism," in Aleksandras Shtromas, ed. *The End of "Isms"? Reflections on the Fate of Ideological Politics after Communism's Collapse* (Oxford: Blackwell, 1994), p. 95, 92; Stewart Justman, *The Hidden Text of Mill's Liberty* (Savage, MD: Rowman & Littlefield, 1991), pp. 122-124, cited in Habibi, *John Stuart Mill and the Ethic of Human Growth*, p. 203.

29　洪鎌德，第十三章，〈後殖民主義與國際關係學說〉，《全球化下的國際關係新論》（新北：揚智文化，2011），第 395-426 頁。

30　Habibi, *John Stuart Mill and the Ethic of Human Growth*, p. 185.

　　接下來，我們還得花點時間來瞭解到底彌爾所謂的「人類成長的倫理」爲何物？

成長的倫理、功利主義與殖民主義

　　不久前，我們才談到了巴瑞克很嚴厲地抨擊了彌爾式的自由主義並非全人類的、廣包的，而是歐洲中心主義的、狹窄的，與傳教式的，在這裡，我們略微討論之，並藉此進入彌爾之人類成長的倫理。

人類的成長

　　如前所述，身爲哲學家的彌爾，自然會關心（全）人類的成長（改良，或發展）[31]。那麼，對他而言，什麼是人類的成長呢？吾人以爲，人類的成長是指更高的「文明世界（文明階段）」（civilization），對彌爾而言，「文明世界」或「文明階段」有兩個意思，其一，與「人類發展」（human development）同義；其二，「文明世界」是與「粗魯」/「野蠻」走著相反的方向，換句話說，一旦社會愈是走向文明（更高的）階段，就會離野蠻、粗魯，與沒有教養愈遠。彌爾生活在大英帝國高度擴張的時代裡，可想而知，只有歐洲才能算是「文明世界」，某些殖民地，像是澳洲、紐西蘭也可以算是，但大多數的地方是「非進步的」（non-progressive）、「停滯的」（stagnated），且「倒退的」（regressed），這些國度，包括了印度與中國[32]。

　　就上述「文明階段」的第一個意思而言，與「人類發展」並無二致，那麼什麼是「人類發展」呢？對彌爾而言，有兩層意義。第一層指的是「物質的改良與合作」，這使得「現代的」、「經濟已經發展的」、「科技創新的」（歐洲或西方）社會得以與（非西方）「原始的」社會做出區隔；第二層，也是彌爾更在意的一種「更高層次」的「文明階段」，其特色是「道德的提升」、「個體性」、「教育」，與

31　彌爾有時使用的英文單字不同，在其著作中，較常使用者有三，包括了成長（growth），改良/提升（improvement），與發展（development）等。吾人以爲，三者代表的意思類似，並無詳細區分之必要，特別是加在英文單字 human（人類）之後。是故，本文將交互使用此三者。

32　Habibi, *John Stuart Mill and the Ethic of Human Growth*, p. 194. 當然，對彌爾而言，所謂的「文明世界」也好，「文明階段」也好，指的都是歐洲（國家），也只有歐洲國家才可能達到文明的階段，其他國家還需歐洲國家（特別是英國）的帶領。

「品味、才能，與技術的培養」，以及「對政治社群與合作的承諾之感覺」。簡言之，「更高的、被提升後的文明階段的種種形式」[33]已被併入了彌爾的「人類的成長」之範疇裡。事實上，彌爾在其自傳中的不少地方談到了與人性有關的「人類發展」之看法，雖然他使用的語詞未必相同，但意義相近，例如，他指出：「有人認爲人類常態爲奮鬥前進，而現在彼此踐踏排擠的社會生活是人類最適當的命運，或只是產業進步的一個階段不快意的象徵。這種狀態許是文明進步的一個必要階段……但人性的最佳狀態終究是，無一人貧苦，無一人希望更富有，亦無一人憂慮自己會因他人努力前進而被擠在後面。」[34]從彌爾這段描述看起來，他的確對人類發展懷著極大的熱情，

上述關於「人類的成長」，如果我們（暫時）不考慮彌爾是一位支持大英帝國在海外建立大規模殖民地的思想家，乍看之下，任何人都會覺得這是一個充滿了人生關懷的哲學家之所以比平常人更加崇高的證明。但問題在於，「彌爾對殖民主義的支持是圍繞在其（人類）成長的倫理」[35]此議題之上，換句話說，對彌爾而言，殖民主義與人類成長（發展）有關，具體而言，彌爾認爲殖民主義可以達致人類成長的結果，這是他想從英國的殖民活動當中看到的。但爲何殖民主義可以達到如此美好的結果呢？這就需要加入功利主義的討論。

何謂功利主義（效益主義）？

在學術著作上，彌爾曾經寫過一本《功利主義》（或稱《效益主義》）[36]，我們知道功利主義之大家邊沁是老彌爾的友人，經常在彌爾家中出入，除了老彌爾與彌爾的妻子泰勒（Harriet Taylor）[37]女士之外，

---

33 Ibid..

34 *Principles of Political Economy, Collected Works of John Stuart Mill, III.* (Toronto: University of Toronto Press, 1963-1984), p. 754, 引自：張明貴，《約翰彌爾》（台北：東大圖書，1986），第97頁。

35 Habibi, *John Stuart Mill and the Ethic of Human Growth*, p. 199.

36 彌爾著，李華夏譯，《效益主義》（Utilitarianism〔功利主義〕）（台北：五南圖書，2020）。Utilitarianism 這個英文字彙翻譯成中文時，一般稱之爲功利主義，但最近由五南圖書所出版者，則將書名譯爲《效益主義》。

37 有關泰勒影響彌爾的想法，特別是女性的解放，與社會主義，請參照：Capaldi, *John Stuart Mill: A Biography*。

邊沁也是彌爾知識的重要來源。事實上，彌爾是邊沁功利主義的信仰者之一，更可以說是邊沁的嫡傳弟子，彌爾從他那裡「汲取了許多 18 世紀哲學家的理性主義與激進的功利主義」[38]。我們暫且回到功利主義這個議題上。

　　彌爾認爲功利主義之教條直截了當地就是「幸福爲人所嚮往的，還是唯一做爲目的來嚮往的；所有其他事物之所以爲人所嚮往，僅是被當做達到該『目的』之手段」。那麼，衡量功利主義的標準是什麼呢？彌爾他「一直強調⋯⋯『效用』或『幸福』（是）完全正確概念的必要組成，視此爲人類行爲的指導規範。但⋯⋯那個標準不是指執行者本身的最大幸福，而是全部幸福的最大的量⋯⋯」[39]。這裡，我們得花點時間談談彌爾所認同的這個標準。先前，我們提到了彌爾留下的「矛盾」──一方面彌爾支持帝國的殖民運動，另一方面他卻奢談自由主義──必須予以解決。此時，如果是以下的情形：當彌爾論及自由主義時，其內心所想者，只限於「開化的」西方殖民者，而不擴及其他人種呢，如此的話，彌爾的「矛盾」就得以解決了。而再加上殖民主義有其目的，也就是功利主義者所追求的最大多數人的最大幸福，這正是功利主義的最終目標，也就是讓幸福的總量極大化，那麼矛盾可說是根本不存在了。簡單說，如果殖民主義爲的是要達到這樣的目標，那麼在殖民主義的運作過程中，可能發生的傷亡（當然大多數會是被殖民者，或者是殖民者從其他地方帶來的奴隸）是可以被忽略的，而這也正是英國殖民地所發生的事。以上，我們可以大略地看出，彌爾心中的殖民主義似乎可以與功利主義相結合，而且不存在太大的困難。

　　按照上述的「猜測」或「推論」，我們似乎看到了爲何「矛盾」可以並存的原因了，那就是：彌爾的功利主義之看法、標準，可以解釋爲何他支持大英帝國的殖民主義。這樣的話，「矛盾」其實並不矛盾。難怪哈比比會認爲彌爾對於殖民主義的看法有其一致性[40]。

38　Chude, *The Idea of Human Freedom*, p.164.
39　彌爾著，李華夏譯，《效益主義》（台北：五南圖書，2020），第 14、46 頁。
40　Habibi, *John Stuart Mill and the Ethic of Human Growth*.

彌爾的殖民主義

開宗明義地說，彌爾身為大英帝國的子民、思想家、政治人物，他支持殖民主義的理由並不難理解。吾人以為，就是追求社會上最大總量的幸福。

李嘉圖是彌爾的好友，所以彌爾應該比普通人更懂得殖民地可以為他引以為傲的祖國帶來不少財富，像是貴金屬、礦產、農作物，與利潤相當可觀的成癮性植物，例如茶葉、咖啡、庶糖與鴉片等；當然，我們更不能忘記來自非洲且毛利率奇高無比的奴隸貿易。的確，英國應該也做了所有該做的事，利用各種方式，包括武力的使用，來達到目的。只是，如果只是因為大英帝國擁有最先進的武器，就向外擴張，掠奪非西方社會地上與地下的所有物，那麼英國王室絕不可能至今在世界上仍然得以享受極佳的聲譽，身為英國 19 世紀最重要的思想家（之一）的彌爾也不可能到了今日都備受尊寵。

若世界上有許多學者認為彌爾是 19 世紀英國最重要的思想家（之一）的話，那麼，這裡我們倒是不必運用高深難懂的社會學理論來分析彌爾關於殖民主義的想法，只需要做一個簡單的思維實驗即可。大英帝國曾經是占領了全球最多、最廣大殖民地的強權，然而從西方人最喜歡談的「人權」的角度出發，派軍隊到海外去別人的土地上做自己想做的事，總是需要理由，或者叫所謂的「合理化」過程，這樣的思想家無論是過去或現在，都比較容易受到官方的喜歡。反過來說，如果當年彌爾時常批評大英帝國老是占領別人的土地，侵犯他人的「財產權」，拿走原本不屬於自己的東西，那麼假設非西方的知識界十分認同彌爾的說法，可想而知今日的英國王室也不會坐視不管，一定想方設法為過去的行為找台階下。不過，後面這一種情況倒是沒有發生，因為彌爾的確是支持帝國在全球的殖民活動，而與（老）彌爾有切身關係的就是印度這塊殖民地了。我們得看看彌爾心目中的殖民主義是什麼樣子，以及為什麼他能夠拋開道德的責難而選擇支持殖民主義。

這裡，我們試著用拼湊的方式，來理解彌爾的殖民主義。在開始之前，我們先回想一下前述的「功利主義」的討論，對一個社會而言，達

到「幸福最大的量」是功利主義者所戮力追求的，彌爾正是一位功利主義者，並且他追求的是「人類的」成長（或發展）。如此一來，彌爾的殖民主義有什麼特色呢？

首先，彌爾即使知道了英國有時過度使用武力來對付殖民地的臣民，但是「他不曾懷疑過英國霸權對於非歐洲人的統治之合法性」，因爲彌爾「不相信落後的社會值得任何抽象的權利，〔諸如〕不被干涉、領土完整，或是自決」【41】，理由是，彌爾相信「英國人是統治那些在東方的野蠻人與半野蠻人最適合的人種」【42】。其次，上述巴瑞克批評彌爾式的自由主義是「歐洲中心主義的」與「傳教式的」，其實是不無道理的，因爲英國（與其他歐洲列強，像是早期的西班牙、葡萄牙，後來的荷蘭、法國，與德國等）似乎沒有問過的當地人（後來變成了被殖民者）到底願不願意接受歐洲人的統治？願不願意因此而變成「開化的」人種，就像是歐洲人那般？明顯地，這是歐洲人的看法，而且，通常在向外擴張的過程當中，傳教士的確扮演著某種角色。那麼，彌爾是如何看待英國與印度之間的關係呢？對彌爾而言，「當（英國的）權力被有責任地使用時，刺激成長的潛力就會非常巨大……這是英國在印度統治時所持之最基本的理由。它是一種教育的、文明化的任務」。就彌爾上述這個想法而言，吾人以爲，巴瑞克所言不假，彌爾的自由主義的確有「歐洲（英國）中心主義」之嫌，並且其中亦不乏「傳教式的」（或「教育的」）影子。彌爾背後的想法其實不難理解，因爲「彌爾替 19 世紀關於歷史的與社會的發展之浪漫想法背書，認爲歐洲文化是最進步的力量，它足以影響非進步的（停滯的）社會」【43】。

簡單說，在彌爾的想法中，歐洲人（或英國人）會教育落後地區的人種，使其在歐洲殖民者的帶領下，走向進步，但這「進步」並非歷史的必然，換句話說，彌爾「相信社會進步的可能性與可欲性，但不相

41　Ibid., p. 183, 197, 205.
42　Mill's Diary entry for January 26, 1854, in Hugh S. R. Elliot, ed., *The Letters of John Stuart Mill*, vol. II (London: Longmans, Green and Go., 1910), cited in Habibi, *John Stuart Mill and the Ethic of Human Growth*, p. 192.
43　Ibid., p. 183.

信進步的必然性」[44]。事實上,彌爾心裡想的是,「進步」必須是在歐洲殖民者的領導之下才可能發生,這一點,我們稍後還會提到。不過,上述的說法,聽起來倒有點像是美國的頭號中國通費正清的「西方衝擊論」[45]──非西方國家不可能發生有意義的變遷,而必須由西方人來帶領。當然,我們不知道費正清是不是受到彌爾的影響,不過,二者的說法的確相當雷同。我們知道彌爾是一位極關心人類命運的人,然而,為了管理「落後的」人種,即便專制的政體將使人民產生極大的痛苦,但是,它仍是「必要之惡」。並且,「為了促成進步的緣故,彌爾合法化了外國的干預、文化上的動亂、專制主義,以及戰爭」[46],或許,這是彌爾思想當中的另一個矛盾之所在──一方面關心人類的未來,一方面又合理化強加某種痛苦於其他民族。不過,吾人以為,這樣的「矛盾」,其實在彌爾的論述中,看起來卻是「合理」的。

最後,吾人以為,彌爾著實為大英帝國在海外擴張的行動找到了「合理化」之完美說詞。19 世紀歐洲人陶醉在歷史主義(historicism)的氛圍之中,認為歷史會往進步的方向發展[47]。彌爾──或許是基於愛國心──走得比其他學者更遠,對彌爾而言,「進步」是歷史的過程,但不會「自動地」發生於居住在落後國度的(半)野蠻人的身上;這些未開化的人種,必須靠外國的「協助」才得以完成,而對彌爾而言,英國人正是最適合對野蠻人實施統治的人。換句話說,歷史會走向進步,但對於未開化者而言,他們必需要有人帶領才行,而英國人願意承擔這樣的責任。當然,這聽起來像是白種人的負擔,歷史似乎不甚公平,還真是辛苦了白種人呢!

簡而言之,從彌爾功利主義的角度來說,殖民主義所造成結果將會是好的,因為殖民的活動最終將會引導一個落後的社會走到發展與進步的境界;這也難怪在彌爾的眼裡,英國殖民印度非但不是個問題,而且,彌爾大概會認為印度人應該對英國人心懷感激,讓印度得以從落

44　張明貴,《約翰彌爾》(台北:東大圖書,1986),第 87 頁。
45　費正清(John K. Fairbank),《費正清中國史》(北京:吉林出版集團,2015)。
46　Habibi, *John Stuart Mill and the Ethic of Human Growth*, p. 193, 198.
47　王晴佳,《西方的歷史觀念:從古希臘到現在》(北京:北京師範大學出版社,2013)。

後的、停滯的狀態走向進步。對彌爾而言，印度不可能靠自己的力量走到「開化的」社會，這不是時間的問題，而是人種的問題，只有歐洲人才可能。這也難怪哈比比教授會認為彌爾對殖民主義的立場始終一致，的確如此，因為功利主義也好，殖民主義也好，只要在歐洲人的統治底下，彌爾看到的都是好的結果。而如果以印度這塊殖民地來說，在英國人的統治下，結果一定會比葡萄牙人更好，因為英國人會提供給印度人一條啟蒙的道路，而這條路有朝一日會通往「進步」與「獨立」。

　　但我們該如何解釋為何彌爾當時會有這樣的想法呢？他的想法，的確不易讓人接受，特別是二戰之後，過去的殖民地紛紛獲得獨立的地位，這些殖民地的知識分子對於彌爾支持殖民主義的態度，即使沒有極力反對，至少應該是難以苟同的。然而筆者以為，「集自由主義為大成」的彌爾，因為受囿（或受惠）於西方知識體系的二分法，在從事研究工作之前，已經先築好了解釋的框架，充其量再找一些過去發生的事件放入該框架之中。

二分法下的合理解釋

　　在解釋彌爾的論點如何受到「二分法」這種解釋框架的影響之前，我們得先花點時間看看老彌爾傳遞了什麼給他的兒子彌爾。之後，我們將會看到彌爾父子在受到二分法影響之下的具體例子。

父子之間──老彌爾與彌爾的傳承

　　或許我們可以略微再談一談，二元對立的「解釋」框架。二元對立的「分析」架構為西方／東方；現代／傳統；進步／停滯，若是再加上彌爾這對父子，我們可以加上開化的／未開化的，與文明的／野蠻的。簡單說，學者對於西方（或歐洲、英格蘭）總是用正向的形容詞──例如：現代的、進步的、開化的、文明的──來描述之；而對東方（或亞洲、清中國）則選用負面的形容詞──像是傳統的、停滯的，甚至是倒退的──來加以陳述。

　　在這樣的解釋框架形成之後，再找一些「證據」來加以支持，然而，歷史事件極其繁多，無論要找出哪一種證據（發生過的事件）並非難事，對學者——特別是西方學者——而言，東方（中國）的研究好像不太需要再花費時間去進行，因為西方在 19 世紀，特別是中葉以後，幾乎所有的戰事都是以獲勝的姿態出現的，所以研究——特別是對於東方社會——好像變成是多餘的了。

　　除了上述的段落告訴我們彌爾是如何受其父親的影響以外，父子之間尚有不少觀念的傳承值得一提，也就是老彌爾有些觀點在沒有多大改變或修正的狀態下，由彌爾直接消化之後，繼續使用。我們看看幾個例子，首先，在印度這個例子上，老彌爾認為既然英國統治印度已是既成事實，簡單說他相信「英國有義務去改良（improve）印度」，其更進一步地試著「合理化『大英帝國』看似利他的，實行家長式（專制）統治『印度』的觀點……」【48】。這麼說，老彌爾相信印度需要歐洲人來幫忙治理，具體而言，英國人有「義務」使印度變得更接近歐洲（西方）文明，這種「義務」即是白種人的負擔，老彌爾認為英國（人）應該承擔之，彌爾也認為如此，但彌爾認為英國人會比葡萄牙人將印度這塊土地治理得更好。其次，老彌爾與彌爾「他們兩人都相信英國統治印度，從長期來看，對印度人是有利的，並且在國會與這對父子的批評者之前，積極地為東印度公司辯護」，這是因為父子兩人都相信歷史往進步的方向前進，但必須由歐洲人——具體而言，英國人——帶領（半）野蠻人方能走到那個既定的歷史進程。再者，這一點可能是比較不那麼受到非西方學者所關注的，那就是「從一個比較個人的角度來看，彌爾與其父親都不曾在印度旅遊，都沒學過任何一種印度的語言，或者曾經跟印度人有過重要的個人的接觸史」【49】，雖然當今的研究者不宜用現在的觀點去批評過去的學者，然而身為英國 19 世紀首屈一指的思想家彌爾，不認識幾個印度人卻從不懷疑英國的殖民主義在印度實行的「成果」。

48　"On Government of India," *The Edinburgh Review*, Vol. 16, Issue 30 (January, 1810), cited in Habibi, *John Stuart Mill and the Ethic of Human Growth*, p. 188.

49　Ibid., p. 186, 192, also see Note 27, p. 210.

最後，也是最重要的，老彌爾身爲《印度史》（*The History of [British] India*）的作者，理應對印度社會做了深刻的研究才是，但他卻「視英國的優越性與印度的劣等爲理所當然，並且在他兒子智識的發展上產生了極大的影響力」。那麼，彌爾是怎麼形容其父親的大作對他產生的影響呢？他說：「有一本書對我的教育貢獻極大……它是我父親的《印度史》……我從這本知名的讀物中得到許多新奇的想法、衝擊，與刺激，還有對我思想的指導。」[50]那麼，既然我們都同意老彌爾是彌爾的導師，在尚未發現他們二人對印度與英國的看法確定存在著重大差異之前，暫且先相信彌爾對於印度的看法是繼承其父親。老彌爾在其傑作中，對印度這塊土地曾經做過這樣的解釋，他說：

> 印度的風俗習慣、制度，與所獲致的成就，已經靜止了很長一段時間了；看看今日的印度吧！我們正在看的是印度古老的過去；它們被帶回到——就像過去那樣——古代之最深層的隱蔽處。[51]

這麼說，老彌爾用了一種間接的恭維，他說「印度的研究可以給我們人類學的與歷史的洞見，來瞭解古代的文明」[52]。這樣的「恭維」，聽起來像是挖苦19世紀的印度是如何地停滯不前，正需要歐洲人來帶領印度人民走出靜止的狀態。我們再看一些彌爾父子如果在「二分法」的思維下之所見。

二分法的具體例證

先前，我們討論過彌爾之「更高層次」（higher sense）的「文明階段」，它是一種兼具道德的提升、個體性的尊重、品味與技術的培養，與對社群的關懷，這種「被提升後的文明階段」[53]已融入彌爾「人類的

50　Ibid., p. 189, 192.

51　*The History of British India*, fourth edition, with note and continuation by Horace Hayman Wilson, in eight volumes (London: James Madden and Co., 1890). Vol. II (Book II, ch.10), pp. 231-232, cited in Ibid., p. 187.

52　Ibid., p. 187.

53　Ibid..

成長」的範疇。而對於彌爾而言，不同的文明層次又該如何在實務上區分呢？吾人以為，彌爾在二分法的影響下，將之分為「開化的」與「非進步性的」（non-progressive），後者即等於「未開化的」，在彌爾的想法中，中國與印度是「非進步的」社會最典型的例子，他解釋道：

> 在文明〔層次〕的區分問題上，彌爾所提出的最重要的實務上區分是在「開化的」與「非進步的」社會之間。他將全世界分為兩大陣營，開化的陣營是由動態的、創新的、有動力的，與進步的國家組成，這是指歐洲人和其後裔（例如，那些移民至北美洲的人）。另一個陣營是由那些非進步的社會裡的人民所構成。這包括了其程度從未超過原始狀態的人，以及先前有一段期間曾經是進步的，但那之後，即停滯了與倒退了的社會，像是中國與印度。【54】

　　雖不易證明，但筆者相信，彌爾對於印度的看法，來自於其父親，就像彌爾「拒絕了對不同歷史情境複雜性的認知，而偏愛野蠻與已開化之間的粗糙二分法」【55】，接受了他父親對印度的淺薄認識與偏見。吾人以為，我們將不會，也不可能看到任何彌爾父子兩人對於印度社會有任何正面的看法（即使有的話，也只是「禮貌上」的用詞而已），因為這對父子已經先設定好了「解釋框架」，印度「必須」處於停滯的狀態，否則，歐洲人（英國）如何有機會帶領印度（人）走向「進步的」境界呢？當然，若從所花費的研究時間來考量的話，二分法可以省下很多找資料的時間，特別是研究者根本聽不懂自己研究地區的語言，也看不懂研究地區之文字。

　　先前，我們談過了鴉片戰爭的真正原因，是因為清中國製茶技術領先全球，茶葉極具競爭力，英格蘭買了太多茶葉，付了太多白銀，王室受不了長期的貿易逆差，白銀長期外流至中國，後來，才找到鴉片這

54　Ibid., p. 194.
55　Jennifer Pitts, *A Turn to Empire* (Princeton: Princeton University Press, 2005), p. 133, cited in Smits, "John Stuart Mill on the Antipodes," p. 7.

項足以扭轉人類歷史走向的商品（應該說毒品）輸入中國，清廷欲禁止英國在其土地上販毒，這會打斷英國的財路，英國於是決定發動戰爭。事實上，英國大使磕不磕頭，王室成員根本不會在意，因為頭又不是他們這些高貴的人去磕。筆者以為，如果當時大使磕頭就可以讓鴉片這毒品在中國銷售的話，我們一定可找到英國王室的祕密文件，裡頭寫著：「派任的大使──無論是誰──應該連續磕十個響頭，回倫敦之後再給予至少 1 萬英鎊的額外獎金，一個響頭以 1,000 計。」在當時──過去不同於現在──茶葉絕非低階產品，相反地，製茶是英國人極力想要取得的技術，當年去見皇帝的那位──根本沒磕頭而且皇帝也沒對他生氣──的大使，還「偷偷」帶了十二位植物學家，為的是竊取種子與茶樹，用現在的話來說，就是商業機密[56]。

　　當時的中國，在這項產業的全球競爭之中，仍然處於領先的地位。但在彌爾父子的想像中──絕非是認真研究所獲致之結果──中國與印度這兩個古老的大國是處於「停滯的」，甚至是「倒退的」可憐狀態。當然，在這樣的「想像」裡，二分法在彌爾這對父子的學術生涯中，幫助他們建立了「不可動搖」的穩固地位。

本章結語

　　相信無論我們談的是提出絕對比較利益法則（亦即貿易的兩國都能藉由交換對方最具優勢的產品而得利）的亞當・斯密；或者我們心中想的是建議相對比較利益法則（亦即貿易雙方均能得利於僅交換具有相對優勢的產品）的大衛・李嘉圖，這兩位經濟學大師都不曾將毒品鴉片當成例子來解釋並推銷其法則。可是，英國的王室與商人，也許還得加上彌爾這位學術巨擘，卻在現實生活裡，「巧妙地」利用這項至少具有相對優勢的農作物，在遠東的（中國）市場實現其比較利益。

　　對彌爾而言，他對於「人類的成長」極具熱情，但為了這個目的，就可以販毒嗎？從上述的分析看來，的確可以，只要在鴉片的包裝上寫

56　謝宏仁，第五章，〈鴉片的政治經濟學〉，《顛覆你的歷史觀》，增訂二版（台北：五南圖書，2021），頁 223-266。

上幾句警語即可，因為這是消費者選擇商家的「完全自由」。這說法，讓人不得不對這位「集自由主義之大成者」感到佩服，但還真是讓人無言以對。毒品對人類的成長有害，應該不需要知識分子再多做研究，平常人就能理解。然而，當時的「開化的」國家——像是英國——其統治階層的心中有其特殊任務得去完成，像是教育「未開化的」人種，那麼販毒是可以被這些人接受的，是可以被遺忘的，因為這只是完成任務的工具而已，至少彌爾是這樣暗示我們的。

在 1840 年代，正值彌爾的青壯年時期，輸往中國的鴉片正是由印度這塊殖民地所種植與生產加工，彌爾不只不曾阻止這項不道德的毒藥外銷至清朝的土地，而且還運用學自邊沁的法律術語來合理化帝國的毒品走私。吾人心想，在我們「供奉」西方的大師級人物之前，為何總是忘記了應該先對此人進行稍微廣泛一些的瞭解，反而只是重複地宣揚其「正面的」論點，此人為後世留下了所謂的「經典」名著，經過了百年（以上的）時間之千錘百鍊，至今仍流傳著，深邃之洞見依舊啟發著後世。這位在學界享有崇高地位的大師級人物，對於大英帝國的販毒行為竟持默許之態度，這在深受儒家思想影響的華人知識分子之間，倒是難以想像的，可是，這些知識分子們竟然也默許了彌爾對販毒的默許，這種「雙重默許」正是西方的「大師」仍然得以在東方（非西方）接受廣大信眾膜拜的主因。

那麼，關於彌爾支持帝國的殖民主義這件事，在經過了數十頁的討論之後，我們應該已經看清這位哲學大師內心之真正想法。如果彌爾都可以為大英帝國找到販毒的「完美解釋」，那麼在他的「自由主義」大纛下，合理化帝國在全球的殖民活動又有什麼困難呢？

倫敦這個位於英格蘭的大城，整年有四分之一的時間籠罩在霧裡。溼冷的天氣，沒有外衣也就出不了門的馬克思，只能待在家裡，度過一整天的時間。氤氳的日子裡，連時間都變得慵懶頹廢，更讓人感覺像是一天得要經過 36 小時才能結束；特別對於那些窮苦的家庭而言，這可是漫長卻又無可奈何的重複。有時，連平凡地度過每一天都成了奢侈。

1849 年 8 月，馬克思[1]被巴黎市政府驅逐之後，一家流亡到英國倫敦。在倫敦，馬克思與由霍勒斯・格里利（Horace Greeley）於 1841 年創辦的《紐約論壇報》（New York Tribune，又名《紐約每日論壇報》，簡稱《論壇報》）維持了一段僱傭關係。在 1851 年時，歐洲特派記者查爾斯・達納（Charles Dana）寫信給流亡倫敦的馬克思，希望馬克思考慮作為該報的海外通訊員，並為《論壇報》撰文。馬氏欣然同意，也滿意於每篇 1 英鎊之價格，就此開始長達十年的合作關係。在這段歲月裡，馬克思共有 487 篇文章獲得稿酬，其中大多數都以頭條文章出現。但因為馬克思身體欠佳，當中不少文章由恩格斯捉刀代打，特別是與軍事相關的文章。經過一段不算短的時間，馬氏逐漸地不滿格里利在政治上採取保守姿態，雙方不合的情況日漸加劇。1861 年，格里利終於下逐客令。1862 年 3 月，達納寫信給馬克思，聲稱美國內戰的大小消息已經占據報紙的所有篇幅，讓他不要再寄送文章。至此，雙方的合作正式宣告結束[2]。

1　本文改寫自謝宏仁，第四章，〈倫敦霧裡看清中國〉，曾志隆主編，《馬克思誕生兩百年後世局之演變》（台北：五南圖書，2018）。
　　卡爾・馬克思為社會（科）學界所熟稔者；弗里德里希・恩格斯（Friedrich Engels）則為馬克思革命夥伴、生活資料的提供者兼一生合作的同路人。
2　喬納森・斯珀伯（Jonathan Sperber），《卡爾・馬克思：一個 19 世紀的人》（北京：中信出版社，2014）。

　　本文以馬克思在 1850 年代居住於倫敦，且身爲《論壇報》的歐洲通訊員，並發表於該報紙的論文爲主要範疇。這些短文悉數收錄於《馬克思恩格斯全集》[3]。此時，正值 19 世紀中葉，東方（清中國）與西方（英格蘭）的衰微與興盛看似理所當然，但本文將提出不同解釋。馬氏在倫敦的這段時間裡，他要如何看清中國，引起筆者的興趣，相信不少人也同感興趣。是故，筆者嘗試和馬氏對話，期待能夠瞭解馬克思身處在經常濃霧瀰漫的倫敦，眼中所見的 19 世紀中葉之中國，到底呈現出什麼模樣。首先，讓我們先檢視 1853 年 6 月 14 日，刊登於《論壇報》的一篇社論，藉以瞭解馬克思是如何看待當時的中國。以下的分析先以〈中國革命和歐洲革命〉爲本，並將討論細分爲幾個部分，逐一檢視，再針對該刊發行之後，馬克思在該報所發表的文章，並加以討論。

　　本文結構如下：首先，略述〈中國革命和歐洲革命〉一文的主旨，並分爲三個小節：包括文化衝突、產業競爭，與中國南方官員貪污同英國霸權之間的關係。第二，整理《論壇報》關於馬克思對中國的看法，討論四個主要議題，分別是：非法商品鴉片、戰爭爲快速致富法、馬氏對中國小農經濟與家戶生產制的誤解，與英國霸權支持者《經濟學家〔經濟學人〕》（The Economist）等。第三，馬克思在字裡行間屢次抨擊帝國主義，指摘英國王室與政府的虛僞。表面上，英國王室高舉「自由貿易」之大纛，但經常（或總是）以武力爲後盾，迫使他國不得不與之「貿易往來」，藉此大賣特賣合法或非法的商品。最後，總結本文的發現。

　　另外，本章之目的在於重新看待「過去」──具體而言，1850 年代──所發生過的重要事件，鴉片戰爭及之後清中國與歐洲列強之間的幾場戰役，吾人試圖針對相同的歷史事件，提出不同之解釋。如此的話，我們立基在修正後的「過去」之上，所看到的「未來」必將不同，世界觀與歷史觀也會因此而不同於以往所形成者。

3　馬克思、恩格斯，《馬克思恩格斯全集（文字版 PDF）》，中文第一版（1956-1983），https://www.marxists.org/chinese/PDF/Marx-Engles/ me09.pdf。

〈中國革命和歐洲革命〉

馬克思在 1853 年 6 月所撰之〈中國革命和歐洲革命〉社論一文，其主旨是要告訴讀者，他認爲自第一次鴉片戰爭結束後，英國用大炮轟醒了沉睡的巨人，在這塊遠東的大地上，人民不斷起義已經延續十年，是年之後，已匯集而成一個「強大的革命」（太平天國）[4]。姑且不論起義的原因爲何，「推動這次大爆炸的毫無疑問是英國的大炮……」[5]。簡言之，馬氏試圖將古老中國人民的起義連結到歐洲（英國）工業革命（Industrial Revolution）。蓋前者的「革命」主要是因爲後者從海洋帶進來的新奇事物，而大炮似乎是最重要者。除了前述主旨之外，該文大略引領我們進入馬克思印象（或想像）中遠東這個龐大帝國，這個世界上最古老的帝國，因爲年紀實在太大，因此舉步維艱、步履蹣跚，看似處於停滯的狀態，早已無法再學習任何新的想法與技術，做任何事好像也都無法達致成功。馬克思如此寫道：

> 滿清王朝的聲威一遇到不列顛〔Britain〕的槍炮就掃地以盡，天朝帝國萬世長存的迷信，野蠻的、閉關自守的、與文明世界隔絕的狀態打破了，開始建立起聯繫……同時，中國的銀幣——它的血液——也開始流向英屬東印度。
>
> 在 1830 年以前，當中國人在對外貿易上經常是出超的時候，白銀是不斷地從印度、不列顛和美國向中國輸出的。可是從 1833 年起，特別是 1840 年以來，由中國向印度輸出的白銀是這樣多，以致天朝帝國的銀源有枯竭的危險。因此，皇帝下詔嚴禁鴉片貿易，結果引起了比他的詔書更有力的反抗。除了這些直接的經濟後果之外，和私販鴉片有關的貪污也從南方各省的國家官吏完全腐化……所有這些破壞性因素〔像是

4　馬克思，〈中國革命和歐洲革命〉，《馬克思恩格斯全集（文字版 PDF）》，中文第一版（1956-1983），第 9 卷（1853），頁 109-116，刊登於 1853 年 6 月 14 日《論壇報》，第 3794 號，https://www.marxists.org/chinese/PDF/Marx-Engles/ me09.pdf，第 109 頁。

5　前揭書，第 110 頁。

　　外國工業品的輸入、1840 戰敗後的賠款、行政機關的腐化，
與更難負擔的稅捐等〕，都同時影響著中國的財政、社會風
尚、工業和政治結構，而到 1840 年就在英國大炮的轟擊之下
得到了充分的發展；英國的大炮破壞了中國皇帝的威權，迫使
天朝帝國與地上的世界接觸……。

　　與外界完全隔絕曾是保存舊中國的首要條件，而當這種隔絕
狀態在英國的努力之下被暴力打破的時候，接踵而來的必然
是解體的過程，正如小心保存在密閉棺木裡的木乃伊一接觸
新鮮空氣便必然要解體一樣。[6]

　　對於上述這段話，必須給予掌聲鼓勵。當時，馬克思在資料不甚充
足的情形下，就能洞悉中國官方憂心於日漸枯竭的白銀供應量，這燭見
令人佩服。但本文覺得馬克思這篇社論可以再分爲以下幾個彼此關聯的
部分加以討論：第一，東西方「文化衝突」，這也包括了白種人（西方）
優越主義與歐洲中心主義，馬氏似乎不能免俗；第二，英國在工業革命
之後，在產業競爭上，看似打遍天下無敵手，至少多數的英國商人對此
相當有自信；第三，中國官員貪污問題，以另種視角解釋。貪污看似相
當負面，然而，這種行爲對英國 19 世紀建立全球霸權頗有貢獻。這一
點必須予以釐清；第四，檢視並討論馬克思在擔任《論壇報》的歐洲通
訊員這十年間，在該報上的其他看法與觀點。最後，馬克思在 19 世紀
中葉時，已經清楚地道出了英國（人）爲求實踐重商主義的意識形態，
經常是表裡不一。

文化衝突

　　在東、西方歷史比較研究上，二者文化的差異經常被學者視爲是前
者在 19 世紀中葉（或之前）逐漸衰落，後者在總體國力日增月盛的主
要原因（之一）。以此文化視角來思索英格蘭發動的「鴉片」戰爭，英
國派出的大使喬治・馬戛爾尼（George Macartney）晉見乾隆皇帝時，

―――――――――――
6　前揭書，第 110-112 頁。

到底是否該行磕頭禮（叩首，kow-tow），經常被看成是東、西文化衝突的導火線。然而，這種說法，讓人看不清楚英國眞實的欲求，亦即鴉片戰爭開打的眞正理由爲何。然而，就這個議題而言，眾所周知的塞繆爾・杭廷頓（Samuel P. Huntington）更將「文化（的）衝突」提高到更高層次的「文明的衝突」[7] 之外，並告訴吾人，世界秩序紊亂乃是源自於東、西方文明彼此間的不理解，不過，最終西方文明將會爲全球帶來新的秩序。這聽起來多少有些許西方優越主義，不過，在此本文無意追究這個種族偏見。

　　在 19 世紀中葉（或許發生得更早些），馬克思試圖看清中國時，似乎有意無意地流露出西方優越主義的心態。當然，我們知道馬克思在倫敦的日子過得並不輕鬆，經濟拮据，自己與家人的健康情形不佳，屢次度假養病，只靠擔任《論壇報》的歐洲通訊員，爲該報撰寫新聞稿，賺取微薄收入成爲家庭的重要支撐力量。當然，還有來自朋友，像是恩格斯的接濟挹注。報紙的文章有時效性，於是，馬克思充其量只能到大英博物館蒐羅相關資料，就這樣，他所「看到」的中國，腦中所浮現的模樣可能與實際情形存在不小差異。換句話說，身處於可能是世界上擁有最進步的政治與法律制度的、經濟上最繁榮富庶地區（之一）的倫敦，在沒有得到充分資料的情形下，馬克思對東方（中國）產生些許誤解。對馬氏而言，19 世紀中葉的中國，仍是一個未開化（uncivilized）的蠻荒國度，此種想法類似於英國大使馬夏爾尼，當他遇到完全不知道國際外交禮儀的乾隆皇帝時，竟被要求用世界上最古老的磕頭大禮向皇帝俯伏叩拜。

　　在上述的段落中，馬克思接著說：「天朝帝國萬世長存的迷信，野蠻的、閉關自守的、與文明世界隔絕的狀態打破了，開始建立起聯繫……與外界完全隔絕曾是保存舊中國的首要條件，而當這種隔絕狀態在英國的努力之下被暴力打破的時候，接踵而來的必然是解體的過程，正如小心保存在密閉棺木裡的木乃伊一接觸新鮮空氣便必然要解體一

7　亨廷頓〔杭廷頓〕，《文明的衝突與世界秩序的重建》（北京：新華出版社，1998）。

樣」[8]。馬克思這段對於中國的描寫，是建立在比較進步的、已發生工業革命的英國，來對照（想像中）不曾改變的，與停滯不前的中國。除此之外，馬氏也些許流露出其對中國鄙夷的態度，因為他用「木乃伊」來形容中國，而聲稱英國為中國帶來了「新鮮空氣」。

比費正清早了一百餘年，馬克思於 1850 年代在《論壇報》對中國的描繪，其實可說隱含著西方哲學二分法的影子，縱使馬氏並未使用「傳統」二字來概括鴉片戰爭之前的中國，而使用「舊」中國來加以代表。不過，費氏與馬氏在使用的年份上有些許差異，前者使用 1842 年第一次鴉片戰爭結束時來分界，後者則選擇 1840 年這個時間點。我們這樣想，身為古典社會學三大家之一的馬克思，終其一生批判讓千萬勞工受盡剝削的資本主義，為社會（科）學三大派之衝突論寫下典範的一代哲人，卻可能因為倫敦濃霧的關係，難以明窺中國的真實面目。事實上，社會學的三大家之中，至少就有兩個人並不十分瞭解中國，他們「想像的」中國與「真實的」中國之間存在一大段落差，而這落差似乎早已存在──19 世紀中葉至今，甚或更早以前──於知識界。然而，想要弭平這鴻溝的學者卻不太多。不過，本文暫且擱置這些疑問，而掉頭回到馬克思的話語之中，因為接下來的章節，我們將會討論三大家之中的另外兩位大師級社會學巨擘。

我們再看一次馬克思上述那段話，其實是前後矛盾的。一方面，他認為清帝國是閉關自守，不與外界往來，直到鴉片戰爭之後，英國人才用大炮敲開中國的大門，清帝國才開始與文明的世界交往。簡言之，馬克思認為，在 1840 年之前，中國是閉關自守的。當然，他所認定的「閉關自守」其實可能只是個形容詞而已，用來對照西方（英國）的「開放包容」。筆者猜想，馬克思所指的是對待外國人與外貿的心態吧！然而，另一方面，馬克思使用這個形容詞之後，卻又立刻回到了現實。他說，在 1830 年以前，中國透過外貿從印度、英國與美國那裡賺取許多

8　馬克思，〈中國革命和歐洲革命〉，《馬克思恩格斯全集（文字版 PDF）》，中文第一版（1956-1983），第 9 卷（1853），頁 109-116，刊登於 1853 年 6 月 14 日《論壇報》，第 3794 號，https://www.marxists.org/chinese/PDF/Marx-Engles/ me09.pdf，第 112 頁。

白銀。換句話說，在 1840 年鴉片大量輸入之前，中國在外貿上的表現是相當突出的。很明顯地，這是一段自相矛盾的說法。換言之，一方面，馬克思想用中國的顧預、守舊，與停滯不前，來突顯英國的開明與進步；另一方面，他又不得不承認中國在外貿上是居於優勢位置的。

　　接下來，我們再看看馬克思擔任《論壇報》歐洲通訊員時，有哪些言論、說法可以被歸類在「文化衝突」（或者再加上西方優越主義吧！？）這個類別。從以下幾個例子可以看出馬克思（與恩格斯）在不少議題上，試圖採用文化面向的視角來看待問題：例如，當馬克思在批評不列顛軍隊在土耳其時，因爲制度上的不健全，使得軍隊醫院裡的傷病員處於非常悲慘的境況，他提到「這些駭人聽聞、卑鄙齷齪的事件的禍首不是殘酷無情的野蠻人，而是那些出身名門受教育的英國紳士們，是那些心腸軟的、以慈悲爲懷和篤信宗教的人」[9]。此文之主要目的並非意圖指摘「野蠻人」之不是，或許馬克思在這段話裡，夾雜著嘲諷英國人的心態，但不容否認，在幾乎從未試圖證明爲何「野蠻人」爲眞的情形下，他還是稱呼所有非西方人爲同一類的「野蠻人」。無可否認，這種說法不可能不帶種族主義、西方優越主義、歐洲中心主義觀點。

　　即使時至今日，學者依然喜歡用「文化衝突」這個理由（或藉口）試圖解釋英國爲何發動鴉片戰爭，也許，我們應該花點時間加以重整思緒，以避免日後再有學者藉此來說明該戰爭是無法避免的。且看看下面兩個例子吧！第一，垂維斯・漢奈斯三世（Travis Hanes III）與弗蘭克・薩奈羅（Frank Sanello）在《鴉片戰爭：一個帝國的沉迷和另一個帝國的墮落》一書中，用整整一章來解釋清朝舊禮節導致清朝後來的悲劇。相較於英國這個現代與文明的國家，清朝皇家禮俗顯得顧預不堪。因此，「鴉片戰爭是無可避免的收場」[10]。阿朗・佩雷菲特（Alain Peyrefitte）的著作《停滯的帝國：一次高傲的相遇，兩百年霸權的消

9　馬克思，〈不列顛軍隊〉，《馬克思恩格斯全集（文字版 PDF）》，中文第一版（1956-1983），第 11 卷（1855），頁 186-190，刊登於 1855 年 4 月 14 日《論壇報》，第 4364 號，https://www.marxists.org/chinese/PDF/Marx-Engles/ me09.pdf，第 187 頁。

10　垂維斯・漢奈斯三世、弗蘭克・薩奈羅著，周輝榮譯，《鴉片戰爭：一個帝國的沉迷和另一個帝國的墮落》（北京：三聯書店，2005），第 13 頁。

長》，則是另一顯例。該書的主要論點之一圍繞在馬戛爾尼晉見乾隆皇帝時發生的諸事，導致戰爭無法避免[11]。本文認為，這論點被過分誇大，不少學者接受西方哲學二分法的「啓蒙」，例如現代／傳統、進步／落後（停滯或甚至是倒退）、資本／封建等，並將這些形容詞套用於西方／東方這個框架裡。一旦落入這個框架（窠臼）之中，接下來能做的就是盡其所能的尋找符合的「證據」來支持其說法，殊不知許多歷史事實被刻意地忽略了。綜合前述論點，本文認為真正的理由並不在文化衝突這個議題上。蓋因不同文化間必定有差異，但差異不必然以衝突收場。

產業的競爭

前述的議題──文化衝突或文明衝突──看似並未有太大的說服力，但我們卻經常碰到類似的論點。實際上，產業的競爭才是各國政府所關切的，因為這攸關一國財富的累積，當然，也關係到一國總體的國力展現。

在前述話語當中，馬克思提到了在 1830 年以前，中國在對外貿易上經常是出口大於進口，印度、英國與美國則因為進口大於出口，讓白銀不斷流往清廷的府庫裡。此話言下之意是中國在 1830 年之後，貿易收支就開始處於逆差的情況了。在這裡，馬克思應該是對的，然而，故事就這樣結束了嗎？事實上，1880 年代發生了變化，這是馬克思所沒有看見的，當然也無法看見。

在工業革命之後，英國的官員與商人對其生產力和總體國力相當有自信，這倒不讓人意外，1840 年代末期，時為而立之年的馬克思，對這個國家的強大，應該印象相當深刻。關於中國與西方在產業競爭的議題上，一個普遍接受的論點是：18 世紀末的英國，生產力突飛猛進，工業產品在全球市場上獨領風騷，所向披靡。工業革命為英國帶來的好

11　阿朗・佩雷菲特著，王國卿、毛鳳支、谷扮、薛建成、夏春麗、鈕靜籟譯，《停滯的帝國：一次高傲的相遇，兩百年霸權的消長》（*L'Emprie immobile ou le choc des mondes*）（台北：野人出版，2015）。

處，用「顯而易見」來形容並不爲過。換句話說，發生於1780年代的工業革命讓英國得以用資本主義式的（capitalist）大規模（工廠）生產，大幅減低成本，減少依賴勞動力與水力，物美價廉的產品挾其優勢向全球市場銷售，並且，世界市場對英國產品需求殷切。只要是英國生產的商品，都能在世界市場中獲得青睞，中國自無例外。在鴉片戰爭之後，中國似乎也難逃這樣的命運。在外國的競爭下，即使不是苟延殘喘，也是生存不易[12]。然而，這裡，我們要注意的是，這個被普遍接受的看法，如果筆者沒有猜錯的話，在19世紀西方知識界早已流行起來。

馬克思曾經說過：「從1840年起……中國紡織業在外國的這種競爭之下受到很大的痛苦，結果就使社會生活受到了相當的破壞。」[13]這種說法，乍聽之下似乎有理，好像無需再度檢驗，爲數不少的學者們也就信以爲眞，絲毫不加懷疑，全盤接受這樣的說法。但馬氏之說，與歷史事實存在極大的落差。格利‧漢彌爾頓（Gary G. Hamilton）與張維安對中國19世紀中葉之後的棉紡織業有以下的看法，他們說：

> 從1850年到1930年代，當經濟大蕭條與日本的侵略無可挽回地摧毀了中國的日常生活，中國的手工棉紡織業不只是在西方列強的猛攻與日本進口紡織品之下存活了下來，甚至還處於繁榮景況。事實上，這是中國手工業生產的全盛時期。中國手工製作的紡織品不只供應了大部分國內的棉衣市場，而且還變成了蒸蒸日上的出口產品……在1870年到1925年之間，中國土布〔native cloth〕成長了80倍，數百萬的家戶忙

---

12 抱持這個普遍接受的看法之學者不在少數，本文認爲此乃受到西方知識體系的影響，使得學者（暫時）忘卻他們先前習得之批判精神。當然，這也是本書的宗旨之一，這種負面的影響必須予以打破。相關書籍可說是汗牛充棟，以下，本文僅舉三筆書目，請參照：李隆生，《清代的國際貿易：白銀流入、貨幣危機和晚清工業化》（台北：秀威資訊科技，2010）；許介鱗，《英國史綱》，二版（台北：三民書局，2014）；王敏，《從土貨到國貨：近代消費行爲政治化與民族主義思潮》（北京：知識產權出版社，2013）。

13 馬克思，〈中國革命和歐洲革命〉，《馬克思恩格斯全集（文字版PDF）》，中文第一版（1956-1983），第9卷（1853），頁109-116，刊登於1853年6月14日《論壇報》，第3794號，https://www.marxists.org/chinese/PDF/Marx-Engles/ me09.pdf，第111頁。

於將棉紗製成衣服，此外，幾千家小型工廠從事著織布、染布，與製衣的工作。[14]

　　馬克思認為，在 1830 年之前，中國在外貿上——馬克思所比較的，應該是英國的紡織業——居於領先的位置。但在 1833 年之後，特別是 1840 年起，中國開始不如英國，之後也是如此，這是馬克思的基本看法。然而，若從漢彌爾頓與張維安的研究來看，中國手工棉紡織業一直到 1930 年代都存活下來，而且某些時期還算興盛，兩個研究之間落差頗大。

　　在這個論點上，趙岡與陳鍾毅的研究或許可以幫助我們解釋上述研究結論之間的差異。他們認為，南京布的出口量在 1800 年以前是直線上升的，1800 年到 1830 年之間出口量還算穩定，來到中國購買布匹者，除東印度公司之外，還有美國、荷蘭、瑞典、法國、丹麥，再加上西班牙等國的船隻都來到廣州載運布匹。在 1800 年前後，美國船隻占大多數，貨物多半運送到美國本土。然而，從 19 世紀初之後，這局面發生了變化，英國蘭開夏（Lancashire）新式紡織廠生產的布匹品質日益提高，美國境內新式紡織廠的創設亦如雨後春筍。在 1816 年至 1829 年之間，布價由 1 碼 3 角降到 8 分；如此一來，中國土布海外銷售量大減，至 1831 年至 1833 年之間，平均外銷總值只達 11 萬兩銀子。與此同時，歐美棉貨開始大量輸入中國，致使從 1830 年起，中國對外貿易首次出現逆差。所以，馬克思所說，從 1830 年以後，中國對外貿易開始大不如前，是正確的。

　　然而，故事尚未結束，中國土布業從 1880 年代起，發生新的變化。中國土布出口數量逐年增加，到了 1920 年代初期達到高峰，每年

14　Kang Chao, *The Development of Cotton Textile Production in China* (Cambridge, MA: East Asian Research Center, Harvard University Press, 1977), pp. 169-217; Xinwu Xu, "The Struggle of the Handicraft Cotton Industry against Machine Textiles in China," *Modern China*, Vol. 14, No. 1 (1992), pp. 31-49, cited in Gary G. Hamilton and Wei-An Chang, "The Importance of Commerce in the Organization of Chinas' Late Imperial Economy," in Giovanni Arrighi, Takeshi Hamashita, and Mark Selden eds. *The Resurgence of East Asia: 500, 150, and 50 Year Perspectives* (London and New York: Routledge, 2003), pp. 173-273, p. 199.

能賺入400萬兩銀幣[15]。就後來的發展而言，漢彌爾頓與張維安的說法是可信的。但總而言之，中國棉紡織業在1840年之後，並未如馬克思所言，被西方工廠生產的商品擊垮，只是，不少學者仍然選擇相信馬克思所言。

　　上述這個普遍爲人們所接受的論點──中國紡織業在1840年之後即受到無情的打擊──卻似是而非，且此看法隱身在當今中國知識分子的思維之中，似乎難以抹去。而這讓我們直接聯想到卜正民（Timothy Brook）曾經告訴我們的，關於中國近（現）代歷史書寫所產生的問題了。我們稍微介紹一下卜正民的說法，他認爲中國的史學家從西方資本主義的論述中，運用了一些不適用的概念來理解自己本身的歷史，這個結果源自於他們在世界體系裡扮演著邊陲知識分子，因爲鴉片戰爭之後的一連串挫敗[16]。具體而言，自19世紀中葉以後，中國的知識分子，只能在（西方）資本主義／（東方、中國）封建主義，或者資本主義的「有」與「無（或沒有）」來理解中國自身的過去──一段漫長的、沒有資本主義的過去。在這樣的思維下，一談到與西方列強之間的產業競爭，學者們──或者說中國的知識分子──直接浮現在腦海裡的便是發生在英國的工業革命，工廠制度、大規模生產，強大的生產力所生產的商品，在全球市場上所向披靡，因爲物美價廉，於是供不應求，不可能有生產過剩的問題；就像馬克思所主張者，1830年代，中國紡織業已毫無生氣可言。以下，我們應該再看看其他的學者怎麼看待工業革命後，英國的產業競爭力。

　　趙穗生（Suisheng Zhao）[17]教授在2015年於《當代中國期刊》（*Journal of Contemporary China*）裡所寫的〈重思中國的世界秩序：朝

15　趙岡、陳鍾毅，《中國棉業史》（新北：聯經出版社，1977），第104-106頁。特別是表5-1：土布出口量，1786-1936（年平均量），第104-105頁。關於中國土布的強大生命力，該書之第八章有詳細之說明，其中，二位作者認爲中國手工紡織業的堅強生命力與家庭生產制有關，手工紡織業不只在過去排斥了手工業工場，後來亦頑強地抵抗了擁有先進設備與優越生產的的新式棉紡織工業。

16　卜正民，〈資本主義與中國的近（現）代歷史書寫〉，第148頁。

17　趙穗生是美國丹佛大學（University of Denver）約瑟夫－克貝爾國際研究院（Josef Korbel School of International Studies）政治與外交政策教授，是該校中美關係中心主任，也是期刊 *Journal of Contemporary China* 的主編。

代更迭與中國的崛起〉[18]一文當中，提出些許問題及不同的觀點。以下的這段話適合我們此處所討論的關於產業競爭的議題。當然，我們不能將趙穗生的觀點無限上綱，認為其論點已足以代表當代中國知識分子對鴉片戰爭的普遍看法。不過，本文覺得，即使只能稍加管窺，應該也無傷大雅。我們先看看趙穗生的論述：

> 當英國在 18 世紀末〔工業革命之後〕開始主宰世界經濟，他們發現廣州公行〔一口通商〕所帶來的貿易限制日漸無法忍受。假使外國商人不能直接貿易往來，無法詢價，也無法與中國商人議價，只能接受，這就與自由貿易的原則相牴觸。英國購買大量商品，卻幾乎看不到中國購買他們的商品。這貿易的鴻溝只能用白銀填補。然而白銀是貴金屬。英國渴望找到一種能大量生產，也冀望能打開中國市場，大量銷售這樣產品，來平衡貿易收支。於是，他們找到鴉片煙。對英國來說，不管貿易的商品是鴉片、棉花、縫紉針，還是其他，只要有需求，就能幫助他們解決貿易收支平衡的問題。[19]

即使並非總是，但我們可以發現到，清朝的中國常被界定為一個既封建且傳統、頑固、專制、氣度狹窄的社會，似乎一無是處，就像馬克思試圖說服我們的那樣。但這些應該不是問題，問題在於學者認為英國為求「開放」市場，如此才能讓英國工廠廠主、商人無限制地銷售他們在新式工廠所生產之物美價廉的產品。要記得，這種論述瀰漫於學術界，似乎已是根深蒂固。

我們回頭看趙穗生所敘述的，他指出：英國在 18 世紀末開始主宰世界經濟，他們發現廣州公行所帶來的貿易限制日漸無法忍受。在這裡，我們認為，他所持的觀點是，在英國開始（所謂的）工業革命後的幾十年，英國便開始領導世界經濟的脈動。但令我們感到好奇的是，英

18　Suisheng Zhao, "Rethinking the Chinese world order: the imperial cycle and the rise of China," *Journal of Contemporary China,* Vol. 24, No. 96 (2015), pp. 961-982, p. 961, 962.
19　Ibid., p. 978.

國如果有能耐來主宰全世界的經濟，那麼應該也能夠在廣東省既存的
「公行」體系下，在廣東省乃至中國南方找到好機會開拓市場才對，那
麼爲何除了鴉片【20】之外，他們很難賣東西給中國？英國商人不是對自
己的產品極具信心，沒有必要擔心生產過剩，因而導致滯銷的問題，那
麼中國巨大的市場，不正好是英國工業革命後、新的生產制度、組織管
理、行銷與通路建立的試驗場嗎？當時，整個歐洲都曉得中國市場之吸
引力，英國官員非常清楚地知道中國市場的規模，且英國人對其工廠生
產的產品極具信心。南京條約簽訂時的英方代表對中國市場的看法可見
一斑，如下：

> 事實上，亨利·璞鼎查爵士——英國於 1842 年簽訂南京條約
> 的代表——預測了「即使整個蘭開夏的產出，也無法滿足中國
> 單單一個省份的需求」【21】。這個預測符合了整個歐洲〔對中國龐
> 大市場〕之確信，也回應了馬克思所說的：「低廉的商品價格
> 是資產階級的重型武器，用來摧毀所有中國的城牆，與強迫〔中
> 國這些〕野蠻人停止〔他們〕極度過時的對外國人之憎惡。」【22】

馬克思稱中國人爲「野蠻人」，與過去中國稱其他民族爲「（蠻）
夷」並無太大差異，也許是西方在 19 世紀中葉以前，漸漸開始培養出
優越感了。不過，這裡我們的重點是，中國那麼大，僅僅要應付一個
省份的消費者，就足以讓蘭開夏的機器不停地運轉了，更何況是全中國
的總需求呢？英國人對其工業產品如此地有信心，且英國人相信中國人
是如此地需要英國的工業產品，英國的工業產品如此地具有競爭力，況

20　當然，鴉片爲清廷所禁止，販賣與吸食都是違法行爲，就像在歐洲一樣。然而，學術界普遍不
　　去追究販毒者——英國東印度公司——所應負之責任，幾乎一面倒地指責無能的、打了敗戰的
　　滿清政府，無論從道德面、法律面來看，此現象有些不可思議。

21　Kang Chao, *The Development of Cotton Textile Production in China* (Cambridge, MA: East Asian
　　Research Center, Harvard University Press, 1977), p. 168, cited in Hamilton and Chang, "The
　　Importance of Commerce in the Organization of Chinas' Late Imperial Economy," p. 199.

22　Karl Marx, *Basic Writing on Politics and Philosophy* (New York: Anchor Book, 1959), p. 11, cited in
　　Ibid., p. 199.

且，中國在那時候，還不知道用高關稅來保護幼稚產業的法子，英國商品可以在關稅不高的情形下進口到中國來，那麼，爲何英國商人不努力於銷售其工廠生產的商品，而選擇鴉片這種非法但帶有超高毛利的「商品」呢？難道只是爲了告訴中國人什麼是「自由貿易」，但因爲中國人學習意願低落，於是決定爲了銷售非法商品而開戰？再者，中國人沒有「不貿易的自由」嗎？

　　筆者認爲，「理性的」英國人應該計算過——至少粗略地——打一場戰爭可以獲得更多的利益，而不是大老遠地從不列顛的港口將蘭開夏或曼徹斯特工廠生產的工業品轉運到廣州。就成本的考量，在自己的土地，包括海外的領土，像是印度、孟加拉等，種植嬰粟，再讓印度人充當廉價勞工摘取其花朵，加工、包裝之，趁著中國尚未大量（合法）種植以前，其驚人的利潤，可能足以媲美海上掠奪、奴隸貿易，或者之後豬仔貿易的毛利，甚至是有過之而無不及！簡而言之，英國的貿易赤字其實可以透過銷售更多產品到中國來彌補，而當時廣東公行體系也未限制英國到底能銷售多少產品到中國。但趙穗生認爲英國人要的是「自由貿易」，如此進步的國家卻被要求只能在廣州一口通商，此舉嚴重違背「自由貿易」的準則。明顯地，趙穗生責備的是「閉關自守」的滿清，不知道在外貿上，也可能在人民的心態上，「開放」可以帶來多少好處。

　　然而本文認爲這是產業競爭的問題，如果英國可以找到除了鴉片之外的商品，在中國有這（些）產品的市場，換言之，中國人願意消費它們，更重要的是，其工業產品再加上運輸成本，若在中國這個市場仍然有其競爭優勢，不願意進行非法鴉片的英國商人，應該都會樂意爲之才是。然而，在 1854 年 9 月時，馬克思注意到了英國工廠確實有生產過剩的問題，即使先前英國對自身的工業產品相當有自信，但在 1855 年時，從曼徹斯特及其郊區的印花工廠廠主開始，不少企業破產了，一些老商號也是。接著輪到了船主，與那些跟加州、澳大利亞從事買賣的人，然後是那些與中國做買賣的商人，最後則是那些與印度做生意的商

人[23]。英國商人為何仍苦惱於生產過剩的問題呢？這裡，請容許筆者進行一番臆測：那時，英國王室苦於白銀外流，國力漸失，除了繼續販賣鴉片這項非法商品外，似乎別無他選。就這點來說，馬克思頗有見地地宣稱：「中國人不能同時既購買商品又購買毒品……擴大對華貿易，就是擴大鴉片貿易；而增加鴉片貿易和發展合法貿易是不相容……。」[24]長期而言，英國當然仍應一步一步地發展合法貿易，然而就短期來看，馬克思毋寧是對的，英國王室怎可能放棄毛利如此高的鴉片這項買賣呢？

　　世界上首先進行「工業革命」的大不列顛帝國，其銷路最好的商品竟然不是這個國家引以為傲的「現代」工廠之製品，而是鴉片這項來自其殖民地的農業產品，這難道對「工業革命」──人類歷史上最偉大成就──而言，鴉片買賣不帶點兒諷刺意味嗎？馬克思在上述的文章〈中國革命與歐洲革命〉一文中為中國人民感嘆道：「歷史的發展，好像是首先要麻醉這個國家的人民，然後才有可能把他們從歷來的麻木狀態中喚醒似的。」[25]不過，不同於馬克思的想法，吾人以為，並非「歷史的發展」，而是「不列顛的鴉片商」想要先麻醉清廷的子女，而且英國王室也不會真心希望這個古老的龐大帝國太快甦醒過來。

中國貪污與英國霸權之建立

　　談到「貪污」這個詞，幾乎每個人一想到它，直覺地反應就是，在一個社會裡，如此嚴重的問題一定要根除之；可是 1830、1840 年代的英國人──無論是在不列顛，抑或是在中國的廣東省──心裡想的卻是：這個中國的社會問題，對於英國王室財富的累積有莫大的助益。

23　馬克思，〈英國的危機〉，《馬克思恩格斯全集（文字版 PDF）》，中文第一版（1956-1983），第 11 卷（1855），頁 114-117，刊登於 1855 年 3 月 24 日《論壇報》，第 4364 號，https://www.marxists.org/chinese/PDF/Marx-Engles/ me09.pdf，第 116 頁。

24　馬克思，〈鴉片貿易史〉，《馬克思恩格斯全集（文字版 PDF）》，中文第一版（1956-1983），第 12 卷（1858），頁 584-587，刊登於 1859 年 9 月 20 日《論壇報》，第 5433 號，https://www.marxists.org/chinese/PDF/Marx-Engles/ me09.pdf，第 585 頁。

25　馬克思，〈中國革命和歐洲革命〉，《馬克思恩格斯全集（文字版 PDF）》，中文第一版（1956-1983），第 9 卷（1853），頁 109-116，刊登於 1853 年 6 月 14 日《論壇報》，第 3794 號，https://www.marxists.org/chinese/PDF/Marx-Engles/ me09.pdf，第 110 頁。

馬克思在 1853 年刊登的〈中國革命和歐洲革命〉一文，提到了中國官員的貪污而致鴉片走私成爲可能。19 世紀中葉時，貪污問題已經被馬克思認爲是中國走下坡的主因（之一），時至 21 世紀的今日，此種說法，依然迴盪在耳邊。在此，筆者認爲有必要介紹一位身兼數職——作家、翻譯家與學者——且在倫敦大學教授中國歷史與文學的藍詩玲（Julia Lovell）的說法，因爲藍詩玲——就像馬克思一樣——也強調中國貪污的官員亦是中國在鴉片戰爭中失利的原因，中國亦應負擔一部分責任。經由藍詩玲蒐集到的龐大史料中，她證明了鴉片的銷售量會如此地讓英國商人滿意，主因之一是中國的官員貪污情形嚴重，她認爲如果沒有這些官員的話，英國商人也不可能賺得到錢；因此，不能再將鴉片戰爭視爲「（英國）侵略」的象徵，對她而言，中國也應該爲鴉片戰爭負一部分的責任才對【26】。

具體而言，生產可以在全世界各地找到最有利的、成本相對較低的地方來生產，例如在印度種植罌粟。行銷某商品或勞務時，則需瞭解當地的語言、通路，僱用當地人似乎是必要的事，當鴉片走私到了廣州時，爲了將毒品送到消費者手上，此時，中國官員與商人就派上用場了，因爲他們知道消費者在哪裡，而且抽鴉片煙時，保證不會有官員前來關心。因爲鴉片是非法的，所以賄賂官員不是合理的嗎？筆者覺得，中國必須在當地市場建立通路，然而對於外國人而言，這相對困難，因爲要瞭解當地的「消費形態」，建立當地的行銷通路，加上語言之隔閡，要賣出不法商品鴉片談何容易啊！對於英國人而言，賄賂當地的官員是極「理性」的選擇，況且，我們若以重商主義者的角度來看，其實應該感謝清廷收受賄賂的官員才對；沒有他們幫忙建立（非法）銷售通

26　藍詩玲著，潘勛譯，《鴉片戰爭：毒品、夢想與中國建構》（*The Opium War: Drug, Dreams and the Making of [Modern] China*）（新北：八旗文化，2016）。吾人認爲，譯者在翻譯本書之副標題時，只譯出「中國建構」，而遺漏了「現代」（modern）一詞，這是個不小的疏失。按照原文，應該翻譯成「現代中國〔之〕建構」。吾人以爲，「現代」一詞應該予以譯出，如此才能符合作者之原意，而這也是英文版標題原來就有的字。必須提醒讀者，我們不能忽略一重點，那就是：一般而言，西方（特別是英國）人認爲鴉片戰爭轟醒了沉睡的帝國及其子民，是英國人將所謂的「現代性」帶給了中國。筆者認爲，本書作者藍詩玲加了「現代」（modern）在其副標題之上有其特殊意義，可惜的是，譯者遺漏了這個重要的字。

路，工業革命後的英國難以賺回因購買中國茶葉而付出的白銀，無法解決其貿易逆差的問題，相信英國不可能維持其霸權地位。

　　中國官員的貪污與英國霸權的建立，二者之間的關係，要如何得知呢？具慧眼的馬克思建議我們，可以從英國—印度—中國之間的緊密關係來觀察之。當然，如前所述，這與鴉片「貿易」有關，但其關係為何，馬克思在討論鴉片這項買賣時，確實責備了英國人，容筆者稍後再述，但 19 紀中葉時，能看到鴉片煙與不列顛霸權二者之間的關係已屬不易，因為這項違法商品是大英帝國累積財富的主要方式，雖不可告人，但相當有效。馬克思這樣說：「在印度的不列顛當局的收入當中，整整有七分之一是來自向中國人出售鴉片，而印度對不列顛工業品的需求在很大程度上又取決於印度的鴉片生產。不錯，中國人不願意戒吸鴉片大概同德國人不願戒吸煙草一樣。」[27] 從這幾句話中，我們嗅出了馬克思稍微地陶侃了中國的鴉片吸食者，然而，吾人相信，害怕中國人戒了毒的，其實是英國人才對，因為賣鴉片的利潤比賣棉紗的利潤高出許多。但這裡，更重要的則是，馬克思看到了中國、印度，與英國之間的貿易結構主要建立在毒品鴉片上。

　　行文至此，讓我們再看看其他馬克思在《論壇報》所撰寫的文章裡，他還談過什麼樣重要的議題。

《論壇報》上的其他議題

　　除了上述所討論的議題之外，在馬克思擔任《論壇報》歐洲記者的期間，尚有其他值得一窺究竟的論點與想法刊登在該報上，這些想法應該還隱藏著重要的研究議題。以下，我們簡略地討論幾個議題，包括馬克思對非法商品：鴉片的看法、快速致富法：戰爭、（中國）小農經濟與家庭手工業、（不列顛）帝國主義的支持者《經濟學家〔經濟學人〕》等。

27　馬克思，〈中國革命和歐洲革命〉，《馬克思恩格斯全集（文字版 PDF）》，中文第一版（1956-1983），第 9 卷（1853），頁 109-116，刊登於 1853 年 6 月 14 日《論壇報》，第 3794 號，https://www.marxists.org/chinese/PDF/Marx-Engles/ me09.pdf，第 110 頁。

非法商品——鴉片

18世紀初期，亦如歐洲那般，中國即已下詔禁止鴉片販賣與吸食，明顯地在中國——就像在英國那樣——除了當作藥材使用之外，鴉片是非法的、爲官方所禁止的，不是合法貿易之一部。此時，我們心中產生的疑問是，大清律例嚴禁鴉片，但中國的知識分子爲19世紀中期以來的恥辱所縈繞，「歷史失憶」也許就是讓人們習慣用來指摘哥倫比亞毒販，但卻刻意遺忘誰是第一個非法在中國從事毒品走私者，具體地說，大家知道人類史上最著名的毒梟巴布羅・艾斯科巴（Pablo Emilio Escobar Gaviria, 1949-1993），然而從來都不願意承認英國東印度公司才是歷史上最大的毒販，並且所賣的是鴉片煙。華人向來不大重視這個議題，吾人以爲，他們心裡得了嚴重的失憶症，而亟待治癒。事實上，英國人之中不乏高道德標準者，但這些人通常改變不了任何事情。羅威廉（William T. Row）指出，中國早在雍正7年（1729）時，就已禁止販售與使用鴉片，這個禁令一直到19世紀初都還持續著。英國人知道這貿易並不道德，其傳教士經常譴責販賣鴉片這件事。蘇格蘭長老會的會友亞歷山大・馬地臣（Alexander Matheson），也是一位著名的商人，因不願意在中國販賣鴉片，而辭去了他在怡和洋行的職務，但即使這樣的一個好人也難以改變英國女王的心意和中國的命運。在鴉片戰爭開打時，鴉片貿易占英國年稅收的百分之十，這比例讓英格蘭王室垂涎[28]。

快速致富法——戰爭（英法聯軍）

這裡，我們主要以第二次鴉片戰爭（1856-1860，中國人稱之爲「英法聯軍」之戰事）爲例，並分析馬克思在《論壇報》的幾篇文章，試圖連結幾筆線索，推論「戰爭」而非「貿易」才是西方列強（特別是英國與法國）眞正所想要的，而且若眞想發動一場戰事，任何事件都足以成爲戰爭的「理由」或藉口。戰爭期間，清廷與英、法、美、俄四國於

---

[28] William T. Rowe, *China's Last Empire: The Great Qing* (Cambridge, Mass.: The Belknap Press of Harvard University Press, 2009).

1858 年 6 月 23 日簽訂的《天津條約》之中，清政府允諾開放更多港口，像是牛莊、登州等，公使駐京，與長江內河航行權等[29]。

　　關於航行權的問題，馬克思這樣寫道：「即使天津條約規定允許英國公使立即前往北京，中國政府反抗英國艦隊強行駛入白河〔京津冀地區屬海河水系，白河爲該水系五大支流之一〕，是否就破壞了這個用海盜式的戰爭逼迫中國政府接受的條約呢？當時據歐洲大陸傳來的消息，中國當局反對的不是英國外交使節前往北京，而是英國軍艦沿白河上駛……即使中國人應該讓英國的和平公使前往北京，那麼中國人抵抗英國人的武裝遠征隊，毫無疑問地就是有理的。」[30]關於此次衝突，馬克思提到了「白河衝突並非偶然發生的，相反地，是由額爾金勛爵預先準備好的……」[31]。從上述的例子看來，可以成爲開戰的時間與地點，未必會是重大難解的問題，吾人以爲，部分學者將亞羅船號、西林教案視爲戰爭的導火線，或許學者們應該多花點時間在西方列強各國政府（機密）檔案，眞正的原因也許就藏在某個角落。總而言之，看起來，開戰的理由並不一定要合情、合理，或合法，只要戰爭一途是最容易達到目標的方式就可以了。

　　綜合前述論點，戰爭是累積資本的重要方法之一，然而，知識界甫談到資本主義，似乎經常與「自由」、「平等」、「均富」連結起來，而且，幾乎毫無困難地，這倒讓人意外。

小農經濟與家庭手工業

　　就生產制度而論，也許這是近（現）代中國與西方最大的不同吧！簡單說，馬克思認爲中國以小農經濟、家庭手工業爲主，市場規模不可能太大，所以，像這樣的經濟體，不可能與大規模交易同時存在。這是

29　第二次鴉片戰爭期間，鴉片成爲了合法商品，然而，鴉片合法化的條文並未出現在《天津條約》之中。咸豐 8 年（1858）時，中英、中美分別在上海簽訂《通商稅則善後條約》，鴉片正式上稅，成爲合法貿易商品。

30　馬克思，〈新的對華戰爭〉，《馬克思恩格斯全集（文字版 PDF）》，中文第一版（1956-1983），第 13 卷（1859），頁 568-585，刊登於 1859 年 9 月 27 日、10 月 1、10、18 日《論壇報》，第 5750、5754、5761、5768 號，https://www.marxists.org/chinese/PDF/Marx-Engles/ me09.pdf，第 570 頁。

31　前揭書，第 582 頁。

馬氏的想法，但華人知識分子相信此論點者不在少數。然而，小農經濟
與家庭手工業真的只是在應付（或供給）當地市場嗎？如果是的話，那
麼，交易規模或許真不是很大。事實上，成千上萬的家庭作坊，散落在
明清中國最富庶的長江三角洲，這是絲、棉紡織產業相異於西方以大規
模生產為其特徵之一的工廠制；或許是因為與西方大規模資本主義生產
方式的對照之下，一定就得用中國的（小規模）家戶生產制來突顯西方
在生產方式上的「強勢」或「領先」。

　　英國在 1858 年時，官方與媒體仍然認為 1842 年 8 月 29 日由亨利‧
璞鼎查爵士簽署的條約從商務的觀點看來，是不成功的；甚至現在英國
自由貿易派的著名機關刊物，倫敦的《經濟學家〔經濟學人〕》也承
認了這一點。英國商品在中國銷路欠佳，馬克思認為這主要是因為中
國的小農經濟體與家戶手工生產制所造成，馬氏提到：「人們過高估計
了天朝老百姓的需求和購買力。在以小農經濟和家庭手工業為核心的當
前中國社會經濟制度下，談不上什麼大宗進口外國貨。」[32]馬克思注重
生產關係，這是我們熟知的，所以，他注意到中國小農經濟、家庭手工
業，這種不同於西方工廠制的生產方式。但筆者認為，在 19 世紀中葉
之時，身為人道主義者的馬克思，或許應該更偏好家庭手工業；家庭所
有成員為了製成某物品而共同努力，在這種工作情境中，人們或許「異
化」的程度會較低才是──如果與英格蘭工廠裡的工人們相比較的話。
不過，在這篇文章中，馬克思堅持的論點是中國不可能進口大宗外國
貨，原因是其小農經濟與家庭手工作坊。馬氏認為小農經濟無法形成一
個巨大市場[33]，對英國商品產生不了大量需求，他質疑中國是否真有那

32　馬克思，〈英中條約〉，《馬克思恩格斯全集（文字版 PDF）》，中文第一版（1956-1983），
　　第 12 卷（1858），頁 600-605，刊登於 1858 年 10 月 5 日《論壇報》，第 4364 號，https://
　　www.marxists.org/chinese/PDF/Marx-Engles/ me09.pdf，第 605 頁。
33　筆者發現馬克思在《論壇報》的另一個矛盾點，馬氏在較早的文章〈中國革命和歐洲革命〉，
　　第 112 頁中提到了「這時〔1853〕，如果有一個**大市場**〔粗體為筆者所加〕突然縮小，那麼危
　　機的來臨是必然加速，而目前中國的起義〔太平天國〕對英國正是會起這樣的影響」。一方
　　面，馬克思認為中國因為人民起義之後，可能影響購買意願，進而影響了英國工業產品的輸
　　出，但另一方面，在試圖找出英國生產過剩的原因時，馬氏給我們的答案卻是中國無論如何也
　　不可能大量輸入英國工廠製的商品；明顯地，馬克思發表在《論壇報》的文章之間，存在著矛
　　盾的觀點。

麼大的市場。

總而言之，馬克思看到的小農經濟與家庭手工業是正確的，然而，這是生產面的視角。如果馬氏當時已留意到消費面的話，那麼，他將會看清中國的不同模樣──可惜倫敦長年處於濃霧之中。

帝國支持者──《經濟學家〔經濟學人〕》

今日《經濟學家〔經濟學人〕》以傲人的發行量在全球出版，無論在政治、經濟、社會與文化方面的議題，該刊物所持之論點，其影響力不可謂不大，甚至可能還是現今少數足以左右全球知識分子的主流媒體。不過，此刊物的影響力，並非只在當代的十、二十年而已，如果我們可以把時間倒推回去，回到一百六十年前的時候，也許我們就可以運用不同之視角，來觀察當年英國與中國的關係了。那時候倫敦的官方刊物《經濟學家〔經濟學人〕》，或許不像今日所發表的文章那樣「客觀」呢！雖然馬克思在討論鴉片戰爭時，其重點並非在批評該刊物，然而我們從其中的語句來看，也許可以看出馬氏對其刊物的想法。現在，讓我們看看文章之中，馬氏談到該刊物時的說法。

馬克思於《論壇報》至少談到了兩次《經濟學家〔經濟學人〕》之政治立場，或者對某事件之評論，這兩篇文章都刊登在 1858 年 10 月，其一是〈英中條約〉，發表在 5 日（5446 號）；其二則是〈中國和英國的條約〉，發表在 15 日（5455 號）。我們先看看馬克思在文章上是怎麼說的，前者旨在尋找為何第一次鴉片戰爭後──也就是 1842 年──所簽訂的條約，若從商業利益的角度來看，其實是失敗的，一直到該文撰寫時的 1858 年時亦如此。當時，倫敦的《經濟學家〔經濟學人〕》亦承認了這個看法。馬氏說：「這家雜誌當經是不久以前發生的入侵中國事件的**最積極贊助者**〔粗體為本文所加〕之一，現在〔1858 年〕它覺得自己應該『抑制一下』某些方面人士所抱的樂觀期望〔指過度期待中國市場對英格蘭工業產品的需求〕。」[34]第二篇文章則毫無保

---

34 馬克思，〈英中條約〉，《馬克思恩格斯全集（文字版 PDF）》，中文第一版（1956-1983），第 12 卷（1858），頁 600-605，刊登於 1858 年 10 月 5 日《論壇報》，第 4364 號，https://www.marxists.org/chinese/PDF/Marx-Engles/ me09.pdf，第 600 頁。

留地將該期刊的貪婪表示得淋漓盡致，馬克思說道：「《經濟學家〔經濟學人〕》雜誌以及一般寫作金融論文的作者們，都興致勃勃地計算著中國白銀〔第二次鴉片戰爭賠款〕和英格蘭銀行金銀儲備狀況將發生多麼良好的影響。」[35]

　　明顯地，上述兩篇文章是相關的，貫穿二者的是「商業」利益，但此商業利益是在使用武力迫使（起初）不願意貿易者。具體而言，中國沒有「不貿易的自由」，但只能接受「自由貿易」，接受（英國）的要求。這裡，筆者回想起在 1920 年代流行於中、南美洲的西方馬克思主義（西馬），這有別於經典的、教條的馬克思主義，西馬強調意識形態，與文化等社會之上層建築對於社會改造的推動力，也就是葛蘭西（Antonio Gramsci）所宣稱的文化霸權，其支持者樂於進行文化批判，挖掘媒體背後隱藏的宰制力量[36]。然而，文化霸權未必在 1920 年代之後才會出現，本文認為，19 世紀中葉時，就已經有例子可以說明文化霸權。前一篇文章提及該刊物為侵略中國最積極的支持者之一，可以想見的是，該刊物必定抱持著中國──世界上最古老的、停滯的帝國──應該用英軍的大炮將之轟醒，唯有如此，才能讓這個行動緩慢的龐大帝國向前行。英國王室、政府及其軍隊得到了《經濟學家〔經濟學人〕》在其刊物上所載之官方論述，使其侵略行為具有「合法性」。當然，如果我們將其應用在國際關係的領域上，這看起來倒不太像西馬學者所說之社會改造的推動力，然而不列顛王室似乎非常瞭解運用其文化霸權來合理化其軍事行動。而第二篇文章，或許可以這樣解讀，其認為該刊物十分瞭解人們之貪念，於是藉由突顯戰爭可能獲得之實質利益，讓人們忽略或完全忘記被侵略者所遭受之苦難。

　　總而言之，今日有許多華人認同《經濟學家〔經濟學人〕》的眾多觀點，但多數讀者似乎難以想像 19 世紀中葉時，該刊物卻是最支持鴉片戰爭的媒體。

---

35 馬克思，〈中國和英國的條約〉，《馬克思恩格斯全集（文字版 PDF）》，中文第一版（1956-1983），第 12 卷（1858），頁 621-626，刊登於 1858 年 9 月 15 日《論壇報》，第 5455 號，https://www.marxists.org/chinese/PDF/Marx-Engles/ me09.pdf，第 622 頁。
36 洪鎌德，《全球化下的國際關係新論》（新北：揚智文化，2011），第 59 頁。

表裡不一的重商主義者——英國王室與商人

現在，我們花點時間來瞧瞧馬克思在《論壇報》是怎樣看穿虛偽的英國紳士。即使只能從《論壇報》上的字裡行間來間接證明而已，但或許可以這樣說，在此最能讓我們看出馬氏的確是 19 世紀的人道主義者。在此本文先略微提及重商主義——英國人信守的意識形態。

重商主義的支持者如此堅信：如要評量一國的財富，則必須透過與其他國家的貿易所累積的貴重金屬來決定，且因為世界上的總體財富並非無限，各國在累積財富的過程中，一國獲利，則他國必定受害。這是一個零和賽局（zero-sum game）。在國與國之間——或者王國（帝國）與朝代之間——進行貿易時，輸出之總金額必須大於輸入之總金額，也就是輸出大於輸入，這樣才能確保貴金屬留在國內，使本國國力得以增強，並且為了累積財富，各種手段（包括武力的使用）都是允許的。既然西方強權設定的貿易目標是要勝過他國，自然而然在重商主義意識之下所採取的各種手段中，鴉片戰爭也就再正當不過了。然而，英國人不僅僅是重商主義者，還經常用軍事力量為其後盾，在貿易上獲利甚多，並且這些「紳士」們還頗好面子，他們竭盡所能地美化其侵略與掠奪的行為。現在，我們就來看看馬克思在《論壇報》上到底是怎麼說的。

就此「表裡不一」的重商主義者之議題而言，筆者找到了三篇相關的論文，前兩篇都在 1858 年 9 月刊登，日期分別是 20 日與 25 日，後一篇則發表在 1859 年 10 月。第一篇是〈鴉片貿易史〉，第二篇標題仍為〈鴉片貿易史〉，第三篇則是〈新的對華戰爭〉。馬克思對於虛偽的英國紳士之描寫，吾人找到幾個段落，按照刊登的順序，首先，第一篇文章中有一段值得我們留意之，如下：

> 大約在 1798 年，〔英國〕東印度公司不再是鴉片的直接出口商，可是它卻成了鴉片的生產者。在印度，建立了鴉片生產的壟斷組織，同時東印度公司自己的輪船被偽善地禁止經營

這種毒品的買賣，而該公司發給中國做買賣的私人船隻的執照卻附有條件，規定這些輪船不得載運非東印度公司生產的鴉片，否則要處以罰金。[37]

從這段話，我們得知當時東印度公司已壟斷了鴉片的生產，但自己的船隻不運送鴉片，而是發執照給中國的船隻，並禁止這些船隻的船東不能運送非東印度公司所生產的鴉片，意思是：這些拿到了執照的中國船隻只能載送該公司生產的鴉片。一方面，利潤都進入東印度公司的口袋；另一方面，避開了走私毒品的污名，套句俗話，「裡子（財富）」、「面子（紳士）」兼顧。馬克思在這篇文章中，有一句話似乎可以用來總結一下這樣的情形，他說：「半野蠻人〔中國人〕維護道德原則，而文明人〔英國人〕卻以發財的原則來對抗。」[38]

接著，我們看看第二篇文章，標題同樣是〈鴉片貿易史〉，當時在這篇文章中，馬克思直接用「偽善」二字來形容英國政府，相關的段落如下：

我們不能不特別指出裝出一副基督教的偽善面孔、利用文明來投機的英國政府所具有的一個明顯的內部矛盾。作為帝國政府，它假裝同鴉片走私貿易毫無關係，甚至還訂立禁止這種貿易的條約。可是作為印度政府，它卻強迫孟加拉省種植鴉片……它嚴密地壟斷了這種毒藥的全部生產，借助大批官方偵探來監視一切……鴉片的調製適合於中國鴉片吸食者的口味，把鴉片裝入為便於偷運而特製的箱子……然後又轉給走私商人，由他們運往中國。英國政府在每箱鴉片上所花的費用將近 250 盧比，而在加爾各答市場上的賣價是每箱 1210 到 1600 盧比。可是，這個政府並不滿足於這種實際上的共謀

37　馬克思，〈鴉片貿易史〉，《馬克思恩格斯全集（文字版 PDF）》，中文第一版（1956-1983），第 12 卷（1858），頁 584-587，刊登於 1859 年 9 月 20 日《論壇報》，第 5433 號，https://www.marxists.org/chinese/PDF/Marx-Engles/ me09.pdf，第 586 頁。

38　前揭書，第 587 頁。

行爲，它直到現在〔1858〕還直接跟那些從事於毒害整個帝國的冒險營業的商人與船主們合伙，分享利潤和分擔虧損〔虧損似不常發生！〕。[39]

英國政府表面上訂立了法令禁止從事鴉片貿易，看起來與走私非法商品進入中國無任何關聯，但作爲印度政府卻要孟加拉省種植鴉片，並且將它製成適合中國人的口味，再由走私商人運至中國。其間的利潤最高達 540%，這個政府一直到該文刊登的 1858 年時，仍然貪得無厭地繼續與走私商人及船主共謀龐大利潤；而這一年，也是英國迫使中國接受鴉片爲合法商品。在此，我們看到了英國政府難以填滿它對金銀的渴望。稍後，我們將會看到英國王室好像永遠不可能滿足的欲求。

第三篇文章的相關段落相對簡短，然而，以下這段話，呼應了前述的說法，亦即，發動戰爭的「理由」無須合理，重要的是，眞正的理由必須被隱蓋住，而且，它（們）通常與實質的經濟利益有關：

既然英國人曾爲鴉片走私的利益而發動了第一次對華戰爭，爲保護一個海盜的划艇而進行了第二次對華戰爭，那麼，現在要想達到一個高潮，只需馬上發動一次旨在以公使常駐北京這件麻煩事情來和中國爲難的戰爭就是了。[40]

該篇文刊登在 1858 年 10 月，也就是第二次鴉片戰爭期間，第一次因走私鴉片的利益受阻，可能中斷其（潛在）利益，使得英國政府決定

39　前揭書，第 590-591 頁。此外，不只是英國，美國亦在鴉片貿易上得到不少利益。當今，美國不少名校，其過去在創立的過程中，許多資助者的財富與鴉片有關。19 世紀中葉以來，鴉片讓中國的知識分子情何以堪？20 世紀末以來，成千上萬的中國知識分子進入這些與鴉片有關的名校就讀，又讓人情何以堪？關於美國如何從鴉片貿易得利，請參照：James Bradley, *The China Mirage: The Hidden History of American Disaster in Asia* (New York: Little, Brown and Company, 2015)。

40　馬克思，〈新的對華戰爭〉，《馬克思恩格斯全集（文字版 PDF）》，中文第一版（1956-1983），第 13 卷（1859），頁 568-585，刊登於 1859 年 9 月 27 日、10 月 1、10、18 日《論壇報》，第 5750、5754、5761、5768 號，https://www.marxists.org/chinese/PDF/Marx-Engles/ me09.pdf，第 570 頁。

訴諸戰爭。然而，英軍必須包裝對華戰爭的「理由」，使其看起來與經濟利益無關，這「理由」一定要夠冠冕堂皇，絕不能顯露出貪念，這似乎是動武的基本原則。是故，馬克思才提到要發動第三次的戰爭同樣不難，只需要利用公使駐京這件事來為難清廷即可。簡單來說，為能得到某種好處——且最終總能轉化成經濟上的利益——英國的紳士們不難找到藉口來合理化其巧取豪奪的行為。

正如馬克思那樣，我們似乎亦不難找到英國政府、王室的行為其實是表裡不一的，然而筆者認為，重商主義者可能還得為自己不怎麼良善的行為擦脂抹粉吧！為使後代能夠更樂意地面對自己的歷史、自己的過去。這裡，且讓我們看看英國在 1850 年代之前，是如何完成其重商主義信仰。我們先論述英國王室與海盜之間的親密關係：日本學者竹田いさみ（Isami Takeda）認為，為何英國霸權能夠成形，乃因皇后伊莉沙白一世（Queen Elizabeth I, 1533-1603，1558-1603 年在位）與海盜之間有相當密切的關係。海盜頭目法蘭西斯・德瑞克（Francis Drake）贏得皇后最高的「敵意」，是因為他在 1577 年至 1580 年間環球航行時劫掠了西班牙和葡萄牙的船隻。為何皇后偏愛德瑞克呢？原因無他，利益而已。他到底上繳多少錢給皇后，有估計說：「他上繳 60 萬英鎊給英國，其中最少 30 萬，也就是百分之五十進了皇后的口袋。60 萬英鎊〔在當時〕差不多等於英國政府三年的財政預算。」[41]

事實上，伊莉莎白一世女王信託德瑞克為首的海盜集團，成為大英帝國的戰爭機器，他環繞地球航行，並且在 1582 年如願成為普利茅斯（Plymouth）的市長之後，成為國家英雄。在這之後，女王託付他各樣任務，像是「掠奪加勒比海（1585 年 9 月至 1586 年 7 月）」、「伏擊西班牙的加地斯並搶劫隸屬西班牙國王的船隻（1587 年 4 月至 7 月）」、「擊破西班牙無敵艦隊（1588 年 7 月至 8 月）」和「擔任伊伯利亞半島遠征軍指揮官」等[42]。這顯示不列顛皇家與海盜集團的掛

41　竹田いさみ，《盜匪、商人、探險家、英雄？大航海時代的英國海盜》（台北：東販，2012），第 19 頁。

42　前揭書，第 42-43 頁。

鉤，但要記得，掠奪侵攻不過是英格蘭國家財富三個主要來源當中的一個而已。第二個主要收入來源則是奴隸貿易（直到 1807 年才禁止）和中國苦力（「豬仔」買賣），亦成爲英國政府與王室獲利甚豐的勾當[43]。換句話說，這兩個主要收入來源，以今日的眼光來看，似乎都不是「合法」的行爲，但或許這不是研究歷史者所該做的思維實驗，因爲當時有其特定之社會脈絡。那麼第三個英國國家收入的主要來源是什麼呢？那當然就是透過東印度公司販賣禁藥鴉片到中國賺取白銀。

綜上所述，我們看到英國作爲重商主義的一個極致表現者，爲求快速累積財富，在零和遊戲中能取得致勝先機，各種不符合道德的行爲都被輕描淡寫的一語帶過。

本章結語

時間回到 19 世紀中葉，霧霾讓一切變得迷濛。

倫敦——馬克思在 1849 年遭到法國政府驅逐之後，與妻兒遷居的城市——是個著名的霧都，氤氳溼冷，空氣的味道有點刺鼻。在遠方，泰晤士河兩岸的船塢，停滿不久之前從印度返航的商船，它們載著中國的茶葉，然而數量似乎沒有以前那麼多。

在倫敦這段期間，應該是馬克思與家人生活過得最困頓的時候，然而，他卻熱衷於參與社會主義運動，同時，他也開始建構社會經濟活動的宏大理論。當然，1840、1850 年代在東方發生的幾個天大事件——像是鴉片戰爭與太平天國等——想必能成爲馬氏建構理論的實證資料，重要性自不在話下。那麼，我們又該如何得知馬克思對於中國的「瞭解」呢？這就必須先知道他在避居倫敦時如何謀生了。

論及馬氏在倫敦的經濟來源，除了其好友兼戰友恩格斯長期的經濟援助外，馬克思還擔任《論壇報》歐洲通訊員，爲該報撰稿成了他收入的主要來源，每篇文章可爲馬克思賺取 1 英鎊的收入。本文即匯整《論壇報》上馬克思發表的文章，藉此觀察這位 19 世紀以來歐洲乃至全球

43　垂維斯・漢奈斯三世、弗蘭克・薩奈羅著，周輝榮譯，《鴉片戰爭》（北京：三聯書店，2005），第 183 頁。

最重要的思想家（之一），對於中國所持的觀點、看法，以及對中國的評價等。

　　本文認爲，當代社會（科）學源自西方世界，無論是對世界歷史、個別國家歷史的瞭解，向來我們習慣於用西方人的視角來看自己的過去；一般人也好，知識分子也好，全球知名學者──像是韋伯、費正清、華勒斯坦，或是馬克思──也好，似乎全都不自覺地透過歐洲中心主義的觀點來理解西方，乃至非西方社會，抑或東方社會（特別是中國）。然而，我們似乎很少質疑知名學者這種觀察其他社會的角度是否偏頗了？走筆至此，西方人的視角，似乎讓人愈來愈看不透事情的眞相。馬克思雖然爲人們留下重要的學術遺產，然而他爲《論壇報》所撰寫的文章，也留下尙待眾人釐清的觀點。

　　鴉片戰爭經常被人們視爲中國由盛而衰的轉折點。很明顯，馬克思亦持此看法，認爲一百餘年前的沉睡中國，被英國用大炮轟醒了；中國爲封建主義、閉關自守、滿足現狀、鄙視外貿等傳統思維拘囿，難敵開放外向、積極進取、擁抱世界等現代性指引下的資本主義，與走向全球霸權地位的大不列顛。然而，事實上，鴉片戰爭這個世界史的重要「轉折點」，很可能也是許多人日後持偏頗的歷史觀與世界觀的「起點」。在本書後頭的章節，還將略用篇幅再解釋 1840 年發生的鴉片戰爭，嘗試瞭解導致它發生的眞正理由。

　　當時，英國海軍新式艦艇正駛出倫敦港，預備前往遠東支援對華戰爭，爲了彰顯皇家海軍的光榮，也爲了獲得巨額的賠款。泰晤士河畔成百上千參加歡送行列的倫敦市民，嘴裡歡呼著，心裡也嘀咕著；在不久的將來，英軍的捷報會由《經濟學家〔經濟學人〕》傳播給這個城市的人民，皇家海軍會教訓那些從不學習新事物的──或充其量願意學習但也難以學會的──中國人，讓他們知道英國人乃是高一等的。

　　本章討論涂爾幹（Émile Durkheim, 1858-1917）這位法國社會學家，涂氏是社會學古典三雄——包括涂爾幹、馬克思（Karl Marx, 1818-1883）和韋伯（Max Weber, 1864-1920）——之重要人物。然而，在進入涂爾幹的討論之前，我們似乎得花點時間，略談一下此三巨擘的共同問題，吾人以為，其共通之處且廣為忽略者為：此三雄均對歷史——特別是非西方社會（更具體地說，東方的中國）——不甚熟悉。當然，這也影響到了下一代學習社會（科）學知識的學者與學生。的確，我們不得不說，對歷史「重要」事件如此地忽略，這多少為時空所限，未必與三位大師個別努力的程度直接相關，倘若我們願意用很包容的態度來面對其留下來的問題的話。

　　社會學家向來對歷史研究興趣缺缺，其結果是，社會系的學生也甚少被要求學習歷史。可以這麼說，歷史系與社會系劃分得非常清楚，彼此幾乎不相往來。對社會系來說，學習歷史可說是「多餘的」，這種說詞並不過分。在此，本文嘗試指出，數十年來的「經典社會理論」乃是建基於欠缺歷史、非歷史的（ahistorical）基礎之上。筆者認為，社會學奠基之後不久，就開始忽視歷史，於是剛進入社會學領域的人被教導說，這裡有三號人物，也就是涂爾幹、馬克思與韋伯，他們在社會學天地裡貢獻出自己的才華。但是，在本書當中，特別是一開始的前三章，筆者擬斷言他們可以被視為「沒有歷史的社會學家」，當然這極可能會引起社會學先進們的不安。

　　三位巨擘的好奇心和積極參與體現在對許多研究問題的切心研究上，包括試圖從特定方面理解中國，無論是在近代還是現代時期。但

是，涂爾幹[1]、馬克思和韋伯對「認識」中國的缺陷，也是令人驚駭地相似，特別是後面二者。換言之，作爲「古典社會學理論」框架背後的經典三雄，當他們在分析中國時，尤其是在近現代，並無甚價值，因爲他們的思想體系都毫無疑問地，被19世紀歐洲所見所聞而產生的預設拘囿，即使韋伯認爲他採取的方法更爲寬廣。

　　古典社會學理論三雄鮮少能在東、西方歷史的比較研究中，以具精確度或準確性來解釋中國（這或許是最重要的）。本書之第三、四、五章可以被視爲「中國和沒有歷史的社會學（三大）家[2]」，藉以描述社會學這種怪異的現象。本書認爲，古典社會學巨擘馬克思與韋伯（下一章之主角）以欠缺歷史的基點來分析中國，並且即使是涂爾幹也應該無法做得更好，因爲涂氏之預設爲：西方因爲工業革命而領先全球，其民主政治則更是其他地區未曾聽聞，並且只有西方社會才足以成爲「現代性」之代表，在歷史主義（過度）樂觀的氛圍下「想像」西方足以爲世界之楷模等，這使我們將中國作爲研究客體時，要改良其觀點，將是徒勞無功。

　　本章結構主要由三個部分所組成，首先，西方人眼中的中國，經常是與西方比較的重要例子，因此，我們得先談一談中國與歷史主義之間的關係，因爲這與西方學者如何看待中國有關。本節再分爲以下幾個小節，包括探討歷史的含義，以及何謂19世紀的歷史主義。第二，我們討論涂爾幹的社會學理論，諸如社會事實、社會團結、集體主義與價值、法律和社會的共同進化等，吾人所欲突顯者爲，涂氏意在「證明」工業化的經濟體制與民主化的政治體制是西方領先之有力證明，並且，西方將會引領全世界走向一個「進步」的境界。此外，我們還會引用

1　事實上，涂爾幹與馬克思、韋伯不同，涂氏並不直接研究（傳統）中國。吾人以爲，涂氏只是將中國置於非西方社會之一部而已，屬於不同於西方之東方世界之一員。而且，與東方的其他地區一樣，都「應該」由西方領導之，沒有什麼不同。

2　這一小段話（或概念）改寫自埃里克・沃爾夫（Eric R. Wolf）的傑作，《歐洲和沒有歷史的人民》（*Europe and the People without History*, Berkeley: University of California Press, 1982），本章中使用「中國和沒有歷史的社會學家」來指出，主要以古典社會學三大家爲例，藉以說明就連極爲著名的社會學經典三雄並未能多學習中國歷史。

一位非西方知識分子──顧忠華教授[3]──對涂爾幹論點的肯定以及讚美，吾人以為，這是歐洲中心主義得以延續之主因。第三，涂爾幹認為西方是「現代性」的承載者，特別是在工業革命之後，而且，在政治制度的創立上亦同，吾人對此有不同的看法。另外，涂氏以為西方國家憑藉著自由貿易賺取利益，但事實上，許多事實被隱藏起來，我們得檢視之，並且推翻這種說法。

　　順帶一提，相較於馬克思與韋伯，本書所討論之涂爾幹受歐洲中心主義的影響較不具體，畢竟，涂氏談論中國占其研究之時間遠遠少於馬、韋二氏。是故，我們在解釋涂爾幹受到歐洲中心主義的影響之時，將較難看到涂氏具體的論述（吾人對涂氏的批評亦是）。不過，吾人以為，涂氏的觀點，依舊難以逃脫歐洲中心主義偏頗視角，特別是涂爾幹僅僅將中國視為非西方世界之一員，對涂氏而言，中國並無不同，仍必須緊緊地跟隨西方走過的腳印前進，但這樣的結論是因為不瞭解中國所導致。

　　現在，我們進入「中國與歷史主義」的討論。

中國與歷史主義

　　本文的第一小節共分為三部分。首先，略述歷史的定義，闡明為什麼社群乃至社會的集體過去無法自動形成歷史，解釋為何歷史不單單是一系列的歷史事實。其次，介紹19世紀歷史主義的概念及其支持者所關注者，接著分析學者身處的環境何以影響他們的思維方式。第三，不少學者將涂爾幹視為一實證主義者，吾人以為，這的確不無道理，我們也會略談實證主義與歷史之間的關係。

何謂歷史？

　　不可否認地，歷史「事實」無法自行傳達。無論是兩百年前還是兩千年前，對我們而言，能解讀的文件（這些古籍、圖紙上頭可能有古文字、特殊筆法或褪色的墨水），它只能告訴我們這文檔的作者考慮陳

3　在本書的最後一章，也就是〈顧忠華〉專章，將會詳盡地討論其獨特之論點。

述的特定事件。這意味著，我們幾乎沒有機會看到歷史發展的全貌，而只得到一個誘人的隱喻之破碎圖片，對理解某一事件的形成可說助益不大。無論其重要性如何，這事件在政治、社會或其他方面都是在特定時期、時點內成形。我們所必須考慮的另一點則是：為什麼選取該事件，卻沒有選擇另一事件？為什麼以這種角度、方法或檔案解讀，比另個角度更好？為什麼這種關於「事實」的解讀是可信的，另一種是不可信的？這些問題都與歷史學家在選擇和組織他們所認定之事實和非事實材料時，所進行的解釋活動有關。因此，難怪愛德華·卡耳（Edward H. Carr）回答自己的問題——「歷史是什麼？」時，他便指出：「此為歷史學家和事實之間，持續不斷的互動過程，是過去與當下的現實之間不停的對話。」[4]

　　卡耳的定義為業已討論的內容增添時間維度，亦即致力於描述歷史發展的歷史學家無可避免地必須在如何處理「材料」、「事實」、「觀點」等方面做選擇。換句話說，在理解我們的過去時，詮釋有至關重要的作用，即使並非總是，但過去也通常是由重要且相互關聯的事件所構成。在不同研究人員的思維中，對事件的重要程度的判準可能也不相同。故此，這些學者或許會選擇探索不同的問題，加以分析研究之後，並獲得新的結論。即使辯論的問題相同，但在不同歷史學家之間，其獨特視角可能會有出乎意料的發現，而這可能是其他學者有意或無意所掩埋的內容。畢竟在研究中，不免要做判斷，包括討論哪些問題、蒐集哪些特定材料、選取什麼視角、運用哪些研究方法、欲得出哪些結論等。換句話說，即使盡可能力圖得到客觀和全面的成果，但經過良好培訓的人，也幾乎不可能完成所謂價值去除（value-free）的文章。

　　就表面看來，本文斷言歷史學家解釋的**主觀性**無法從一系列的歷史描述中抹除，而僅留下純粹的**客觀性**。透過描述 19 世紀的歷史主義，本文指出中國在一般的社會科學中（尤其社會學）是如何導致被誤解，來支持上述主張。這裡要提醒讀者的是：涂爾幹被視為是社會學的奠基

4　Edward H. Carr, *What Is History?* (New York: Palgrave Macmillan, 1961), second edition 1986, with a New Introduction by Richard J. Evans (2001), p. 24.

者（之一），且涂氏的青壯年以及中年時期正是 19 世紀中後期的階段，所以應該是沉浸在一種歷史正在走向「進步」的氛圍裡。當然，沉浸的程度因人而異。

過度樂觀的歷史主義

　　知識領域的氛圍不僅左右學術圈的發展方向，並且在此經常決定誰擁有文化資本，以及他們能擁有多少知識空間來陳列自己的大作。19 世紀的歷史主義僅僅是知識領域的一個例子，但它乃是核心，故此值得討論。一般而言，歷史主義的形成與世界體系的政治經濟學、國內局勢、知識網絡的競爭以及達爾文主義密切相關。

　　透過分析歐洲關於中國和東西方 1600 年至 1900 年間這三個世紀的差異，孔誥烽（Ho-Fung Hung）表達他對東方知識變遷的關注[5]。他從世界系統和網絡的角度，為我們提供長期知識變革的理論框架。他認為，在過去四百年中，歐洲對中國的態度在兩大對立的陣營間往復擺盪，其中 17 世紀在神學時期是耶穌會士與楊森主義者（Jansenists）的對立觀點；18 世紀則是在哲學圈中親華與反華態度的循環；19 世紀在大學校園中時期浪漫主義者與進化論者兩派著作的對壘。在 20 世紀初，進化論者占了上風，其部分原因是達爾文（Charles Robert Darwin, 1809-1882）的著作[6]。1859 年在他所出版的《物種起源》一書中，為進化論者的知識分子們提供理論上的地位，描繪出「進步的」歷史學，以及西方在進化進程上的領先地位[7]。達爾文主義的學術霸權不僅標誌著

5　在此略微談及或有幫助，孔誥烽的文章〈東方知識和社會理論〉評愛德華·薩依德著名的專著《東方主義》。從某種意義上說，孔誥烽經由批評（和補充）薩依德的專書，將他的東方主義知識與社會理論聯繫起來。孔氏發現了東方主義的一些不足之處，例如愛德華「對東方主義學術的過度理解」、他忽視「西方長期以來代表東方的曲折」、「將各種東方社會傳統融合為一」等。孔誥烽試圖彌補這些弱點。例如，為了突顯出西方人士對中國的視角的變化，孔誥烽將研究時期涵蓋 17 世紀直到 20 世紀，而愛德華的研究僅始於 18 世紀下半葉。儘管兩者間確實存在分歧，但孔誥烽訴求的要點基本上呼應著愛德華對「東方主義」的概念化。請參閱：Ho-Fung Hung, "Orientalist Knowledge and Social Theories: China and the European Conceptions of East-West Differences from 1600 to 1900," *American Sociological Association*, Vol. 21, No. 3 (September, 2003), pp. 254-282, and Said's *Orientalism* (London: Penguin Books, 1978).

6　Ibid., p. 274.

7　達爾文影響力深遠的大作，1859 年首次在倫敦出版。穆瑞（John Murray）出版的全書全稱是：《論處在生存競爭中的物種起源，或源於自然選擇或者對偏好種族的保存》（*On the Origin*

進化論者的勝利，而且與霍布斯邦（Eric Hobsbawm）的「帝國世紀」相提並論，蓋後者包含有史以來歐洲人最大的殖民擴張時期[8]。

我們接著看實證主義與歷史之間的關係。

實證主義與歷史

實證主義的創始人孔德（Auguste Comte, 1798-1857）是鼓吹這種說法最力者之一，他的方法是將歷史演變和社會進步兩者與科學方法結合。他建議知識和社會的發展必須經歷三個階段，即 14 世紀之前的神學階段、14 世紀到 19 世紀的形而上學（哲學）階段，以及 19 世紀之後的實證主義階段。關於實證主義的歷史哲學，有兩點必須解決。

首先，孔德將歷史演變視為一種例常模式，亦即從神學到形而上學再到實證主義。他對此過程的深刻描述，被許多人視為西方歷史哲學發展中一項傲人的成就。其次，引用王晴佳的觀察結果，「關於歷史演變，當〔西方〕學者在進行哲學思辨時，傾向於將其視為一個單邊的、持續的、進步的和有目的之過程」[9]。本文稍後將再回頭討論與闡述實證主義歷史哲學上的這兩個觀點，並證明 19 世紀「進步」觀點不過是當時知識界想像力的虛構之物。但在此，我們僅止於總結實證主義如何影響歷史哲學。在歷史哲學的發展中，王晴佳再次將影響力歸功於孔德身上：「實證主義的發展受到自然科學發展的影響……〔並且〕歷史哲學的發展被倡議作為歷史科學化的一種方式。」

在 19 世紀下半葉，將歷史科學化是一種趨勢。具體而言，實證主義對歷史學科的影響體現在當代歷史學家的著作中，例如英國的亨利・巴克勒（Henry Thomas Buckle, 1821-1862），他僅得年四十多歲；法國的伊波利特・泰納（Hippolyte Taine, 1828-1893）和甫斯特爾・德・古

---

of Species by Means of Natural Selection, or the Preservation of Favoured Races in the Struggle for Life）。

8　Albert Bergesen, "Cycles of Formal Colonial Rule," in Terence K. Hopkins and Immanuel Wallerstein (eds.) Processes of the World-System (Beverly Hills, CA: Sage Publications, 1980), pp. 120-121; Eric Hobsbawm, The Age of Empire: 1875-1914 (New York: Vintage Books, 1989), cited in Hung, "Orientalist Knowledge and Social Theories," p. 270.

9　王晴佳，《西方的歷史觀念：從古希臘到現在》（北京：北京師範大學出版社，2013），第 198 頁。

蘭吉（Fustel de Coulanges, 1830-1889），與德國的卡爾・蘭普雷希特（Karl Lamprecht, 1856-1915）[10]。這四位實證主義歷史學家之間的共同點，是他們強調以科學來析述歷史事實。這種方法與強調歷史敘事的傳統形成鮮明對比。例如，巴克勒認為，倘如歐洲人能夠發現自然法則，他們將能夠運用這些法則來左右人類的命運，從而確保進步[11]。這種主張清楚揭示出當時的歷史學科是如何借鑑自然科學的規則和方法，而達爾文的進化論觀點也可能頗具影響力。

　　達爾文 1859 年的大作《物種起源》有意無意地為進化論者提供理論推移和偏見，他們不僅取得了文化資本，而且還獲得更多的論述場域來陳述其主張。

　　緊接著，我們討論涂爾幹社會學理論，看看涂氏如何受到 19 世紀歷史主義之影響。

涂爾幹的社會學理論

　　過去到現在，中國一直被視為東西方歷史比較的最重要客體之一。鮮少人不同意這種觀點，即西盛東衰——無論是在 17、18 世紀，還是 19 世紀初，甚至直到 19 世紀中葉——在在吸引許多知識分子。不可否認地，與中國相關的社會科學研究可說汗牛充棟。不論過去現在，攻讀社會學的學子都希望能瞭解東、西方和人際間的互動。當然，並非每個人都選擇中國作為研究主題，但是應該沒有人會否認這個事實：中國乃為廣闊的文明古國，本身作為案例研究的重點就很重要。當透過社會學的稜鏡來學習中國或世界，無論身在何處，一開始就會介紹社會經典三大家——涂爾幹、馬克思，與韋伯[12]。

　　整個學習過程一目了然，看起來完全合理且一般。然而，本書將涂

10　前揭書，第 199-200 頁。
11　前揭書，第 201-202 頁。
12　Richard Altschuler, *The Living Legacy of Marx, Durkheim, and Weber: Applications and Analyses of Classical Sociological Theory by Modern Social Scientists* (New York: Gordian Knot Books, 1998); John A. Hughes, *Understanding Classical Sociology: Marx, Weber, Durkheim* (London: Sage, 2003); Kenneth Morrison, *Marx, Durkheim, Weber: Formations of Modern Social Thought* (Thousand Oaks, Calif.: Sage, 1995).

爾幹、馬克思與韋伯倡說的方法論所呈現的常態表象提出質疑，筆者認為這三位大師深受 19 世紀歷史主義的影響，使他們難以更清楚地觀察清朝中國。正如卡耳所指出的：「您只需檢視在任何時期或國家中普遍存在的價值體系，就可瞭解其中到底有多少是由環境事實所塑造[13]。」如前所述，這三個大師可說處於西方列強向外大肆征服非西方國家的時期。在這時代裡，涂爾幹是採「工業主義」的看法，因而對西歐的未來走向抱持過分樂觀的看法。這麼說，由於大多數社會學家信守這三位大師所提出的理論方法，因此，指出其理論的缺陷便具有重大意義。他們對近代中國興趣各異，而引導他們的追隨者誤入歧途的事實則是，他們的觀點都是**非歷史**的。

　　19 世紀歷史主義試圖回答的主要問題是：西方爲什麼最終在社會、經濟和軍事上發揮領導作用[14]？當提出這個問題時，東方（非西方）社會自動成爲西方的對立之物或陪襯。此外，由於歐洲與中國之間長期以來的經濟和知識交流，中國經常被當作東方社會的代表。在談到中國在歐洲社會學研究中發揮中心作用的基本原理之後，現在，我們開始討論涂爾幹的幾個重要概念與意涵。

社會事實

　　繼孔德之後，涂爾幹被視爲社會學的奠基者，他許多的原始概念在該學科中至今依然非常重要，本節將稍加討論，諸如：「社會事實」、「社會團結」、「集體主義（集體良知和價值）」和「法律與社會的共同發展」。以此證明，涂爾幹心目中的理想社會，是具有民主政治的工業化社會。筆者認爲，涂爾幹及其追隨者將西方「現代」社會視爲非西方社會的唯一標竿。這種心態在某種程度上，使受過歐洲中心觀點教育的社會學家，對所謂西方的主導地位與在世界範圍內傳揚的進步之觀念，既過分樂觀，且過於以歐洲爲中心，忽略多元價值。經由對中國社會的深入探究，我們能拒斥這種西方優勢的觀點。本文從涂爾幹的「社

13　Edward H. Carr, *What Is History?* (New York: Palgrave Macmillan, 1961), second edition 1986, with a New Introduction by Richard J. Evans (2001), p. 124.

14　王晴佳，《西方的歷史觀念》（北京：北京師範大學出版社，2013），第 189 頁。

會事實」概念開始，因爲它既是可觀察的，並且也相對容易證實或駁斥。

　　這麼說，涂爾幹可說是受孔德影響的實證主義先驅[15]。他提出可供觀察且可檢驗之「社會事實」的概念。如果我們將宗教當作一個社會事實的例證，那麼將可以觀察到當中許多屬性，例如教堂、寺廟或朝拜場所、儀式、宗教典籍、門徒、信徒等。涂爾幹將社會事實定義爲受「外部性」和「制約」兩個特徵所支配，前者顯示社會事實存在於行爲者外部；後者則給社會行動者帶來一定的侷限性和必然性[16]。正如亞蘭·杭特（Alan Hunt）所言，涂爾幹的「『社會事實』……一概念爲提供他應對社交活動中『主觀』的手段。涂爾幹將主觀或心理要素（即價值觀、情感和觀點）的主要表現定義爲『社會事實』，因此能夠基於對社會行爲的約束而進行客觀科學的對待[17]」。換句話說，亨特斷言涂爾幹透過概念化可以客觀地看到和審視社會事實來避免處理主觀性。正如後面將要討論的，涂爾幹認爲法律是人類社會構建的許多社會事實中最明顯的事實。不過，吾人懷疑涂氏的「社會事實」眞能避免主觀性？

　　涂爾幹的「社會事實」確實容易讓人聯想到他應該是支持實證主義的學者，原因（之一）是既然社會事實具其「外在性」，聽起來，至少相對地不受任何主觀因素的影響，如此的話，似乎又更一步地「引誘」人們將「外在性」與「客觀性」二者連結在一起，這樣的說法，在社會（科）學界裡是具吸引力的，因爲大多數的學者──特別是初出茅廬者──可以預期地深受「客觀」（或「客觀性」）之吸引，因爲沒有任何人願意被貼上「偏見」、「偏頗的」，或「（過於）主觀的」標籤，尤其是在自己受了幾年的學術專業訓練之後。簡言之，在社會（科）學

15　社會學鼻祖之孔德鼓吹實證主義，使社會學具有百科全書學的觀點。相對於此，涂爾幹對社會現實（social fact）的概念化，爲社會學取得更多的知識空間，參閱：朱元發，《涂爾幹社會學引論》（台北：遠流出版社，1988）。另外，學者蔡錦昌對於涂爾幹是否爲一實證主義者，涂氏的社會事實之「外在性」等重要議題有頗爲深入的討論，請參見：蔡錦昌，《涂爾幹社會學方法論正義》（台北：唐山，2005）。

16　洪鎌德，《法律社會學》，二版（台北：揚智文化，2004），第 154 頁。

17　Alan Hunt, "Émile Durkheim: Towards a Sociology of Law," in Piers Beirne and Richard Quinney (eds.) *Marxism and Law* (New York: Wiley, 1982), p. 28.

領域裡，「客觀（性）」是值得追求的，於是，實證主義獲得不少人的青睞，涂爾幹雖然未必完全贊同孔德的論點，但涂氏認為孔德的實證主義之性格與他對社會學之看法密切相關。涂爾幹說：

> 〔他自己所認為的〕……實證精神就是要社會學家像物理學家、化學家、生物學家對待他們各自的研究對象兩樣對待社會現象，把社會現象當做一些自己全然不識得，不知它究竟是什麼東西的東西來研究，然後**完全根據**〔粗體為吾人所加〕對歷史材料所做的〔、〕有方法的比較分析來斷定其屬性。

關於上述這段涂爾幹對於實證主義精神的看法，我們得略微分析一下，因為既然涂氏談的是社會學家所應該做的事，那麼，我們就得回顧一下「歷史」二字對於社會學家的意義了。

首先，社會學家不可能不碰觸歷史，簡單說，研究者需要證據，且證據只能從過去已經發生過的事件中尋找，當然，不一定所有已經發生過的事都成了歷史（之一部），因為大多數的事件並沒有重要性。但什麼是歷史呢？如前所述，卡耳所認為的歷史，是「歷史學家和事實之間，持續不斷的互動過程，是過去與當下的現實之間不停的對話」[18]。吾人以為，這種「對話」必然隱含（或明白顯示）研究者在「當下」的目的，否則的話，卡耳的「對話」也無意義。這麼說，（歷史）社會學家必定得在「材料」、「事件（事實）」，與「（詮釋）觀點」做出選擇，那麼，根本不可能如涂爾幹所言，社會學家必須將「社會現象」當作「全然不識得，不知它究竟是什麼東西的東西」[19]來加以研究。

第二，涂氏使用了像是極為獨斷的「完全根據」某種特定的方法，這種特定的方法是為了處理歷史材料，而且是所有歷史學者、研究者都同意的方法，但問題是，怎麼可能會有這樣的歷史材料處理法呢？涂爾

18　Carr, *What Is History?* p. 24.
19　涂爾幹著，許德珩譯，《社會學方法論》（台北：台灣商務印書館，1999）；孫中興，《令我討厭的涂爾幹的社會學分工論》（台北：群學出版社，2008）。

幹逝世至今已超過一個世紀，從沒聽過有哪一種對於歷史材料的處理法是大家都同意的，如果所有歷史學者都同意的話，那麼，這種處理法必定相當有名，因此所有社會（科）學的學生都得學好才行。但比較有可能的是，某種方法──無論是不是針對歷史材料之處理──批評的人少一點，贊成者相對較多，充其量是如此而已。

　　第三，相同的邏輯，所謂的「有方法的」比較分析來斷定屬性這個說法，筆者以為，「比較分析」這個動作倒沒有太大問題，因為所有的分析都是比較的，除非研究者只想說明一個單獨的事件，根本不想瞭解其原委與特性等。而「有方法的」問題相似於某種「歷史材料處理法」，幾乎沒有機會可以看到所有的研究者都同意此一處理法。最後，如果歷史材料處理的方法，與某種特定方法的比較分析，不可能在沒有異議的情況下存在，那麼是不是就不可能如涂氏所言，「完全根據」某種方法來「客觀」地處理某種社會現象呢？吾人以為，正是如此，雖然實證主義者聽了之後可能會跳腳。這麼說，吾人以為，涂爾幹可以被視為是一位「沒有歷史的」社會學大師。與馬克思相比也好，與韋伯較量之後也罷，涂氏對（東方）歷史的涉獵相對較少，不過馬氏與韋氏則有太多錯誤的看法，可能比「沒有歷史」還要糟糕一些，就如同前一章我們討論馬克思所見者，與之後的韋伯專章，我們將會再看到。

　　接下來，我們討論涂爾幹的幾個重要概念，包括「社會團結」、「集體主義（集體良知和價值）」，和「法律與社會的共同發展」等，我們的目的在於，說涂氏當時的理想狀態，那就是：一個「現代」社會是像法國那樣的民主政體之「工業化社會」，歐洲──特別是法國──將會引領世界前往一個進步的方向。吾人以為，這個方向正是歷史主義建構（虛構）的樂觀氛圍下所產生者，如此之想法，或遲或早地，會從西方知識圈裡帶到民眾當中。只是，涂爾幹並不瞭解中國，就像他的「同僚」馬克思與韋伯那般。

社會團結

　　涂爾幹在其專著《社會分工論》（*De la travail social*，發表於1893

年）與之後很多年中一直致力解決的一個核心研究問題是：人們爲什麼
變得更加獨立，同時卻又更加依賴他人？換言之，爲什麼人們在建立起
更牢固之社會團結紐帶的同時，卻愈來愈自主[20]？個人與社會之間不
斷發展的關係是他畢其一生所關注者，他想瞭解社會秩序的調控方式。
涂爾幹在 19 世紀至 20 世紀初的歐洲發現了一種社會轉型，其中人與人
之間的聯繫從機械的連帶關係（基於與血緣和地緣有關的關聯）逐漸演
變爲本於職業連帶關係的有機團結。涂爾幹和隨後許多思想家感到興趣
的是，在他界定的變革時期，社會何以能夠保持穩定的原因。

　　涂爾幹認爲，在原始社會中，相互聯繫的方式是**機械性連帶**的關
係。接著，透過知識、技術及文明的發展（亦即〔當時的〕現代西方的
工業社會），人們與社會的聯繫成爲有機的連帶關係。人際間的聯繫奠
基於**社會分工**過程裡個人的職業。當時的現代社會提供人們生活更優渥
的物質基礎。但這也導致社會內部的問題，尤其是**失範**。對他而言，
在本於有機連帶的現代社會中，「利益」乃是人們彼此聯繫的要因。但
是，涂爾幹進一步指出，僅基於「利害關係」並無法持續太久；反之，
契約法則表明「制度化的道德共識」，正是人們對共識的信念使社會得
以持久。現代社會的分工正日益複雜，但結果並非失去社會團結，而是
社會團結的轉型，由機械連帶轉變爲有機連帶[21]。

　　對涂爾幹來說，生活在處於轉型的社會中，人際間的關係由**機械性
連帶**轉變爲**有機性的連帶**，由於社會分工（或說專業）愈來愈細緻，其
聯繫逐漸變成要透過他們之間的工作之連結。同樣地，法律對契約愈來
愈複雜和重要，蓋契約將個人同社會各部分緊密聯繫，從而防止社群分
崩離析。

---

[20] Émile Durkheim, *The Division of Labour in Society*, trans. G. Simpson (Glencoe, IL: The Free Press of Glencoe, 1964)，引自：洪鎌德，《法律社會學》，二版（台北：揚智文化，2004），第 146、167 頁。

[21] 前揭書，第 148-153 頁。關於有機性的團結，20 世紀有機團結的轉變可能令涂爾幹感到好奇和驚訝。在當今全球網絡中，因巨大的地理距離和／或社會文化差異而被分隔的專業人員透過他們特定的知識和技能，而彼此聯繫。

集體主義（集體良知和價值）

與支持個體化社會分析方法的韋伯相反，涂爾幹認為其前提是，在個人存在之前社會便已存在。涂爾幹主要關注的並非個人主義，而是集體主義[22]。但是集體良知要如何在社會中發揮作用？對他來說，當勞動分工愈來愈多樣化時，集體意識也跟著愈來愈弱。換言之，**當原始社會向現代社會邁進時**，弱化的集體意識導致更脆弱的社會團結。在相對現代的社會中，這導致了真空，法律和各種條規便成為將所有個體捆綁聚合的關鍵材料。

根據涂爾幹的觀點，壓制法（*droit repressif*）是在機械性團結的社會中集體良知的表徵。在這種社會中，當增加違犯社會秩序的懲罰時，集體良知將更有力地彰顯出來。也就是當集體意識增強時，更多的行為將可能被視為犯罪、觸法。任何違背集體良知的行為，都被視為牴觸集體良知，也因此，其懲罰的主要目的並不僅在威嚇，而是為了鞏固集體良知。這個論點看似功能主義者所支持的那般，涂爾幹確實似乎暗示應該將社會制度看作人體的各器官。

在恢復法（*droit restitutif*）當中，商業規則為顯例，其旨不在懲罰違規者，而是重建正義，並回復原狀。恢復性法律可看作有機團結社會中集體良知的主要代表。總而言之，法律不僅可以看作是集體良知的代表，而且還可看作是一個有條件的、受監管的組織，將形形色色的個體加以聯繫[23]。果若如此，那麼何不讓教育、價值和知識空間扮演類似的角色呢？答案是肯定的，因為涂爾幹最關切道德問題。另外，對他來說，一個社會不僅是所有個體的總和，並且還有自身的特質，包括理想、思想和價值觀。除了組成社會的個人以外，集體良知還可以作為衡量人們行為的指南[24]。

關於集體價值，在此需要重申關於 19 世紀歷史主義的幾個主張。一般而言，集體價值為何？如前所述，歷史主義的一個基本論題是：為

---

22 與韋伯不同，涂爾幹向來認為整個社會在多大程度上超出了個體總和。請參閱涂爾幹，《社會學與哲學》（上海：上海世紀出版集團，2002）。

23 朱元發，《涂爾幹社會學引論》（台北：遠流出版社，1988），第 38-39 頁。

24 洪鎌德，《法律社會學》，二版（台北：揚智文化，2004），第 150 頁。

何西方可以領導非西方？許多學科的學者都試著要找出合理的解釋。接著，我們看到涂爾幹指出現代社會乃是一個具有民主政體的工業化社會。整個歐洲，特別是法國，最終將引領世界前進的方向。

法律與社會的共同發展

在涂爾幹的早期著作中，法律扮演兩種角色。洪鎌德認為，其中一種作用，法律作為「衡量集體良知和集體道德的最佳且最客觀的標準」[25]。他接著說，法律的另一個角色是，法律在社會中運作以「約束（規範化）個人行為，以確保社會秩序到位」[26]。涂爾幹並不同意孔德的觀點：工業化將使社會崩潰。反之，他認為社會團結會發生變化，即從機械性的團結變為有機性的團結。當這種轉變發生，法律是維持社會秩序的必要力量[27]。

涂爾幹認為，法律和社會共同發展。對前者而言，它從壓制法轉變為恢復法[28]；對後者來說，從機械性的團結出發，過渡有機性團結的社會。此外，對他而言，社會融合的概念不僅是人類嘗試集體生活時所設定的目標，也是理想社群所應實現的目標。換句話說，當時的西方工業化社會與其民主政治是社會發展的開端，因此非西方國家或許能加以仿效。總之，儘管事實上當社會轉型發生時確實會發生失範，但涂爾幹對此抱持樂觀，社會團結能朝向下一個階段發展，亦即有機性的團結。涂爾幹認為，此種社會仍可凝聚在一起[29]。換句話說，當時的現代西方（一個資本主義、工業化和民主政治的實體）可能是對所有非西方社會的有益模式[30]。不過吾人以為，這些說法，只是一種「西方優越主義」

25　前揭書，第 146 頁。

26　前揭書，第 152 頁。

27　前揭書，第 153 頁。但是，就歷史哲學或孔德的「社會動態」而言，涂爾幹與他非常相似。他們都認為歷史變革的方向將導致人類「進步」。因此，當孔德分析社會變革時，他試圖理解歷史為何朝著進步邁進。請參閱麥克·蓋恩（Mike Gane），《法國社會理論》（台北：韋伯文化出版社，2009）。

28　事實上，從壓制法到恢復法的發展方向可能不是那麼決定性的。有關法律的這種演變，請參考，如：Hunt, "Émile Durkheim: Towards a Sociology of Law."

29　Émile Durkheim, *Division of Labor in Society* (London: Macmillan, 1984).

30　事實上，涂爾幹並未直接宣稱西方應該領導整個世界，這是一開始吾人就已經提及了，在解釋「歐洲中心主義」對涂氏的影響時，我們只能相對籠統的方式為之，因為不易找直接的證據，只能以「合理的推論」來闡述。關於西方社會在轉型期間仍然得以整合在一起的說法，以及涂

作祟時所產生的說法而已，簡單說，因為涂爾幹（與本書所批評的其他學者[31]）在不清楚東方──特別是 19 世紀（之前）的中國──的情形下，只聽到一些旅行家與商人的說法，就驟下結論。稍後，在本章的後半段（與本書的各個章節）之中，我們將會看到歐洲中心主義或西方優越主義下產生的論述。

接著，我們找一位非西方的知識分子，從其論述中，應該可以多少看出涂氏在社會（科）學裡的重要影響力。吾人以為，這是歐洲中心主義，也是當今西方知識霸權得以成長茁壯之原因。

歐洲中心主義支持者的典型

雖然例子很多，但現在先看一位學者所言，看看「歐洲中心主義」如何影響非西方的知識分子。大體上，非西方的知識分子，可能在不是很清楚自己的歷史的情況之下，在西方受過所謂的專業訓練，拿了西方的社會（科）學理論來檢視本地的例子，其結論即使不是「總是」，也「經常」是非西方社會沒有或無法像西方社會那樣（進步）。學者顧忠華[32]在討論西方「社會學理論的繼受、生產和創新」時，談到了涂爾幹之論點，這裡，我們可以先看看他對涂氏的看法，顧忠華說：

> 涂爾幹發展其社會學理論的「製程」，有很大部分得自於他不斷爬梳、論證事物的表象，企圖追溯到社會事實的集體性成因，一個社會的「集體意識」如何表現在宗教、法律、道德等等面向上，因此成為他建構理論的關注焦點……以涂爾幹為例，「社會契約」絕不是發生在個人層次的行為，它屬於某種「集體表徵」，代表西方社會相互尊重彼此的權利，並且在

　氏樂觀地看待西方社會朝向「進步」的方向前進，請參閱：孫中興，《愛・秩序・進步：社會學之父──孔德》（台北：巨流出版社，1993）。

31　事實上，馬克思與韋伯兩人即是顯例，他們從未到過中國，亦完全不懂中文，特別是後者，還曾公開地批評漢字──不像「高階」的拼音文字──處於一種落後的象形文字階段。稍後我們將會看到證據。

32　本書的最後一章，也就是〈顧忠華〉專章，將會仔細分析。
　另外，顧忠華教授涉獵極廣，深度亦夠，是故本章關於涂爾幹的討論，「意外地」也引用了顧氏的看法，當然論點若是具有啟發性的話，在此略加討論亦可收到成效。

自由、平等的條件下，保障個人的基本人權、財產權和公民權。「社會契約」隱含的秩序，是一個在自由主義、公民社會理念下，每個個人的責任，以達到起碼的正義規範……筆者在講課時，常會引用盧梭在《社會契約論》中的論調……孩子年滿 18 歲，他可以與父親重新訂立社會契約，因爲雙方變成平等的關係。這種理論衍生自盧梭的「天賦人權」觀，但在深受宗法制度影響下的華人社會，幾乎不可能當成一套社會組織原理被對待，反倒可能受到嚴厲的批判。[33]

　　我們知道涂氏是「集體意識」這個議題的專家，他很樂觀地相信，即使是轉型中的、失範的西方社會仍舊可以整合在一起，而且當時的「現代」西方的發展模式是足以成爲非西方社會之學習對象。只是，涂爾幹不瞭解當時的東方（中國）社會到底是什麼模樣，也不清楚（清朝）中國到底遭遇了哪些問題，涂氏只是陶醉在西方 19 世紀歷史主義過度的愉悅當中，涂氏很可能在某種程度上也受到蒙蔽了，這一點，我們稍候再談。我們得先看一下按理應當更瞭解東方（中國）的顧忠華教授，在上一段話裡應該注意的論點有哪些？

　　這裡，我們只簡略地討論以下三點。首先，如果「社會契約」應該被看成是一種「集體表徵」的話，那麼，「宗法制度」是否也能將之視爲另一種「集體意識」之具現呢？吾人以爲，涂爾幹應該會同意這樣的說法。其次，顧氏不瞭解中國在清末之前，是一個義務觀的社會；上至皇帝，下至尋常百姓，都沒有權利的概念，但顧忠華卻大談西方社會的「權利」觀，並以此來說明西方的「優越性」[34]。第三，顧忠華在談完了

33　顧忠華，《顧老師的筆記書 III：自由社會・願景》（台北：開學文化，2013），第 90、91 頁。另外，顧忠華教授是本書所討論的學者當中的最後一位，可以說是「歐洲中心主義」的代言人（之一），也是當今韋伯（學）研究專家沃夫岡・施路赫特（Wolfgang Schluchter）的嫡傳弟子，顧氏本身也是 21 世紀「韋伯復興」的重要推手。在此，我們可以先看看顧忠華對於來自西方的社會學理論所抱持之肯定態度，與對東方（中國，或許再加上台灣）「傳統」宗法制度對華人社會不利影響之負面想法。想直接看到顧忠華爲何被列在討論的「大師們」之間，請讀者跳到〈顧忠華〉專章閱讀。

34　關於義務觀社會的人民應該如何行使其「權利」，本書在〈韋伯〉專章之中談論更多。事實上，中國的知識分子大多不瞭解什麼是義務觀社會，倒是對西方的權利觀給予多到泛濫的讚美與肯定。在對自己的歷史不甚瞭解的情形下，熱情地擁抱西方的權利觀，頗讓人覺得難爲情的。

西方的「優越性」之後，緊接著就拿出了「傳統」中國的宗法制度，來說明中國不可能學會西方如此進步的「社會契約論」；擁有千年歷史的中國社會，商人在做買賣的時候，只是口頭說說而已，因為顧氏以為，（傳統）中國的商人們還不知道如何訂定契約。事實上，訂定契約在中國早已行之有年了[35]，不知道顧氏為何相信契約是西方較東方進步之證明呢？原因應該是他熱情地擁抱著歐洲中心主義吧！？

　　這裡，或許我們可以再一次地加入彼得・柏克（Peter Burke）對於知識社會史的長期觀點，也就是他觀察 15 世紀中葉至 18 世紀中葉西方知識的演變之討論[36]。在此，吾人的想法是運用旁證來說明上述發生在 19 世紀學術界之所謂的「進步」觀點，不過是當時知識界想像力的虛構之物而已，柏克的研究可以承擔這樣的任務，怎麼說呢？柏克提醒我們：「我們不可認為知識的可靠乃為理所當然之事……近代早期最重要的一個思想趨勢，是所謂的知識的各種懷疑論的興起。」[37]柏克研究的期間是 1450 年至 1750 年之間，在這段期間的前期，各種知識是被懷疑的，當時蔚為一股風氣，不管是學術界裡頭的人，或者是其外圍，至少人們願意討論哪一種知識的可信度較高。可是，大約在 20 世紀中葉，也就是 1950 年代之後[38]，在殖民母國無力控制的情況下，亞、非殖民地紛紛獨立，此時，對這些「新生」的國家而言，要如何發展，還得靠西方知識的引入才有可能。簡單說，自然科學也好，社會科學也罷，非西方國家在「無可奈何的情況」下，（可能）習慣了奉西方的知識為圭臬。以社會學為例，古典三大家的涂爾幹、馬克思、與韋伯三者，是所有學生應該努力學習的榜樣，於是乎，社會學界裡（幾乎）再也找不到勇於質疑三位大師的學者了，只因為（差不多）所有的學者都會告訴自己的學生說：此三人的地位已經確定了，是不可能動搖的。

35　謝宏仁，第一章，〈儒教倫理與資本主義精神〉，《社會學囧很大 1.0：看大師韋伯如何誤導人類思維》（台北：五南圖書，2015），第 17-58 頁。

36　彼得・柏克著，賈士蘅譯，《知識社會史：從古騰堡到狄德羅》（*A Social History of Knowledge: from Gutenberg to Diderot*）（台北：麥田出版社，2003）。

37　前揭書，第 317 頁。

38　20 世紀前的半期，也就是 1900 年至 1950 年之間因為有兩次世界大戰，除了與武器相關的自然科學仍舊在「進步」之外，其他的學科應該處於相對停滯的狀態，相信社會科學也是如此。

　　吾人以為，就此一例子——社會學這個學術領域——而言，相對於柏克的「近代早期」，知識社會史在 20 世紀中葉之後，可以說是落後的，也就是說，在 15、16 世紀之時，學術界對於知識的來源與其可信賴度大多是抱著懷疑的態度來看待的。反觀 20 世紀中葉以後的情況，學者反而開始認為「知識的可靠」只是一件「理所當然」的事，沒有什麼好特別去懷疑的了。是故，或許就知識增長的數量而言，的確有進步，但如果我們從知識社會史之長期演變來看，我們是往「進步」的方向嗎？筆者對此高度懷疑。19 世紀的歷史主義使得當時學術界裡充滿了「進步」的氣氛，而這只是一種想像之物，沒有證據足以支撐之。吾人以為，20 世紀中葉（之後的某段時間）開始至今，社會學的古典三雄，或者其他社會科學領域的大師級人物，同樣是如此，他們極可能地是被當時西方學者所塑造出來的虛構之物與西方「獨特的」氛圍所籠罩，以致於他們所想像的，或者是「看到」的遠處——例如東方（中國）——經常是模糊不清的景象。稍後，我們以英法聯軍（1856-1860）為例，也就是西方所說的第二次鴉片戰爭，對涂爾幹而言，這是個重要的事例。不過，讓我們先談談現代性與自由貿易的問題。

現代性的承載者與自由貿易的信仰者

　　這一小節，我們的重點將置於三項，其一，「現代（性）」是個十分誘人的名詞，它對於知識分子產生了不少的吸引力，而且大多數的人相信，像這樣的「社會事實」（相信可以吸引涂爾幹的注意力）應該只能在西方社會中發現，因為其他地區似乎不可能超越西方。不過，吾人有不一樣的看法。其二，我們討論自一個半世紀以來，已經騙了最多人的感情之「自由貿易」，幾乎所有人都相信這個主張對大家都好。其三，我們看看「茶葉戰爭」（俗稱的「鴉片戰爭」）是怎麼發生的，涂爾幹應該會有興趣才是，涂氏應該會為了這個事件的真相而感到驚訝。接下來，我們就先討論「現代性」這個議題。

「現代（性）」的承載者——西方（富裕）國家

　　因為我們談論的是社會學古典三大家的涂爾幹，那麼或許我們可以先想想這種「當代」社會之性格與社會學理論的緊密關係。一天，顧忠華心平氣和之時說了以下這段話：「平心而論，社會學理論帶著『西方』的色彩，乃是和『現代性』一樣，以西方為中心，再散播至全球各地，成了『西化』的構成元素一環，只是當西方的知識生產『製程』不再是『獨門秘方』，已經完全公諸於世時，未來社會學理論的生產基地應當更為多元，競爭也會更形激烈。」[39]對此段落，也就是顧氏所深信者，筆者心裡倒是產生了有幾點懷疑，值得略微敘述之。

　　第一，這同樣是「沒有歷史的」社會學家所說的話，因為，西方的崛起——與「現代性」緊密相關——並非早在 15 世紀中葉西歐國家開始，華勒斯坦（Immanuel Wallerstein）所謂的「現代世界（經濟）體系理論」開始於長 16 世紀，硬生生地將「現代」二字放在西歐向外擴張之時，殊不知，16、17 世紀開始，歐洲國家渴望獲得明、清中國的高階產品，大英帝國的崛起與工業革命有關，而工業革命之後，工廠生產的商品大量賣到了印度，這是因為印度這塊殖民地種植鴉片賣給清中國之後，才將白銀因英國茶葉的大量需求而外流中國之窘境翻轉過來。在印度的英國商人賺回了白銀，印度才有錢償付購買倫敦與曼徹斯特的工業產品，絕非英國當時有什麼寶貴的制度——像是民主、自由貿易之類——才贏得了競爭[40]。這段歷史一直被隱藏著，難怪華勒斯坦的理論，也就是其歐洲經濟體系將全世界「併入」單一經濟體系這種說法，至今還有人堅信著，吾人以為，顧忠華應該也深信之。

　　第二，接續上述的論點，目前的社會學理論的確從西方發展起來，因為自從古典社會學三大家開始，事實上都是回答西方為何興起（以及東方為何衰落）的議題。但是，「現代性」就不一定如顧忠華所言，（應該）以西方為中心，吾人以為，既然沒有人會將「現代性」與經

39　顧忠華，《顧老師的筆記書 II：公民社會・茁壯》（台北：開學文化，2012），第 102、103 頁。

40　謝宏仁，《顛覆你的歷史觀：連歷史老師也不知道的史實》，增訂二版（台北：五南圖書，2021）。

濟低度發展的地區（或國家）連結在一起，而只能與經濟發達的地區有關，那麼很可能在 18 世紀中葉時，清朝的長江三角洲（江南）與英格蘭都是世界上最為富裕的地區，其生活水平可謂相當近似[41]。因此，吾人以為，兩地區同樣發達，同樣可以是「現代性」的中心，而非如顧氏所言，「現代性」非得從西方向外散播。此點也呼應了顧氏之期待，在未來的社會學理論的包容性，希望能更「多元」。

　　第三，關於當代「現代性」的承載者，大多數人會認為是西方，這應該沒有太大爭論才是，雖然原因各異，吾人猜想，顧氏的原因應該就是「理所當然」而已。在歐洲中心主義的思維之下，（西方的）學者即使不是「總是」，通常也會誇大西方社會的優點，像是「理性」[42]、「（優越的）制度」[43]，與「工業革命」[44]等。或許，較佳的解釋是各種因素[45]各占了特定的百分比，應該會公平一些，而非僅僅找出一項最重要的因素，過度強調之，如此的話，容易被視為化約論。吾人以為，顧氏之「現代性」說法是如此，涂爾幹所談的「工業主義」亦如此，我們接著談一談後者，也就是「工業主義」[46]這個因素。

　　先前的分析中，本章的主角涂爾幹在 19 世紀歐洲歷史主義的濃厚氛圍裡，腦海中浮現是工業發展、政治民主、國家進步的景象，這只在涂氏所居住的西方社會才看得到，是故，「工業主義」對涂氏的意義匪

---

[41] Kenneth Pomeranz, *The Great Divergence: China, Europe, and the Making of the Modern World Economy* (Princeton and Oxford: Princeton University Press, 2000).

[42] 下一章〈韋伯〉專章，我們可以看得更清楚，「理性」或「理性化」被不少人視為是西方為何成為今日的西方之主要原因。這類文章、專書幾乎是俯拾即是，至今仍歷久不衰，應該是因為太多人相信了。請參照羅德尼・斯塔克（Rodney Stark），《理性的勝利：自由、科學、資本主義，以及進步的理性神學》（新北：八旗文化，2021）。

[43] 道格拉斯・諾斯（Douglas North），《制度、制度變遷與經濟成就》（新北：聯經出版社，2017）。

[44] 請參照：本書〈黃仁宇〉與〈黃宗智〉專章，雖然這兩位作者並非真正鑽研工業革命的學者，不過，吾人以為，他們都相信工業革命所造成的巨大影響，包括在社會（科）學的發展上。

[45] 筆者不在「大多數人」之列，而是站在依賴理論（或者再加上「現代」世界體系理論）的觀點來看待這個問題，簡單說，今日的核心國家（已開發國家）早期從其殖民地掠奪了許多資源，殖民地獨立之後，仍然（只能）繼續提供糧、工業原料、礦產，以及工（商）業產品的市場，附加價值高的活動留在核心國家，邊陲與半邊陲國家從事附加價值低的活動，全球貧富差距持續擴大。這裡，吾人想要強調的是：殖民主義（帝國主義或重商主義）時期，西方列強挾優越的軍事能力掠奪了其他民族，這個事實經常為學者所忽視，除了依賴理論的支持者之外。

[46] 這個詞彙（概念）並非涂爾幹所發明，而是後世的學者在分析比較涂氏的論點時所採用者。

淺。當代著名學者安東尼・紀登斯（Anthony Giddens）大致認同涂爾幹之見解，紀登斯說：「不能把工業主義僅僅看作是資本主義競爭的產物或附屬品，它也是塑造現代世界的獨立力量，它使人類獲得了改造和征服自然的能力。」[47]兩位大師——涂爾幹與紀登斯——分別在不同的時代為「工業主義」背書，工業革命終於讓人類擁有了「改造和征服」自然的力量，這當然是人類歷史上最重要的事件（之一）了。然而，人類——具體而言，歐洲人以外的其他人種——也是自然的一部分，所以，工業革命後的西方列強，也有了「征服」不同民族的能力[48]。

　　稍後，我們看看近一點的例子，鴉片戰爭為何而發生，這與「工業主義」有關。具體而言，軍事技術的工業化，也就是「船堅炮利」。接下來，我們看看西方工業國家是否真心支持自由貿易。

自由貿易的異端——還是西方（富裕）國家

　　聽起來，讓人覺得有些許意外，西方世界不是都信仰市場上那隻看不見的手嗎？世界貿易組織的宗旨不是努力地要減低關稅，並且撤除非關稅障礙嗎？怎麼可能會是自由貿易的異教徒呢？換個說法，西方國家引以為傲的制度，即「自由貿易」，到底隱藏了什麼祕密在裡頭。這樣一個政府不加干涉的意識形態，讓不少人誤以為是資本主義得以獲取全面勝利的主要原因。不過，本節將證明這只是假象而已，並且西方國家希望相信這假象的人再轉達給其親朋好友。在談論「自由貿易」的異教徒，也就是富有國家之前，我們再花點時間聊聊資本主義、自由貿易，與現代性之間的關係。

　　因為資本主義確實會為人們帶來財富，因此對大多數人而言，資本主義總是給人夢想，即使大多數的人終其一生，可能終究還是一場夢。於是，人們經常將「資本主義」與其他正向的詞彙，像是「現代性」、

47　安東尼・紀登斯著，郭忠華、潘華凌譯，《資本主義與現代社會理論：對馬克思、涂爾幹和韋伯著作的分析》（上海：上海譯文出版社，2013），第 8 頁。

48　Jared Diamond, *Guns, Germs, and Steel: the Fate of human Societies* (New York and London: W. W. Norton & Company, 1999). 不過，伊安・摩里士（Ian Morris）似乎有不同的看法，他認為軍事技術的工業化這個因素的重要性不應該過度強調。對摩里士這個說法，吾人持高度懷疑之立場，期待日後有機會與摩里士對話。關於西方為何領先（與中國為何落後）之極長期的觀點，請參照：摩里士著，潘勛等譯，《西方憑什麼》（台北：雅言文化，2015）。

「自由貿易」等連結在一起。這讓人誤以為目前的「先進」國（或者稱
「已開發」國家、「工業國」）全憑一己之力，運用良好的制度，例如
私有財產保護、「自由」貿易，或者個人主義的強調等，今日的富有國
家是因為妥善運用其各項制度優勢，才獲致今日之成就。換句話說，這
些傲人的成績，與西方列強在過去幾百年的海上掠奪、奴隸貿易、侵略
「無主」之地、暴力手段（在重商主義「同意」下）的「合法」使用，
與當代威逼他國參加「自由貿易」使其產業喪失競爭力等無甚關聯。

　　這裡，我們就試著揭穿「自由貿易」的真相。事實上，世界上的
富裕國家，即西方發達國家，是貿易保護主義的支持者，而不是自由
貿易的支持者。洪鎌德教授說：「亞歷山大‧漢密爾頓（Alexander
Hamilton, 1757-1804）是美利堅合眾國的創始人之一，可以說是重商主
義的支持者。漢密爾頓堅持認為，保護當地手工藝品是政府的責任。這
使新生的美國有可能與歐洲大陸強國競爭，或者至少保持其貿易帳戶平
衡。」[49]一如漢密爾頓，德國的國民經濟學學者李斯特（Friedrich List,
1789-1846）也認為，有必要採取保護性政策，特別是對於處於工業化
初期的國家，以及無法維持貿易剩餘的國家[50]。其主要原因是，從發達
國家進口的商品，即使不總是，也通常比不發達國家的商品更具競爭
力。簡言之，在產業競爭方面，保護主義無疑能占據優勢。在這裡，我
們回顧美國和英國在 19 世紀和 20 世紀的情況。張夏準認為：

　　在林肯（Abraham Lincoln）競選美國總統寶座時，他在關稅
　　這件事情上保持沉默。……然而當他勝選，不旋踵便將關稅提
　　高到歷來的最高水準。林肯所宣稱的理由和美國為何要首次
　　制訂高關稅率是一模一樣：例如籌措戰費（1812-1816 年與英
　　國的戰役）。然而戰爭結束後，關稅依然維持不變，甚至提
　　得更高。所製造的商品居然要課徵百分四十至五十關稅，直
　　到第一次世界大戰為止，並且這關稅可是全世界最高的。……

49　洪鎌德，《全球化下的國際關係新論》（台北：揚智文化，2011），第 78 頁。
50　前揭書。

雖然，美國是全世界最具有保護主義色彩的國家，但整個 19
世紀，乃至 1920 年代末，她也是成長最快速的經濟體。因此，
能幫助經濟成長的並非自由貿易，剛好相反，是保護主義。[51]

換言之，幫助美國經濟的不是自由貿易，而是貿易保護主義。但
是，英國呢？結果是否相同呢？正如張夏準所言：

人們經常將法國的保護主義與英國的保護主義作比較。但是
在 1821 年至 1875 年之間，尤其是在 1860 年代初，法國的關
稅率始終低於英國。儘管法國在 1920 到 1950 年代之間成為
保護主義的支持者，但平均工業關稅率始終不到 30%。但在
美國和英國，相同的稅率最高時為 50-55%。如果我們來看日
本，在 1853 年以後，日本被迫通過簽署一系列不平等條約，
開放市場。這些條約直到 1911 年，將日本的稅率壓低到 5%
或更低。但即使是日本重新獲得關稅自主權，其採用的關稅
率平均僅約 30%。[52]

從上面，我們看到法國和日本這兩個通常被認為更需要受保護的國
家，其所設定的關稅率低於英國和美國。由於英、美兩國被視為自由貿
易意識形態的支持者，那麼這兩個國家的所為將令許多人感到意外。歷
史紀錄告訴我們，似乎貿易保護主義極其有效，而英國和美國都擅長此
道。

茶葉戰爭

從 1718 年開始，就清朝的出口而言，無論從絕對數量還是在全球
貿易的百分比來看，茶都已經取代了生絲和絲織品。在貿易夥伴中，英
國可說是清朝最重要的對手。此外，茶葉貿易成為「為英國東印度公司

51　張夏準著，胡瑋珊譯，《富國的糖衣：揭穿自由貿易的真相》，二版（台北：五南圖書，
　　2014），第 70-71 頁。
52　前揭書，第 72-73 頁。

和政府掙錢的關鍵商品」[53]。在1815年之後，東印度公司在茶葉貿易中每年獲得超過100萬英鎊的利潤[54]。在18世紀，中國與西方列強，尤其是與英國的貿易結構可描述如下：西方列強手拿白銀，並用一些殖民地所生產的棉花來交換中國的茶葉、絲綢和瓷器。庄國土寫道：「當西方大國能賺錢時，這種貿易結構就完好無損。但是，當白銀供應短缺，並且清政府禁止進口鴉片時，這種結構崩潰了，導致英國人和其他人訴諸戰爭。」[55]換句話說，白銀短缺和禁止鴉片進口，意味著西方列強不再能從大清帝國獲利，因此他們發動戰爭，以重新獲得有利可圖的貿易，並增加市場占有率，並保持其打入其他市場的機會。也就是說，英國在軍事上強迫中國接受鴉片。就阻止白銀外流來說，英國的行動可說是相當成功[56]。

簡而言之，所謂的「鴉片戰爭」用詞不正確，令人無法看清世界領先的行業當中的茶葉生產，畢竟茶葉吸引全球成千上萬的消費者。大清帝國憑藉其稱霸於全世界的製茶業，引起英國人的覬覦和擔憂，最終迫使工業化的英國訴諸戰爭。這裡我們看到了鴉片戰爭（或說茶葉戰爭）的真正原因，而揭露這種困惑的事實突顯了一件事：古典社會學三大家當中的涂爾幹對「進步」、「樂觀主義」和「西方帶領」所持之信念無疑是空中樓閣。

涂爾幹生於1858年，時值英法聯軍（1856-1860），亦稱第二次鴉片戰爭。想必年輕的他聽聞過大清帝國，但他未曾認真研究這個戰敗的王朝[57]。因此，他應該不知道鴉片戰爭到底是如何發生的，無論是在1840年代初，抑或後來的英法聯軍。他也不知道，當英法聯軍打敗清

53　周重林、太俊林，《茶葉戰爭：茶葉與天朝的興衰》（武漢：華中出版社，2015），第60頁。
54　前揭書。
55　庄國土，〈茶葉、白銀，和鴉片：1750-1840年中西貿易結構〉，《中國經濟史研究》，第3期（1995），第75-76頁。
56　前揭書。
57　但是，涂爾幹的宗教、自殺、社會團結等概念卻已被廣泛應用於分析中國。請參考：費孝通，《鄉土中國》（香港：三聯書店，1991）；Hyeon Jung Lee, "Modernization and Women's Fatalistic Suicide in Post-Mao Rural China: A Critique of Durkheim," in Andrew B. Kipnis ed. *Chinese Modernity and the Individual Psyche* (New York: Palgrave Macmillan, 2012), pp. 149-165; Keith Kerr and Juntao Bai, "The Soul of China: A Durkheimian Perspective on Religion and the Mainland," *Crosscurrents*, Vol. 62, No. 2 (December, 2012), pp. 522-530.

朝並獲得戰爭賠款時，英法間競相要求從美國進口穀物[58]。這意味著，涂爾幹定調之民主政體和工業化經濟需要重加思量。實際發生的情形，可能（遠）比涂氏這位古典社會學巨擘心裡所想像中的要複雜許多。對於 19 世紀中葉的國際情勢之掌握，吾人以為，馬克思應該稍微優於涂爾幹才對。底下，我們提出證據詳細說明。

　　比涂爾幹稍早出生的馬克思在上述第二次鴉片戰爭時，全家流亡到了倫敦，馬克思在流亡期間，一大部分的時間正好為《紐約論壇報》撰寫社論以維生，馬氏亦曾為英國（與法國）發動這場戰爭的無理行徑發表過其看法，我們在前一章〈馬克思〉專章時，曾經有過詳細之討論，這裡我們簡述一下馬氏之說法，來補充涂爾幹對於法國在此戰爭中認識不足之處。簡單說，在第二次鴉片戰爭（英法聯軍）期間，具體而言，清廷於 1858 年 6 月 23 日與列強簽訂的《天津條約》之中，允諾開放牛莊、登州等港口，再加上公使駐京，與長江內河航行權等[59]。該條約是清廷（被迫）同意締約國航行於長江，馬克思注意到了英軍在額爾金勛爵預先計畫下，令英國之艦隊「違法」駛入白河（京、津、冀地區屬海河水系，白河為該水系五大支流之一），於是造成清廷的抵抗。馬克思針對此一事件發表社論，並認為英國應當受到譴責，而清廷的抵抗是有道理的[60]。

　　吾人以為，對列強而言，開戰的理由根本不必合理，因為戰爭一途是最容易獲得巨額賠款，因為第一次鴉片戰爭的「甜頭」讓英國食髓知味。那麼法國為何要加入這場戰事呢？馬克思認為，法國當時的資本不多，然而卻發行了過多的債券，這可能造成貶值與財務狀況紊亂，巴黎

58　謝宏仁，第四章，〈倫敦霧裡看清中國〉，曾志隆主編，《馬克思誕生兩百年後世局之演變》（台北：五南圖書，2018），第 127-158 頁。

59　第二次鴉片戰爭期間，鴉片成為了合法商品，然而，鴉片合法化的條文並未出現在《天津條約》之中。咸豐 8 年（1858）時，中英、中美分別在上海簽訂《通商稅則善後條約》，鴉片正式上稅，成為合法貿易商品。

60　馬克思，〈新的對華戰爭〉，《馬克思恩格斯全集（文字版 PDF）》，中文第一版（1956-1983），第 13 卷（1859），頁 568-585，刊登於 1859 年 9 月 27 日、10 月 1、10、18 日《論壇報》，第 5750、5754、5761、5768 號，https://www.marxists.org/chinese/PDF/Marx-Engles/ me09.pdf，第 570、582 頁。這裡僅簡單說明，下一章會提出完整解釋。

可能陷入災難[61]。於是，吾人猜想，法國極有可能在國內資本不足的情形下，才與英國聯手，因為西方列強早已熟知戰爭可以快速地在全球奪取資源。

　　綜上所述，戰爭是累積資本的重要方法之一，法國加入英國為了讓鴉片合法化的戰爭，多少應該讓相信西方民主政體、深信西方支持自由貿易，並且堅信西方是「現代性」承載者的涂爾幹，這位深受 19 世紀歷史主義所左右的古典社會學大師級人物感到些許意外。

本章結語

　　本章提出一種嘗試，以回溯古典社會學中的知識淵源，在這領域許多學者從年輕就投入大量時間。很諷刺的是，事實證明，如果鴉片戰爭這個重要事件可以是一個指標的話，在這領域所謂的大師——涂爾幹——並不瞭解中國。儘管中國並非涂爾幹感到興趣的對象，但無疑地，他將西歐這個民主的工業化經濟體視為其他國家的榜樣。可以想像的是，在西方的幫助下，中國將被帶向「進步」。當然，事實絕非如此，西方國家絕不會希望其他國家比自己進步，然後再虛心地向非西方國家學習。

　　憑恃 19 世紀的歷史主義，學者頌揚所謂「進步」和「樂觀」。本章則試圖透過重新考察鴉片戰爭，來破解這個神話，故此更樂於稱其為「茶葉戰爭」。西方大國並未於工業競爭中發揮帶頭作用，本章找到的例子則是茶，因為它在全球農產品市場占了上風，當時工業化的英國並沒有從推銷工廠大量製造的商品中獲取多少收益，而關於 19 世紀的民主政體的模範生法國，是為了獲取巨額賠款而加入英國出軍的行列，與其世仇英格蘭在清廷的土地上卻可以合作無間。想到此，涂爾幹或許會備感驚訝才是。

61　馬克思，〈貿易和財政狀況〉，《馬克思恩格斯全集（文字版 PDF）》，中文第一版（1956-
　　1983），第 11 卷（1855），頁 604-606，刊登於 1855 年 9 月 28 日《新奧得報》，第 453 號，
　　https://www.marxists.org/chinese/PDF/Marx-Engles/ me09.pdf，第 605、606 頁。

　　綜而言之，涂爾幹爲經典社會學三雄、三大家之重要成員，其理論爲奠定該領域之基礎卓有貢獻。涂爾幹其看似縝密論述其實立基於傾斜的地土之上，因爲當涂氏（馬氏、韋氏亦同）在分析進入現代之前的中國仍無法擺脫 19 世紀歷史主義的烙印。本章認爲，所謂的社會學古典三雄，在分析了涂爾幹之後，讀者可能想到的是，古典三雄之一的涂氏，其論點似乎不怎麼站得住腳，是不是應該暫時將其崇高地位收回呢？或許應該如此。不過，在這麼做之前，我們還得在下一章節先檢視韋伯充滿問題的論述，這還得花點時間。

　　韋伯在社會學界可謂家喻戶曉，用全稱馬克斯・韋伯（Max Weber,
1864-1920）的機會反而不多，這一點與馬克思（Karl Marx）相似，不
少人可能忘了他名叫卡爾，不過，與馬氏的衝突論所能吸引到的注意力
不同，韋伯應該還算是略勝一籌。

　　本章用〈「沒有歷史的」東、西方歷史比較研究大師〉為副標題，
難免有被認為誇大之嫌，不少學者會認為筆者對「大師」韋伯實在不
敬，儒家倫理的教誨完全沒有反映在筆者身上，這樣的看法不能說沒有
道理，至少，韋伯應該比東方的學者更懂西方的歷史才對；但這樣的想
法才是問題之所在，不能因為韋伯來自西方，我們就假定他比較懂西方
所發生的事，否則美國有許多漢學家，他們對中國的理解就不可能超越
筆者了，但這是哪門子的推理啊！簡單說，雖然韋伯本人不一定願意，
但後世的學者們努力將他塑造成東、西方歷史比較研究大師，然而，
吾人以為，韋伯對東方（中國）──當然，是指清末之前的「傳統」中
國──所知有限，且其「信徒」（幾乎）不敢懷疑韋伯所說的論點，學
者在面對「大師」時，其所受的訓練與批判精神暫時先束之高閣，後來
也就淡忘了。

　　筆者在此並無責備韋伯的意思，因為韋伯在世的時候，能找到的
中文資料相對較少，而且願意學習中文的學者更少，韋伯也沒有多餘的
時間，更何況他為憂鬱症所苦，其人生的後半部分能用在研究的時間亦
不多。只是，上述的情形，應該沒有發生在韋伯的支持者身上，那麼，
應該受指責者就是韋伯的（熱情）粉絲了，因為他們有更多的文獻可以
參考，卻選擇相信韋伯所說的，順便替自己省下一些時間，可以著手撰

寫一些所謂的核心期刊，為自己的學術生涯換取一些名利。吾人相信，「沒有歷史的」這個有點負面的形容詞，應該也適用在大多數韋伯的支持（學）者身上，但筆者不相信韋伯生前就存在著想要成為東、西方歷史比較研究大師之意圖。當然，我們得看看名聞遐邇的歷史研究者，同時也是古典社會學三大家的韋伯，最終卻換來了「沒有歷史的」社會學家這樣的稱號，我們得知道理由。

　　本章將試著總結過去五年（2015-2020）以來，吾人對於韋伯學說之批評，具體的「成果」（如果可以這麼稱呼的話）以三本拙著呈現之，分別是《社會學囧很大 1.0》（2015）、《社會學囧很大 2.0》（2019），以及《社會學囧很大 3.0》（2020）。在這一章節裡，將各選取書中之一章，藉以說明韋伯對於歷史──無論是西方或東方──所產生的興趣並不高，遠低於他對於「理念型」這個知名的概念工具。按照討論的順序，此三章分別是〈重讀經典《新教倫理與資本主義精神》〉[1]、〈還原真相：西方知識體系建構下曲解的中國傳統法律〉[2]，與〈走進歷史也就走出困境〉[3]。

重讀經典《新教倫理與資本主義精神》

　　開山見山地說，因為我們得以有限的篇幅「重讀」一本社會（科）學的「經典」之作，它是韋伯生前唯一出版的大作《基督新教倫理與資本主義精神》[4]，這本書影響無數的學子，其重要性早已無須贅言。但更重要的是，這「經典」掩埋了太多早該重見天日的歷史事實。在重讀這本經典之前，至少我們還得先說明如何來進行這份工作。

　　在這小節中，我們將討論兩個子題，首先，對林錚在〈從新教倫理到資本主義精神：從量變─質變因素來重新審視 Max Weber 的《基督

1　謝宏仁，第四章，〈重讀經典《新教倫理與資本主義精神》〉，《社會學囧很大 2.0：看大師韋伯為何誤導人類思維》（台北：五南圖書，2019），第 179-234 頁。
2　謝宏仁，第二章，〈還原真相：西方知識體系建構下曲解的中國傳統法律〉，《社會學囧很大 1.0：看大師韋伯如何誤導人類思維》（台北：五南圖書，2015），第 59-101 頁。
3　謝宏仁，第二章〈走進歷史也就走出困境〉，《社會學囧很大 3.0：看大師韋伯為何誤導人類思維》（台北：五南圖書，2020），第 61-114 頁。
4　韋伯著，康樂、簡惠美譯，《基督新教倫理與資本主義精神》（*Die protestantische Ethik und der Geist des Kapitalismus*）（台北：遠流出版社，1920〔2013〕）。

新教倫理與資本主義精神》〉[5]一文中，其副標題──「眾聲喧嘩中的《新教倫理》」──底下所論到的歷史「事實」進行論述。重點在於，林氏明知不少歷史「事實」並未支持韋伯在《新教倫理》中的論點，但林氏卻選擇加以迴避；其次，我們討論林氏的「量變到質變」與「臨界點」，這可說是一種神祕化的過程，與韋伯的除魅化正好相反，但為了支持韋伯，這倒也無妨。我們先看看林錚的「眾聲喧嘩」所為何事？

「眾聲喧嘩」所為何事？

　　這個副標題告訴我們，林錚應該不認為《新教倫理》一書值得學者們為了某些歷史細節而爭得面紅耳赤。吾人以為，林氏在自身的「價值關聯」之下，形成其「詮釋架構」，即「新教倫理」讓「資本主義精神」得以在西方世界的潤土裡頭發芽、成長與茁壯，這種解釋框架使林錚失去釐清史實的機會，而只能與韋伯一樣地告訴我們，在某種（些）情況下，「新教倫理」已經轉換成了「資本主義精神」，甚至是說後者是前者的化身。不過，林錚對於韋伯在歷史上無法解答的問題，同樣也沒有想要回答。那麼，林氏到底知道些什麼？我們臚列其中幾項。以下，我們談談林錚在文中所陳述的「事實」，但林氏認為吾人覺得重要的事實，對他而言是無關緊要的。

　　首先，韋伯認為喀爾文主義讓市民階級逐漸形成。吾人認為，這是「理性化」過程的一個面向，但特雷弗・羅普（Trevor Roper）反對韋伯的說法並翻轉其因果性，羅普認為市民階級有意願加入喀爾文教派，而不是前者──喀爾文主義──讓某種階級形成[6]。其次，華納・宋巴特（Werner Sombart）為韋伯舊時的同僚，不過，對尼德蘭（荷蘭）經濟有不同看法，宋巴特認為是猶太人支撐著該國的經濟，而非新教徒[7]。第三，關於預選說，以及其導致的內在緊張性（「心理焦慮」），這在韋伯學說中，占據相當的重要性，因為這是產生「資本主義精

5　林錚，〈從新教倫理到資本主義精神：從量變─質變因素來重新審視 Max Weber 的《基督新教倫理與資本主義精神》〉，《社會分析》，第 10 期（2015 年 2 月），第 1-46 頁。在此，本文無意強調林錚之文在韋伯研究中之重要性。

6　Trevor Roper, *De La Reforme au Lumieres* (Paris: Gallimard, 1972)，引自：前揭書，第 13 頁。

7　Werner Sombart, *Le bourgeois* (Paris: Payot, 1966)，引自：前揭書，第 11 頁。

神」，推動著商業巨輪的重要動力來源。可是，根據馬歇爾・克納彭
（Marshall Knappen）研究了都鐸（Tudors）時代清教（徒）的神學相
關著作之後，並未發現教徒內心有著韋伯認定的焦慮感[8]。第四，盧西
亞諾・彭利卡尼（Luciano Pellicani）則指出，直到 17 世紀末，喀爾文
教派統治下的日內瓦（Genève）根本不是經濟發展的重鎮[9]。從以上例
子告訴我們，林錚清楚地知道上述歷史「事實」不符合「新教倫理」與
「資本主義精神」之間的親合關係，但可惜地，林氏卻選擇不去處理。
我們再接著討論林錚之概念「臨界點」。

「量變到質變」與「臨界點」

　　一言以蔽之，「相變」指的是物質從一種狀態轉變到另一種狀態。
像是水凝結成冰，從液態到固態，或者將水煮到沸點變成水蒸氣，從液
態到氣態，這些現象都遵循著「相變律則」。進而，林錚解釋道：

> 水變成冰，起因於水分子聚集造成型態上的轉變——單一水
> 分子不足以結成冰。上述這種奇妙現象取決於作用力從量到
> 質的變化。作為尺度的「量」能夠改變「質」，甚至會影響吾
> 人〔林錚〕認識到何謂真相、什麼是可能的、什麼是存在的
> 這類問題……尺度的改變意味著相應作用力的更替：就像僅
> 有大尺度的物體才能感受到重力一樣，分子能聚集在一起則
> 歸功於靜電力。量的差異決定了尺度是否改變，更有可能因
> 此引起質的極大的不同。以此，量只要超某個臨界點（critical
> point），就有可能造成量變—質變。[10]

　　當然，對林錚而言，最重要的是，無論如何也要讓「新教倫理」因
為其教徒的增加（量變），而產生「資本主義精神」（質變）。林錚繼
續說道：

8　Marshall Knappen, *Tudor Puritanism. A Chapter in the History of Idealism* (Chicago: University of Chicago Press, 1939)，引自：前揭書，第 11 頁。
9　Luciano Pellicani, "Weber and the Myth of Calvinism," *Telos*, Vol. 75, Issue 1 (1988), pp. 57-85, p. 57.
10　林錚，〈從新教倫理到資本主義精神〉，《社會分析》，第 10 期（2015 年 2 月），第 18-20 頁。

> 《新教倫理》一書的主要論點，可大略表述爲量的累積（新教
> 倫理）經由臨界點而達到量變─質變（資本主義精神）⋯⋯選
> 擇性親近可被定義爲一種不穩定、必須超過某一臨界點才能
> 成立的關聯。「臨界點」的存在，使得因和果之間不存在一種
> 簡單關係⋯⋯若忽略了量變─質變的表現，吾人可能會在量
> 的累積尚未成熟這個階段，就急於搜尋資本主義精神「萌芽」
> 的痕跡。[11]

　　這一段落，讓筆者產生幾個想法。首先，毫無意外地我們又再次
看到有學者奉韋伯的學說爲圭臬，「新教倫理」一定會產生「資本主義
精神」，這只是時間的問題而已，而這時間就座落在「臨界點」上，無
須眞的去找一個具體的時間。當然，韋伯告訴我們，在別的地方不可能
會有，相信林氏也毫不懷疑。其次，林氏告訴我們，因爲「量」還不太
夠，自然無從找到「資本主義的精神」。具體而言，過去大家都忽略，
原來還沒到那個「臨界點」。吾人以爲，這種說法是在神祕化人類的歷
史，而非處於一個「理性化」過程。但簡言之，雖然這裡僅討論林錚的
例子，但百年來，學者們前仆後繼地爲大師韋伯擦脂抹粉，似乎若沒有
大師，社會學就生存不易了。

重讀韋伯之「經典」著作

　　韋伯在《基督新教倫理與資本主義精神》[12]這本傑作中告訴我們，
在宗教改革之後，「資本主義精神」完全被釋放出來。首先，我們看看
這樣的說法是否合理。其次，喀爾文教義是否亦如韋伯所堅持者，與所
謂的「資本主義精神」存在著緊密的親合關係。再次，檢視上帝的召喚
（calling，呼召）之原義，與伴隨而來的「內在緊張性」，如果後者確
實存在的話。

11　前揭書，第 27 頁。

12　Max Weber, *The Protestant Ethic and the Spirit of Capitalism*, translated by Talcott Parsons, and introduced by Randall Collins (Los Angeles, CA.: Roxbury Publishing Company, 1995).

釋放「資本主義精神」

簡單說，韋伯經由比較天主教的教義（與其經濟倫理）之後，而做了上述闡釋，換言之，韋伯堅持在宗教改革之前，人們反對追逐利潤，但在宗教改革之後，經濟倫理變了，人心改變，社會也跟著變了，開始容許競逐利益，而且逐利愈多，財富累積愈多，信徒更可以確信自己就是上帝的選民。也就是說，韋伯堅持 16 世紀的宗教改革之後，資本主義精神才被釋放出來。

但有個看法是如此說：所有檯面上的中世紀歷史學者一致認為，所謂的「資本主義精神」早已存在於中世紀前期了（Low Middle Ages，也就是 Early Middle Ages，或稱「黑暗時期」，the Dark Ages，大約在西元 1,000 年上下），這時期遠早於韋伯所認為新教倫理的出現。為此，我們或許應該看看一、兩個例證。彭利卡尼在其〈韋伯與喀爾文主義的迷思〉一文中就曾指出芬切爾（Finchale）的英國隱士，眾人所喜愛的「聖者」戈德里克（St. Godric de Finchale / St. Godric, 1065-1170）——雖然他未被正式「封聖」過——同時也是一位商人。戈德里克對利潤的追求，幾乎主導了其所有的行為，他著名的資本主義精神（*spiritus capitalistus*），令人難以相信其僅只為了生活所需而努力，他甚至將利潤用來支助並擴展貿易。另外，他更加留心於任何可能為商品帶來高利潤的市場，這正好是教會堅持所謂的「公平價格的經濟教條」（economic doctrine of fair price），強力譴責投機行動的對比[13]。啟人疑竇的是，韋伯怎麼可能沒有看過類似的說法，那就是：所有中世紀歷史學家一致認為資本主義的精神早已發生，絕非僅僅在宗教改革之後。

明顯地，韋伯並未發掘出這些歷史事實，因為唯有如此，他才能繼續堅持其宗教改革之後，無意間釋放出資本主義精神的說法。

喀爾文主義與「資本主義精神」

我們幾乎從來不曾懷疑韋伯所說的，例如為何「榮耀上帝」這

---

13 Henri Pirenne, *La citta del Medioevo* (Bari: Laterza, 1977), pp. 80-81, cited in Pellicani, "Weber and the Myth of Calvinism," pp. 57-58.

件事只能用累積財富，也就是賺很多錢來表示？約翰‧喀爾文（John Calvin）真的如此對信眾講道嗎？有心徹底改革天主教教會諸弊端的傳教者，真會鼓吹其信眾努力賺錢來讚美上帝嗎？難道榮耀上帝僅此一途嗎？我們看看以下喀爾文在他最後幾場講道中的論述，一個可能讓韋伯及其支持者感到些許訝異的段落，喀爾文說：

> 在井然有序的神家裡，一個放高利貸者令人難以容忍……〔任何〕謀取高利息者都必須被破窗排除……毫無疑問地，放高利貸不僅是一項邪惡且不誠實的賺錢方法，而且還更不是一位基督徒與誠實的人所該從事〔的工作〕。任何人要想穩定地從高利貸獲得〔巨額〕利潤，他就是一位掠奪者，日後〔必然〕會墜入在自己〔所撒的〕罪孽〔坑〕中。我們要永遠牢記，一個〔若〕總是想著賺錢這碼事的人，這個人不可能不與兄弟產生齟齬；基於以上理由，必得將高利貸、利潤與利息這幾個字從一個人的思慮徹底剷除。[14]

這個段落告訴我們，為了收取高額利息而放款給他人，喀爾文主義是極力反對的。不只這樣，包括利潤與利息二字，也都不該留在人們的記憶裡。由此可見，韋伯認為在宗教改革之後，當人們從綁帶中解脫，追求利潤極大化開始（漸漸地）被社會所容許，資本主義精神得到普遍尊重，資本主義於焉興起，這種說法，令人不敢苟同。

上帝的召喚與內在緊張性

韋伯告訴我們，上帝的召喚為信徒們追求財富提供了道德的支持。韋伯如此認為：「〔喀爾文主義〕對於『上帝的召喚』這個概念的發展，很快地提供給現代企業家一種令人驚艷之透亮的道德心〔fabulously clear conscience〕。」[15]當然，吾人可以理解，世界上應該鮮有宗教不勸

14　Andre Bieler, *La pensée economique at sociale de Calvin*, op. cit. p. 466, 469, cited in Pellicani, "Weber and the Myth of Calvinism," p. 62.

15　Max Weber, *General Economic History* (New Brunswick: Transaction Books, 1981), p. 367, cited in Ibid., pp. 57-58.

人為善的，喀爾文以及其傳道者亦無不同，然而，彭利卡尼認為「上帝的召喚」的原義，並未如韋伯所聲稱，在信徒內心產生一種緊張性——一種儒家倫理所無法產生的緊張性。具體而言，韋伯以「理念型」來操作預選說，因而形成一種「與歷史事實無關」的建構物。此即，預選說——不斷追求利潤以榮耀上帝——是韋伯為喀爾主教派的信徒所設計之「心理建構物」[16]。事實上，喀爾文教派的信徒根本不認為賺錢是可以「榮耀上帝」的。

根據韋伯的說法，這種內在的緊張性，使信徒們不得不努力追求金錢來榮耀上帝，而且由於預選說的關係，信徒永遠無法確知自己是否為上帝所救贖，於是，緊張性只能繼續存在，信徒只得拼命賺錢以求得救贖，別無他法。如果我們懷疑喀爾文主義的信徒在預選說驅使下，產生（只能）用掙取金錢來榮耀上帝以證明自己（被選擇）的能力的話，那麼，我們應該再花少許的時間，重新檢視「召喚」的原義，到底上帝要其子民在日常生活中如何行事來榮耀祂？

在喀爾文的 *Institutio Religionis Christianae* 裡，他寫道：「上帝要求我們每一個人考慮自己在其生活之中，每個行為所得到〔上帝〕的召喚，因為祂很清楚地知道人類的智慧是如何地不可靠、人們是如何快速地從這一頭轉向另一頭，以及其企圖心與貪欲是如何地引導著他在短時間之內想到〔一次就〕得到許多事物……於是乎，上帝早為我們每個人設定了他應該要做的事了，*為了不讓任何一個人做出超越自己所限之事*〔斜體為原文所有〕，祂早已經〔為每個人〕指定了生活中的所〔應〕有的態度，此即為召喚。」[17]這暗示我們什麼？喀爾文在 *Commentaires sur le Nouveau Testament* 當中清楚且明白地宣稱：「每一個人應該滿足於自己的召喚；必須追隨著它〔自己來自上帝的召喚〕；不應該有欲望，想以任何方式去追求〔除了召喚以外的〕其他〔事物〕。」[18]上述

16　Ibid., p. 66.

17　Giovanni Calvino, *Istituzioni della religione cristiana* (Turin: UTET, 1983), p. 870, 871, cited in Ibid., p. 61.

18　Quoted in Andre Bieler, *La pensée economique et sociale de Calvin* (Geneva: Georg, 1961), p. 264, cited in Ibid., p. 61.

這些段落，讓我們知道韋伯所謂「資本主義的起源」來自於他自己所虛構的、想像的「內在緊張性」，這種緊張性完美地包裝在預選說的教義下。

在「重讀」《新教倫理》之後，相信讀者對自己原以為瞭解西方興起的原因開始感到困惑。

掩埋場裡的歷史「事實」

許多學者為了韋伯的學說，其理念型邏輯的一貫性，將不少珍貴的歷史「事實（事件）」丟進垃圾掩埋場，任其腐化敗壞。今日，我們得讓那些被掩埋許多時日的「事實」重見天日。

以下的分析再分為兩個小節討論。首先，我們討論蘇格蘭，這個地區的新教徒相當虔誠，但不似韋伯所言，累積了大量資本；其次，我們談談荷蘭的中產階級，因為荷蘭這個新教徒占最多數的國家，在奴隸貿易上的表現堪稱可圈可點，這應該不是上帝容許的賺錢方式才是。

不被「資本主義」看上的蘇格蘭

先前，我們提到在宗教改革之後，16、17 世紀時一幅田園景象的蘇格蘭，以我們當代人的角度來看，這讓人極其嚮往，不過當時的人可不這樣想。我們回頭看韋伯的看法，在《新教倫理》一書，韋伯沒有指名特定地區的新教徒，當然他也並非說哪個地區的新教徒才算數，否則還得分析其他有異於「新教倫理」的原因，若果如此，韋伯會使他自己提出的問題變得更複雜，而難以自圓其說。所以，在這種情況下，我們討論 16、17 世紀以農村經濟為主的蘇格蘭，可以說是喀爾文主義式社會一個「出類拔萃」（*par excellence*）的例子。換句話說，這裡有一群謹遵教義的信徒，其生活的樣態，應該如韋伯所描繪的那樣才是。那麼，按韋伯所言，這裡所住的喀爾文教派的信徒，因為其教義、經濟倫理，也應該累積一些資本才是，否則韋伯又將難以自圓其說。事實上，「〔蘇格蘭的經濟〕不能說是處於一個資本累積的階段，其經濟活動主要是鄉村的（rural），科技則是極度原始的，尤有甚者，在整個 17 世紀之中，蘇格蘭無法被 15 世紀以來將英格蘭鄉村地區轉型之經濟發酵

（economic ferment）所觸及」[19]。看起來，喀爾文教派的信徒聚集之處，不見得都是容易累積資本的地方吧！？或許其他的因素──例如交易「商品」的種類、總體國力的強弱，與良好的「制度」等──都是值得考量的重點，並不是非得將某種獨特的經濟倫理置於研究重心才行。簡單說，愈虔誠的新教徒聚集之處，未必是資本累積最快速的地方。

事實上，那時的蘇格蘭非但不是個經濟快速擴張的地區，其「前衛的」（avant-garde）企業主階級也非由「禁欲的資本積累者」（ascetic accumulators of capital）所組成[20]。正好相反，什穆埃爾‧柏納爾（Shmuel N. Burnell）認為，「即使是大力稱讚這個王國的外國遊客們，都持續地注意到了在〔所謂的〕經濟福利措施與這個小小的北方王國維持生計的活動之間的巨大落差。是誇大也好，偏見也罷，但幾乎所有的蘇格蘭作品毫無例外地同意並接受以下的事實，〔那就是：〕與西歐大多數的王國相較之下，這裡〔蘇格蘭〕是個更貧窮的國度」[21]。相信韋伯如果看到這樣的歷史「事件」，他應該會苦惱於到底要如何解釋才好，這的確困難。或許，在宗教改革之後，資本主義還得等些年日方告出現，但這也不易，因為 17 世紀末期，已經是宗教改革開始後很長的一段時間，但蘇格蘭仍舊不那麼富裕。

荷蘭的中產階級

簡單說，荷蘭這個喀爾文教派國家，無暇顧及道德之要求，從事利潤豐富的奴隸貿易，而這讓整個加勒比海地區變成荷蘭商業擴張的主要地區[22]，如此看來，韋伯所見新教徒聚集的區域相對富裕，是否與奴隸貿易有關。又荷蘭的中產階級因為害怕自己在競爭中失去優勢，而無

19　S. N. Burnell, "Calvinism, Capitalism and Middle Classes," in S. N. Eisenstadt, ed. *The Protestant Ethic and Modernization* (New York: Basic Books, 1968), p. 143, cited in Ibid., p. 69, 70.

20　Ibid., p. 70.

21　Shmuel N. Burnell, "Calvinism, Capitalism and Middle Classes," in Shmuel N. Eisenstadt, ed. *The Protestant Ethic and Modernization* (New York: Basic Books, 1968), p. 142, cited in Ibid., p. 70.

22　Kenneth Pomeranz, Steve Topik，〈熱帶荷蘭人〉，第 243 頁。值得一提的是，據 Pellicani 指出，荷蘭這個喀爾文教派的國家，其人口只有三分之一是喀爾文教派的信徒，不過，該教派確實是在該國各教派中占最大多數者。請參：Ibid.。

法繼續消費奢侈品來維持其高尚品味[23]，內心產生「中產階級的焦慮」很可能被韋伯以「瞭悟」研究法充作新教徒的內心「緊張性」，這一點筆者很難證明，一如要指出荷蘭的新教徒都參加奴隸貿易那樣不易；不過，同樣地我們也不能完全排除這種可能性。然而，新教徒──其他教派的信徒應該無甚差異──為了賺取更高利潤而（短暫地）忘記應該符合上帝所堅信的道德，這不只限於 17 世紀的荷蘭國家而已，17 世紀的普魯士布蘭登堡（Prussia-Brandenburg）──新教徒具政治影響力之王國[24]，目前為德國東北部一個聯邦州──亦牽涉其中，只是其營業規模無法與荷蘭相提並論而已。

事實上，研究 17 世紀奴隸制度的人，過去一段時間裡，總是將重心放在主要的歐洲奴隸貿易公司，也就是不列顛皇家非洲公司（British Royal Africa Company, RAC）與荷蘭西印度公司（the Dutch West India Company, the Vereenigde Westindische Compagnie, WIC）。然而，隨著近年新史料出現，讓我們得知一些小型的北歐奴隸貿易公司，像是瑞典非洲公司（the Swedish Africa Company, SAC）、丹麥非洲公司（the Danish Africa Company, DAC）與普魯士布蘭登堡非洲公司（the Prussian Brandenburg Africa Company, BAC）。新的史料提供幾個小型販賣奴隸公司是如何與前述兩家──也就是 RAC 與 WIC──在非洲黃金海岸（Gold Coast）與其他地區互相競爭，新史料也呈現出歐洲人與非洲人互動的過程，以及非洲如何因應變幻莫測的奴隸貿易，這些資料對於瞭解歐洲公司的策略以及大西洋世界經濟卓有貢獻。然而，這些北歐國家──瑞典、丹麥，與普魯士布蘭登堡──由於並未擁有美洲殖民地，是故，其奴隸買賣「被限定在走私至伊比利的殖民地（the Iberian colonies）」，事實上，在 1700 年以前，「黃金與象牙都超過奴隸貿易而成為具支配地位的出口商品」，之後，奴隸貿易才成為「最有價值」的買賣[25]。

23　De Vries, "Luxury and Calvinism/ Luxury and Capitalism."

24　Nischan, "Calvinism , the Thirty Year's War, and the Beginning of Absolutism in Brandenburg."

25　Klein, *The Atlantic Slave Trade*, p. 77.

　　上述幾個歐洲公司在非洲所從事的奴隸貿易對於世界史的重要性不言可喻，但本文最關切的是 BAC，因為其經營者當中可能有新教徒，既然韋伯相信這一群人相對有錢，那麼，他們怎麼會願意放棄奴隸貿易這樣利潤奇豐的買賣？當時，BAC 主要在三個基地經營奴隸貿易，其中的桃樂斯堡（Dorothea Fort）與葛洛斯・弗雷德里克堡（Gross Freidrichsburg）位於幾內亞灣的黃金海岸，另一個是阿爾金堡（Arguin）位於穆斯林占多數，距現今西非的茅利塔尼亞（Mauritania）海岸不遠的一個島上[26]。簡言之，不僅荷蘭的新教徒，連受到新教徒影響頗深的普魯士布蘭登堡政治圈[27]也加入這不怎麼道德的奴隸貿易。

　　筆者猜想，韋伯應該聽過，在他的時代之前不久，離普魯士不遠處，有一群人虔信喀爾文主義，其中有一部分相對富有者，他們發現買賣非洲奴隸是最有利可圖。當中的少數人因為懂得投資，賺取更多利潤，有幸成為資本家，這些人因為賺得多——但也可能誤會上帝的旨意——遂深信自己會是被選召者。因為「理性化」的過程幾乎讓所有環節都更有效率，所以資本主義便應運而生。日後，上述這些人便成為資本主義的重要推手。從韋伯的說詞中，我們應該能確定韋伯相信這些人是當時歐洲最有錢的人，否則，是否談論資本主義就無甚意義了。這裡請留意，我們談的是在當今德國東北部，兩、三百年之前，那裡住了一群從事奴隸貿易的人，其中應該有一部分是新教徒，韋伯應該會比我們更清楚這段歷史才對——但沒有。

〈重讀經典〉小結

　　本章我們「重讀」一本社會（科）學的經典之作《新教倫理》，同時也看到學者千方百計地想要使大師最重要的概念工具之「理念型」得以延年益壽，至今已超過一個世紀，為的是讓大師的領導地位更加穩固。我們也看到韋伯（及其支持者，例如林錚教授）對於那些不支持其

26　Angela Sutton, "The Seventeenth-Century Slave Trade in the Documents of the English, Dutch, Swedish, Danish and Prussian Royal Slave Trading Companies," *Slavery and Abolition*, Vol. 36, No. 3 (2015), pp. 445-459, p. 445, 451.

27　Nischan, "Calvinism , the Thirty Year's War, and the Beginning of Absolutism in Brandenburg."

理念型的歷史「事實」視而不見，並且將之掩埋，讓後人幾乎沒有機會再看到其原來模樣。

　　不過，在這個研究當中，我們的確看到「友情」的可貴，為了維持韋伯大師的崇高地位，學者想方設法地延續「新教倫理」與「資本主義精神」這兩個理念型的生命跡象，因為「理念型」是韋伯最重要的「發明」，無論如何也不能讓此項「發明」走進死胡同裡。於是，我們看到林錚教授明明知道許多歷史「事實」（完全）無法符合其「理念型」之詮釋框架，仍然不認為這些「事實」傷及其心中完美的「理念型」。

　　接下來，我們繼續討論筆者的第二篇文章，它與「傳統」中國法律體系有關。

還原真相：西方知識體系建構下曲解的中國傳統法律

　　一言以蔽之，韋伯的說法讓中國傳統法律長期以來遭受扭曲。

　　西方社會自羅馬法頒布之後，個人財產有了法律保護，權利（rights）觀念逐漸形成，保障人民權利不受任意侵犯，遂成為執政者維護社會秩序之基本原則[28]。換言之，西方社會的個人是在「權利」觀之下被治理，個人得以藉著訴訟來捍衛法律所賦予的各項權利。是故，在排難解紛背後所蘊含的理念是維護個人權利不被侵犯。東方社會則與西方社會有所差異，以中國為例，漢朝（202 B.C.E.-220 A.D.）為鞏固政權，國家（亦即意識形態的上層建築）獨尊儒術，君臣、父子、夫婦、長幼、朋友等五倫成為眾生百姓思云言行的規範，各人皆當恪遵本分，社會氛圍強調個人對群體的義務，而顯得井然有序。在傳統社會裡，至少在統治階級的想法之中，良善的人恥談爭利，更何況僅為個人私利而在官府興訟。從而權利的觀念、意識在中國這塊土地上難以獲得養分。

　　自 15 世紀起，西方列強開始擴張其海外領土（也就是大航海時代的來臨），在接下來的數個世紀中，歐洲人對於東方世界──特別是中

28　Barry Nicholas 著，黃風譯，《羅馬法概論》（北京：法律出版社，2004）。

國──的描繪，與西方知識界對於中國的「認知」（或誤解），亦隨著西方世界在世界經濟體系地位的改變而跟著改觀[29]。在西方爲瞭解東方社會而構築的知識體系裡，中國的傳統法律體系遭到嚴重誤解。在社會學領域之中，身爲古典三大家之一的韋伯，這位影響力可謂無遠弗屆的學者，對中國傳統法律體系的輕描淡寫、輕視鄙夷，事實上已經長期誤導了學術界的思維。

　　法律制度的公正與否，攸關著統治政權的正當性、政府的威信、對商業行爲的信任、經濟活動的預期心理等。誠如韋伯所言，假使法律制度無法提供「可預測性」，則交易無法進行，更遑論資本主義的產生。是故，在韋伯的世界觀裡，東方的中國因爲專制者可以爲所欲爲，法律毫無威信可言。自秦朝大一統之後，法律即處於停滯的狀態，在此之下，財產權利無法得到保障，使資本主義無由產生。這種邏輯看似合理，然而中國是在「義務」觀的教化底下，在這種義務觀的社會思維下，人民無法弄清「權利」的意義。但難道一個強調義務的國度，人們便不知要利用各種手段來保護其財產嗎？

　　本節探究「義務觀」下中國社會的大眾如何行使權利，並突顯以西方「權利觀」來檢視中國的社會，將難以看清中國法律體系的運作方式。首先，西方知識界長期以來爲東方社會（在本研究尤指中國）建構了西方向全球擴張所需要的知識體系，如此，不僅影響了西方社會對中國的認知，同時也影響了中國的學者。其次，中國是個強調「義務」的社會，在晚清引進西方法律制度之前，社會並不存在權利意識。那麼，在一個「義務觀」當道的社會，人民行使財產「權利」的方式也必然與西方有所不同。第三，討論中國傳統法律與知識產權保護相關的議題，在此將證明在宋朝（976-1279）時期，中國已經建制「全球」最進步的知識產權（主要爲著作權）保護的相關法律及措施。可惜，在韋伯的心目中，唯有歐洲大陸法系是形式理性的法律，也唯獨這樣的法律才可能

29　Ho-Fung Hung, "Orientalist knowledge and Social Theory: China and the European Conceptions of East-West Differences from 1600-1900," *Sociological Theory*, Vol. 21, Issue 3 (September, 2003), pp. 254-280.

讓資本主義這樣進步的制度得以建立。最後，總結本章的發現。

西方建構下的東方知識體系

　　孔誥鋒指出歐洲學術界自 18 世紀開始從「熱愛」（sinophiles）轉變成「恐慌」（sinophobes），與其海外擴張、經濟繁榮、中產階級興起有關，這使得其中產階級原本對於中國（商品，像是絲、瓷器）的狂熱，轉而對中國專制主義（absolutism）的批評[30]。在不甚瞭解中國歷史的狀況下，特別是在中國傳統法律體系這個領域，德國著名社會學家韋伯可謂其中之代表人物，他認為在中國專制主義下，法律的運作經常為皇帝各人意志所左右，不具西方法律特有的形式邏輯之思維。確實，中國法總是給人一個印象，國家法是刑法，自秦朝極端的專制主義起，給人們以刑罰是統治者恣意支配之印象，使人產生了中國的法只是一家之法的觀念[31]。

　　如同高道蘊（Karen L. Turner）曾經批評的那樣，在韋伯之後，縱然西方的漢學研究已經有了更多文獻可以使用，西方漢學家卻繼續重複著韋伯 19 世紀關於中國的觀點。費正清[32]──美國的漢學巨擘、哈佛大學東亞研究中心創始人──所撰之《東亞：偉大的傳統》即是顯例，這是一部「可能比其他任何美國有關出版品都對更多的學者具有影響」的教科書，對中國法律的描寫幾乎與韋伯如出一轍[33]。「建構的」、「誤解的」甚或只是「便宜行事的」研究所描述出來的東方世界，是一個沒有理性的、不可預測的、停滯的、只是西方社會的對應物。

　　近代中國衰落的原因很多，在西方主導的知識體系下，不少東方的學者批評起東方（中國）時卻也顯得理直氣壯。舉例來說，「中央集權」也是學者經常掛在嘴邊用來批評中國國力漸衰的理由。學者陳志

30　Ho-Fung Hung, "Orientalist knowledge and Social Theory."
31　石川英昭著，張中秋譯，〈中國法的思想基礎〉，張中秋編，《中國法律形象的一面──外國人眼中的中國法》（北京：中國政法大學出版社，2012），第 26-44 頁。
32　在本書中有專章討論之。
33　高道蘊，〈導言〉，高道蘊、高鴻鈞、賀衛方編，《美國學者論中國法律傳統》，（增訂版）（北京：清華大學出版社，2004），頁 1-11，第 9、10 頁，引自：尤陳俊，〈「新法律史」如何可能──美國的中國法律史研究新動向及其啟示〉，黃宗智、尤陳俊主編，《從訴訟檔案出發：中國的法律、社會與文化》（北京：法律出版社，2009），頁 473-524，第 478 頁。

武、王勇華帶著責備的口吻批評道：「至少從唐朝開始（618-906），直至 1911 年清朝末年，中國一直就是中央集權制。皇帝通過官僚機構和他的**絕對權力**〔粗體為吾人所加〕控制、管理整個國家。最低等級的官員是縣級，這些官員代表中央政府行使包括徵稅、公共工程建設、乃至法律訴訟等所有國家權力。因此司法審判僅僅是眾多行政行為中的一種。由於在政府機構中根本沒有『分權』思想，那些郡縣級地方官員事實上不受任何制約……。中國法律傳統的另一個特徵是，強調行政與刑事制裁，缺少民事責任以及程序法方面的規範。」[34] 上述這個段落有幾個地方值得討論，分述如下。

　　第一，這是歐洲殖民者對中國的誤解，是想強調東方（中國）專制主義，皇帝不受法律約束，可以為所欲為，在中國（與伊斯蘭）傳統法律體系中，所謂的「卡迪」（K[h]adi，長者）審判可以輕易地找到。韋伯曾說過，要想在卡迪審判中找到法律一致性是不可能的。尤有甚者，直到 1980 年代時，美國法官仍不客氣地引用卡迪審判來突顯伊斯蘭法律之專斷性與任意性。然而，伊斯蘭法律大抵是基於理性的 istihsan，此種法律的邏輯推演，極類似於美國的先例（precedent），若是將 istihsan 翻譯為英文，則作「類比的推理」〔reasoned distinction of *qiyas*（reasoning by analogy）〕[35]。韋伯對阿拉伯世界卡迪審判的批評並無歷史事實的支持，根據張偉仁的研究，在 17、18 世紀時，卡迪已根據「習慣」來解決兩造之利害衝突，而民間的習慣正是西方學者所熟知的法律體系之重要組成成分[36]。

　　第二，陳志武、王勇華所提及地方官員不受上級約束，可從稍後將探討之刑事檢驗流程中涵蓋覆核的步驟，而加以反駁。第三，至於中國法律體系中缺少民事責任的部分，本文稍後亦將詳細說明。由於中國古

34　陳志武、王勇華，〈從中國的經歷看司法改革與資本市場的關係〉，梁治平主編，《國家、市場、社會：當代中國的法律與發展》（北京：中國政法大學出版社，2005），頁 197-220，第199 頁。

35　John Makdisi, "Legal Logic and Equity in Islamic Law," *The American Journal of Comparative Law*, Vol. 33, Issue 1 (Winter, 1985), pp. 63-92, p. 64, 92.

36　張偉仁，〈中國傳統的司法和法學〉，《現代法學》，第 28 卷第 5 期，2006 年 9 月，頁 59-67，第 60 頁。

代並未頒布類似羅馬法的正式法典，也沒有一部民法法典，因此學者可能產生誤解。但筆者先以實行嚴格之中央集權制下的宋朝刑事案件中，極為進步的驗屍制度，特別是其注重程序的部分，以此來反駁陳志武、王勇華所持之論點，即中國古代的地方法官不受上級約束的這種看法。

　　宋代法律詳細規定參與檢驗的組織、人員、案件的範圍，組織與人員的職責也有明確分工。首先，負責檢驗的官員主要是司理參軍、縣尉，此外，人吏（即供官府驅使的差役）和仵作〔行人〕（即今日之法醫）等人要隨同或配合官員進行檢驗。第二，宋代法律對何種案件在什麼情況下應當檢驗，例如「凡殺傷公事（因鬥毆、賊盜導致的死傷）、非理致命（如投水、自縊、⋯⋯火死⋯⋯牛馬踏死等）、病死（無醫生證明及猝死者）、⋯⋯不僅民戶死亡須經檢驗，而且奴婢非理致命者，也要即時檢驗」[37]。第三，為求檢驗公正，對於初檢、覆檢的每個階段，其步驟、活動都提出了具體的要求，例如，差官對於案發現場及屍體的狀況進行初次檢驗，分為報檢、差官、檢驗、申牒四個步驟[38]。再以「報檢」為例，在發生殺傷案件或非理死亡事件後，當地鄰保、家屬必須申報州縣官府差官。最後，在檢驗文書中，包括了實體性文書《驗狀》、《正背人形圖》，與《驗屍格目》等。其中的《驗屍格目》則是為了監督檢驗官員，主要內容包括檢驗時間、工作程序，與對違法檢驗的舉報方式之司法救濟途徑。經驗事實告訴我們，即使用當代的觀點來看待宋代之檢驗制度，都不得不懾服於其程序之完備。故此陳志武、王勇華所言並無根據。

義務觀下的權利行使

　　二千餘年以來，儒家思想在各個層面影響著中國眾多百姓。儒家思想講求天人合一，追求「和諧」的思維，在在影響著中國社會糾紛解決機制的運作。舉例而言，自先秦延續到清代的「義利之辯」隱含著「去

37　郭東旭，《宋代法律與社會》（北京：人民出版社，2008），第 121 頁。
38　前揭書，第 124、125 頁。「牒」為宋代官府下級對上級或者同級之間傳送的法律文書。於初檢程序之中，有兩次申牒的規定，一是在檢驗日申牒差官覆檢，二是在檢驗完畢之後，申牒報告檢驗之狀況與結論。

私」的前提，這樣的前提貫穿於法律文化之中，雖然在現實生活中，老百姓會爲私人利益而產生糾紛，但至少統治階級希望看到的是一個和諧無訟的社會。在古代製造「學說」是統治者及其所屬的士大夫階級的特權，在這種「不言利」的氛圍中，我們約略可知中國傳統文化不能夠產生權利概念的原因。但要記得，這是「官方的」表達，它未必等於「民間的」實踐。

西方社會解決民事爭端的原則是保護個人「權利」，中國則是利用中間人（調停人），讓衝突兩造雙方針對各自看法加以陳述，以當事人各退一步找出「妥協」的方法來解決衝突。質言之，中國解決民事（細事）糾紛的機制與講求權利保護的西方社會不同，也就是說，西方並不倚賴調解、調停來處理爭端，即使近來美國也加入這種（中國獨特的）調解制度，但其風貌仍有差異。可以這樣說，「調解」、「調停」是中國與西方法律在處理民事糾紛上，最大的不同。

加州大學洛杉磯分校教授黃宗智在分析中國法律體系糾紛解決的獨特機制時，他將主要的研究時期限定在清朝、民國、計畫經濟時期，與改革開放之後。然而長久以來，在中國傳統法律體系裡，官府以審斷重案爲主，民間則負責對細事進行調解。是故，中國法律體系的運作方式與西方法律不同之處，在於中國社會裡，許多糾紛在官府（法庭）之外便已解決[39]。而根據學者梁治平的說法，最遲自宋代開始，民間細事糾紛已逐漸由社區、家族來解決，因爲在宋朝之後，家族組織日益完備，這使得直接由官府來處理的案件相對減少，同時也使得民間自行調解的作法逐漸成爲定制。之後朝代對於民間調解的方式、作法等均有其規定，例如，明朝的法律規定「各州縣設立申明亭，凡民間應有詞狀，許耆老里長准受理於本亭剖理」[40]。簡言之，「調解」機制的存在與制度化，是使東方社會迥別於西方社會的法律體系，因此必須予以重視。當然，韋伯及其支持者對此應該沒有興趣才對。

39　Huang, *Chinese Civil Justice, Past and Present*, p. 22.
40　《大明律集解附例・刑律・雜犯》，引自：梁治平，《尋求自然秩序中的和諧：中國傳統法律文化研究》（北京：商務印書館，2013），第 226 頁。

中國知識產權保護

現今的知識產權保護涵蓋的範圍較廣，包括了專利、著作權、商標、地理標示等，中古世紀知識產權中的專利保護或許可回溯到 15 世紀的威尼斯，但中國早在 11 世紀時即開始保護印刷商之出版權利。更重要的是，如果只是保護少數的個人而非（印刷）產業的話，其重要性、所牽涉的經濟利益將大為減低。並且在某個程度上，學者可能習慣用現在的標準來對待過去，那麼當代的知識產權保護的絕非個人，而是跨國公司利益，甚至是產業利益[41]。若是如此，我們不妨將 12 世紀時南宋蓬勃的活字印刷出版業以「產業」的層級來加以審視，因為在活字印刷出現之前，書籍尚無法大量印製，因此討論著作權的意義不大[42]。

中國傳統法律體系內，並不區分民刑事，但案件有輕重的差別，所以不難想像，除了重案之外，其他的案件都屬細事。雖然乍看之下，知識產權（著作權）不在戶婚土錢債之列，但知識產權保護不像是官府必須解決的重案。既然知識產「權」應屬於細事，且居中協調者雖是高德性者，然而這些人恐怕沒有太多知識產權保護的觀念，那麼告官似乎是不得不的選擇了。此時，申告於官府後所留下的官方文件，就變得十分重要了。現在，我們看看宋代對於版權保護之具體作為。

以下的證據清楚地說明自北宋起，中國即有了版權保護的法令。古時，翻版〔板〕即盜印。《書林清話》卷二有「翻板有例禁始於宋人」的條目，「北宋哲宗紹聖二年（1095）正月廿一日，『刑部言，諸習學刑法人，合用敕令式等，許召官委保，納紙墨工眞〔具？〕，赴部陳狀印給，詐冒者論如盜印法。從之』」[43]。雖然盜印法的內容仍需推敲，但此史料證明早在北宋時期就有盜印法。現存史料當中，（至少）有三

41 Sell, *Private Power, Public Law: The Globalization of Intellectual Property Rights* (Cambridge: Cambridge University Press, 2003).

42 鄭成思，〈中外印刷出版與版權概念的沿革〉，中國版權研究會編，《版權研究文選》（北京：商務印書館，1995），第 108-121 頁。

43 《宋會要輯稿・刑法二》之 40，引自：葉坦，〈宋代的印刷事業與版權保護〉，劉春田主編，《中國知識產權評論》，第 3 卷（北京：商務印書館，2008），頁 151-164，第 160 頁。本文原載於《中國研究》（東京），1996 年 5 月號。

個案例可證明中國古代已有版權保護的法令[44]，以下，囿於篇幅所限，我們看其中一個。

　　我們討論以下的案例，根據南宋（1127-1279）末年由政府發布之公告，此案例發生在福建最大的書市之一建安，在祝穆編刊《方輿勝覽》自序中有如下記載：「兩浙史轉運司錄白，據祝太傅宅干人吳吉狀，本宅見雕諸郡志，名曰《方輿勝覽》及《四六寶苑》兩書，並係本宅進士私自編輯，數載辛勤。今來雕板，所費浩瀚，竊恐書市嗜利之徒，輒將上件書板翻開，或改換名目，或以《節略輿地勝紀》等書為名，翻開攙奪，致本宅徒勞心力，枉費錢本，委實切害，照得雕書，合經使台申明，乞行約束，庶絕翻版之患。乞榜下衢、婺州雕書籍處，張掛曉示，如有此色，容本宅陳告，乞追人毀板，斷治施行……福建路轉運司狀，乞給榜約束所屬，不得翻開上件書板，並同前式，更不再錄白。」[45]這份於1266年由政府發布，具有法律效力的公告，證明版權觀念在中國已經形成了。其中「竊恐書市嗜利之徒，輒將上件書板翻開，或改換名目……翻開攙奪，致本宅徒勞心力，枉費錢本，委實切害」、提及了作者為《方輿勝覽》已耗費巨大心力與雕板的成本，且如果任由他人隨意翻刻的話，可能造成該書原意受到竄改。雖然，「傳統」中國上自皇帝、下至平民百姓，均無權利概念，然而，對於財產的保護，官府同樣不遺餘力地保護知識產「權」的所有者。

〈還原真相〉小結

　　中國傳統法律在西方建構的知識體系下長期受到曲解，百年來誤導了許多非西方知識分子，筆者認為部分原因必須歸咎於學者——韋伯是其中之佼佼者——對於西方所建構的知識體系缺乏批判能力，過度相信西方知識體系、法律體系的優越性。

　　相信中國古代的人民，也與居住其他地區的人民一樣，會為了護衛

44　關於三個案例的分析，請詳見：謝宏仁，第二章，〈還原真相：西方知識體系建構下曲解的中國傳統法律〉，《社會學囧很大 1.0》，第 59-101 頁。這裡，我們僅討論以其中一案例。

45　葉坦，〈宋代的印刷事業與版權保護〉，劉春田主編，《中國知識產權評論》，第 3 卷（北京：商務印書館，2008），頁 151-164，第 161-162 頁。

個人利益而奮鬥，此時糾紛就在所難免，即使沒有一部成文法典來處理古代官員所認為的「細事」，但糾紛還是得解決。如前所述，從宋朝開始，民間細事即以社區、家族的和諧為基準，企圖達成當事人之間的妥協，最終達到解決爭端之目的，這是既有效且低成本的治理方式，與西方社會明顯不同。在義務觀的權利行使上，必須藉由處罰侵犯他人權利者，間接保護受害者的權利，這似乎是一個義務觀社會極合理的選擇。然而，在西方社會知識體系的建構之下，中國傳統法律的進步性長期遭到曲解，至今知識分子似乎依然受限於西方知識體系的論述，堅信西方社會所「發現」中國傳統的法律所承載著的「停滯性」。

　　接下來，我們繼續討論第三篇拙著，吾人以為，此與韋伯「卓越的」實質研究（歷史研究）密切相關。

走進歷史也就走出困境

　　談到了台灣在 1980 年代的「韋伯熱」，社會學界的前輩們腦海中應該會自動浮現出「高承恕」這名字，高氏是台灣在 1980 年代「韋伯熱」之中堅人物。這麼說，高承恕介紹了韋伯最為人知的「詮釋社會學」，當然，也介紹了韋伯最有名的著作，亦即《基督新教倫理與資本主義精神》這本書，也就是我們剛剛才「重讀」的大作。但這本書因為談了（過多）社會行動者的心理狀態，所以為了避免大師韋伯被貼上「化約主義」這個標籤，於是，學者們開始為韋伯尋找證據，藉以證明韋伯不只關心行動者的意圖，其社會行動的心理動機，並且他（更）關心社會結構。具體而言，高承恕教授認為大師韋伯在「行動—結構」之間能進出自如，高氏的學生張維安教授對於這個問題的高見，與其老師應該大同小異。談到了行動與結構，事實上，有人認為存在著「兩個韋伯之爭」，我們看一下其緣由。

兩個韋伯之爭

　　張維安對「兩個韋伯之爭」甚感興趣，這一點應該可從他在 1990

年所撰寫的〈行動與結構——韋伯社會學的不連續性及其出路〉[46]一文看出端倪。筆者認為，這篇文章較為重要，值得花點時間討論。在該文中，張氏觀察到，自 1970 年代末以來，即有學者為文主張韋伯的詮釋社會學與其實質研究二者之間，存在著「不連續的緊張性」，於是造成韋伯詮釋社會學的方法論與歷史研究之間的隙縫。簡單說，張維安認為，在當時學術界產生兩個韋伯之爭，一個是「行動的韋伯」，另一個則是「結構的韋伯」，所爭論的是「個體行動與社會結構兩者之間的緊張性」。不過張維安對兩個韋伯之爭的看法相當樂觀，與高承恕應無不同，兩人都認為「走進歷史」隨即「走出困境」，韋伯（應該）就是第一個走入歷史的學者[47]。看來，「兩個韋伯之爭」在高、張師徒二人身上已經得到解決，但其實不然。師徒兩人都信持韋伯已經完美融合社會學與歷史學。但吾人以為，倘若有位研究者所做的「歷史研究」錯誤百出的話，而且若此人正是大師韋伯呢？以下，我們就進入「結構的」韋伯在《中國的宗教》一書中所做的「實質研究」，來檢視韋伯歷史研究的能力。

平凡無奇之「結構的韋伯」能力欠佳

這麼說，「結構的韋伯」其實是一名能力欠佳的研究者。

為了證明這個說法，我們直接從韋伯的《中國的宗教》[48]一書開始。基本上，高承恕教授與張維安教授二人對於《中國的宗教》一書，除了認為可以拿它來反駁眾人對韋伯是個人主義的化約論者，並且師徒兩人對這本書的「歷史分析」均抱持著高度肯定的態度。我們只需看看高承恕是怎麼說的，就可以大略地知道師徒二人的「共同」看法了，高氏說：「在《中國的宗教》一書中……全書一半以上的篇幅是在討論中國社會結構的不同面向，舉凡貨幣制度、城市與行會、家產制國家、血緣組織與法律等……即使書中的**論證有誤解**〔粗體為筆者所加〕……

---

46 張維安，〈行動與結構——韋伯社會學的不連續性及其出路〉，《中國社會學刊》，第 14 期（1990 年 12 月），第 215-235 頁。
47 前揭書，第 216 頁。
48 韋伯著，康樂、簡惠美譯，《中國的宗教：儒教與道教》（桂林：廣西師範大學出版社，2004）。

但至少我們可以肯定韋伯並不是一位天眞的唯心論者或文化化約論者。」【49】

　　高承恕教授是否囿於時間不得而知，但他選擇直接相信韋伯的研究，而這正是問題之所在。我們先看看韋伯在《中國的宗教》所犯的四大錯誤。

四項（大）錯誤

　　首先，在該書第一章討論中國的貨幣制度時，韋伯提出一段極不具體的論述，讓人難以相信這竟然是一段從歷史學家口中說出來的話。韋伯說：「貴重金屬大量增加的財富，無疑是導致了貨幣經濟的大幅發展，特別是在國家財政方面。然而，這發展強度並不足以動搖**傳統主義**〔粗體爲筆者所加〕，而毋寧是**更強化了**〔粗體爲原文所有〕它。就我們所能得知的，資本主義的現象，是**一點也沒有**〔粗體爲原文所有〕被激發出來。」【50】從上述段落中，很清楚顯示韋伯內心的想法是：無論如何，「傳統」中國壓根不能有資本主義，因爲「傳統主義」得與「封建」、「落後」及「停滯」綁在一起才有意思。萬一中國眞的有哪個地方（例如南宋以來最富裕的長江三角洲）看似有資本主義的模樣，那麼，暫就先讓資本主義萌芽吧！否則，故事就無法繼續說下去，因爲這地區所生產的產品在國內與國外的市場銷路都相當不錯，並且至少從南宋到盛清（康、雍、乾）的大部分時間裡，這地區比起同時期歐洲最富裕的英格蘭地區，在各種指標上幾乎都是有過之而無不及【51】。

　　鴉片戰爭之後，中國的國勢因爲內亂與外患明顯開始走下坡，那麼，先前的領先反而變得難以解釋，再加上其他原因──例如知識分子的灰心喪志、馬克思的歷史階段論，使得資本主義在萌芽之後，非得隨即枯萎不可。如此，「沒有資本主義」（幾乎）就變成華人知識界（甚至全球）的標準答案，什麼都不必再說，也無須再進行研究。韋伯對西

49　張維安，〈行動與結構〉，《中國社會學刊》，第 14 期（1990 年 12 月），第 207 頁。
50　韋伯著，康樂、簡惠美譯，《中國的宗教》（桂林：廣西師範大學出版社，2004），第 42 頁。
51　Kenneth Pomeranz, *The Great Divergence: China, Europe, and the Making of the Modern World Economy* (Princeton and Oxford: Princeton University Press, 2000).

方資本主義崛起的看法（與東方中國沒有資本主義而衰退）儼然成了知識界共同的「信仰」，我們只要相信就可以。吾人以爲，韋伯學說中亦有許多論點受到西方哲學「二分法」所影響，在其論述中，我們可以發現二分法的蹤跡[52]。具體而言，當西方現代主義（資本主義）／東方傳統主義（封建主義）這個詮釋框架形成，爲要「證明」自己的解釋架構是合理的，韋伯「自然而然地」挑選出那些符合的例證，來支持其詮釋框架（或理念型），那麼，我們所該做的就是：走入歷史，看看還有什麼是被韋伯（與其粉絲們）視而不見，甚或刻意遺忘的。

第二，韋伯說：「我們西方的官僚體制資齡尚淺〔難得謙虛啊！〕部分才從自治的城市國家的經驗中學習而來。中國的皇權官僚體制則歷史悠久。中國的城市其外形所顯示的，主要是理性行政的產物。其一是皆有圍柵或牆垣……〔然後〕改朝換代即意味著遷都或至少是更換都名。定都於北京最後總算成爲定案，但直到晚近，其作爲一商業及工業品輸出中心的程度，仍然非常有限。」[53]這段話裡，有不少論點值得深究。其一，韋伯認爲，一個城市有城牆是理性行政的象徵，但讓人難以理解城牆與理性兩者有何關聯？其二，北京這個城市在元朝即是都城，明朝於永樂年間從南京遷至北京，主要目的是爲了防堵蒙古人[54]。所以，其目的本來就不是爲商業，也不是爲工業發展進而成爲輸出中心（這不表示其工商業發展得不好），因爲明朝的工商業中心位於長江三角洲（江南）。除了貶低中國城市發展的這個理由以外，韋伯做這樣的比較實在讓人看不出到底有什麼意義。

第三，「結構的韋伯」所強調的是，除了關心行動者的動機以及其行爲的意義之外，韋伯的專長還得包括對歷史進行分析，畢竟他被「公認」爲東、西方歷史比較的大師。想必韋伯對清朝的盛世有其獨特看法

---

52 二分法並非西方哲學所獨有，事實上東方（中國）也有相似的二元對立，例如：陰／陽、虛／實、神／鬼等。西方哲學二分法若有特殊之處，應該是結合基督教與祆教善／惡二元論，並且好的、良善的部分歸諸西方，壞的、邪惡的均歸於東方（非西方），這在社會（科）學裡不難發現。本章主角韋伯即是顯例。

53 韋伯著，康樂、簡惠美譯，《中國的宗教》（桂林：廣西師範大學出版社，2004），第48頁。

54 鄭永常，《征戰與棄守：明代中越關係研究》（台南：成功大學出版社，1997）。

與獨到見解。他認為，17 世紀中葉至 19 世紀末「竄升到大約三億五千萬到四億之譜……中國人名聞遐邇的營利欲（*Erwerbstrieb*）……展現開來，積聚可點可觀的資產。不過……人口與物質生活雖然有高度的成長，但中國人的精神生活卻仍然保持完全靜止的狀態；經濟領域裡雖存在極有利的條件，但就是不見有任何朝向現代資本主義發展的端倪……一般人民的努力……絲毫未能粉碎上述的限制。情形顯然恰好相反……〔最終導致〕帝國的財政力量顯然應付不了對外政策上的需要所帶來的沉重壓力」[55]。很明顯，韋伯嚴重地受到二分法的影響，一旦談到中國，無論經濟發展得再好、商業再怎樣繁盛、國際貿易順差再怎麼高，就是無法突破「傳統主義」。既然，韋伯無法否認清初盛世經濟繁榮、人口增長的事實，只好運用他的「傳統主義」理念型來綁住中國，使其不（可能）發展了。

第四，韋伯在《中國的宗教》這本傑作中，於不少地方多次提及他認為中國經濟為何「落後」歐洲的看法，他說：「自古以來，中國主要是個內地貿易的國家，這對於提供廣大地區的需求乃是不可或缺的。然而，由於農業生產重於一切，是以貨幣經濟直到近代幾乎都還比不上埃及托勒密王朝時的發展程度。」[56]中國自古以農立國，口頭上對於農民相當尊重，不過這只是士大夫的理想圖像而已，社經地位──士、農、工、商──的排序可以略窺一斑。中國自漢代開始，獨尊儒家，因為不少西方學者（韋伯是顯例）認為中國的商業必然不發達，更遑論資本主義的產生，然而這真是謬論。韋伯所言之「內地貿易」的宋朝國內市場因為解決交通瓶頸，由華北、華南，以及相對孤立的蜀圈得以連結一氣，形成巨大的國內市場，當時「省」與「省」之間的貿易量都大於歐洲「國際」貿易流通的數量[57]。

55　韋伯著，康樂、簡惠美譯，《中國的宗教》（桂林：廣西師範大學出版社，2004），第 102、103 頁。

56　前揭書，第 30 頁。托勒密王朝之存在年代是公元前 332 年至公元前 330 年。筆者懷疑，韋伯若只是為了表達出自己對中國「落後的」貨幣制度之看法，挑選這麼一個國祚如此短暫的王朝著實令人費解。

57　斯波義信著，莊景輝譯，《宋代商業史研究》（台北：稻禾出版社，1997）；王國斌，〈農業帝國的政治體制及其在當代的遺跡〉，《中國與歷史資本主義：漢學知識的系譜學》（台北：巨流圖書，1993），第 281-334 頁。

在歷史上，中國與西方都熱衷貿易，但明清時期頒布的海禁政策被視為何以西力東漸時難以招架的原因。事實上，早在隋朝（581-618）大一統之後，由於對海疆的重視，南中國海的海上交通遂逐漸繁忙起來。在隋煬帝大業年間（605-618），有通商往來的地區遍及東南亞、南亞，乃至波斯地區。在這時期，為確保海上航路不受阻礙，隋煬帝遣使出訪東南亞諸國、印度與波斯。例如差派常駿出使到赤土國，由廣州取道暹羅灣。赤土國住民主要由印度移民組成，這個大國扼暹羅灣到麻六甲海峽之海上航路的咽喉，當時南中國海航路可說平靜安穩[58]。韋伯所認為中國「自古以來」都是內地貿易，這完全不符合歷史事實。接著，我們再看看在《中國的宗教》一書的多項缺失中的四項即可。

四項（小）缺失

先前，筆者已經分析韋伯《中國的宗教》這部傑作的四大錯誤，現在，讓我們再看看其他（相對較小）的疏失。吾人還得證明這位號稱「結構的韋伯」所完成的「歷史分析」，其間錯誤簡直已經到了「罄竹難書」之境界。僅列舉以下四點。

第一，韋伯凡事以歐洲經驗為「正常」，於是他說：「……牛隻數量的不足，牛很少被宰殺（特別只是為了供奉犧牲的目的）；也沒有飲用牛奶的習慣……。」[59]韋伯應該連中國人吃豬肉多一些，牛隻大多用來耕作而非食用的這些事情都不清楚，所以他認為中國人不像歐洲人一樣喝牛奶而感到可惜，雖然他沒明講這是中國衰弱的原因之一。

第二，韋伯說：「中國的稅務機關，由於土地測量技術太差，所以在土地的再分配……遭遇重要的難題……這顯示丈量技術中缺乏三角測量法。個別耕地的丈量甚至都難以和古日耳曼的測量技術或羅馬測量技師（Agrimensoren）真正原始的技術相比。驚人的測量錯誤──與中世紀銀行家的錯誤計算不相上下──簡直是家常便飯。」[60]不知道華人學者是否早就習慣被西方學者看輕，所以，即使看到這種說法竟也覺得無

58　沈濟時，《絲綢之路》（香港：香港中和出版有限公司，2011），第48-49頁。
59　前揭書，第112頁。
60　前揭書，第118頁。

所謂，還是因爲根本沒仔細看韋伯到底曾經說過什麼。不過，論到「傳統」中國的測量技術，這倒是欠華人一個公道。證據顯示，1492 年哥倫布「發現」新大陸時，事實上哥氏手中已有來自東方（中國）人所繪製的地圖，換句話說哥氏只是拿著地圖旅行而已。就測量技術而言，最少要等到哥氏「發現」美洲的一百年之後，歐洲測量經度的技術才成熟，也就是說 15 世紀末歐洲根本沒有足夠的測量技術去「發現」新大陸[61]。

第三，韋伯對中國的書寫系統亦不懷好意，起因很可能只是因爲看不懂幾個大字。韋伯說：「在中國，舉凡禮儀之書、曆表、史書的撰寫，都可以追溯到史前時代。甚至在最古老的傳統裡，古代的文書紀錄也被認爲是具有巫術性的，精通他們的人即被認爲具有巫術性格的卡理斯瑪。」韋伯認爲「（中國）文化一直保留著圖像的特色，並未**理性化**〔粗體爲筆者所加〕爲地中海商業民族所創造出來的拼音字母的形式……」[62]。事實上，韋伯並非訕笑中國「象形」文字的第一位西方人。

第四，爲表現出西方專業化的官員，中國的士人被韋伯描寫成沒有任何專業能力，只知道享受個人悠閒生活的讀書人，他說：「封建時期的『士』，以及爾後官方所稱的『博士』──亦即『活書庫』之謂，最重要是指對禮儀的精通嫻熟。」此外，「修身」這件事被韋伯認定是中國的讀書人一生當中唯一應該擔心的事，他說：「……屬天的陽氣……也同樣存在個人身上，這就使得擴展人的靈魂中的陽氣成爲教育（包括修身）的唯一課題。」[63] 但如果韋伯的「理性（化）」只能在西方找到，那麼中國的士大夫、官員身上怎麼能找到任何有關「理性」的蹤跡，他們又怎麼可能有能力治理國家呢？

綜合前述，筆者檢視韋伯在《中國的宗教》一書裡的論點，包括四大項、四小項，讀者應該可以發現大師韋伯在結構的、歷史的分析上並未比他自己在行動者動機、行動之意義好上多少。簡言之，若就缺乏說

61　劉鋼，《古地圖密碼：1418 中國發現世界的玄機》，二版（新北：聯經出版社，2018）。
62　前揭書，第 166、185 頁。
63　前揭書，第 165、194 頁。

服力的程度而言，所謂的「行動的韋伯」與「結構的韋伯」可以說不相
上下，難分軒輊。筆者甚至想到，如果某一研究者對於重要的歷史事件
（之間）的因果關係，充其量只是胡亂拼湊，我們真的能放心地稱呼此
人為「結構的某某」嗎？和《基督新教倫理與資本主義精神》一樣，《中
國的宗教》同樣被視為韋伯的代表作，假使這本書的歷史分析比起「差
強人意」還差一些，那麼我們是否應該先將「東、西方歷史比較研究大
師」的獎座收在一旁呢？筆者也相信，若高承恕看到上述論述之後，
或許會想要收回他過去讚美韋伯的話：韋伯是第一位將社會學與歷史學
做了美妙結合的學者。最後，筆者相信，如果連這麼重要的《中國的宗
教》都是如此，那麼其他的著作──另一重要著作《經濟與社會》[64]，
還真的能稱得上是「歷史研究」嗎？這頗令人懷疑。

　　簡言之，筆者所持的立場不同於高承恕與張維安師徒二人，筆者認
為，「結構的韋伯」只是為「行動的韋伯」服務而已，甚至可以說「結
構的韋伯」並不存在。對於韋伯學說而言，「行動的韋伯」之重要性遠
遠超過「結構的韋伯」，只是「行動的韋伯」仍舊難以跳脫化約主義的
譴責。這令人難以想像，一代「大師」、兩個「韋伯」之爭論，竟落得
如此下場，實在是始料未及。

64　韋伯著，閻克文譯，《經濟與社會》（第二卷），上、下冊（上海：上海人民出版社，
2019）。先前，張維安為了證明「結構的韋伯」對於歷史分析同樣表現得可圈可點時，就是拿
這本《經濟與社會》來說服讀者。他說，該書基本上與個體之行動意義無甚關聯，反而多為結
構的分析，在解釋歐洲從封建發展到資本主義，韋伯分析宗教、法律、城市與經濟各種層面，
並且進一步指出西方社會發展的多面性，像是「商業復興、城市興起、市民階段的產生、封建
體制的式微與科層體制的開展，以及與之相配合的機構，如法庭、大學等，均非直接指向行動
者行動意義的詮釋分析」。請參照張維安，〈韋伯論西方中古封建體制與資本主義的萌芽──
新教倫理之外〉，《思與言》，第 24 卷第 5 期，頁 30-48，引自：張維安，〈行動與結構〉，
《中國社會學刊》，第 14 期（1990 年 12 月），第 222 頁。
　　筆者認為，韋伯在該書雖然並非專注於行動者行動意義的分析，但韋伯所持的論點，大抵上仍
然可以用「理性（化）」這個概念加以串連起來。然而，張維安運用《經濟與社會》這本書來
說服讀者，韋伯不只是詮釋社會學的開山始祖，事實上，他也是一位結構的、歷史的分析專
才。不過，筆者對此仍然投以高度懷疑，原因在於，本書業已討論書中三個韋伯認為不具重要
性的「外部因素」，像是「殖民政策」、「貴金屬」、「戰爭」等，筆者咸信，這是歐洲列強
在所謂的重商主義、殖民主義，與帝國主義這個階段經常使用的幾項法寶，然而，韋伯卻認為
這些是在世界史上可被忽視而不納入考量的因素。但筆者覺得，倘若不是為了替西方列強擦脂
抹粉，不然就是韋伯對世界史的理解非常有限。

〈走進歷史〉小結

可以說，韋伯沒有能力「走進歷史」，特別是東方（中國）的歷史。

我們檢視了所謂的「兩個韋伯」之爭，具體而言，是「行動的韋伯」與所謂的「結構的韋伯」兩者在方法論上好像難以相容，也就是「韋伯的困境」。我們看到了高承恕與張維安師徒二人都注意到韋伯在方法論上的隙縫，而且他們同時認爲「走進歷史」隨即「走出困境」，更重要的是，他們對韋伯的歷史分析也都感到滿意，甚至深表佩服。

如果我們不仔細地探究韋伯──具體而言，是「結構的韋伯」──在實質研究（歷史研究）是否眞的接近過去所發生的事件之眞實樣貌，那麼，我們很容易就會接受高承恕、張維安等人的說詞。不過，當筆者仔細端詳韋伯的專著之後，「意外地」，我們發現韋伯對中國知之甚寡，除了「行動的韋伯」之外，所謂「結構的韋伯」之能力眞是乏善可陳。頓時，「兩個韋伯」之爭消弭無蹤，如此一來，也沒有所謂的「困境」的問題了，而這是我們「走進歷史」後發現的實狀。

本章結語

話說這世上有兩個韋伯，一個是「行動的韋伯」，另一是「結構的韋伯」。「行動的韋伯」告訴我們瞭解一群人的動機至關重要，雖然，利益總是考量行動與否的關鍵。動機之所以重要，是因爲內心有某種「理念」的驅動，這種理念改變了人們對某種事物的看法，最有名的例子就是累積財富。不只如此，「行動的韋伯」繼續說下去，他告訴我們，並且要我們一定得相信他──「資本主義」是西方之所以成爲今日西方的原因，而資本主義的起源只有在歐洲才找得到，因爲這裡有一群人，爲著某種理念不斷累積財富，無意間造成了資本主義的產生。換句說話說，西方的崛起也是在偶然的情況下發生的。

「行動的韋伯」這個人並非沒有爭議，相反地，爭議還不小，世界史上，東方與西方的衰弱與崛起，如此重大的事情，其最重要的原因（之一）竟然只是一群人的動機、理念，與生活風格而已。所以，這位韋伯找來了許多朋友，商討應該如何是好，畢竟「行動的韋伯」勢孤力

單，如果可以找到「結構的韋伯」來助陣的話，那麼應該就不會有進一步的問題了。

　　不過，為何多數學者仍選擇相信韋伯的歐洲中心主義思維與論點呢？吾人以為，相信韋氏的學者也利用了此種偏頗意識形態的觀點來看待自己的世界。

第 ⑥ 章　費正清（John K. Fairbank）——
一位走進了1842死巷裡的「中國通」

　　數十年以來，費正清（John King Fairbank, 1907-1991）是美國最具聲望的中國觀察家，在美國影響極為深遠，可以這麼說，美國人是透過費氏的眼睛來「理解」中國。他在哈佛大學創立的東亞研究中心，是後進學者們研究中國的主要機構，更是費氏一生業績的重心；不止於此，費氏更被推崇為全球最具權威的中國問題專家，許多名人都曾為費氏的著作背書，為其超群表現錦上添花。費正清對中國研究所做的貢獻，從其 1982 年的回憶錄《費正清中國回憶錄》（*Chinabound: A Fifty Year Memoir*）[1]。當然，聽過費正清的人，應該知道費氏不僅僅在於學術上之鑽研而已，費氏長期關注中美關係與兩國之間的相互影響，這也促成了他對美國對華政策的興趣。自 1940 年代中期開始，費氏直接參與美國對華政策的討論，其間經過了三十餘年的研究，累積大量的研究成果，費正清被尊稱為中國問題研究專家的泰斗[2]。

　　在《費正清中國回憶錄》一書封面上，寫著「瞭解現代中國，從閱讀費正清開始」，以及「〔費正清〕見證中國半個多世紀的奮起與失落，透徹解讀現代中國和世界的走向」。實際上。費氏確實是一位有學術地位的研究者，正所謂「雖不中亦不遠矣」。而且，除了上一段提到過的「全球最權威中國問題專家」之外，這兩句呼應了費氏為中國研究之泰斗，對於中國有興趣的讀者，可以從費氏這本自傳式的作品來作為瞭解中國的開端。況且，欲瞭解現代中國，當然只能從中國的過去，也

1　費正清著，閆亞婷、熊文霞譯，《費正清中國回憶錄》（*Chinabound: A Fifty Year Memoir*）（台北：五南圖書，2014 (New York: Harper and Row, 1982)）。筆者在引用費正清這本自傳時，將以這本五南圖書公司所翻譯之中文版本為主。
2　前揭書，第 540 頁。在該頁中，費氏提到了「泰斗」這個詞是不好的，因為通常它是指曾經的教授，是（當時）過去式的用法。

就是中國的歷史來得知。雖然這本回憶錄著重在費氏「半個多世紀」[3]以來中國的變化，但無疑地，這是欲瞭解現代中國的必要功課，因為對「過去」中國的看法必然影響人們如何看待「現代」中國所發生的事件，其中的部分將會為事件的詮釋者所選擇而成為歷史的一部分。因此，費氏這本著作將成為美國人如何看待中國歷史的重要資料，其影響力無遠弗屆。但本文試圖在極狹小的空間裡轉動方向，改變讀者之視角。

接著，再看看全球學術界——特別是史學界——與美國政治界[4]曾經占據過一席之地的學者們是如何地對費正清表達其自身的想法與敬意。我們挑出幾位知名人士的說法來談談，首先，基辛格（Henry Kissinger）只用了一個句子道出其感想，他說：「和他談話改變了歷史。」基辛格這簡短的句子說出，費氏看待中國時所持之獨特觀點，以及其詮釋中國的分析架構，充分地展現其超凡的說服力，人們對費氏關於中國的論點大致持贊同的看法。其次，傅高義（Ezra Vogel，哈佛大學東亞研究中心前主任）說：「在哈佛的中國研究領域中，費正清是偉大的奠基者和機構締造者。他的繼任者不是某個人，而是一群學者。……如果沒有一位自信不懈的鬥士，開墾拓荒並創建我們的『東亞王朝』，我們無法想像今天這樣欣欣向榮。」哈佛大學東亞研究中心在費氏的創建與帶領下，已培養了一群傑出的學者，將費氏對中國數千年歷史的解釋框架與實質研究之成果傳遞下去，並且發揚光大，其影響力可謂歷久不衰。

再者，我們看看著名學者史景遷（Jonathan D. Spence）如何看待費正清這位堪稱為巨擘的學者，他說：「我對他心懷崇敬，就如對待一位在你剛起步的時候關注你的長者，對他和他的力量，我向來都仰慕不已。」史景遷是許多人景仰的歷史學者，而費正清是其仰慕的對象，相信有了史氏為費氏背書，費氏在史學界的崇高地位更是難以撼動。最

---

3 該書之英文版出版於 1982 年，「半個多世紀以來」所指的時間是約莫在 1920 年代末或 1930 年代初期前後。

4 如先前所述，費正清對於美國對華政策的討論著墨很深，因此，費氏在美國政治界的關係匪淺，與不少政治人物頗有交情。是故，我們也可以從政治人物對《費正清中國回憶錄》的評論，略知費氏之影響力。

後，我們再看一位中國著名作家與翻譯家蕭乾對於費氏的描寫，在針對
《費正清中國回憶錄》所提出之感想時，蕭乾說：「費正清一向以歷
史學家的眼光，透過中國數千年的演變，來分析、評論當前所發生的
一切，這是對我國〔中國〕感情最深厚而成見最少的一位正直美國學
者。」筆者以爲，蕭乾先生這段話，著實道出了多數中國學者對費正清
之評價，簡單說，費正清對中國的瞭解，絕非只是限定在 1949 年革命
之後的中國，他對於數千年中國的歷史都有著相當深刻的瞭解。更重要
的是，在眾多的學者、漢學家當中，費氏被視爲是對中國成見最少，更
是一位正直的學者。讀者看到了這樣的評論，認爲從費正清的眼睛來看
待中國，應該可以看得清楚中國──無論是「傳統」或「現代」──的
模樣，而這正是美國人看待中國的視角；具體而言，美國人是透過費正
清的眼睛來觀察中國的，因爲費氏是寫過最多教科書的學者，這麼說，
美國學生正是透過費正清的說法來瞭解中國。看起來，蕭乾先生亦希望
中國人可以透過費正清的眼睛來理解中國，而這正是問題之所在。

　　本研究將重心置於堪稱是首席的中國研究專家，或號稱「頭號中國
通」的費正清之 1842 年分期的不適切性。因之，各個章節安排如下，
首先，我們試著瞭解費氏用 1842 年來劃分所謂的「傳統」與「現代」
中國之目的，並且此劃分深受西方哲學二方法之影響。其次，費氏對
鴉片戰爭錯誤的理解，應該予以釐清，因爲該戰爭對費氏之論點具重
要意義。第三，費氏之「傳統」中國在當時，其實是很現代，這使得
其 1842 分界頓失意義。第四，「現代」中國並未如費氏所預言者，在
西方勢力介入之後，就出現在世人的眼前，至少還得等上一個世紀。最
後，筆者認爲鴉片戰爭的確如費氏所言，是中國歷史的轉折點，但我們
將提出不同的看法來顛覆費氏之所思。

費正清的1842歷史分期

　　簡單說，費正清的 1842 歷史分期將中國分爲該年之前的「傳統」
中國，與之後的「現代」中國。本文認爲這個影響甚鉅的分期法，包含
了兩個重要元素，其一，鴉片戰爭在 1842 年結束後，在同一年清中國

與英國簽訂了南京條約，對費氏而言，這是外力介入「傳統」中國的開始，也是這個古老國家轉型為「現代」中國的起步，這一年，對費氏極為重要。其二，傳統／現代之二分，在社會（科）學（也在東西方歷史比較）的分析中並非罕見，以下，我們大略地回顧這個重要但經常引起誤解的二分法，本文認為費氏的論點即是在二分法的框架下，進行思維活動後所產生的結果。

　　一般說來，套用西方二分法的哲學思維，將會瞭解（或誤解）中國歷史。廣義地說，東方學術圈大多（即使不是全部）接受西方知識體系二分法「教導」的洗禮。這使東方華人一提到東方（特別是中國）和西方文化，就儼然成為傳統與現代的對壘，東方封建（勉強餬口度日、蠅頭小利的交易）與西方資本主義（大規模貿易），心胸狹窄（保守）與心胸寬廣（活躍）的海外貿易，甚至是非理性對理性（例如法律系統[5]）等的二元對立。東西方最根本的「區別」，就是西方擁有東方所沒有的，遂導致日後天差地遠之分別。這種視野不僅無法看清東方社會的「停滯」，與西方的「進步」，反使視線模糊不清。換言之，東方華人的思維多少落入二分法的窠臼，認為舊中國乃是「封建」、「閉關自守」、「停滯不前」、「僅能餬口」、「小本生意」，和更多關於傳統的詞彙。相較於此，西方社會所呈現的風貌是「資本主義」、「積極進取」、「大規模經濟」，與太多太多關於「現代」的描寫。這是一般所接受的論述，而費正清是此種論述的主要貢獻者。

　　羅威廉（William Rowe）這麼說：「費正清建構當代美國人理解的中國史，亦即延續超過五百年中國歷史的明朝與清朝，以臻晚期的帝制中國，並以 1842 年作為劃分點。」在他的分類裡，現代中國得從 1842年開始，那時肯定比東方更為現代的西方勢力伸至東方；傳統中國被界定為停滯無進的國度。可以想像，在這樣的分類下，費正清似乎對較早期的中國歷史瞭解不多。然而因他甚有名氣，撰寫許多教科書，並教授許多中國人文與經濟歷史的相關研究，因此，他的影響也相當大。這可

5　謝宏仁，第二章，〈還原真相：西方知識體系建構下曲解的中國傳統法律〉，《社會學囧很大1.0：看大師韋伯如何誤導人類思維》（台北：五南圖書，2015），第 59-101 頁。

從 19 世紀中葉時，以西方與中國的景況，來檢視他「停滯不前」之理論套用在研究晚期中華帝國時間點。台海兩岸的學生可說是費正清的門徒，因為他們對這樣的論述幾乎都是不假思索的接受[6]。

因此我們認為，劃分傳統與現代中國也可視為西方哲學二分法思維的具體實踐，例如費正清區分傳統與現代的中國，在 1842 年之前是顢頇、專制、封建、停滯、內向封閉、不願與外界貿易；同時英國則表現出理性、民主、積極進取、外向、樂於接受自由貿易的國家。清廷在 1842 年敗於鴉片戰爭後，英國政府這個西方強權帶來一個改變傳統中國的絕佳機會，能徹底翻造中國。根據羅威廉的說法：「費正清所建構的歷史分期，在美國和中國所影響、接受的幾乎一樣多（雖然無法精算證實）。在中國，學生可能不情願相信西方的月亮比較圓，但很明顯的是，當中國的知識分子在批評腐敗無能的清朝時，反倒顯出他們的批判能力。」[7]

這種論述誇耀英國與其他西方強權的「理性」、「進取」與「現代性」。相對地，也誇大了中國的「停滯」、「進步遲緩」、「冬烘、頑固」。其結果是，華人接受由於清朝失敗所帶來的羞辱，而不願去批評英國東印度公司、資本主義、帝國主義，與英國皇室及政府。看來我們無力扭轉華人教育所灌輸之扭曲的世界觀，其中被誇稱西方社會的先進與中國的閉關保守，特別在 1842 年之前的舊（傳統）中國。傳統的中國不僅遠遠落後，並且是「封建」、「顢頇」、「與世隔絕」、「對外貿不存好感」和「經濟僅能自給自足」。這些形容詞並不能多告訴我們什麼歷史事實，反而盡是道出西方的「現代」、「進步」、對世界貿易表示「善意」，和「極有競爭力的大規模資本主義系統」；相對的「中國」一詞沒意謂什麼，而可說是二分法下西方社會的對立面。直到如

6　羅威廉著，李仁淵、張遠譯，《中國最後的帝國：大清王朝》（台北：國立臺灣大學出版中心，2016），第 8-9、96 頁。本文認為，在歷史社會學的場域中，韋伯（Max Weber）與費正清可說是全球學術圈中最具影響力的學者。關於對韋伯的批評，特別是關於中國傳統的法律系統，請參照：謝宏仁，《社會學囧很大 1.0》（台北：五南圖書，2015）。

7　前揭書，第 9 頁。羅威廉指的是費正清編輯之專書：*The Chinese World Order: Traditional China's Foreign Relations* (Cambridge: Harvard University Press, 1968).

今，華人與西方學者仍爲二分法的鬼魅所纏擾，使我們難以迴避地只看到 1842 年或早期帝制中國的黑暗面。這裡，我們先看看華裔知名學者趙穗生的說法，他認爲：「歐洲帝國主義及之後日本帝國主義的擴張深入東亞各個角落。雖然中華帝國先前在世界中處於較爲**孤立**〔粗體爲筆者所加〕的狀態，現在則成爲西方主宰的國際體系下的一部分。」[8] 根據趙氏之說法，至少究其隱喻之意，清朝中國的孤立狀態，不可能產生任何有意義之改變的窘困情境，只能靜靜地等待西方爲停滯的滿清王朝帶來改變。相信趙穗生應該不會反對本文的猜測才對，然而這種思維方式，正好與費正清的想法不謀而合，這倒令人訝異。

據此，1842 年所締結的南京條約便可當作此種思維下的例證。就這思維論之，南京條約顯然對中國的現代化有所影響。費正清以 1842 年作爲切割傳統與現代中國的時間點，也是中國邁入現代化的啓程點。由於將傳統中國界定爲停滯的，也因此在洋人挾其槍砲敲醒沉睡之獅以前，中國並未有什麼大的改變，因爲邏輯上是不可能的，而且在實質研究上也沒有必要。但這種看法讓我們難以看清在英國武力進犯中國之前，中國在茶葉貿易上長期以來居於領先的地位。然而，這樣一個「停滯」的帝國爲何有領先群雄的產業呢？根據費正清的劃分，即使是在 1842 年以前，明清帝國並無在世界中鶴立雞群的手工業或產業。然而筆者從產業競爭的觀點來看，鴉片戰爭並非因爲鴉片而戰，而是足以改變人類歷史的茶葉。簡單說，鴉片戰爭的原因，令人驚訝地只是因爲英國人買了太多中國茶，又找不到中國人喜歡的英國工業產品，導致英國長期貿易逆差，最終找到非法農產品鴉片來加害中國人民，再用「文化衝突」（還得再加上「自由貿易」）來殘害中國知識分子，讓他們自己覺得跟不上時代潮流，才導致落後的悲慘局面。沒想到效果這麼好，至今仍然有效，但鴉片戰爭根本與文化（文明）衝突無甚關聯。趙穗生對鴉片戰爭的想法，可以說也是多數中國知識分子的想法，基本上與費正清所言並無不同。

8　Suisheng Zhao, "Rethinking the Chinese world order: the imperial cycle and the rise of China," *Journal of Contemporary China*, Vol. 24, No. 96 (2015), pp. 961-982, p. 980.

　　在下一節之後，我們即將看到費正清的解釋深受二分法的影響，因爲鴉片戰爭剛好是費氏用來將中國分而爲二，也就是鴉片戰爭之前的「傳統」中國，與戰爭之後的「現代」中國。但不僅是如此而已，費氏對鴉片戰爭的看法，其實不乏矛盾之處。

費正清對鴉片戰爭的矛盾看法

　　我們得知道費正清是如何看待「傳統」中國，也就是 1842 年之前的中國，一個具有數千年歷史的國度。爲此，我們將重心置於費氏的另一本書《偉大的中國革命》（*The Great Chinese Revolution*）[9]，這本書的簡體中文版，收錄在世界知識出版社的《費正清文集》[10]之中。這裡，我們檢視《偉大的中國革命》這本書──是其學術生涯裡相對較晚出版者──的主要論點，現就從費正清對於鴉片戰爭的看法開始。

　　以下，我們引述費正清在《偉大的中國革命》書中對鴉片戰爭──費氏歷史分期之界線──的看法，的確，其中應該不乏洞見，但也有矛盾之處，他說：

> 到了 30〔指 1830〕年代印度的鴉片煙很快成爲主要進口貨。
> 這個東西麻醉了不少人，又使許多人成爲它的奴隸，有如現
> 時〔1980 年代中期〕暢銷的大麻或海洛因。更壞的是，英國
> 官員第一次在廣州登台露面，就要求承認他們是外交官，代
> 表一個主權國家和天子平起平坐。最糟的是：除了這種放肆態

9　費正清著，劉尊棋譯，《偉大的中國革命：1800-1985》（*The Great Chinese Revolution: 1800-1985*）（北京：世界知識出版社，2000 (New York: World Affairs Press, 1999)）。

10　關於此《費正清文集》之編輯，世界知識出版社在中文版《偉大的中國革命》與《美國與中國》等專書的開頭，表明了該出版社對費正清以及該文集之立場，筆者以爲，應該在此略微說明。世界出版社提到了：「費正清是美國也是世界上最有聲望的漢學家。他的著作及其主要觀點代表著美國主流社會的看法，對幾代美國學者和政治家都有著深刻的影響⋯⋯由於費正清是西方的中國問題觀察者，看待中國自然也是以西方人的視角，所以，他在書中所表達的觀點並不代表我們的認識，甚至不少觀點是我們無法認同的，希望讀者在閱讀中加以注意。」雖然這在出版業似乎並不常見，但筆者以爲，世界知識出版社的聲明是極具意義的，因爲此段話不僅在暗示著費氏對中國問題的觀察存在著疑問，也提醒讀者在閱讀的過程中必須更小心地檢視費氏之說法。我們將在本文中看到該出版社可能看到之具爭議性的論點，當然本文與世界出版社認定爲有疑義之論點不會完全相同。

度之外，他們又拿優良的海軍大炮進行威脅。向來只面對亞
洲內陸的中國戰略處境，突然轉了一個身。外來的威脅現在
呈現在帝國的另一個側面──東南沿海……。鴉片戰爭的發
生意味著中國拒絕在外交平等和對等貿易的基礎上參加國際
大家庭，結果導致英國使用了武力。[11]

　　上述的這段話裡，至少有以下幾個論點值得討論，筆者認為費氏對
鴉片戰爭存在著矛盾看法，這值得特別留意。

　　首先，費氏的確注意到走私鴉片這種不道德的活動，當時的鴉片
進口到中國，就像是 1980 年代費氏在美國看到的，毒梟從哥倫比亞等
地走私大麻、海洛因等毒品到美國那樣，麻醉了人，讓人成為其奴隸一
般，可想而知，費氏應該不太贊成此種不道德的貿易。其次，或許費
氏覺得所謂的文化（文明）衝突的導火線──馬戛爾尼磕頭或行高跪
姿──並非如此重要，所以他也認為英國官員頗為無禮，竟然想跟中國
皇帝平起平坐，就因為自己是大使，是代表英國王室（或稱所謂的「主
權國家」）；但問題是，大使在自己國內也不可能與國王（或女王）平
起平坐。第三，英國是用大炮來威脅清朝中國，此與叫醒（或轟醒）沉
睡的巨獅無關，即使這頭獅子看起來總是昏昏欲睡的模樣。第四，可能
也是最重要者，因為這是費氏的矛盾點之所在，他認為英國使用武力，
也就是「鴉片戰爭的發生」是因為（可能）願意加入國際大家庭的滿
清──對英格蘭而言，顢頇的清朝──卻不願意用「外交平等」與「對
等貿易」對待來自遠方的「夷人」。但讓人難以理解的是，短短的幾句
話當中，這位極負盛名的中國專家卻明顯地呈現出其論點矛盾之處，我
們先仔細地檢視最後這個論點。

　　這麼說，一方面，就所謂的「官方禮節」而論，費正清認為英國官
員其實是無理的；另一方面，卻指責古老又封閉的滿清不願意平等地對
待英國外交官，例如馬戛爾尼。一方面，費氏認為當年的鴉片就像是他
在世時從哥倫比亞輸入美國的海洛因一樣，毒害著中國人民（或海洛因

<hr>

11　費正清著，劉尊棋譯，《偉大的中國革命》（北京：世界知識出版社，2000），第 104-105 頁。

毒害美國人民）；另一方面，費氏卻指責孤立又自傲的滿清根本不知道「對等貿易」已是世界潮流。筆者認為，任何邏輯清晰的人應該都看不懂費正清的主要論點。現在，讀者應該可以大略地看出來，觀察中國數十年的漢學家，號稱美國首席中國通的費正清，在解釋中國歷史如此重要的鴉片戰爭時，竟然讓人看不出來他到底想說什麼。也因為如此，我們對於 1842 年之前的中國，也就是費氏定義下的「傳統」中國，還得多花點心思來理解，釐清費正清如何看待他所謂的「傳統」中國。我們先為前述的西方哲學二分法找個實例來瞭解費正清是如何運用它，讓他觀察了中國數十年之後，仍未能看出真相。至少，我們將會隱隱約約地看到，費正清的「傳統」中國在當時是很現代的。

「傳統」中國其實很現代

費正清將 1842 年當成「傳統」中國與「現代」中國的分界點，其目的為何，以下我們試著臆測。

1842 年是鴉片戰爭結束後，南京條約簽訂的那一年，英國在取得勝利後，將當時相當「現代」的國際關係之條約體系帶進中國，讓「傳統」的朝貢體系黯然失色。對費氏而言，1842 年之後，「傳統」中國──停滯的、封閉的、內向的國度──終究有了改變的機會，而這樣難得的機會，只能是外來的，因為他認為「傳統」中國不可能有改變的機會。如果「傳統」中國可以靠自身的力量改變的話，1842 年的分期似乎也沒太大意義，因為「改變」在任何時間都可能發生，「傳統」中國自己也能改造自己。1842 年外來的力量明顯地存在了，聽起來這有點像是所謂的「西方衝擊論」。所以，費氏的 1842 歷史分期，事實上有其預設之目的？根據筆者的臆測，似乎是如此。以下，我們試著檢視「傳統」中國，因為「傳統」讓人連想到「封閉」、沒有「開放」的胸襟，我們得看看它是否像費正清所描繪的那樣。

「向陸（封閉）」vs.「向海（開放）」

依照二分法的思維，「現代」中國──進步的、開放的、外向的

國度——將會漸漸形成，而這樣一個讓人期待的「主權」國家不正是
1842 年之後，中國知識分子內心之所思嗎？可惜，1842 年之後，「傳
統」中國還得等上好幾十年，甚至一個世紀之後，都還算不上是個「現
代」中國。那麼，費正清的「傳統」中國並未在 1842 年消失，這一年
的分界到底有什麼作用，至少到目前的分析爲止，還真是看不太出來
呢！不過，我們還是看看費正清說了「傳統」中國什麼。可以想見的
是，反正在二分法的影響（或牽引）下，費氏所用的語詞應該都是比較
負面的；而代表「現代」的歐洲，其所用的語詞聽起來應該都讓人覺得
比較舒服一些。費正清在比較「傳統」中國與早期歐洲時，他說：

> 和早期中國的內陸封閉狀態相對比，地中海盆地的各族文化
> 就不同了，如腓尼基的海上商人……羅馬人和他們在迦太基
> 的敵對者，都不一樣。西歐的大西洋文明……有幸迅速地從
> 通到海洋的半島或大小島嶼上走出來，自然地變成爲海上從
> 業者……〔並〕在近代建立起殖民地和帝國。當歐洲各民族這
> 樣蓬勃發展的時候，中國人卻用稠密的人口填充他們美麗的
> 國家。因爲古代中國人沒有什麼海外的去處，沒有強大的對
> 手和她進行貿易交往，也不怕遭受外敵的入侵。中國內向爆
> 炸的辦法是用稻米餵養中國本土範圍內不斷增長的人口……
> 所要的就是許多靠大米過活的手腳俐落的工人而已，不過
> 每個人的生產力水平很低很低……中國南方都是以稻米爲主
> 糧，其他作物比起稻子來都是次要的。這種生產方式的結
> 果是政府、地主和農民各自束縛於自己擔當的角色，分出階
> 層，難以改變。[12]

在這段不算太長的文字當中，可以用一句話來概括之，那就是：知
名漢學家費正清看不懂 1842 年之前的中國，也就是說，費正清並不清
楚自己定義的「傳統」中國到底是什麼模樣。說出這樣的話，必然引起

12　前揭書，第 6-8 頁。

不少反彈，因此，還得逐一解釋其緣由，雖然我們先前概略地提過費正清的分析方法應該受到二分法某種程度的影響，為了證明果眞如此，我們得討論以下幾個論點。

首先，也就是第一個論點，費正清認為早期中國──當然包括他自己定義的「傳統」中國──處於一種「內陸（向陸地發展、向陸的）」「封閉」狀態，看得出來，這是相對於「不一樣的」地中海盆地的各個民族之文化，雖然費氏沒有明說，但應該是「海洋」「開放」的狀態，否則「西歐的大西洋」文明，就不可能很快地「從通到海洋的半島或大小島嶼上走出來」，並且在更近代「建立起殖民地和帝國」。在此，我們暫且不討論在非洲與美洲殖民地慘無人道的奴隸貿易對偉大的「西歐的大西洋」文明所產生的美好影響，我們只消瞭解一下「內陸」的、「封閉」的「傳統中國」，在1842年之前到底發生過哪些事就可以了。費氏應該認為1840年代之前，中國人民過著不與外國互動的日子，否則漢學大師不會用「封閉」這樣的語詞，我們看看幾個例子。第一個例子發生在唐代（619-907），這個朝代與外交往堪稱活躍，根據《唐六典》卷四記載，貞觀到開元年間（627-741），唐帝國與300多個國家交往，長期友好者達70餘國。唐朝當時為東亞地區的政、經、文化中心，長安、洛陽、廣州與揚州等「世界都市」常年生活著許多外國商人，因為保護外國人在唐的正當利益，實為唐代立法的大事，大抵上，外國人所受到的保護與本國人（唐朝人）相去所幾[13]。這是從法制建設的角度來觀察外國人在唐朝的領土上，如何受到公部門保護其人身及財產權，雖然當時的中國，上至皇帝下至升斗小民還都沒有權利的觀念。

第二個例子發生在宋朝（960-1279），具體而言，是南宋時期（1127-1279）的福利制度相對良好的原因。當談到福利制度時，總是會令人聯想到西歐、北歐先進國家，這些國家在過去數個世紀以來的海外擴張時期，累積了巨額財富，奠定推行完善社會福利的基礎。當政府稅收不足的時候，「福利」國家將也難以應付如此龐大的財政支出。宋

13　鄭顯文，〈唐代法律關於外國人人身權和財產權的規定〉，《律令時代的中國法律與社會》（北京：知識產權出版社，2006），第326-342頁。

朝政府推行社會福利似乎不遺餘力,包括保護殘疾人、救濟貧、病、老者等福利措施。例如,殘疾人依法可以免除差役、征役,殘疾人犯罪依法也可以得到寬減。此外,宋朝政府還設有各種專門用於救濟貧、病、老、疾者的社會福利性機構,從中央到地方,從官府到民間,建立起眾多救濟殘疾之人的社會福利機構。而得以進行所費不貲的福利政策,主要原因之一是宋朝經濟發達,南宋時東南沿海貿易興盛,政府於廣州、泉州與明州(今浙江寧波)設立市舶司以管理海外貿易,海關稅收成為政府主要財政來源之一[14]。令人意外地,費正清應該知道早期中國即已存在市舶司,應該也知道南宋泉州那裡住著許多阿拉伯人,他們遠渡重洋來做買賣,而且還將其航海技術教給中國人船員。如果「傳統」中國真如費氏所言是個「內陸」(「向陸的」)且「封閉」的國度,南宋的市舶司應該收不到關稅才對。總而言之,南宋——近代的「傳統」中國——在社會福利制度的建立,在當時可謂相當現代。泉州這個「傳統」中國的巨大海港,在當時亦可稱為「現代」大港,因為這個港口是太平洋西岸連結印度洋文明的最大港市[15]。

　　第三個例子發生在明朝(1368-1644)且延續至清朝中葉(1644-1815)為止,這是一條由馬尼拉大帆船連結起太平洋兩岸的航線,長達兩百五十年的時間,起於 1570 年代,終於 1810 年代中期。這條海上絲路在世界史上極為重要,但卻經常為人所忽視,包括中國的知識分子,因為一談到海上絲綢之路,映入眼簾的,會是那條連結西太平洋與印度洋的航線,也就是從中國東南沿海出發,航向東南亞,經麻六甲海峽,到印度、阿拉伯半島,以及非洲東岸的海上絲路,太平洋絲路幾乎名不見經傳,但它的重要性值得一提。西班牙人剛到菲律賓時,當地的經濟僅能維持生計,故能夠從馬尼拉帶回美洲的貨物只能從中國得到,而長江三角洲所產的絲綢就是最重要的商品。而當時,中國銀產已近枯竭,沒有西班牙人持續從美洲帶來白銀,中國在 16 世紀末、17 世紀初期的經濟榮景則不可能實現,此外,也不可能有一條鞭法的稅制改革,因為

14　郭東旭,《宋代法律與社會》(北京:人民出版社,2008)。
15　李大偉,《宋元泉州與印度洋文明》(北京:商務印書館,2015)。

納稅時必須繳納白銀，這就是所謂的「絲綢─白銀」貿易了[16]。

　　學者阿爾圖洛・吉拉爾德茲（Arturo Giraldez）對於馬尼拉大帆船對美洲產生的影響，以及世界經濟的關係之研究值得留意。他認為馬尼拉大帆船將太平洋兩岸連結在一起，此事非同小可，對於拉丁美洲的衝擊相當巨大，特別是 17 世紀時，在西班牙總督轄區（viceroyalties）內的人口只略微超過 1,000 萬，直到 18 世紀最後一年（1799）亦不過是 1,600 萬人而已，在這麼小的社區之中，馬尼拉大帆船帶給美洲的衝擊絕對是難以想像的。同樣難以想像的是，亞當・斯密（Adam Smith）在其 1776 年的傑作《國富論》（The Wealth of Nations）中都曾提及新大陸發現的白銀看起來是唯一能提供的商品了，不只歐洲可見其蹤跡，在中國亦是如此，是這項商品將地球上相距遙遠的地方連接在一起的[17]。簡單說，馬尼拉曾是全球市場中太平洋貿易的關鍵，產自明清江南（長洲三角洲）的絲綢則可說是關鍵中的關鍵，沒有中國絲綢這項量輕質精的產品，太平洋海上絲路不可能存在，因為無利可圖。這麼說，至少馬尼拉大帆船仍在運行的兩百多年之間，明清中國，特別是江南地區，是全球經濟的核心地區，在當時堪稱最為「現代」的地區。在亞當・斯密之後的兩百年，漢學大師費正清卻將「傳統」中國視為一個不與外界往來的悲慘國度。

　　以上三個例子，只是「傳統」中國與世界不同地區早早緊密連結之眾多證據中的少數幾個而已，但筆者以為，這已經足夠推翻費正清所堅信「傳統」中國是內陸的、封閉的國境之說。不只如此，16 世紀末至 19 世紀初的馬尼拉大帆船更告訴我們，其實「傳統」中國（在當時）相當現代，可以生產出全球最高端的產品，其中部分被轉運到歐洲，並且被當地的消費者所熱愛。明顯地，漢學大師費正清看不清「傳統」中國的模樣。若果如此，費氏能看得懂他自己定義下的「現代」中國，這倒令人懷疑，因為他利用 1842 年來區分其「傳統」中國與「現代」中

16　全漢昇，《中國經濟史論叢》，卷二（香港：新亞研究所，1972）。

17　Arturo Giraldez, *The Age of Trade: The Manila Galleons and the Dawn of the Global Economy* (Lanham and London: Rowman & Littlefield, 2015). 關於亞當・斯密討論秘魯白銀連結了世界的兩端這個看法，請見：*The Age of Trade*, pp. 29-30。

國，既然 1842 年這個指標讓他看「傳統」中國時看得很模糊，那麼，他觀察「現代」中國應該也不會有多準確才對。

兩位大師在北京的邂逅

　　某一個下午，古典社會學三雄之一的韋伯，曾經與漢學巨擘費正清在北京相遇，二人相談甚歡，因為他們對中國這個古老的國度都相當感興趣，特別是在追尋這個國家為何停滯了許久的原因之上，並且兩人在中國內向型的發展上似乎頗有共識。

　　我們接著延續上述的論點：中國是內陸的、封閉的國度，費氏進一步地認為，地中海盆地的各族，像是腓尼基人、羅馬人，或是迦太基人，其文化大不相同於中國這種以內向型的、消極的，且故步自封為特質的文化根基。雖然在上述的段落裡，費氏並未明講地中海地區的文化是以外向型的、積極的，且對外開放為其特點，但在二分法的思維下，我們的「推論」應該就是八九不離十，也就是說，西歐的大西洋文明就是因為其外向且積極的文化特質，在其人民的內心產生了作用（或動力）讓他們勇敢地走出去，也因為特別努力——不同於東方人的懶散——所以日後，他們強化了帝國，並且在海外建立了殖民地，於是歐洲國家——主要為西歐、北歐——成為今日的已開發國家。按照費正清的說法，可以這麼說，歐洲之所以成為今日的歐洲是因為歐洲人民特有的心態，具體而言，即歐洲各民族之外向的（向海上發展的、向海的）、開放的，以及積極的文化特質，才使得歐洲成為今日的歐洲。相對地（或相反地），中國人民則持著內向的（向陸的）、封閉的，以及消極的心態，才讓中國處於今日在後追趕的困窘局面。在分析上述這個不見得是費氏作品之重要段落——共計區區 300 多個字——竟然讓我們得出這樣的結果，真是讓人感到訝異，原來，費正清在分析中國問題上，十分——甚至是過分——依賴於文化面向的解釋，結果當然就與古典社會學大師韋伯一樣了，看不清「傳統」中國的實際面貌。就此，或許我們可以略談一下韋伯的論點。

　　韋伯終其一生在探究西方何以成為今日的西方，他認為是西方擁

有獨特的「資本主義精神」，而這種精神只有在 16 世紀的歐洲宗教改革之後才找得到，爾後，歐洲歷經了數百年的所謂「理性化」的過程，西方才成為今日的西方。在韋伯的思維裡，東方——具體而言，深受儒教影響的中國——則因為沒有類似的經濟倫理，所以才成為今日落後的東方（中國）。殊不知，歐洲雖然歷經了宗教改革，以及所謂的「（資本主義）理性化」過程，然而遙遠的東方，也就是明清中國，其實同樣有其「理性化」過程，只是大師韋伯不怎麼瞭解中國而已[18]。歷史告訴我們，不只在 16 紀末因為絲綢—白銀貿易，使得長江三角洲以及中國東南沿海成為全球最富庶的地區，更在 18 世紀，歷經了滿清中國康、雍、乾盛世，導致人口大量增加，不少人因為經濟繁榮導致物價上漲，生活過不下去而外移台灣與東南亞，怎麼會是像費正清所言，「傳統」中國在海外無處可去。萬萬沒想到，一代宗師費正清在分析方法的使用上，與大師韋伯竟然如出一轍。問題出在哪裡，在此僅僅用少許的空間，提出幾個筆者心中的疑惑。

　　為什麼世界上某個地區——像是地中海盆地——的某一群人有某種心態，這個民族，或國家，或民族國家就一定會如何呢？研究者如何知道所有其他地區的人民沒有類似的心態呢？如何沒有某種心態——也就是經濟倫理，或直截了當地說，是基督新教倫理——但經濟發展卻很好的地區？就像是明朝在 16 世紀末 17 世紀初期的繁榮，清朝在 18 世紀的經濟成長呢？簡單說，除了經濟倫理這個因素（或變項）可以納入考量之外，其他因素可能更重要。筆者覺得些許遺憾，名聞遐邇的漢學巨擘費正清，對於「傳統」中國的理解似乎不夠深刻，比起早他半個世紀的韋伯之陳舊（但深受喜歡的）論點，其實高明不了多少。兩人在北京的會面時間雖短，但看起來是意猶未盡的模樣。

　　至此，費氏上述的那段話，我們的討論仍未完成，還得繼續下去。

---

18 對於東西方歷史比較研究大師韋伯之批判，請參見拙作：謝宏仁，《社會學囧很大 1.0：看大師韋伯如何誤導人類思維》（台北：五南圖書，2015）；謝宏仁，《社會學囧很大 2.0：看大師韋伯為何誤導人類思維》（台北：五南圖書，2019）；謝宏仁，《社會學囧很大 3.0：看大師韋伯因何誤導人類思維》（台北：五南圖書，2020）。

維持生計的經濟活動

　　以下幾個費正清的論點，大抵與「傳統」中國是個封閉的、自給自足的方活方式有關，也因為只是維持生計而已，所以不會有多餘的商品能與外國貿易。另外，稻米是中國人民的主食（之一），因此費氏對於稻米的生產亦感到相當程度的興趣，特別是「傳統」中國低落的生產力。

　　我們接著看費正清上述這段話的第三個論點，亦即：在費氏的二方法思維底下，居住在「傳統」中國領土裡的各個民族，當然就「必須」相對於西方各民族向海外移動，費氏說得頗為貼切（對於「二分法」而言），但卻遠離歷史事實。費氏說「古代中國人沒有什麼海外的去處」，因為「傳統」中國「沒有強大的對手和她進行貿易交往」，似乎「也不怕遭受外敵的入侵」。先前，我們已經略微反駁費氏關於古代中國人沒有海外的去處，雖然我們不清楚他所謂的「古代」指的是何時，不過，聽說在唐朝之前的隋朝（581-619）就已經開始經略南海了，不知道費正清是否有聽過這樣的事？關於貿易的雙方都要「強大」才得以進行貿易這樣的看法，恐怕是匪夷所思，讓人難以理解；西方學者喜歡談亞當・斯密的比較利益法則，貿易雙方都拿出自己最專業的貨物來交換，不是都能得利嗎？為何中國沒有強大的對手，就無法讓彼此得利呢？古代──或者 1842 年之前──中國實行朝貢貿易由來以久，有很長的一段時間，中國相對較為強大，的確沒有強大的對手，但在過去有不少國家（王朝）倒是樂於「朝貢」順便進行貿易活動，因為有利可圖[19]。至於中國似乎「也不怕遭受外敵的入侵」這樣的說法，費正清應該只是想說，「傳統」中國的官員萬萬沒想到西方的武器已經進步神速，遠非中國生鏽的槍枝與大炮所能抵禦得了的。

　　再次，也就是費氏的第四個論點，他想說的是中國的稻米生產，不像西方人那樣，「傳統」中國人民不懂得如何提高生產力，所以要餵養眾多的人口，只是投入更多的勞動力而已，於是乎他說：「中國內

19　Takeshi Hamashita, "Tribute and Treaties: Maritime Asia and Treaty Port Networks in the Era of Negotiation, 1800-1900," in *The Resurgence of East Asia: 500, 150, and 50 year Perspectives*, eds. by Giovanni Arrighi, Takeshi Hamashita, and Mark Selden (London and New York: Routledge, 2003), pp. 17-19.

向爆炸的辦法是用稻米餵養……不斷增長的人口……所要的就……手腳俐落的工人而已，不過每個人的生產力水平很低……。」這幾句話讓我們知道費氏只是想說，中國經濟仍處於那種「維持生計」的狀態，不可能有經濟作物，即使有的話，也不具重要性。所以，費氏強調著稻米的生產，且只能投入更多勞動力，但生產力還是低落到看不到任何希望。也許，費正清心裡所想的，也是邊際生產力遞減的問題，就像華裔知名學者黃宗智（Philip C. C. Huang）所堅持的看法那般，費氏心裡也想著所謂的內捲化（involution）的問題，並認爲這是中國農業或整個中國經濟不發展的主要原因[20]。但即使費氏眞持這樣的看法，這還是有疑問的，仍然是不符合歷史事實的說法。的確，在水稻的生產，技術上並沒有重大突破，但這不是故事的全部，因爲生產集約度提升了不少，而且還是資本投入。根據李伯重的研究，這種資本投入的主要途徑是「增加以肥料投入爲中心的資本投入」，這種途徑自明代以來，就一直以相當高的速度增長，到清朝中葉才達到肥料投入的極限，「通過改變農業經濟結構，把經營重心轉移到集約程度較高的部門」[21]，這對於江南農業的發展確實有重大意義。不過，相信費氏及其廣大支持者應該對此興趣缺缺。

　　最後，也就是費正清上述不長的段落中之第五點看法，費氏提到「中國南方都是以稻米爲主糧，其他作物比起稻子來都是次要的。這種生產方式的結果是政府、地主和農民各自束縛於自己擔當的角色，分

20　黃宗智，《長江三角洲的小農家庭與鄉村發展》（*The Peasant Family and Rural Development in the Yangzi Delta, 1350-1988*）（北京：牛津大學出版社，1994 (Stanford, Calif.: Stanford University Press, 1990)），對於此書的批評，請見謝宏仁，"Framing the Local and the Global: Jiangnan in Regional and Global Circuits, 1127-1840 (Re-evaluating Philip C. C. Huang's *The Peasant Family and Rural Development in the Yangzi Delta, 1350-1988*)"，輔仁大學社會學系研究初探論文系列（Working Paper Series），第 16 期，2008 年 2 月。

21　李伯重，《發展與制約：明清江南生產力研究》（新北：聯經出版社，2002），第 128 頁。另外，吳承明在該書中爲其撰寫序文，第 IV 頁，在當中反對黃宗智農業內捲化理論的不恰當。吳承明說：「李伯重『根據大量直接間接資料，經過詳密考察後認爲，到明清時期，江南水稻生產已達到傳統勞動投入的極限，集約化程度的提高已主要是依靠以肥料爲代表的資本投入……肥料的投入量（折合標準肥）在明清時代增加了百分之八十強，種籽、水利面的資本投入也有增長。這個結論，不僅與一些單從人口與耕地比例得出來的集約化概念不同，對於晚近研究中提出的邊際收入遞減下的生產和『農業內捲化』（involution）理論在江南這個人口最密地區的適用性，也提出挑戰』。」

出階層，難以改變」。費氏的這段話可以分爲兩個部分來討論，雖然得
以想見地，他是想告訴讀者，中國的農業處於「維持生計」的狀態，所
以，費正清想說的第一部分是：「傳統」中國的主要作物與吃飯有關，
就是種稻子，才能吃米飯；而第二部分則是：既然是維持生計的經濟活
動，那麼社會流動是不可能發生的，因爲整個社會是停滯的，是故官員
也好、地主也好、農民也罷，其身分是固著的。根據第一個部分，先前
提到的馬尼拉大帆船載著江南產製的絲綢橫越太平洋，事實上，江南改
種經濟作物桑樹以養蠶由來已久；另外，江南產製的棉花，也就是松江
棉（Nankeen，或稱南京棉）幾個世紀以來，行銷海內外，一直到 1920
年代初期還能大量出口，每年能賺入 400 萬兩銀幣，主要的原因在於中
國土布（native cloth）的強大生命力，不只在過去排斥了手工業工場，
後來亦頑強地抵抗了擁有先進設備與優越生產的新式棉紡織工業[22]。綜
而言之，從國際貿易的角度看來，單單是棉花這種經濟作物不見得如費
氏所言是次要的，這是筆者對費氏論點之第一部分的回應。

僵化的階級流動

　　對費氏而言，1842 年之前，中國 —— 相對於西方的「進步性」——
處於一種停滯的狀態，所以當然不可能發生社會流動；如果社會流動的
確存在的話，那麼表示在這個時期社會是給年輕人機會的，個人透過自
身的努力，得以向上流動。如果研究者 —— 無論傑出與否 —— 心裡已經
有了特定的解釋框架，具體而言，研究對其感興趣的議題已經有了先入
爲主的看法，例如認爲中國是內向的、封閉的，而且是消極的，那麼社
會流動的確不太適合在「傳統」中國發生。雖然不易證明，但確實極可
能是因爲這樣的原因，使得費氏看不到 1842 年之前的社會流動。我們
以明朝初期江南地區「力田致富」，也就是努力務農而致富的現象來當
作向上流動的例子：明初採取了若干恢復小農經濟的措施，原來擁有

---

22 趙岡、陳鍾毅，《中國棉業史》（新北：聯經出版社，1977），第 105、106 頁。特別是表 5-1：
　　土布出口量，1786-1936（年平均量），第 104、105 頁。

廣大田產的江南地主在大規模的遷徙與籍沒[23]之後，遭受一連串的打擊。明初有數次遷徙富戶以充實京師及其他地區，其中「較為重要者有兩次：前一次在洪武 24 年（1391）命戶部籍浙江等九布政司應天十八府、州富戶四千三百餘戶，以次召見（註：陸續召見），徒其家以實京師（註：遷徙百姓充實首都南京）。後一次則在永樂元年（1403）復選應天、浙江下戶三千人，附籍北京」[24]。在大規模遷徙與籍沒之後，江南地區發生了變化。

佃農向上流動的機會的確相對較少，但在自耕農之中，崛起了一批批「力田（按：努力務農）致富」的農民，例如，「成化年間（1465-1487）蘇州文人吳寬概括當時江南生產發展情形道：『三吳之野，終歲勤動，為上農者不知其幾千萬人。』當時通過力田是可以致富的……」。之後的例子，也說明了田畝經營還是江南農民致富的主要途徑，在 16 世紀初期與中葉時期的「正德（1506-1521）、嘉靖時無錫富豪安國、鄒望、華會通等，都是以業農起家的」。努力務農進而向上流動，也就是力田致富是可能的[25]。換句話說，至少在明期中期以後，江南的農民之中，有一部分的人，的確因為辛勤地從事農耕而致富了，雖然人數可能沒有當時的蘇州文人吳寬所言「為上農者不知其幾千萬人」這麼多。歷史證據告訴我們，明初的確看到因為「力田致富」而產生的向上流動的限制，並非如費正清所言，「政府、地主和農民各自束縛於自己擔當的角色，分出階層，難以改變」。

針對費正清所言的一個段落中之五大論點的分析，筆者做個總結：一代歷史學宗師，同時也是美國的頭號中國通費正清，對於自己用 1842 年所做的區分，也就是「傳統」中國／「現代」中國之二分法切割方式，在仔細地分析他對「傳統」中國的看法之後，我們發現，費氏對「傳統」中國的瞭解並不深刻。那麼，我們是不是可以合理地懷疑，費

---

23 罪犯者家產經清查與登記後予以沒收，中國歷代理朝經常以籍沒之制度為其主要手段，用來鎮壓反叛者與重罪者。

24 《明太祖實錄》卷四十九，〈洪武三年二月庚午條〉，引自：傅衣凌，《明清時代商人及商業資本》，第 234 頁。

25 范金民，《賦稅甲天下：明清江南社會經濟探析》（北京：三聯書店，2013），第 11 頁。

氏對「現代」中國的理解同樣是差強人意呢？這樣的可能性不能排除，所以，我們還得分析他的說法。筆者相信，費正清對「現代」中國的看法，與「西方衝擊論」的關係匪淺。

「現代」中國反而更傳統

本節將分為以下二個小節，包括：「停滯」的中國、等待「轉型」（transformation）的中國——根據費正清的說法，這得等到西方勢力進入清朝中國之後才可能發生；另外，我們也將檢視鴉片戰爭的真正起因，而這個相對較接近歷史真相的原因，費正清並不瞭解，當然這傷害了費氏「頭號中國通」這個名號。

「停滯」的中國

欲瞭解費正清之「現代」中國為何而現代，就必須先知道 1842 年之前的「傳統」中國的模樣。對費氏而言，處於 1842 年之前的中國無論如何都「必須」是停滯的，否則費正清對於中國的分期——也就是以 1842 年為界——將「功虧一簣」。換句話說，1842 年之前的「傳統」中國，一定得先停滯下來，至少在理論上，否則歷史將會告訴我們，費氏的「傳統」中國其實比當年「現代」西方還要進步且繁榮，而這會出乎費正清及其廣大支持者的意料之外。

當然，費正清並非第一位運用「（中國）停滯論」的學者，至少我們所熟知的古典社會學三雄之一，同時也是東、西方歷史比較研究大師級人物韋伯，就曾經公開主張，不像西方法律已經進步到形式理性的階段，中國傳統法律自秦朝起即已處於停滯狀態。而在費正清與其同僚愛德溫・賴肖爾（Edwin O. Reischauer）、亞伯特・克雷格（Albert M. Craig）合著的《東亞文明：傳統與變革鉅變》（*East Asia: Tradition and Transformation*）[26] 這本書之中，向其讀者介紹了一個長久以來處於「停滯」狀態的中國，而這種狀態，一直到 1830 年代末與 1840 年代初

26　John K. Fairbank, Edwin O. Reischauer, and Albert M. Craig, *East Asia: Tradition and Transformation* (Boston Mass.: Houghton Mifflin, 1973).

期才因為西方人的到來而打破。

　　我們換一種方式來說，那就是：1842 年之前的中國，一個擁有數千年歷史的中國，處於一種靜止不動的狀態，這是因為其「傳統」（想法與作法）根深蒂固，阻止了一切的變遷。正因為費正清的名氣太大，至今，對於鴉片戰爭前的中國，大部分美國人仍對費氏之論深信不疑，其影響之遠大，無遠弗屆[27]。費正清、賴肖爾與克雷格三人這麼說：

　　〔每個東亞國家〕當傳統形式的思維與行動方式一旦確立之後，就會產生一種奄奄一息狀態，這是一種習慣於既定作法的傾向。只要這種狀態一直維持在不與西方直接接觸的情形之下，中國人只能產生一種在「傳統中改變（change within tradition）」的狀況，而不是轉型（transformation）。[28]

　　可能不好意思說數千年的「傳統」中國根本沒變，是故費氏爭論說中國充其量也只可能在其僵化的「傳統」之中產生些微變動，絕不可能像西方──具體而言英格蘭──因為工業革命而產生社會經濟等制度方面的重大轉型。於是乎，中國人民只能在「傳統」中得過且過。

等待「轉型」的中國

　　如果學者被允許用「看圖說故事」的研究方法來進行分析的話，那麼，費正清應該是眾多運用此種研究法當中的佼佼者。這麼說，西

27　費正清、梅勒‧戈德曼（Merle Goldman），《費正清論中國──中國新史（全新版）》（*China: A New History*）（台北：正中書局，2001（Cambridge, Mass.: Harvard University Press, 1994）），可以說，這是一本在學術上自我反省的著作，雖然，筆者以為，對於中國──特別是所謂的「傳統」中國──研究的傷害已經造成了，相信短時間之內，難以撼動費氏過去對中國的誤解。不過，此書的的確確向「中國中心觀」移動了一點，並且，費氏亦要求讀者若想理解中國，最重要的即是避免用歐洲的角度來檢視中國，或許我們可以視之為費正清晚年對於「西方衝擊論」的修正。

28　Fairbank, Edwin O. Reischauer, and Albert M. Craig, East Asia: The Great Transformation (Boston: Houghton Mifflin, 1965), p. 5, cited in Paul A. Cohen, Ch. 2, "Moving Beyond 'Tradition and Modernity'," in *China Unbound: Evolving Perspectives on the Chinese Past*, (London and New York: RoutledgeCurzon, 2003), pp. 48-84, p. 53. 這個「在傳統中改變」的論點，為許多學者所接受，像是費正清本人、費維愷（Albert Feuerwerker）、史密斯（Richard Smith）等。請參見：Cohen, "Moving Beyond 'Tradition and Modernity'," p. 77, note 16。

方國家（列強）裡的各個民族，因為其「積極的」、「外向的」心態，開始了地理大發現的時代，逐漸地將之變成自己的殖民地，隨著歲月的流逝，使得許多原本是「未開化」（uncivilized）的地區得到了現代化（modernization）的機會，「消極的」、「內向的」滿清帝國，因為是個停滯的帝國，於是，「順理成章地」只能在自己的家中等待，等待外國人帶著全新的想法與作法來到「傳統」中國，讓「現代」中國有機會出現。

　　但為何會是如此呢？原因是，中國因為自己「傳統」的禁錮，即使能產生一些「變化」（change），也只會是零零星星的、無甚意義的芝麻蒜皮之事而已。是故，在整個漫長的中國歷史上，沒有比鴉片戰爭更適合來作為「傳統／現代」時期的分界點了，（對費正清而言）至少有以下幾個原因。其一，此時，西方開始在軍火工業優於其他地區的狀況下，向世界各地侵擾，鴉片戰爭給了英國這樣的訊息，那就是，中國並不如想像中那樣地不可征服，雖然，比起非洲、拉丁美洲，以及東南亞國家而言，困難度的確增加了些。其二，此戰爭同時證明清帝國是真正地處於停滯的狀態，完全無法與進步的英國相比，在先進的（軍事）科技支持之下，清朝瞬時土崩瓦解。其三，「傳統」中國必須在「現代」英國的幫助之下，才可能像英國一樣產生社會的轉型，「傳統」中國因為鴉片戰爭，因為外國勢力的幫助下，才得以跳脫「傳統」的束縛而完成有意義的轉型。綜合以上的原因，看起來，費正清似乎找到了讓人啞口無言的說詞，證明了「傳統」中國因為像英國這樣的外國勢力的協助之下，人們——特別是中國知識分子——今日才有機會一睹「現代」中國之模樣。換句話說，中國之所以成為「現代」中國，還是得感謝外國人的幫助，因為中國人不可能單純地只靠自己力量來完成如此艱難的工作，這就是所謂的「西方衝擊論」或「衝擊—反應論」的主要論點了。在這樣的觀點之下，中國近代社會之發展，完全是被西方的入侵推著走，其演進方向為西方人所左右，換言之，中國近代史是一部回應西方衝擊的歷史。說得白話一點，費氏所持的歷史觀，讓中國知識分子懂得了不能忘記西方人對中國「現代化」貢獻良多。

　　筆者以爲，費氏（及其支持者）所說的故事，似乎像是在說，很久很久以前，從西邊那兒走來了一位強盜，取走了東邊遠處人家的財物之後，受害的這個人家，終於在這名強盜的教導之下，學到了全新防範強盜的知識，並且還被要求應該感謝這位教導者，也就是強盜本人。所以，對費正清而言，這種學習防盜知識的方法就是「傳統」中國轉型爲「現代」中國的過程。

　　不過，費氏之論點，並非得到所有人的支持，有時候連他自己的學生也都不願爲其背書。保羅・柯恩（Paul A. Cohen）是費正清的學生，同時也是反對費氏之「西方衝擊論」的重要代表人物。他批評費氏在研究中國時，過度重視來自西方的外部因素，並認爲若欲瞭解中國，必須關注中國內部的因素，也就是認爲造成變化的動力，是來自中國內部，而非僅僅是對於針對來自外部的衝擊所做的回應[29]。可惜，在學術界這種說法的聲量還不夠大。

　　下一個小節，我們將主張鴉片戰爭的確爲中國歷史的轉折點，不過，與費氏之預測相反，「傳統」中國並沒有更現代，因爲在初期工業化的過程當中，無力保護幼稚工業，註定無法與外國競爭，而這才是眞相。

鴉片戰爭是歷史的轉折點

　　費正清的 1842 年分期，不只是其「傳統」中國不傳統，其「現代」

29　Cohen, *China Unbound*. 事實上，柯恩也被批評爲缺乏批判性，同時，他也被指責過度地強調中國歷史的獨立性，似乎可以將中國歷史獨立於世界史之外，而不至於產生嚴重問題，這聽起來相當地弔詭。
　　除此之外，讀者或許可以聯想得到，古典社會學三雄之一的韋伯也是中國社會「停滯說」之更早期的支持者，他認爲中國法律自秦朝起即已停滯。另外，韋伯也將這樣的論點放在中國近代城市，他認爲不同於（持續進步的）歐洲城市，中國城市無法產生具有認同感的市民，而且，民間政治力量同樣欠缺。當然，「停滯的」社會市民理應得過且過地生活著，如果眞產生了什麼變化，那只會是外來的力量所造成。
　　對此，羅威廉同樣反對以「停滯說」來解釋中國近代城市，他選擇近代中國本土貿易最爲發達的漢口爲其研究對象，考察了 1796 年至 1895 年這段政府力量持續衰退，但地方經濟卻仍相當繁榮之期間，羅威廉發現基於必要的共同秩序之維護與個人利益之追求，漢口市民跨越了各個經濟階層形成了認同感，再透過城牆的建設，與漢口方言的使用等，進一步強化這種認同感。根據其研究，我們可以看到，這是羅威廉對於「西方衝擊論」（或「衝擊—回應論」）之反駁，請參閱其傑作：《漢口：一個中國城市的衝突與社區（1796-1895）》（北京：中國人民出版社，2008）。

中國不現代而言，而且「傳統」與「現代」分界的 1842 年——也就是鴉片戰爭結束的這一年也有問題。爲何鴉片戰爭會結束，原因不難找到，是因爲英格蘭找到了讓它結束的理由，來自西方的英國已經——至少是暫時地——達到其目的，那就是繼續在中國的土地上販賣非法的鴉片，讓白銀流回英國王室的口袋。當然，如果顢頇的大清帝國願意讓鴉片合法化，進步的大英帝國絕對會更高興，倒也不需要與「世仇」法蘭西帝國於十多年後，聯手再度攻打滿清，爲的是讓清朝中國承認鴉片也可以是「自由」貿易重要的組成部分。

　　從產業競爭的角度視之，本文認爲，雖然費正清自己都不清楚茶葉才是「鴉片」戰爭的主因，然而，其 1842 年歷史分期確實有其重要性，也就是說，鴉片戰爭的確是中國歷史上極爲重要的轉折點，因爲從 1842 年開始，在所謂「（現代的）條約制度」的指引之下，清中國與英格蘭在鴉片戰爭之後所簽訂的條約，再也無法保護中國本土的幼稚工業，也就是說，清朝中國也想跟歐洲一樣藉由工業化以提升產能，增加其競爭力，然而，因爲其工業化之進程相對緩慢，其產品的競爭力尚無法與較早工業化的歐洲國家之產品競爭，再加上無法運用關稅保護之機制，中國的工業產品因爲沒有競爭力而賣不出去，清中國的新興工業難以存活。可惜，學者們在分析鴉片戰爭時，經常爲文化衝突這種表面的原因所惑，以致於看不清楚眞相；另外，也有不少學者，在外部因素、內部因素孰重的考量上選擇了其中一邊站著，以致於看不到這是清中國與英格蘭雙方在產業競爭上的結果。我們看個例子，這個例子談的是區域的貿易網絡，著重的是中國社會內部的因素之延續性，鴉片戰爭並非如此重要，有沒有這場戰爭，該文之作者認爲中國仍會因內部因素而產生變化。

　　我們認爲以下這篇文章應該是以費正清之 1842 年歷史分期爲主要之批評對象，雖然，其內容裡並未使用到任何一篇費氏之著作。此文爲〈鴉片戰爭是中國歷史上一個重要的決定性時刻？一個從貿易路線、區

域間貿易，與長江三角洲的觀察〉[30]。事實上，這篇文章並非直接討論外部勢力，或者內部因素造成了中國社會變遷，具體而言，該文作者認為是內部因素，像是黃河淤積導致大運河漸失航運功能，使得上海成立中國東部海岸重要航運中心，原因並非鴉片戰爭這種外部勢力，讓中國經濟重心從珠江三角洲轉移至長江三角洲。另外，該文作者檢視了米糧貿易以及其商貿路線，發現整個貿易網絡早已存在，並且基礎建設維護得相當良好，這是既有路線得以繼續使用的根本原因。當然，看得出來這是一個反對費正清之「衝擊─回應論」的研究。贊成者，即是支持費氏之觀點者；而反對者，則是站在費氏學生柯恩這一邊。本文不打算站在任何一邊，而將從另一個角度，也就是產業競爭的角度來觀察之。

　　鴉片戰爭到底是不是同費氏所認為的，其發生的期間（或結束日期）是否可以有說服力地被當作傳統（中國）／現代（中國）的歷史界線所引發之爭論，本文認為其癥結點乃在於學者──包括費正清本人──至今仍然不甚瞭解大英帝國發動這場戰爭的真正理由。筆者以為，從產業競爭的角度來看，英國要求清中國只能徵收 5% 這種最低關稅，使得清朝無力保護其幼稚工業，這在歐洲國家之間根本不可能發生。然而，清朝在軍事上無力抵抗，進一步地導致在經濟上，特別是產業競爭上亦喪失競爭力。以下，我們得談談初期工業化與關稅保護兩者之間的關係。

　　事實上，為了將鴉片輸入中國，光是洋槍大砲的「自由」貿易還不是故事的全部。關稅及設置關稅率，對於保護本地產業是相當重要的。一般來說，當國家開始工業化時，政府必須留意國外的競爭者，因此針對部分進口產品課徵關稅，其作用在於保護本國脆弱的幼稚產業免於競爭。然而，除了賠償戰爭的損失之外，根據南京條約附約還制定了《中英五口通商章程：海關稅則》（*Chinese-British Five Ports Trading Charter: Custom Tariffs*），將關稅率固定為 5%，這是世界上最低的關

30　Zhang Xin, "Is the Opium War a Defining Moment in Chinese History? A View from Trade Routes, Interregional Trade, and the Lower Yangzi," *Modern China Studies*, Vol. 17, No. 2 (June, 2010), pp. 75-126.

稅，進而使清朝無法保護本國的幼稚產業。因此，在條約訂定後，清朝的工業化註定一敗塗地。

　　費正清的二分法和他以 1842 年的時間分割點相當有關。在洋人到來以前，任何中國的事物都被看作是傳統的，在西力東漸之後，中國才終於有機會走入「現代」。我們看到南京條約明訂增加通商口岸，如寧波、廈門、福州、上海，這還不是全部，因爲依據《中英五口通商章程》，將關稅率固定在 5%，這樣低的稅率使國貨難以同洋貨競爭。就實情論之，以製造業來說，英國政府在 1860 年以前設定的稅率高達 35-50% 之譜[31]。

　　費正清說，1842 年以後，新式工廠逐漸出現在中國領土之上，他說得不錯，但他卻錯認，「現代」的中國要等洋人來到才告出現。如果清朝與英國簽訂南京條約與附約之後才變成（更）現代，但應該更現代的中國何以繼續停留在停滯不前、故步自封和傳統呢？這乃是因爲失去關稅自主權，而使「現代」工廠所生產的貨物根本無法與洋貨競爭。

　　綜上所述，費正清對中國的歷史分期不僅使「傳統」中國無可改變，還因著以 1842 年南京條約所劃分，西方強權帶給中國現代與進步的說法，很諷刺地，使西方諸國因此變得更「現代」（也就是更富裕與進步）。簡言之，原本應該因爲西方帶的禮物——「現代性」而改變的「傳統」中國，反而更停滯不前，變得更傳統了。這才是英國在鴉片戰爭中所得到的最大利益。

本章結語

　　鴉片戰爭結束與南京條約簽訂的 1842 年，將中國歷史分爲所謂的「傳統」與「現代」中國，一個看似合理的時間點，讓費正清得以將中國漫長的歷史一分爲二，這幫助過無數學子——包括了過去與現在的知名學者，像是列文森（Joseph R. Leveson）、史景遷（Jonathan D. Spence）、孔飛力（Philip Kuhn）等——來「瞭解」中國。不過，可惜

31　張夏準著，胡瑋珊譯，《富國的糖衣：揭穿自由貿易的眞相》，二版（台北：五南圖書，2014），第 73 頁。

的是，中國研究的一代宗師費正清，其 1842 年歷史分期，原以為可以讓龐雜無章的歷史看起來有點「規則」與「秩序」，但可惜的是，費氏的歷史分期，不只沒有得到預期的效果，反而讓人們更看不清中國的模樣，無論我們談的是「傳統」的或「現代」的中國。

　　首先，費正清的「傳統」中國，也就是 1842 年之前的中國其實很「現代」。無論從法制的建設──韋伯認為資本主義最重要的支柱──的角度來看，唐朝、宋朝對於人身與財產「權」的保障，均堪稱當時世界的先驅者。或者，我們從國際貿易的角度來觀察，16 世紀末到 19 世紀初，橫越太平洋兩岸的海上絲路，讓明清中國在這兩百多年之間，一直維持著貿易順差。費正清竟然可以將明清中國視為封閉的、不喜外貿的停滯社會，真讓人難以相信「頭號中國通」竟然會堅持這樣的論點。可以這樣說，費正清的「傳統」中國在當時其實很現代，當時的世界，若要談「現代性」，應該得略微述及唐朝、宋朝、明朝的某段歲月，再加上初期的滿清王朝，也就是盛清時期。

　　那麼，1842 年之後的「現代」中國呢？費正清用一種頗為精巧的「西方衝擊論」（「衝擊─回應論」）試圖告訴我們「現代」中國即將出現，因為外來的力量──具體而言，鴉片戰爭是第一次外力之展現──突破了「傳統」所造成的層層阻礙，此時，「傳統」中國終於有機會轉型成「現代」中國。更重要的是，費正清讓絕大多數的中國知識分子相信了「現代性」是西方人帶給「傳統」中國的禮物，因為中國受到了自身「傳統」的阻礙，如果靠自身的力量，不可能發生任何有意義的變遷；於是乎，西方人──具體而言英國人──「順理成章」地變成了中國人應該感謝的對象了，而且，在儒家思想的指引下，懂得飲水思源的中國知識分子內心裡對英國還充滿了感激。不得不說西方知識體系實在了不起，讓我們學會了分析複雜的（全球）社會議題，還能讓人以德報怨，進而化悲憤為力量。

　　那麼 1842 年之後的中國真的「現代」了嗎？答案似乎是沒有，主因是，費正清根本看不清鴉片戰爭的主因為何。簡單說，英國人買了太多中國茶，當然，在國際貿易上，中國又是順差，英格蘭人付了很多白

銀，擔心白銀流失影響國力，偏偏倫敦也好、曼徹斯特也好，工廠裡產出的商品，品質不只難以媲美長江三角洲的手工業產品，再加上運費的話，根本沒有競爭力。於是，聰明的英國人在其殖民地印度種殖鴉片來毒害中國人，工業國英格蘭當時只有靠這項農產品才能挽回頹勢；清中國欲嚴禁鴉片，阻了英國人的財路，所以，發動戰爭是英國王室的唯一選擇。

　　更重要的是，西方知識界還得讓非西方（特別是中國）知識分子相信，是因為文化衝突——例如皇室禮儀、對於市場的開放態度等——才產生了誤會，導致不得不使用武力來解決雙方之歧見，一直到目前為止，效果相當不錯。但事實上，戰爭所簽訂的條約，將中國海關的關稅訂在 5%，這是世界上最低的關稅，中國在初期工業化的階段連最基本保護幼稚產業之機會都喪失了，因為其產品無法與進口產品相互競爭。所以，1842 年之後，費氏認為應該看得到「現代」中國的出現，但中國反而變得更為「傳統」了，因為持續地落後給西方國家。而西方國家因為賺了錢——包括戰爭後的賠款——更有機會讓自己的子民享受更好的教育，順便修飾一下整個西方知識體系，讓鴉片戰爭的真實原因繼續隱藏在沒有太多人感興趣的書本裡。

　　總而言之，費正清的 1842 分期之所以無用，是因為他根本沒有弄清楚過鴉片戰爭發生的真正原因。再加上，1842 年之前的「傳統」中國在當時其實相當現代，而費氏預期 1842 年之後應該出現的「現代」中國，不僅沒有機會出現，鴉片戰爭之後的中國反而變得更加「傳統」了，持續了一個世紀以上。

第七章　諾斯（Douglass C. North）——
令諾貝爾經濟學獎得主知難而退的路徑依賴

　　諾貝爾經濟學獎是世界上被廣泛認為之經濟學最高榮譽，用來表彰該領域之傑出研究者。本章討論的主角，正是曾經獲得經濟學界裡這項殊榮的道格拉斯‧諾斯（Douglass C. North, 1920-2015）。諾斯注意到了別人沒有花時間進行研究的交易成本的問題，使其著作在經濟學界成為必讀之作，影響力無遠弗屆。然而，如果諾斯是如此傑出，那麼，為什麼他會受選在本書之中呢？原因是：非常巧合地，諾斯有許多想法太像古典社會學巨擘韋伯的論點了，而在社會（科）學界裡，韋伯可是歐洲中心主義思維的前輩。諾斯能夠被筆者選上，坦白地說，事實上是「沾了韋伯的光」。

　　除了不想輸在起跑點之外，學者也不想輸給同僚，特別是在所謂的「核心」期刊的發表數量上。於是，在長久沒有太多互動的情況之下，在社會科學院沒有「次要的」系所的條件之下，兩大「主要的」系所——經濟學系與社會學系——教師們很難有機會知道彼此到底在忙些什麼。在 1990 年代，某個經濟系出了個諾貝爾經濟學獎得主，這位得主正是被稱為「新制度主義」的代表性人物諾斯。然而，經濟系的學者不會知道，在 19 世紀時，社會學系也有個「新制度主義」（New Institutionalism）之巨擘，他正是古典社會學三大家的韋伯（Max Weber, 1864-1920）。韋伯在 1890 年代時，正值青壯年，是一位大有可為的思想家。筆者以為，韋伯可以說是該主義或意識形態的先驅者，在當時，諾斯應該沒有太多機會可以認識韋伯這位大師級人物。至於現在，社會學系的教師，應該沒有太多機會與經濟系的教師交流；經濟系的教師們則為迷人的模型所誘，決定暫且忘掉真實社會的樣子，最好的

方式就是「暫時」別與社會學家見面，即使大家都在同一棟大樓裡生活著。不過，吾人還得先提一下韋伯這位 19 世紀末「社會學」界的「新制度主義」之先驅，再與 20 世紀末的諾斯這位「經濟學」界的代表性人物相比較，因為兩人都曾為了宣揚同一種「主義」或意識形態而奔波過。

　　持平而論，在一個世紀以前，也就是 19 世紀末葉，韋伯能夠看到經濟發展與制度（特別是法律制度）的密切關係，已屬不易，若非在海德堡大學濃厚的人文氣息的薰陶之下，相信韋伯亦難以達到如此境地。具體來說，對他而言，良好的、可預測的，且對私有財產（「權」[1]）提供保障的制度，是一國（朝代、王國）經濟發展的必要條件。當然，韋伯想像不到，也無法想像，後來的經濟學這門學科，幾乎拋棄「制度」這個極可能影響交易行為（也包括「權利」的保護、契約的簽訂與執行、交易成本的多寡，與修正後的新制度等）與其他經濟活動的可能性。所幸，數十年之後，諾斯這一位經濟學的泰斗，成為了「新制度主義」的代表人物，他將「制度」這個要素重新拾回，並且於 1993 年獲得了經濟學界的最高榮譽諾貝爾經濟學獎，讓經濟（史）學再次有了說服讀者的可能。可見，關於「制度」的研究豐富了經濟學這個學術領域。

　　本章分為四個主要小節。第一小節，我們將先看看「新制度主義」的內涵，因為全球「大師」級學者──諾斯與韋伯，都曾經以這觀點來看待西方的興起。第二小節，由於某些原因，學者們──無論是法學家、社會學家，或者現在還得再加上經濟學家──對中國傳統法律體系似乎總是興趣缺缺，這或許與西方知識體系長期以來誤導人解讀中國有關。第三小節，我們討論路徑依賴之「方法篇」，諾斯嘗試欲透過路徑依賴的分析，藉以瞭解國家之經濟發展，因為這與制度的變遷有關，是故，研究者必須著重歷史研究，但長期以來，少有經濟學家如此重視之，諾斯是難得的例外。第四小節，我們檢討路徑依賴之「實例篇」，

1　本章將財產權加上引號，使其成為「權」，其原因如下：在清末引進德國民法之前，在所謂的「傳統」中國裡，上自皇帝下至升斗小民全無權利觀念，但政府以間接的方式來保護人民的私有財產「權」，其效果與西方並無二致。本章第二部分將深入討論這個議題。

再看看諾斯在教育與產權制度之分析能力。十分意外地，也非常可惜地，我們即將看到的是，諾斯認為在經濟學裡，對於大量歷史證據的蒐集與分析的複雜性，讓他自己感到惶恐而不知所措。倘若我們期待從其分析中，看到長時間制度的變化，進而能理解經濟發展之良窳，吾人以為，我們將會感到失望。

那麼，現在我們就進入分析的第一部分，也就是檢視「新制度主義」的過去與現在。

「新制度主義」的過去與現在

這個部分將先介紹當代經濟學頗有建樹的「新制度主義」代表人物及其主要論點，並與 19 世紀「新制度主義」先驅者韋伯的說法比較，找出其異同。本節分成以下三個子題，包括：第一，諾斯關心的議題之一是西方何以興起？西方的優勢到底是什麼？普遍認為是「船堅砲利」，但諾斯（韋伯亦如此地）持不同意見。其次，「制度變遷理論」這個新制度主義的重要成分，我們亦不能免俗地將會討論這個理論。再次，經濟史學者普遍認為，缺乏明確的財產「權」是否必然使得市場難以發展呢？吾人將在此處先簡略、間接地，以中國為例提出質疑，在第二部分時再完整回答，是否中國無法保障其人民的生命財產「權」，而阻礙市場發展？

西方的優勢是「船堅砲利」？

在經濟學領域中，鮮少有人將「制度」放在經濟史的重要位置，並加以分析。這位經濟學獎得主是所謂的「新制度經濟學」或者「新制度主義」的代表人物。1973 年時，諾斯與羅勃‧湯瑪斯（Robert P. Thomas）合撰一本經濟史專著：《西方世界的興起》（*The Rise of the Western World: A New Economic History*）。該書的標題應該能引起位居經典社會學三雄的韋伯之興趣才對，雖然諾斯（與湯瑪斯）的論點，看起來與韋伯不甚相似，但其實他們都認為「制度」是西方（自 17、18世紀以降）何以能保持經濟發展、社會得以進步的主要原因。對於制度

而言，諾斯所指的是政治、經濟，與社會等相關之法規、條例，與非正式的習慣、幫約等；而韋伯則特別強調法律制度，具體而言，是西方特有的形式合理的法律體系。我們先看看諾斯該書中的主要論點。

相異於主張西方的興起是因為「船堅砲利」的學者，諾斯想告訴我們，早在工業革命之前，英國（與荷蘭）早已具備持續成長的條件，其主要原因是：保障私有財產為活絡市場提供強大的誘因，帶動工業化與技術升級。在此我們不難明白，諾斯所強調的是制度，與那些以技術為核心的文獻有不小的差別，不過，筆者懷疑諾斯似乎對過去重商主義者──無論是王朝（國家）、資本家，或二者的聯合──在全球的掠奪行為並不感到興趣。然而，應該很少有人相信，先前的殖民國家，今日仍然足以維持其已開發國家（工業國家）的地位，與過去數百年來的海外掠奪行為無關，甚至有學者還認為歐洲殖民國家先前在美洲（與其他大陸）所獲得者的確是一筆意外的橫財[2]。不過，對這位「新制度主義」的代表人物而言，諸如「船堅砲利」這種不怎麼人道的行徑，實在不太應該出現在某種進步的「制度」裡頭才是。接著，我們看看韋伯怎麼說。

對韋伯而言，在《新教倫理與資本主義精神》一書中，他認為資本主義的產生與喀爾文教派的教義有關[3]，其「預選說」主張人們能否獲得救贖與個人的善行無關，而是上帝早已決定的。因此，人唯一能做的便是相信自己是上帝的選民，並且在自己的職業上辛勤工作來榮耀上帝。在不確定自己是否為上帝選民之下，新教徒便必須無時無刻提醒自己，透過禁慾與商業等活動的理性化過程，來不斷累積財富、投資新的且能夠賺錢的行業，來證明自己是上帝的選民。此處值得一提的是，對他而言，理性化的過程發生在各個層面，包括政治組織、經濟活動、法

2　Kenneth Pomeranz, *The Great Divergence: China, Europe, and the Making of the Modern World Economy* (Princeton and Oxford: Princeton University Press, 2000).

3　韋伯著，于曉等譯，《新教倫理與資本主義精神》（台北：左岸文化，2001）。事實上，道格拉斯‧諾斯曾經提到韋伯價值觀與經濟行為聯繫在一起，但是，諾斯認為韋伯做得不夠，所以，諾氏批評韋伯「並沒有論證，隨後的行為怎樣使得能產生不斷的經濟增長的特定制度和組織出現」，這個缺失，由諾斯本人予以補足。請參照：James Coleman, *Foundations of Social Theory* (Cambridge, Mass., Harvard University Press, 1990)，引自：諾斯，《理解經濟變遷過程》（北京：中國人民大學出版社，2013），第 121 頁。

律制度與日常生活裡，其中法律制度——特別是形式理性的法律[4]——更是爲韋伯所推崇，因爲對他而言，一個可以預測的法律制度，是資本主義得以成長茁壯的必要條件，並且這樣的法律制度只發生在西方。韋伯認爲，在人類歷史上，其他地方從未發生過理性化的過程，自然也不會有適合的法律制度、法律體系，讓資本主義得以醞釀發生，當然也就不會有持續性的經濟發展。

簡言之，對諾斯與韋伯二位大師級人物來說，合適的制度是最重要的，而這只（能）在歐洲發生，特別是英國。對他們而言，「船堅砲利」似乎只是個膚淺的看法。然而他們二人對中國似乎不甚瞭解，稍後，我們會再談一下中國的制度，特別是法律體制。

「制度變遷理論」

「制度變遷理論」是新制度主義重要的部分，那麼什麼是「制度變遷理論」呢？新制度主義認爲，「制度變遷不是泛指制度的任何一種變化，而是指一種效率更高的制度替代原有的制度」[5]。因爲，如諾斯所言，制度決定了激勵結構，進而決定其經濟表現（或績效）[6]。但爲何要以新制度來取代舊的呢？這裡，新制度主義的另一名大將羅納德·寇斯（Ronald H. Coase）在其著名的文章〈社會成本問題〉[7]中將制度帶回，爲經濟學提供理論基礎。寇斯主張交易成本相當重要，「根本上，交易成本屬於信用問題。資訊不對稱和不穩定使對契約所做的可信承諾很難得到保障。在資訊高昂的世界中，不同的制度環境意味著不同承諾可信度的差異，交易成本也因此不同」[8]。換句話說，制度的安排不同，經濟

4　關於形式理性的法律等論點與批評等，請參見：林端，《韋伯論中國傳統法律：韋伯比較社會學的批判》（台北：三民書局，2004）。

5　薛曉源、陳家剛，《全球化與新制度主義》（台北：五南圖書，2007），第 11 頁。制度變遷理論亦被用來解釋中國古代經濟重心南移的問題，請參照，例如：鄭學檬，〈制度變遷：中國古代經濟重心南移的動力之二〉，《中國古代經濟重心南移和唐宋江南經濟研究》（長沙：岳麓書店，2003），第 65-165 頁。

6　諾斯著，杭行譯，《制度、制度變遷與經濟績效〔成就〕》（*Institutions, Institutional Change and Economic Performance*）（上海：格致出版社、上海人民出版社，2008）。

7　Ronald H. Coase, "The Problem of Social Cost," *Journal of Law and Economics*, The University of Chicago Press, Vol. 3 (October, 1960), pp. 1-44.

8　Oliver E. Williamson, *Markets and Hierarchies: Analysis and Antitrust Implications* (New York: Free Press, 1975)，引自：薛曉源、陳家剛，《全球化與新制度主義》（台北：五南圖書，2007），第 100 頁。

表現、經濟績效也跟著不同，可能是增長、停滯或者下降。若我們回到諾斯的說法，西方何以興起，答案正是制度。

對諾斯而言，好的制度，能在很大的程度上減少交易成本，是故寇斯關於交易成本的想法，可以很輕易地結合諾氏的新制度主義，二者相遇，如魚得水，如膠似漆。這麼說，一個國家有了良善的制度之後，人民、團體則無須在交易之前，花費許多成本在信息——涉及交易的另一方、市場、對違約方的處罰，以及賠償的可能性與罰金的多寡等——的蒐集之上，交易的金額與次數原則上不受到太多的干擾，那麼這樣的國家，像是英國或美國，它的經濟發展是可以期待的。反之，制度不良則導致交易的成本過高，交易之次數減少，成交金額砍半，那麼發展的幅度，即使有的話，也不會讓人印象深刻。於是交易成本似乎成了經濟學領域裡一個相當重要的指標，後來，也有學者將之運用到政治學的領域裡。例如，巴斯卡・維拉（Bhaskar Vira）這麼說：「新古典制度主義過於關注降低交易費用，把它當做促成社會可欲的制度變遷的戰略。這反映了這種理論在方法論的偏好，將經磋商而達成合意的邏輯延展到政治領域。」[9]維拉知道只是強調降低交易費這個因素，在理解政治場域的運作時，此種推理方式，極可能「忽略了制度變遷的政治上的弱勢群體的影響」[10]；不過，吾人以為，這樣的說法恰巧也突顯了維拉與其他新制度主義的支持者、批判者，或者加上交易費用政治學的擁護者也好，其視野似乎不夠宏觀，而應該予以擴張之[11]。

首先，新古典制度主義這種假定建立在國際政治與軍事力量不會干擾經濟行為。只要是願意交易的雙方，同意在某個時間點，以某種價格，買進／賣出多少件商品即可，如此，貿易的雙方都能獲益，這是亞

9　巴斯卡・維拉，〈政治科斯定理：新古典制度主義與批判制度主義的區別〉，諾斯等著，劉亞平編譯，《交易費用政治學》（北京：中國人民大學出版社，2011），頁 15-35，第 29 頁。

10　前揭書，第 29 頁。

11　吾人以為，即使新制度主義有這樣的缺陷，但仍然有不少學者將之應用在中國在改革後的經濟發展，甚至是中國與全球霸權美國一爭長短的議題之上，請參照，例如：Guangbin Yang, "An Institutional Analysis of China's State Power Structure and its Operation," *Journal of Contemporary China*, Vol. 15, No. 46 (February, 2006), pp. 43-68; Xingyuan Feng, Christer Ljungwall, and Sujian Guo, "RE-Interpreting the 'Chinese Miracle'," *International Journal of World Peace*, Vol. 28, No. 1 (March, 2011), pp. 7-40.

當‧斯密（Adam Smith）在兩百多年以前就構想出來的模型，大致上，貿易應該是自由的，若是按照上述的原則來看。然而，這樣的說法不可能經得起重商主義（帝國主義、殖民主義）的質疑。簡單說，「名聞遐邇」的鴉片戰爭就不是在雙方都「同意」的情形之下所進行的貿易，因為鴉片在清廷的法令下是非法商品，但為何還可以繼續在中國販賣呢？因為英國皇家海軍用武力迫使清廷接受這宗非法的買賣。明顯地，英格蘭與清中國的鴉片貿易之所以能夠繼續下去，與英國良善的制度無關。

其次，吾人以為，除了諾斯看到的英國所建立之優於其他國家的制度以外，大英帝國的霸權之真實面目亦值得一談。英國劍橋大學韓裔經濟學者張夏準[12]（Ha-Joon Chang）對於 19 世紀末與 20 世紀初之殖民主義以及不平等條約，對於殖民母國與被殖民的國家或地區之經濟發展，做了以下的總結：

> 19 世紀末與 20 世紀初的殖民主義和不平等條約，雖然之於「自由」貿易的推動扮演關鍵性的角色，但坊間大量吹捧全球化的書籍之中卻幾乎很少提及。即使有明確的討論，整體上也都是正面的。例如，英國歷史學家尼爾‧佛格森〔弗格森，在本書中以〈弗格森〉專章呈現〕在其著名的《帝國》一書中，忠實記載大英帝國在許多不當的行為（包括鴉片戰爭），但仍辯稱大體而言大英帝國是一件好事──是最廉價的方法，確保有利於每一個人的自由貿易。然而，在殖民統治和不平等條約下的國家發展都很差。從 1870 年到 1913 年，亞洲（不包括日本）的人均〔粗體為原文所有〕所得年成長率只有 0.4%，在非洲地區則是每年成長 0.6%。而西歐的對應數

12　張夏準是在西方世界頗具知名度的經濟學者，其所獲得之獎項可能比起諾貝爾經濟學獎更值得一提，畢竟吾人以為張氏的主張更接近歷史事實。例如，張夏準於 2003 年因為其大作 *Kicking Away the Ladder: Development Strategy in Historical Perspective*（London: Anthem Press, 2002）而獲得了謬爾達獎（Myrdal Prize），該書翻譯成七國語言。另外，2005 年時，張氏與哥倫比亞大學的理查‧尼爾森（Richard Nelson）共同獲得了列昂提夫獎（Leontief Prize）。筆者認為，張氏所提出之論點，得過諾貝爾經濟學獎者，應該都不會有興趣的，這或許是該獎項自 1960 年代至今，仍然吸引優秀經濟學家競逐的主要原因吧！？

字卻有 1.3%，在美國是每年 1.8%。尤其值得注意的是拉丁美洲國家，當時已恢復關稅自主權，有些關稅甚至宣稱爲全世界最高，這段期間的成長速度和美國一樣快。[13]

關於張夏準上述之總結，筆者認爲，至少有以下幾個看法是值得花點時間予以討論的。

首先，張氏的看法，其實是間接地反駁了諾斯的看法，在所謂「好的制度」之維繫底下，交易費用得以減至最低，這是國家經濟得以發展得比別人好的主因。筆者也願意相信，比別人努力者日後的發展理應比較好一些，這樣的話，才能將深具教育意義的故事傳給下一代，培養出優秀的人才，創造出更好的制度，淘汰有缺陷的那些，繼續維持領先。如此，就可以讓那些擁有「後發優勢」的相對落後國家，不必浪費時間再去尋求某種發展的模式，只需稍微努力一番，就可以達到已開發——同時擁有好制度——的國家那般的生活水準。可是，當今的已開發國家，過去藉由「不當的行爲（包括鴉片戰爭）」而獲致的財富，接著利用這些「橫財」教育民眾，培養人才，透過其知識體系的「去蕪存菁」，讓不好的事不被下一代看見，把好的制度經由諾貝爾經濟學獎的「加持」，再透過大大小小知識傳播網絡的各個節點，散布到全世界各地，讓世界上的莘莘學子們失去批判能力，熱情地擁抱歐洲中心主義思維下各種似是而非的論點，然後真相愈來愈模糊而難以辨識。

其次，我們看到的數據，其實是重商主義、帝國主義，與殖民主義的結果，可是，諾斯卻將它們拿來當作這些經濟發展不好的國家之所以無法發展的原因。例如，於 1870 年至 1913 年之間，不計入日本的亞洲人均所得之年成長率是 0.4%，非洲是 0.6%，但西歐卻有 1.3%，美國則更高，人均年成長率是 1.8%。雖然拉丁美洲較早恢復了關稅自主權，年成長率與美國一樣快，但是，這個數字無法與 1960 年代與 1970 年

---

13 張夏準著，胡瑋珊譯，《富國的糖衣：揭穿自由貿易的真相》，二版（台北：五南圖書，2014），第 43 頁。

代的 3.1% 相提並論[14]。總體而言，在張夏準所研究的數十年之間，殖民者的人均所得成長率是高於被殖民者，雖然吾人以爲，就算沒有具體數據的話，我們大致也能猜得出準確的結果，因爲如果被殖民的地方之人民，可以比殖民者過得更愜意的話，邊陲之地的人民應該會熱切地渴望著早日可以被殖民的那一天[15]。那麼，我們且回到諾斯的看法，對諾氏而言，這些數據就是經濟無法發展的國家「自作孽」，因爲它們無法像過去的殖民者那樣地創立出好的制度。但是，這可不是被殖民國家自己造的孽，而是殖民者在殖民地所造的孽。殖民者幾乎拿走了所有可以用的資源，包括蓋學校以培養人才的木頭，所以到現在仍有不少非洲國家的教室裡，有不少桌子有一隻腳比較短了些，而小學生們因爲清晨去了幾公里外的河邊提水，正當沒有講台可站的老師教到了英國好的制度時，好幾位學生正在小睡，所以就連「制度」這個詞的含義都不清楚的情況下，諾斯卻還期待著這些窮國學習了已開發國家優秀的制度之後，經濟發展將不可同時而語。

　　第三，我們接續上一段的說法，頗值得一提的「眞相是，1870 年至 1913 年間，在英國霸權下發展的貨物、人力和資金的自由流通……在很大程度上，是靠軍事實力而不是市場力量。除了英國本身以外，在此期間實施自由貿易的國家，大多都是被迫而非出於自願的弱小國家，這都是殖民統治或『不平等條約』（如南京條約）的結果。此外，他們還被剝奪制定關稅稅率的權利，使強迫只能徵收極低的統一關稅（3-5%）」[16]。吾人以爲，英國幫著其他國家制定出最低的關稅，使之再無能力保護自己的幼稚產業，如此對殖民者而言，在產業競爭上相當有利，這絕對是好的制度；諾斯認爲，市場有一隻看不見的手，會「自動」地將好的制度保留下來，因爲這是新制度主義的重要內涵。只是，這「眞相」應該與減少交易成本沒有直接的關係，而且事實倒是很可能會讓諾

14　前揭書，第一章，註 13，第 235-236 頁。
15　事實上，筆者認爲，張夏準用人均成長率這個數據來證明這數十年之間，殖民者與被殖民國家經濟發展之差異，這可能不是最有說服力的數據。但在這裡，我們的重點置於他處，故對此不再做更進一步的討論。
16　張夏準著，胡瑋珊譯，《富國的糖衣》，二版（台北：五南圖書，2014），第 43 頁。

貝爾經濟學獎得主諾斯嚇出冷汗。

　　最後，上述新古典制度主義的假定，基本上就是所謂的「自由貿易」原則，世界貿易組織不就是爲了要讓貿易進行得更順利，逐漸地減少貿易上的關稅與非關稅障礙嗎？如果大家都努力一點，讓制度變遷得以發生，像諾斯及其支持者所相信的，好制度都留了下來，不好的則逐一除去的話，那麼，交易成本就會減至最低，這不是很好嗎？爲何2016年至2020年之間的川普（Donald J. Trump）政權，開始實施保護政策，與中國進行貿易戰爭呢？可想而知，川普（前）總統及其幕僚認爲再與中國進行自由貿易已經不像從前那樣可以獲得好處了，必須回到早期的保護政策，不只是吸引美國廠商回流，將工作機會留在美國，同時，再用關稅保護其產業，想盡辦法讓美國再次偉大。事實上，川普所作所爲，讓人有種似曾相似之感（déjà vu），因爲18、19世紀的美國，經濟起飛之時，其政策並非是自由貿易，而是保護主義[17]。事實是：「自由貿易」只是「富國的糖衣」而已，此種看似「自由的」意識形態，包藏禍心。

　　這裡，請讀者先容許吾人離題片刻，在國與國之間的貿易上，交易成本的減低，是不是對交易的雙方都有好處呢？我們似乎不能再像樂觀的經濟學家──特別是得過諾貝爾經濟學獎的大師級人物[18]──那

17　前揭書。事實上，張夏準指出了，並非只有美國，歐洲的英國、法國、德國與瑞典等，無不使用保護主義以維持自己的競爭優勢。吾人曾經在上課時提及「自由貿易」可能是人類歷史上最大的謊言，當然，此論點似有誇大之嫌，不過，當今的已開發國家大多受惠於此。

18　樂觀並非壞事，但對於諾貝爾經濟學獎得主而言，就不是一件無傷大雅的事了。傑佛瑞・薩克斯（Jeffery D. Sachs）在其中文版大作的封面上，他提出「我們這一代，可以選擇在2025年以前終結貧窮」這超有企圖心的建議。

這書可能賣得不錯，因爲搭上了「有夢最美」這部觀光列車，沿途看到的景象，就如薩克斯所說，我們的確有能力在幾年之內就「終結貧窮」。但薩克斯只是沒說，我們即將看到的是「終結貧窮」之後，這（悲慘）世界可能產生了「極度貧窮」的新問題，因爲薩氏忘記了資本主義的「壟斷」（monopoly）力量將會愈來愈強，財富會愈來愈集中在少數資本家的手裡。在這樣的情況下，原本的中產階級天天都憂心著自己好不容易占據的（中階）位置能不能保得住，更不用談那些在貧窮線上載浮載沉的人們了，只能付出更多勞力以換取日常所需。對於薩氏所看到的2025年就可以終結貧窮一事，目前，只剩三、四年了，我們應該不容易看到「終結貧窮」的任何跡象，除了在經濟學家精心設計出來的模型裡頭。

原來，「樂觀」可以讓人獲得諾貝爾經濟學獎，享受著源源不絕的名與利。也許，在我們的有生之年（2050年？），可以期待諾貝爾經濟學獎在審查時，日後將會增加一項「執行結果」的標準，這樣的話，或許可以對於過度樂觀的經濟學者產生一些「嚇阻作用」，以避免他們在領獎之後的短短數年內，發現了自己的模型是有問題的，那時，爲時已晚矣。關於樂觀的經濟學

樣地相信，資本主義社會裡，利益可以均霑，所有人的夢想得以實現，從此大家都過著幸福美滿的生活。談到資本主義，學者會想到馬克思，但在日常生活之中，人們則會感受到每次物價的漲幅好像比薪水都大一點──如果那幾年景氣不錯，公司決定加薪的話。貧富差距的擴大，似乎已經不再需要更多的數據證明了，當然，吾人並不是在宣稱這個議題不再重要[19]。只是，諾斯所在意者──即好制度減低交易費用──將會使得交易的次數增加，對於交易雙方的產權之保障將益完善，那麼這將會在無形中，於資本主義運行的機制中添加了「潤滑劑」，進而「意外地」加速了資本主義的剝削之力道。

　　以上的分析，不禁讓人懷疑，到底還有多少知識是沒有偏見的，在歐洲中心主義的思維之下。這年頭，許多的獎項、頭銜，除了強化既有的偏見之外，同時，也弱化了學者長年累月地盡心盡力想要習得的批判能力。

缺乏財產「權」導致市場無法發展

　　在一本堪稱「學術界公認諾斯最重要的一本著作」，也就是《經濟史的結構與變遷》這本書裡，最後一章〈制度變遷理論與西方世界的經濟史〉中，諾斯再度為「制度」二字說了點一本書結束前該說的話：「制度是一系列被制定出來的規則、守法程序和行為的道德倫理規範，它們的目的在於約束追求自身福利，或效用極大化的個人行為。在政治或經濟制度中，福利或效用的極大化，是靠利用由專業化（包括暴力的

論點，請參照：薩克斯著，鐵人雍譯，《終結貧窮：如何在我們有生之年做到》（台北：臉譜出版，2007）。

19 托瑪・皮凱提（Thomas Piketty）似乎已經解決了貧富不均這個議題資料不足的問題。從稅收以及遺產紀錄著手，皮凱提整理了長達兩百多年的資料，跨越了 20 多個國家，為的是分析自工業革命以來全球財富分配的動態，進而提出一個全面的、系統性的解釋。皮凱提的概念其實不難，如果與資料的蒐集這件事相比的話，那就是：富有的人，其財富增生的速度快過一般人工作收入增加的速度。所以，富者愈富，貧者愈貧。皮凱提建議，各國應該積極地改革稅制，避免財富過度集中之勢。近期，各大工業國聚集在一起商討徵收跨國公司固定比率的營業稅，或者是個好的開始。只是，跨國公司到了第三世界國家投資，這些國家為了吸引廠商投資，經常願意用更低的稅率給予跨國公司優惠，這恐怕會加速國際間的貧富差距。請參照：皮凱提著，張文碩、陳以禮譯，《21 世紀資本論》（新北：衛城出版，2014）。這本書出版之後，聽說不少諾貝爾經濟學獎得主撰文解析該書，也有人相信皮凱提將會改變經濟學家們思索社會問題以及研究經濟學的方式，不過，本人對此不抱任何樂觀的看法，即使連愛爾蘭這個曾經以極低稅率吸引跨國公司進駐的國家，都表態贊成至少向這些特大號公司徵收 15%（以上）的賦稅。

專業化）產生的貿易利益而達到。」[20]這句話告訴我們，事實上，制度是用來約束個人的行為，而「暴力的專業化」才是產生「貿易利益」的重要──如果還不能稱之為「唯一」──方式，可是諾斯還在努力地試圖要我們相信，西方的興起不可能是射程較遠、命中率較高的大砲所能解釋者，而是良好的制度。這本《經濟史的結構與變遷》是如此地重要，以致於我們似乎不能不相信諾斯所言，那麼我們的目光是不是應該從「制度」轉向「暴力」呢？

「新制度主義」支持者為何願意花費如此多的精神在「制度」上呢？為何諾斯及其同僚經常提到這句教授在上課時常掛在嘴邊的一句話──「制度至關重要」[21]呢？簡單說，如果產「權」沒有保障，這將導致交易成本過高，而阻礙交換的進行。雖然影響交易成本並非只有產「權」一項，但私有財產「權」應該是最重要的了，相信學者們應該能同意這樣的說法。是故，由於中國缺乏私有財產「權」，其市場將不可能發展起來，這個說法看似有理，只是沒有「權利」概念的中國，難道就不能保護屬於某甲、某乙，或某丙的私人財產嗎？畢竟許多私產可是工作許久努力生產經營才能積攢的！

事實上，諾斯與韋伯並未花費太多精力去認真研究中國（傳統）法律制度。在本章的第二部分「西方知識體系建構下曲解的傳統法律」中，筆者將耐心說明其特色──**義務觀社會**如何保護人民的「權利」，包括私有財產「權」，特別是以「傳統」的進步中國如何保護知識產「權」，其程度遠非諾斯與韋伯及其追隨者所能想像。

綜合言之，在諾斯得了諾貝爾經濟學獎之後，全球學者緊跟其後，陶醉於「制度」之上，彷彿這是一檔新鮮事。然而，實際上，韋伯早在

20　諾斯著，劉瑞華譯注，《經濟史的結構與變遷》（新北：聯經出版社，2016），第288頁。「學術界公認諾斯最重要的一本著作」、「經濟史經典之作」、「探討經濟史核心問題，為分析經濟史提供新架構」等句子，在該書的封面可以看到。

21　例如，諾斯的學生劉瑞華就特別強調這句話。請參見：劉瑞華，〈超越新經濟史：諾斯的學術貢獻〉，諾斯、湯瑪斯合著，劉瑞華譯，《西方世界的興起》（*The Rise of the Western World: A New Economic History*）（北京：華夏出版社，2009 (Cambridge, UK: Cambridge University Press, 1973)），頁15-44，第31頁。筆者請讀者留意，該書之副標題為「一部新經濟史」，然而華夏出版社於2009年的版本中並未譯出其副標題，這部新經濟史在經濟學界造成了不少的影響，筆者認為，副標題應該予以譯出。

19 世紀，就已經關心「制度」如何在東方衰落與西方崛起扮演吃重的角色。只是，他對東方（中國）——特別是其「傳統」法律制度（或體系）——誤解頗深，再加上他對資深學者與莘莘學子影響深遠，故本文認爲有必要花費篇幅向韋伯及其眾多追隨者好好解釋。接著，我們進入本章的第二部分。

西方知識體系建構下曲解的中國傳統法律

　　在先前的〈韋伯〉專章裡，我們已論及了「傳統」中國的北宋（976-1127）這個朝代，已經有了版權保護，吾人認爲，這是歷史上最早的智慧財產權（知識產權）保護措施。另外，在該章之中，我們也以南宋（1127-1279）末年發生在福建最大的書市之一——建安的例子，來說明當時政府對於保護知識產權的具體作爲。這裡，我們略微回顧一下發生在 13 世紀中期建安這個書市的案例。這份於 1266 年由政府發布之具有法律效力的公告，證明版權觀念在中國已經形成了，該案例提及了作者爲《方輿勝覽》已耗費巨大心力與雕版的成本，並且，如果任由他人隨意翻刻的話，可能造成該書原意受到竄改[22]。這裡，我們將選用另一個案例來觀察「傳統」中國極爲「現代」的著作權保護之具體措施。

　　不過，因爲中國「傳統」法律在一個「義務觀」社會的背景下形成，不同於西方社會的「權利觀」，我們還得先瞭解大略上，這樣的社會如何運作其義務觀的司法體系，之後，我們再檢視中國知識產「權」是如何發揮其作用，我們會運用具體的案例來試圖瞭解之。

　　歐洲國家到底在全球做了哪些壞事，基本上不可能在韋伯的著作中看到，我們能看到的就是自 16 世紀開始，「理性化」在歐洲社會的各個層面開展了，於是乎西方成爲了今日的西方。諾斯倒不像韋伯那樣地回到了 16 世紀那麼久遠的時代，諾斯對 17 世紀的英國產生了較大的興趣，諾斯說道：「通過重新回到 17 世紀英國政治變遷的討論……在

22　請參照本書之〈韋伯〉專章。另外，完整的案例分析，請參照：謝宏仁，第二章，〈還原眞相：西方知識體系建構下曲解的中國傳統法律〉，《社會學囧很大 1.0：看大師韋伯如何誤導人類思維》（台北：五南圖書，2015），第 59-101 頁。

我最近與溫加斯特合著的論文中（North and Weingast, 1989），我們認為，由光榮革命（Glorious Revolution）所導致的英國政治體系的根本性變遷，是對英國經濟發展有著關鍵性貢獻的因素……革命者想尋求控制王室之任意妄為與強制沒收的權力辦法。於是，議會的崇高地位、中央（議會的）控制財政事務、限制皇權、司法獨立（至少脫離王室而獨立）以及普通法庭的崇高地位，均相應地建立起來了。這一系列變革的一個主要成果，是增強了對**產權的保障**〔粗體為吾人所加〕。」[23]

吾人十分贊成諾斯的說法，我們先前在〈韋伯〉專章提出了證據，證明知識產權在北宋已受到保護，在本章中，我們提出了另一個發生在南宋的段昌武與段維清叔姪的案例，都說明了在官府已經開始了對於著作權的保護，這遠遠地早於西方「進步的」智慧財產權之發展。筆者很高興看到諾斯對於西方產權保障之推崇，他認為這是西方興起的主要因素，其理由是：對私人財產的保障愈充分的話，交易成本會減低，經濟會活絡起來，吾人樂於相信這樣的說法，因為，諾斯這樣的論點，也能用在南宋時期因為印刷產業的蓬勃發展，讓官方不得不去注意到對於著作權的保護這一塊，因而必須在法令上明確地告訴從業人員「侵權」是一種不當得利的行為，將會受到懲罰。吾人以為，這應該可以算是「制度變遷」的證據吧！？相信諾斯會同意才對，因為他對此議題相當感興趣。

乍看之下，「傳統」與「現代」似乎無法相容。但事實上，清末（或鴉片戰爭）之前的中國，雖然在歐洲中心主義的思維下，莫名地變成了「傳統」中國，漸漸成了「現代」西方在地理大發現之後的對應物。然而，吾人以為，這是西方哲學二分法的具體展現。事實上，「傳統」中國其實很「現代」，在某個特定的時間點裡，「傳統」中國可以說是「進步的」，當然這得有證據才行。這裡，我們（再）以傳統中國法為例，說明在義務觀（沒有權利意識）的社會裡，官方如何保障人民的財

23　Douglass C. North and Barry W. Weingast, "The Evolution of Institutions Governing Public Choice in the 17th Century England," *Journal of Economic History*, No. 49, pp. 803-832，引自：諾斯著，杭行譯，《制度、制度變遷與經濟績效》（上海：格致出版社、上海人民出版社，2008），第191-192頁。

產（「權利」）。以下，先簡略地回顧中國傳統法律的特色[24]。當然，以下的論點，無論是新制度主義的先行者韋伯，抑或是集大成者諾斯，在他們二人所處的年代裡，都是不可能知道的。

「傳統」中國的土地上，人民沒有訴訟「權」，但可以請官府主持公道，也就是說，官府是藉由懲罰侵「權」者來保障受害者的私有財產「權」。另外，中國傳統法律體系內，並不區分民刑事，但案件有輕重的差別，官府負責重案之調查與審判，用的是成文法，是官方制定之規則；細事則由民間調解之，特別是在宋朝之後，所根據者，為非正式規範，像是倫理道德的約束、風俗習慣等[25]。

這裡，吾人以為，諾斯的「制度框架」這個概念，頗適合用來解釋中國「傳統」法律之運作。諾斯認為「制度框架是規則、非正式規範（行為準則和習俗）和它們的實施特點的合成物。它們共同界定了人類制定的規範，從而調整人類之間的互動。它們是遊戲的規則，因此也界定了遊戲的玩法」。看起來，重案依據規則，細事則按非正式規範審理之，此與諾斯的「制度框架」巧妙地合而為一，不只是諾斯心目中最有效率的政體美國，就連清末之前的「傳統」中國同樣亦符合諾斯心目中的理想類型，只是諾斯並不清楚「傳統」中國的「制度框架」，所以，只能用美國來當例子了[26]。

因此，不難想像地，除了命、盜重案之外，其他的案件都屬細事。雖然乍看之下，知識產權（著作權）不在戶婚田土錢債等細事之列，但知識產權保護更不像是官府必須解決的重案。即使知識產「權」應屬於細事，且居中協調者雖是高德性者，然而這些人恐怕沒有太多知識產權保護的觀念，那麼，告官似乎是不得不的選擇了。此時，申告於官府後所留下的官方文件，就變得十分重要了。先前，我們曾經提過早在北宋時期，中國已有版權保護的法令，並且在保障知識產權時，幸運地亦留

---

24 詳細的分析，請參照：謝宏仁，第二章，〈還原真相：西方知識體系建構下曲解的中國傳統法律〉，《社會學囧很大 1.0》（台北：五南圖書，2015）。

25 請參照：諾斯，〈交易費用政治學〉，諾斯等著，劉亞平編譯，《交易費用政治學》（北京：中國人民大學出版社，2011），頁 1-14，第 11 頁。

26 前揭書。

下了官府之歷史資料，至少就證明「傳統」中國其實相當「現代」這個論點而言，真可謂彌足珍貴。如此，可以一反過去在歷史學的領域裡，硬生生地將中國冠上「傳統」二字，用來顯示其「落後」、「封閉」、「停滯」與「顢頇」。

自北宋起，中國即有了版權保護的法令。現存史料當中，（至少）有三個案例可證明中國古代已有版權保護的法令[27]，先前我們曾討論過南宋時期發生在建安之案例，現在我們看另外一個同樣是發生在南宋時期的案子。此案例是貢士羅樾刊印段昌武《從桂毛詩集解》，我們引用國子監禁止翻版的公文中之一部，該公文說：

> 行在國子監據迪功郎新贛州會昌縣丞段維清狀，維清先叔朝奉昌武……先叔以毛氏詩口講指劃篹以成編……名曰《從桂毛詩集解》。獨羅氏得其繕本，校讎最為精密……維清竊惟先叔刻志窮經……儻或其他書肆嗜利翻板，則必竄易首尾增損音義……亦重為先叔明經之玷……除已備牒兩浙路、福建路運司備詞約束所屬書肆……如有不遵約束違戾之人……追板劈毀，斷罪施行……淳祐八年七月（空一格）日給。[28]

在這個案例中，至少有二個觀點值得我們注意。其一，這是身為姪兒的段維清為其已逝之叔父段昌武的權利向官府請求保護，係屬繼承權的部分。簡言之，此「公據」涉及版權的繼承。誠如潘銘燊所言：「在這個南宋的例子裡面，版權的繼承是自動的，無須作者生前指定或授權，完全地把著作看成是可繼承財產的一種。第二，申請人段維清至少在表面上是維護其先叔的著作人格權而站出來的。如現代版權法習慣中，作者死後，如有侵害作者精神權利的行為，例如『竄首易尾，增損

---

27 關於三個案例的分析，請詳見：謝宏仁，第二章，〈還原真相：西方知識體系建構下曲解的中國傳統法律〉，《社會學囧很大 1.0》（台北：五南圖書，2015），第 59-101 頁。這裡，我們僅討論以其中一案例。

28 葉坦，〈宋代的印刷事業與版權保護〉，《書林清話》，卷二，第 162 頁，註 20。

音義』等輩，得由繼承人請求除去這些侵害。」[29]其二，雖說君子不言利，但假使利益受到侵害時又該如何呢？只得將其私利連結到王國之公益，例如「儻或其他書肆嗜利翻板，則必竄易首尾增損音義，非惟有辜羅貢士鋟梓之意，亦重爲先叔明經之玷」，「明經」即爲王國之公共利益，段維清以公益包裝其（可能）繼承之私人利益。

　　諾斯在其大作中，多次強調產權保護制度的重要性，因爲可靠的制度可以產生交易時所產生的不確定性。反之，若是制度不甚健全，特別是發生在第三世界國家，那麼信息的不完全，使得交易雙方得花費更多成本蒐集更多與交易相關的訊息，如此交易的費用自然沒有辦法減少，可想而知，許多交易無法完成，經濟發展於是受阻，吾人認爲諾斯說得極有道理。宋朝早在 10 世紀左右，就知道保障著作者之版「權」了，因爲著作「權」並非重案而是細事，主要會由民間調解糾紛，惟無法解決時，仍須官府開庭審理，於是官府留下的檔案資料，就成爲我們看到的證據了。雖然，我們不宜以管窺天，但從這個案例看來，有「權」者的利益是受到保障的，也難怪宋朝繁榮的經濟發展經常讓學者感到訝異啊！相信諾斯若是知道這樣的訊息的話，應該又爲他的新制度主義找到另一件有說服力的案例。

路徑依賴之方法篇——「知難而退」的研究典範

　　不少社會學家不喜歡談論歷史，對他們而言，歷史資料太過龐雜，讓他們迷失在濃霧之中，看不到出路。所以，一旦遇到這樣的學者，我們只能和他們談談概念、理念類型與理論，而且，似乎是愈抽象，看起來愈是深不可測的樣子。所幸，諾斯這位傑出的經濟學家，對於歷史之著重，在其領域之中是少見的，當然也是珍貴的。諾斯說：「歷史是重要的。其重要性不僅在於我們可以從歷史中獲取知識，還在於種種社會制度的連續性把現在、未來與過去連結在一起。現在和未來的選擇是由過去所形塑的，並且只有在制度演化的歷史話語中，才能理解過

29　潘銘燊，〈中國印刷術的起源〉，《出版發行研究》，第 6 期（1989 年），引自：李明山，《中國古代版權史》，第 140 頁。

去。」【30】

　　那麼，如果在其他社會科學的領域裡，學者們都能像經濟學界的諾斯這般重視歷史的話，相信這本書就會失去其價值了。這怎麼說呢？具體而言，我們以社會學為例，假設古典三雄的馬克思、涂爾幹與韋伯【31】花了更多的時間先學習中文，看懂了非常豐富的正史、地方志、小說，與野史等（歷史）資料的話，那麼，對於位處於遠的中國理應更為熟悉，如此的話，他們在不知不覺之中，將東方（中國）與西方（例如英格蘭）相比較之時，應該就不至於對東方的瞭解，止於自己的猜測，或者只是聽到了剛從遠東回來的商人或軍人口中的三言兩語，就將之視為東方（中國）的真實模樣了。這裡，我們要談的「路徑依賴」與歷史的關係密切，相信諾斯會感到些許興味才對。

　　以下的分析中，我們將會看到諾貝爾經濟學獎得主的諾斯，雖然已經位居經濟學界的最高位置，但他在做研究時，其謙卑的心境，吾人以為，足以成為經濟系學生，甚至是青年學者們效仿的對象。諾斯說：「路徑依賴意味著歷史是重要的。不去追溯制度的漸進性演化過程，我們就無法理解今日的選擇（以及界定其在解釋經濟績效的模型中的地位）。當然，對於探尋路徑依賴的含義這一嚴肅的任務來說，我們才剛剛起步。」【32】因為，諾斯已經先打了預防針，他的意思是說，就算是我們知道了路徑依賴有多麼重要，也知道學者應該承認歷史是重要的，但更重要的是，如果我們「不去追溯制度的漸進性演化過程」，我們將看不清楚路徑依賴到底對經濟發展有何意思。才說完路徑依賴的重要性之

30　諾斯著，杭行譯，《制度、制度變遷與經濟績效》（上海：格致出版社、上海人民出版社，2008），第 1 頁。

31　我們已經非常習慣東方人學習一種西方語言，通常是英語，而好像當西方人會講東方──例如中國的──語言時，會讓人覺得訝異。換言之，在所謂的「西力東漸」的狀況下，非西方人學習一種西方語言時，似乎是非西方的成年之後的義務了。這種情況，並非只發生在日常生活之中而已，事實上，我們對於不懂東方（舉例而言中國）語言的社會學家，例如大師韋伯，我們不只是選擇原諒，竟然還願意掏心掏肺地相信這位大師所發表的，對於中國的錯誤看法，甚至將之奉為「大師」級人物。事實上，韋伯是有機會學習（看懂）中文的，在 20 世紀初，一名德國商人從中國購買了數千冊的中文圖書，目前應該放在巴伐利亞邦立圖書館裡頭，其中的某些部分，應該不至於與韋伯對中國的研究無關才對，可惜，大師韋伯對這些圖書興趣缺缺，可能當時，他老早就已經完成了研究，無須再學習中文了。

32　諾斯著，杭行譯，《制度、制度變遷與經濟績效》（上海：格致出版社、上海人民出版社，2008），第 138 頁。

後，筆者發現，事實是：諾斯對制度的分析似乎不感興趣，或者開始著手進行之後，很快地發現，分析各國不同的制度，其制定與執行的過程以及其效果如何，這樣的研究不如他自己想像中那般容易。

尤有甚者，吾人以為更難的是，要怎麼讓其他會影響經濟發展的變項——例如國際地緣政治、國與國之間的衝突、氣候變遷、傳染病、自然資源、經濟與財政政策、人才與資金的流動、科學與技術的演進、世界貿易組織、國際智慧財產權協定等[33]——同時變得不重要，就只剩下「制度」二字持續地扮演著舉足輕重的角色，這才是真正的難處。索性地，諾斯乾脆就承認這太不容易了，舉手投降算了，他不再做無謂的掙扎了。在分析成功的英國與失敗的西班牙兩個帝國之後，諾斯向我們提及：

> 為了使這兩個簡短但反差極大的故事能有力地說明路徑依賴問題，我們有必要將每個社會的政治、經濟與司法系統理解為一個相互聯繫的正式規則和非正式約束的網絡。正式規則與非正式約束合在一起構成了制度矩陣，它將經濟體引入了不同的路徑……但這項工作所需要的證據大大超出現有的、我所熟悉的經驗證據的範圍，因而我只能間接地推斷這些證據的含義。[34]

稍後，我們會看到在英國和西班牙於 17 世紀都經歷一場財務危機之後，諾斯到底說了什麼巨大的差異。不過，我們倒是可以先猜得到，英國在這場危機之後，因為制定了好的制度，於是國運昌隆；西班牙則反其道而行，因為制度不佳，淪落到了今天的歐豬五國之一，但這是諾斯的推測。

33　當然，腦筋動得快一點的、支持「新制度主義」的學者們可能會想到，本書作者所提及的這些變項，通通可以包含進入「制度」這個範疇。不能不說，這樣的看法的確聰明，只是，如果一定要這樣的話，吾人以為，倒不如就說，法律體系的完善才是唯一應該注意的變項，因為所有的制度，到後來都必須以法律的文字呈現出來，包括國與國之間的衝突都是。依此推論，我們只須探討法律即可。這樣的看法不能說沒道理。

34　諾斯著，杭行譯，《制度、制度變遷與經濟績效》（上海：格致出版社、上海人民出版社，2008），第 158 頁。

　　首先，到底什麼是「路徑依賴」呢？按照上述這段話的說法，我們可以得知一個觀念，那就是：欲瞭解一國之經濟發展，必須先回過頭去看看這個國家的歷史，其走過之道路，沿途做了哪些事，才能更清楚地知道該國在未來的發展道路上有哪些優勢、劣勢，以及遇到的挑戰是什麼？有多少應變能力？事實上，諾斯在其他地方說得更直接一些，他所理解的「路徑依賴」其實就是一種「制度漸進式變遷」，而這是理解經濟持續成長或衰退之最重要——如果不是唯一的——方式。說得再直白一些，研究者只有考量到路徑依賴之後，才可能找到持續性經濟榮枯的原因。

　　其次，一國之「制度矩陣」可以說是特有的，這矩陣是由「政治、經濟與司法系統理解為一個相互聯繫的正式規則和非正式約束的網絡」，正式規則可以用官方的成文法律為代表，而最適合說明非正式約束的則是「傳統」中國的細事之調解制度——民間糾紛在調解之後，會送一份文件到官府存查，留做證據，以免日後兩造雙方之一方或兩方不再履行調解之內容。吾人以為，細事的調解制度將非正式約束與正式規則二而為一，所以看起來，即使是被韋伯看不起、諾斯提不起興趣的「傳統」中國，觀其「制度矩陣」亦可看出，其經濟發展之無窮潛力。而且，「傳統」中國的確有幾段時期，在其優越的「制度矩陣」的支撐下，經濟發展表現得確實不凡。可惜，韋伯不清楚，諾斯也是，但我們仍然應該可以相信，路徑依賴是應該予以注意者，特別是在試著理解一國的經濟發展的時候，因為諾斯這位大家是這麼勸誡我們的。

　　第三，古諺有云：「誠實為上策。」這不容易，特別是要一位已經享受了許久崇高社會地位的大師級人物，公開去承認自己的能力其實沒有比別人好太多這件事。簡單說，路徑依賴的分析，可以讓我們瞭解到一國的制度矩陣，諾斯認為他的看法值得推廣，只是，我們尚處於起步的階段。吾人以為，諾斯所言不假，想要充分地瞭解漸進式制度變遷，只有進入歷史，這工作曠日廢時，令一些吃不了苦的學者卻步了，所以諾斯選擇了誠實地說出其心裡的話，這樣的工作是「大大超出了現有的」，以及他本人「所熟悉的經驗證據的範圍」，因此，諾斯以下對於

英、西兩國之比較，我們也就只能看看而已，因爲諾斯已經承認了這樣的研究工作超出其能力範圍了，如果我們發現他的說法不是那樣地具有說服力的話，我們也無須責備他，因爲諾斯已經先告訴我們，他對於歷史研究並不在行。

我們檢視一個例子，從這例子之中，我們會看到諾斯深切感受到歷史的重要性（因爲這是瞭解制度變遷最重要的方法），但他眞的沒有歷史研究的能力。諾斯引用了一位他自己都認爲具爭議性論點之作者艾倫・麥克法蘭（Alan Macfarlane）對英國在中世紀後期所發生的重大變化之描繪，並且總結了以下的看法，諾斯說：

> 至少從 13 世紀開始，英國就已經與我們傳統上所以爲的那種小農社會（peasant societies）不同了。這些傳統特徵包括：族長式統治、大家庭、婦女地位的低下，連接緊密而又封閉的農民村落、自給自足、以家庭作爲勞動單位。所有這些特徵到 13 世紀都明顯地消失了。取而代之的是……對家庭結構和工作組織的一些流動的、個人主義取向的態度；在農村社區的社會關係中，附帶著一系列處理財產、繼承以及婦女法定地位等問題的正式規則……麥克法蘭想要指出的是：英國是不同於其他國家的，並且這種差異由來已久。[35]

這裡，吾人不打算就細節的部分與麥克法蘭或是諾斯進行辯論，因爲諾斯在引用麥氏的論點時，就已經知道其論點是具爭議性的，也就是說，13 世紀時英國就已經如此地不同於歐洲其他國家了，而且看起來英國是「現代」得多，因爲舊有的傳統都一掃而空了，那麼似乎不必等到 16 世紀的宗教改革之後，歐洲的理性化過程漸漸發酵了，英國便早已完成了「理性化」的過程。關於這樣的論點，第一個先跳出來反對的一定是韋伯本人了，這樣的論點讓韋伯及其千萬粉絲們情何以堪？諾斯

35　Alan Macfarlane, *The Origin of English Individualism: The Family, Property, and Social Transition* (Oxford: Blackwell, 1978)，引自：前揭書，第 159 頁。

這位傑出的經濟學家，在同意麥克法蘭此說法——歐洲「理性化」過程比韋伯所認為的還要早三百年——的同時將會不小心地打破古典社會學三雄之一韋伯的飯碗，這事可是非同小可。

我們不知道諾斯是否真的相信 13 世紀時，英國已經像是麥克法蘭所說的那樣，領先了歐洲其他國家。然而，我們幾乎可以確定的是，麥克法蘭為了證明個人主義已於 13 世紀就出現在英國，於是，麥氏過度誇大了英國領先歐洲其他國家的說法，然而，我們從諾斯對 17 世紀英國與西班牙的「比較」中發現，諾斯似乎更願意相信自己的發現，也就是，英國與西班牙兩國大約在同一個時期發生了財務危機，然而英國因為制度框架優於西班牙，所以不止度過了危機時期，後來更是超越了西班牙、荷蘭，成為日不落國。只是，西班牙真的是因為路徑依賴的歷史包袱，及其難以改良的制度框架，所以才導致失敗的嗎？還是有其他原因呢？對於西國無法從危機中再站起來，諾斯說了以下的原因，他認為：「在 17 世紀，西班牙從一個西方世界自羅馬帝國以來最強大的國家，淪落為一個實力二流的國家。鄉村人口的流失、工業的停滯以及塞維利亞與新大陸之間貿易系統的坍塌，都與政治域內的加泰羅尼亞（Catalonia）和葡萄牙（Portugal）的反叛同時發生。其**最直接的原因是週期性的戰爭**〔粗體為吾人所加〕和一場財政危機。」[36] 在這裡，諾斯的說法看起來並不像是新制度主義的學者或其支持者會說出的話。

那麼，為什麼 17 世紀的西班牙淪落了，並且難以回復到原先的優勢位置呢？諾斯說出了他心裡想說的話，那就是週期性的戰爭與財政危機。先前我們已經知道了，西班牙（與英國）發生了財務危機，這應該可以視之為制度出了問題，雖然諾斯充其量也僅止於假定是如此。但是，「週期性的戰爭」與不好的制度到底有什麼直接的關係呢？這就讓人百思不解了。當然，筆者不認為一場戰爭的發生，必然與制度無關，然而，不清楚的是，難道我們要瞭解一場戰爭發生的原因，一定得從交戰國雙方（或多方）的制度面來尋找答案嗎？至少目前，吾人尚未聽過

36　前揭書，第 159 頁。

像這樣的方法學。假設財務危機與週期性戰爭導致西班牙的國力衰退之重要性各占一半的話，那麼戰爭應該是一個很重要的因素才對，而且還是週期性的戰爭呢！重要性更是不言而喻。但為何諾斯一定得將之歸因於制度呢？吾人以為，這是難以解釋的地方。現在，我們應該知道為什麼諾斯會認為自己打算用英國與西班牙的例子來說明路徑依賴，這項「工作所需要的證據大大超出現有的」，亦超出他自己「所熟悉的經驗證據的範圍，因而我〔諾斯〕只能間接地推斷這些證據的含意」【37】。

　　事實上，先前我們討論過英國的 17 世紀危機之所以能夠安然度過，這是因為在光榮革命之後，做了不少制度改革，或者我們用諾斯的概念，稱之「漸進性制度變遷」。然而在這裡，雖然諾斯對於麥克法蘭的說法──早在 13 世紀的英國，個人主義即已興起，且領先歐洲其他國家──感到略微懷疑，但還是暗地裡接受了，因為說到底個人主義還算是個不錯的、專屬於西方人的特點，即使我們實在不清楚，為何個人主義的興起與經濟發展之間存在著正向關係？然而，我們幾乎可以確定，「傳統」中國──費正清定義的 1842 年之前──基本上不談個人主義，然而長達一個世紀的康、雍、乾盛世為何還是得以發生呢？在這段時期裡，中國經濟發展好得很，而且是在完全不需要個人主義的情境之下即可完成。於更早的年代裡，中國應該更少人知道個人主義，例如，明朝在 15 世紀初 16 世紀末與 16 世紀初這兩個時期，經濟發展亦可圈可點，但到底與個人主義【38】有何關係呢？那麼，再早個幾百年的宋朝、唐朝呢？其經濟榮景更應該與個人主義沒有關係才是。

　　這麼說，我們正在為經濟學家發展了歷史的重要性時，具體而言，不同於其他經濟學家的諾斯發現了「路徑依賴」對於理解國家的經濟發展是有幫助的，因為他看見了漸進式制度變遷，也就是說，制度之「調整的過程是漸進的」，而且這「調整是由正式的與非正式的約束以及實

37　前揭書，第 158 頁。
38　華勒斯坦也討論了明朝時期的個人主義與經濟發展的問題，但華氏談得不多，想必是很早就發現了，二者的關係不明顯，硬是要將它們連繫在一起，恐怕難以服人。請參照〈華勒斯坦〉專章。

施的變動的緩慢演化構成的」【39】。吾人猜想，聽著這麼有歷史感的諾貝爾經濟學獎得主諾斯講這一番話，真有如沐春風之感，歷史的確是緩慢前進的，慢到讓人感覺不出來，這世間是處於運動的狀態，制度也是，只有回到從前，才有可能知道為何現在是如此的模樣。

　　就在我們打算和別人一樣地讚美諾斯的時候，發現他對於「證據」的掌握欠缺能力，只能用「推測」的方式得到其結論。簡言之，諾斯的路徑依賴，形成了一種「知難而退」的研究典範。不能不說是可惜了些。

路徑依賴之實例篇——西方「良好的」教育與產權制度

　　對於歐洲向外擴張時的所作所為，學者盡力不去談侵略、剝削之事，或是在別人的土地上，侈言教化他者，使其成為文明化的社會，這在本書不少專章裡都可以看到這樣的說法，像是〈彌爾〉專章就是個顯例。並且，在歐洲中心主義的思維之下，將其西方優越主義發揮到了極致。經過了數百年的殖民過程，殖民者將其殖民地的財富轉移到了殖民母國，並且讓殖民母國富裕起來，透過各項改革——或者古典社會學「大師」韋伯的「理性化」過程——讓制度更為完善，無論是政治、經濟（包括財政、金融、工業與貿易政策等）、軍事、教育、福利、法律與文化，這些都得花時間與金錢去維繫。當然，有錢的國家不一定能全面地「理性化」，特別是在韋伯的標準底下，但若是現今的已開發國家，當年因為國內經濟不佳，或者普普通通的話，到底會有多少能力去進行制度改革，這是讓人懷疑的。

　　我們先談談教育這個面向。歐洲大學的興起，原因不會只有一個，但不難想到，應該與華勒斯坦的歐洲世界經濟體系在 15 世紀中葉誕生有關。此時，華勒斯坦認為歐洲已經開始領先了，雖然華勒斯坦對於同時期的遠東（以中國為例）所知略少一些，而且華氏對於歐洲的「領先」並非像韋伯那樣地，藉由東、西方歷史比較所得到的結果，而是建立在他的猜測之下。不過，就「現代」意義的大學而論，我們也不容易

---

39 諾斯著，杭行譯，《制度、制度變遷與經濟績效》（上海：格致出版社、上海人民出版社，2008），第 132 頁。

否認，這是歐洲獨特的現象，別的地方應該找不到。這裡，我們不打算回到韋伯所就讀的海德堡大學，倒是看看美國東岸的幾所名校，像是普林斯頓、耶魯與哥倫比亞等，與美國在 19 世紀與中國的鴉片貿易關係頗深。諾斯關心的美國 19 世紀經濟的榮景，其實也包含了鴉片這種毒物的暴利來支撐上述幾個大學的各項設施，我們稍後會再談到這個議題。在事過境遷之後，再利用歐洲中心主義觀點下的社會（科）學，以及各種誘人的獎項，創造出學者巨擘，引領學子們朝「正確」的方向繼續向「大師」們膜拜。現在，許多人可以侃侃而談西方國家──例如美國──的教育是如何地美好，但事實上，鴉片的暴利支持了所謂的「良好的」教育。緊接著，我們再看看產權制度。

　　沒有人會相信不好的制度、財產沒有保障的地方，經濟發展反而可以更好。說穿了，韋伯（與諾斯）的看法其實沒有什麼特別的地方，而如果他（們）的論點是對的，那麼「傳統」中國的各項制度應該很不錯才對；而且，即使「傳統」中國並無權利的觀念，但對於人民財產的保障也應該是不遺餘力，因為這個國度在很長的時間裡，其經濟發展長期地領先歐洲。因此，韋伯和諾斯二者對制度的看法，吾人深表贊同。

　　諾斯談到美國經濟獲得成功，他用的標題是「自然而然的後果」，他說：「美國經濟史是以聯邦政制和制衡（checks and balances）以及作為一個基礎結構的**產權**〔粗體為吾人所加〕為特徵的。這些基本制度鼓勵了能建立資本市場和經濟成長所必須的長期契約行為。」[40]諾斯鍾情於「19 世紀的美國獲得成功的問題」，可想而知，像是「稅制結構、管制、司法判決，又及成文法」等的「正式約束……形塑了廠商、工會，以及其他組織的政策，從而決定了……經濟績效」[41]。這裡，我們似乎看到了韋伯的影子，其社會學的方法是：一旦瞭解西方已經取得優勢，只消找到幾個可能成功的原因，然後再說些似是而非的理由，那麼，就會有許多非西方的學者深信不移，就算自己從沒意願想成為大師級人物，也只能繼續待在神壇上接受膜拜。諾斯的情形也極其相似，自

40　前揭書，第 160 頁。
41　前揭書，第 152 頁。

從當上了諾貝爾經濟學獎得主之後，連以前自己都不太相信的話，都有人奉為聖旨了。反正，西方之所以興起，是因為良好的制度，這種話會出錯的機會本來就不大了。總比去爭論壞制度反而造成經濟大利多，還是比較合理的呢！

先前，我們才提到過，19世紀的美國採取的是保護主義，那麼，我們要問的是：自由主義與保護主義哪一個受到經濟學家的青睞呢？應該是自由主義，絕非保護主義。果真如此，那麼諾斯所謂的「好的制度」是否包括了保護主義呢？明顯地，諾斯與韋伯相似，在其心裡已經認定所有關於西方國家者，都是可以讓非西方國家學習的，或者非西方國家就算努力地想學，也不見得能成功的優勢。另外，諾斯關心的19世紀美國經濟榮景，是不是並非僅僅如其所言，只與好的制度有關。

剛剛才提過，美國東岸的幾個有名的大學，都欠鴉片貿易一個人情，因為這幾個大學得到的資源，有一部分來自美國鴉片貿易商的暴利[42]。接下來有一段話，更值得留意，相信諾斯也會感到無比興趣，它是這麼說的：「像是華倫‧德蘭諾〔Warren Delano，美國總統羅斯福的外公〕這樣的鴉片商人為美國經濟革命提供了希望的種子，德蘭諾將他〔因鴉片買賣所獲得〕的財富投資於許多企業：紐約海濱物業、鐵路、田納西與馬里蘭的銅礦，與位於賓州以德蘭諾命名的小鎮所產的銅礦。柏金斯家族〔The Perkins〕──第一位將土耳其鴉片轉販至中國的商人──建造了波士頓圖書館、麻州綜合醫院，與柏金斯盲人機構等。美國第一條鐵道，也就是昆西花崗岩鐵路，正是被建造用來搬運柏金斯採石場的石材到碉堡山紀念碑的鐵路。」[43]看起來，德蘭諾的確有其經營理念，並且可以說是當今為人稱道的社會企業之先行者，他利用賣鴉片所賺來的錢，回饋給社會，無論是在硬體的建設上，或是軟體的提升。

---

[42] James Bradley, *The China Mirage: The Hidden History of American Disaster in Asia* (New York: Little, Brown and Company, 2015), pp. 29-30.

[43] Ibid., pp. 18-19.

本章結語

　　或許我們仍然不願意相信，這些檯面上的人物，個個有頭有臉，可以說都是學術界的大家，然而，不可思議地，竟然在其各自擅長的領域裡，即使不是錯誤百出，至少也可以說是在其偏頗的觀點下，生產出了一些疑問重重的論點。同時，弔詭的是，本書中身著「歐洲中心主義」內裡的大師們，至今仍被包裝在既「客觀」又「中立」的漂亮外衣，在鎂光燈的照射下，光彩奪目、亮麗依舊。雖然看到這裡，我們已經對社會科學感到失望，但是我們還得繼續下去，討論社會科學其他領域的專家們，如何在西方優越主義的意識形態下進行其思維活動，唯有如此，我們才有機會在不遠的未來，先幫這群「大師」們脫下那件美麗衣裳，以免日後有更多社會（科）學的學生受到其外表的吸引，忘記了內涵才是重要的。

　　開門見山地說，伊曼紐爾·華勒斯坦在歷史社會學占據相當重要的位置，畢竟他是一位學派的創始人，單單就此一事實而言，這就已經值得大書特書了，也因此讚美過華氏的學者的確難以計數[1]。但為何華勒斯坦是歐洲中心主義的代表性人物呢？粗略地回答，因為他是「現代世界體系」（The Modern World-System）理論的建構者。大體上，這是一個以歐洲觀點看待世界的方式，也是社會（科）學用來理解歐洲（主要指西歐、西北歐）為何成為今日如此進步的歐洲之主要觀點，此理論將非西方國家視為類似一片空白之地，沒有其當地歷史，這種觀點亟須打破。以下，吾人將進一步更具體地指出華氏是當代歐洲中心主義之首席代表的理由。

　　首先，華勒斯坦的「資本主義」世界經濟誕生於約莫 1450 年的歐洲，而且與韋伯相似，只有歐洲才有合適的環境足以滋養資本主義世界體系，在同時期，世界上其他地區──最可能的是明朝中國──無論發生了什麼事，都不可能具有重要性，因為對華氏而言，最重要者仍為歐洲資本主義生產方式的誕生。第二，華勒斯坦在無視非西方國家歷史的情形下，給予歐洲世界體系過多積極主動之意義，相對地，非西方國家只允許在西方的衝擊下做出回應，該社會若發生任何有意義的變遷，都是文明的西方帶來的禮物。第三，就在 1450 年，華氏的「現代的」世

1　舉例而言，藍道爾·柯林斯（Randall Collins）將華勒斯坦與西達·史考波（Theda Skocpol）、查爾斯·蒂利（Charles Tilly）這兩位學者並列在歷史社會學的大師級人物之中。柯林斯認為歷史社會學雖然強調特殊性（specialization），且認為建立通則性（generalization）是不可能達成的，然而，柯氏仍然主張此三人在社會學之所以重要，正是因為其理論的貢獻，絕非是因為其反理論之主張而獲得了他們的聲望，請參照：Randal Collins, "The Mega-Historians," *The Netherlands Journal of Sociology*, No. 14 (1978), pp. 135-155.

界體系誕生了，因為這個經濟體系加上了「現代」，瞬間歐洲以外的地區都自動變成了「傳統」區域，同時期的明朝中國，甚至之後的清朝，特別是長達一個世紀以上的康、雍、乾盛世，都不會是華勒斯坦認為的「資本主義」之國度，但卻比「現代的」歐洲資本主義體系更為繁榮富庶。無論如何，華氏仍然堅持只有歐洲資本主義式經濟才是「現代的」，這還不夠歐洲中心主義嗎？很明顯地，華氏在此種觀點之下，看不清的事物將比那些一目了然的更多。

本章結構安排如下，首先，吾人解釋華勒斯坦的「長 16 世紀」（the long sixteenth century）這個概念，其極具歐洲中心主義的「併入」（incorporate, incorporation）一詞，以及因為歐洲封建主義崩潰之後，即誕生了歐洲的「資本主義」世界體系之荒謬性。其次，吾人檢視明、清時期，連接太平洋兩岸，主要商品產自長江三角洲，再轉運到呂宋的絲綢與西屬美洲白銀，由西班牙人載至馬尼拉與中國商人交換價高質精的絲綢，史稱絲綢一白銀貿易（silk-silver trade），明、清中國在這長達二個半世紀的國際貿易之中，賺取了無數的白銀，享受了龐大的貿易順差。吾人用此來突顯歐洲「現代」世界體系誕生之後，在很長一段時間裡，並沒有領先東方的中國，可惜的是，海峽兩岸的高中歷史幾乎完全服膺於歐洲中心主義的思維。第三，吾人一反常態之作法，將從華勒斯坦的專書最後幾頁，來找出藏在「索引」裡的祕密。具體而言，吾人將從其專書中找出，華氏在討論哥倫布、明朝時，他主要關心的事物，目的在於證明，華勒斯坦雖貴為「現代世界體系」的創立者，但他不清楚早於哥倫布數十年以前，早已有人踏上美洲土地，並且探索過世界——明朝的鄭和正是探索過全世界的第一人，這件史實長期為人所忽略。第四，古地圖所隱藏的祕密，足以說明哥倫布只是拿著別人的地圖到美洲旅行而已，哥氏與「地理大發現」無關。也就是說，華勒斯坦的歐洲資本主義世界體系有能力將非西方「併入」其中，背後的「功臣」是明朝最著名的海軍將領鄭和。第五，我們還得看看 1421 年到底發生了什麼事，這一年裡人類歷史最重大的事發生了，但在歐洲中心主義思維的侷限之下，此事件長久以來以各種方式被隱藏起來，包括華勒斯坦

的「世界體系」理論。最後，吾人總結本章之發現。

　　以下，我們開始分析「長16世紀」與歐洲的「世界體系」之誕生。

長16世紀與「現代」世界體系的誕生

　　以下關於「現代世界（經濟）體系」（簡稱「世界體系」[2]）將分爲幾個小節討論，包括其極具創意之概念「長16世紀」、華勒斯坦之歐洲中心主義概念「併入」（incorporate, incorporation），以及「世界體系」在歐洲的誕生等。

長16世紀

　　除了思緒縝密之外，華勒斯坦應該也是一位很會鋪陳故事的人，這樣的性格同樣地表現在其「長16世紀」（the long sixteenth century）的概念之中。爲了增加西歐向海外擴張的重要性，同時也爲了讓哥倫布有足夠的科技能力用來橫越大西洋、「發現」新大陸，以及若無其事地回到西班牙，這些事蹟都必須得到「證據」的支持，所以，華勒斯坦找到一位鑽研科技史的專家李約瑟（Joseph Needham）來爲他的「長16世紀」這個概念背書。具體而言，華勒斯坦留意到了，如果不讓西歐在科技上大幅領先中國的話，那麼哥倫布想要在1492年「發現」新大陸的機會應該是微乎其微，換句話說，西歐不太可能在科學技術尚未領先的情況下就「發現」了新大陸。所以，華勒斯坦務必在哥倫布出發之前，就證明西方科技已經領先全球了，如此的話，華氏的「現代世界體系」才有可能誕生在西歐，進而擴張至全球每個地區。此時吾人以爲，李約瑟的論點派上用場了，李氏的論點與1450年有關。於是乎，華氏的「長16世紀」有了李約瑟這位全球知名學者的背書，讓華氏的「世界體系」理論更具說服力。

　　想當然耳，華勒斯坦會樂於同意李約瑟的說法，華氏說：「李約瑟──這位中國科學技術史的重要人物──將歐洲勝過中國科技的和

2　The Modern World-System 翻譯爲「現代世界經濟體系」、「世界經濟體系」，或「世界體系」。因爲華勒斯坦有時使用 The Capitalist World-Economy，此翻譯爲「資本主義世界經濟」，當然，「世界體系」指的就是「資本主義世界體系」，但資本主義四個字經常是省略的。

工業的優勢之時，僅設定在 1450 年之後。」[3] 當然，華勒斯坦並沒有直說，可能也不好意思明白地宣示他的「長 16 世紀」是因爲李約瑟設下了「1450 年」這個日子之後，才於焉誕生，但吾人的猜測，應該是八九不離十了。不過，因爲李約瑟說了 1450 這個數字，因此華勒斯坦極有自信地宣布他的歐洲的「世界經濟體系」誕生於 1450 年 1 月 1 日。李約瑟如何解釋西歐得以「超越」中國，李氏說：「事實是……中國社會完全沒有劇烈的變化，足以媲美發生在西方的文藝復興與『科學革命』，我經常喜歡用相對緩慢的成長曲線來表示中國在西元 2 至 15 世紀之間的演化，特別是比起歐洲而言，中國原是處於一個極高的成長水平。然而，在科學的文藝復興開始發生在西方之後……歐洲的科學與技術的成長曲線就以一種激烈的、幾乎是幾何級數〔exponential〕的方式前進，超越了亞洲社會之發展水平……。」[4] 這是華勒斯坦找到的「有力」證據，因爲連中國科學技術史的專家李約瑟都這麼說了，於是華勒斯坦就可以將其寶貴的時間花在其他地方了，因爲華氏的重點還是在證明他的歐洲「現代」世界體系就在 1450 年「自然地」誕生了，並且隨著哥倫布在 1492 年「發現」新大陸之後，歐洲世界體系逐漸擴大其範圍，最後包含了整個地球。

可是，俗語說：「百密一疏。」思緒再怎麼縝密的學者，難免也有出差錯的時候。華勒斯坦深信哥倫布在其「世界體系」的擴張之中扮演著舉足輕重的角色，可是華勒斯坦知道得很清楚，歐洲在 16 世紀尚無法測量經度，那麼哥倫布應該不可能知道大西洋到底有多大，他的幾艘小船到底該帶多少補給品，其「探險」成功的機率又有多大。唯一的可能性是哥倫布手中有地圖。稍後，我們會再談這個議題。

3　Joseph Needham, "Commentary on Lynn White, Jr. 'What Accelerated Technological Change in the Western Middle Ages?'" in A. C. Crombie, ed., *Scientific Change* (New York: Basic Books, 1963a), p. 32, cited in Wallerstein, *The Modern World-System I*, p. 53.

4　Joseph Needham, "Poverties and Triumphs of Chinese Scientific Tradition" in A. C. Crombie, ed., *Scientific Change* (New York; Basic Books, 1963b), p. 139, cited in Wallerstein, *The Modern World-System I*, p. 53.

　　我們接著討論一個相當歐洲中心主義的概念，這個概念讓非西方世界成為了沒有歷史的地方。

「併入」的概念

　　可以想像得到，華氏應該會視哥倫布發現新大陸為理所當然，唯有如此，其源自於歐洲的世界體系才可能將其他地區「併入」[5]他的世界體系（world-system），否則的話，若由非西方人（例如東方的中國人）發現新大陸的話，華勒斯坦由西方向外擴張的「現代世界體系」，就應該先將「現代」二字刪除，因為原本他認為在「長 16 世紀」西方是全球最進步的地區，是「現代（性）」之承載者，就必須重新加以審視了。

　　選擇某一視角來觀察全球變遷是合理的，但其不合理在於，華勒斯坦在歐洲中心主義的視角下，錯將非西方（包括中國）視為沒有歷史的空白之地，等待西方列強引領，才能進入他心目中的世界經濟體系之運作。換句話說，15 世紀以後的歷史，幾乎不外乎這類敘述：西方的大航海時代來到，帶來了「現代性」，取代了「傳統」，非西方（包括中國）等待著「被納入」；或者講得好聽一點，被「整合進入」西方社會所主導的世界經濟之中。在華勒斯坦的觀點下，除了歐洲的霸權之外，我們將看不到明朝永樂年間的印度洋霸權，我們所看得到的，總是非西方國家在等待西方列強的到來，好像守夜者在等候黎明一般，然而等到的卻總是漫漫無盡的長夜。我們先來看台灣海峽兩岸的高中歷史教科書──如果它們可以在某種程度上代表非西方國家的觀點的話──如何地配合歐洲中心主義的思維方式。具體而言，華勒斯坦的「併入」概念，倒是深受華人學者的肯定。

　　台灣的高中歷史課本裡，在討論明、清時期的中國與全球經濟的互動時，是這樣寫的：「明清時期的中國普遍使用白銀作為支付貨

5　Immanuel Wallerstein, *The Modern World-System II: Mercantilism and the Consolidation of the European World-Economy, 1600-1750* (San Diego: Academic Press, 1980), pp. 7-9.
　華勒斯坦用的是「incorporate」（或其名詞「incorporation」）這個字，有「併入」之意，對歐洲的世界體系而言，華勒斯坦的確有將其他地區視為「空白」之地。當然，說是「空白」之地，並非指這些地區沒有歷史，而是，華勒斯坦對這些地區的歷史不感興趣，吾人以為，部分原因是，華氏亦不清楚其他地區的歷史，所以，最好用「輕描淡寫」的方式來處理，而這正是歐洲中心主義下其他地區的宿命。

幣，乃逐漸整合進入世界經濟體系之中。」[6] 吾人對「整合進入」一詞有些不同的意見，若以英文表示，或用華勒斯坦的話來說，大約等於「integrated」一詞，其意義則約等於「incorporated」，二者都有將部分帶進整體的意思，這樣的說法似乎與世界經濟體系大師華勒斯坦的論述有異曲同工之妙。但很不巧，華勒斯坦的世界體系理論被批評得最嚴重的論點之一，就是：其他非西方地方似乎只是空白一片、沒有歷史的區域而已，等待著西方列強將它們併入世界體系之中。很明顯，這無意間為西方入侵其他地區、掠奪資源背書，像是刻意免除其責。具體而言，以明、清為例，當時中國向海外輸出許多絲綢、景德鎮瓷器、茶葉等，歐洲人為此而帶來大把銀子，為的是要購買這些高附加價值的產品。稍後的分析，我們將會以絲綢—白銀貿易為例，證明是西方人拿錢來買明、清中國的高階產品，而不是中國被「併入」歐洲世界體系之中。

　　海峽的對岸中國，其高中歷史教學的經驗分享裡，也論及了非西方國家漸漸「被併入」的史實，在其經驗分享有一段話這樣說：「通過西歐列強在世界範圍的殖民擴張，世界上愈來愈多的地方『被納入』資本主義世界市場體系之中。」[7] 19世紀中葉以前的中國，許多產業領先西方列強，這應該是優勢才對。然而，許多華人學者對自身歷史的解釋，似乎只要是發生在鴉片戰爭[8]之前的任何事，基本上都屬於「傳統」中

6　王偲宇、洪武編著，《普通高級中學——歷史2》（台北：康熹文化，2014），第8-29頁。

7　雙引號為筆者所加。請參照：黎廣澤、李艷芬著，〈在新課程教學中，如何理解資本主義世界市場的形成和發展〉，人民教育出版社課程教材研究所，歷史課程教材研究開發中心組編，《歷史教學經驗交流》（北京：人民教育出版社，2006），頁61-65，第64頁。

8　事實上，華勒斯坦並不清楚鴉片戰爭發生的原因，在其大作《現代世界體系III》之中，談論到鴉片戰爭此一重要事件，此事件與其「資本主義世界經濟」在第二階段（1730-1840年代）的擴張有關，至少與英格蘭在全球霸權地位之建立關係甚篤。可惜華氏只在第139-140頁、第153頁，以及第168頁三處論及該戰爭，請參照：Immanuel Wallerstein, *The Modern World-System III: The Second Era of Great Expansion of the Capitalist World-Economy, 1730-1840s* (San Diego: Academic Press, 1989), pp. 139-140, 153, 168.
　如此，吾人不相信華勒斯坦對此戰爭能有多少瞭解。例如，華氏在該書之第140頁提到了「長期來看，此四種商品〔靛藍、生絲、鴉片，與棉花〕沒有一種是印度可以持續地在全球勞動分工扮演其主要的角色者……但它們於1750-1850年之間，提供給印度被整合進入〔世界經濟〕的一種模式」。吾人以為，單就鴉片這項造成大量白銀回流至印度（再到英國）這件事，就翻轉了英格蘭與清中國各自在全球分工的位置了；具體而言，英格蘭逐漸站穩全球霸權的角色，清中國則因為不平等條約的限制，再也無法保護其幼稚工業，使清廷之原有的優勢迅速流失。簡言之，華氏輕忽了英國不道德的鴉片貿易對全球國際分工的重大影響。
　較詳細的解釋，請見本書之〈費正清〉專章，亦可參照：謝宏仁，第五章，〈鴉片的政治經

國，都沒有任何進步性可言，所剩的只是一些帶著負面語意的形容詞，像是「封建」、「停滯」、「落後」、「孤立」、「閉關自守」這類的語詞而已。爲什麼會這樣呢？本書將運用歷史證據，告訴讀者這是被建構出來的，與過去發生的歷史事實並不相符。

這麼說，歐洲中心主義之所以深受擁戴，且歷久不衰，部分原因在於非西方國家的知識分子面向西方時，幾乎完全失去了批判能力。而這也是本書撰寫的目的之一。

「現代」世界體系

在華勒斯坦的《現代世界體系 I》這本大作之中，他似乎已經爲我們設定好足以讓其資本主義（式）世界體系誕生的條件了。華氏根據其觀察，另外也自馬克思那裡繼承了人類社會進化的不同階段，或者再加上一點自己的想像，最後華勒斯坦告訴我們，在「長 16 世紀」時，封建主義遭遇了危機，後來資本主義在歐洲封建主義（逝去之後的）肥沃土壤裡成長茁壯。華勒斯坦在其另一大作《現代世界體系 II》中道出其心聲：

> 本書〔《現代世界體系 II》〕的論點是採取了資本主義世界經濟〔capitalist world-economy〕之形式的現代世界體系〔modern world-system〕起源於長 16 世紀的歐洲，這涉及了**封建歐洲**〔粗體爲吾人所加〕（布勞岱爾稱之爲「經濟的古老政體」〔economic *Ancien Régime*〕）一種特殊的重新分配或是朝貢形式之生產方式。[9]

這麼說，華勒斯坦的世界體系理論受到馬克思主義之啓發，於是視資本主義的前身必然是封建主義；另外，吾人依稀記得當年在上課時，華氏曾說過所有的體系均有其生命週期，因此他也認爲資本主義必然會

濟學〉，《顛覆你的歷史觀：連歷史老師也不知道的史實》，增訂二版（台北：五南圖書，2021），第 223-266 頁。

9　Wallerstein, *The Modern World-System II*, p. 7, 8.

崩潰，只是未來會是什麼樣的體系，無人能預測，這一點倒與馬氏不同。

　　值得一提的是，華勒斯坦將他自己的「世界體系」之前加上「現代」二字，吾人以為，這與西方哲學二分法有關。事實上，華氏似乎想讓讀者相信，歐洲在「長16世紀」之後，即已開始領先了；那麼歐洲自15世紀中期之後，也就是向海外擴張之時，就已經領先全球了。然而，我們不能忘記的是華勒斯坦對於證據的提供似乎不感興趣，但他對自己的「理論」則是信心滿滿。我們稍後會看到證據，我們也會更進一步地懷疑華氏的論點。

　　此時，我們暫且先回到封建主義的議題。筆者認為，華勒斯坦硬生生地想要將封建主義的破敗視為資本主義成長的沃土，換句話說，資本主義的「有」或「無」（二分法之一例）一定得與封建主義有關，這相當荒謬，因為如果一個地區沒有封建主義這種「落後的」治理制度的話，反而沒有機會生長出「進步的」資本主義。就筆者所知，中國的封建主義除了在周朝、唐朝，與清初曾經存在過，且其形式與歐洲大不相同，如果我們接受了華氏的定義，亦即中國歷史上大多數的時間裡，與資本主義是無緣的，但我們卻看到明、清中國──華勒斯坦認為的一個不可能產生資本主義的地方──透過絲綢─白銀貿易，比歐洲「現代」的「世界經濟體系」獲得了更多的財富，那麼要資本主義到底要做什麼呢？

　　華勒斯坦的歐洲「世界體系」誕生不久之後，華氏認為歐洲應該開始領先全世界，但卻與歷史事實不怎麼相符。產自明、清中國長江三角洲地區的絲綢與產自西屬美洲的白銀在16世紀末連結了太平洋兩岸，也連結了華勒斯坦之歐洲「世界體系」，但從絲綢─白銀貿易來看，當時，已經誕生了一百多年的歐洲資本主義世界體系並未領先。

絲綢─白銀貿易

　　我們可以將現代經濟學──特別是總體經濟學──的概念拿來解釋一下16世紀至18世紀（具體而言，在1570年代到1820年代）之間的

絲綢─白銀貿易[10]，這長達兩百五十年的商貿交流活動之中，明廷與清中國在「國際貿易」賺取了大量白銀，這種高額的順差，應該是參與貿易的夥伴都希望獲致者，因為貿易順差可以提升國民所得，人民的生活應該會更好才對，特別是在承平時期，人民不受到戰爭威脅之時。而若從產業競爭的角度上來看，在絲綢─白銀貿易上，明、清中國所生產的商品，在歐洲廣受喜愛，明清中國向海外輸出高階產品，在絲綢產業的競爭上是可圈可點的，希望我們能從華勒斯坦的著作中看到。只是，吾人懷疑這種可能性，畢竟華氏是想證明，在他的歐洲世界體系的成長過程之後，世界上其他地區如果有高階的產業、產品出現的話，應該盡可能地避免讓讀者知道。值得一提的是，絲綢與白銀二者相關，我們只檢視後者的部分，並且華氏寫到了白銀二字時，未必都是與 16 世紀後期的絲綢買賣有關；另外，雖然大部分的白銀都流入了中國，但其周邊國家為了購買中國的高階商品，也使用白銀，於是西方人為了購買「香料與寶石」[11]也會以白銀支付，這都增加了白銀的流通。

　　我們先看以下的例子，在其《現代世界體系 I》的第二章〈歐洲的新勞動分工，約莫 1450-1640 年〉[12]裡，華勒斯坦總結了他的「長 16 世紀」發生了四件讓人感到訝異的大事，其中一件與白銀有關。不過，華氏當然不會說出太多有關白銀到底由誰賺走的，其又賺了多少的事[13]。那麼，對華勒斯坦而言，這四件事又是什麼？首先，對於歐洲人擴張到美洲一事，華勒斯坦同意布勞岱爾（Fernand Braudel）所說的「新世界的黃金與白銀，使得歐洲能夠過上收入遠大於支出的生活，投資〔亦〕超過其儲蓄」[14]。其次，金條與銀塊本身也是「商品」，加上貿易的擴

10　事實上，在本書稍後將會分析的〈黃宗智〉專章，我們將會看到更多關於絲綢─白銀的論述，具體的數據也可以在該章中看到。除了絲綢之外，棉花在某些期間也是出口大宗，不能忽略其重要性。另外，在呂宋的西班牙人，並沒有特別吸引中國（人）的商品，所以對於西班牙而言，是個出超國，大量白銀的「流失」也讓王室憂慮。

11　Wallerstein, *The Modern World-System I*, p. 41.

12　"The New European Division of Labor, C. 1450-1620," Ibid., pp. 66-129.

13　關於這些問題，讀者可以閱讀本書稍後之〈黃宗智〉專章。

14　Fernand Braudel, "European Expansion and Capitalism: 1450-1650" in *Chapters in Western Civilization,* 3rd ed. (New York: Cambridge University Press, 1961), I, pp. 245-288 , p. 268, cited in Ibid., p. 128.

張替歐洲 16 世紀的「繁榮」打下了基礎，這「不是夢、也非海市蜃樓，更不是金錢的幻影」[15]。第三件事則是歐洲「關於農村勞動力的形態，〔具體而言〕在邊陲地區的強迫的（coerced）勞動力，與核心地區的自由民（或自耕農）（yeoman）的出現」[16]。華勒斯坦在這裡不只討論了自由民是否為「最原始的移動者」（prime mover）[17]，更重要是，華氏宣稱：清楚的是，16 世紀是一個「資本主義的年代」興起之時，它是以一個「世界經濟」（world-economy）的形態出現[18]。並且，「毫無疑問地，這世界第一個統一體的脆弱性，在政治的演化當中，是一個極具解釋力的變項」[19]。這麼說，華氏認為這個在 16 世紀初形成的一體化之世界經濟，因為各國的征戰，其實是不夠堅實的。

最後，華勒斯坦粗略地描繪了他的 16 世紀「歐洲世界經濟」（European world-system）的最大特點是：針對誰宰制（dominating）了誰這個問題，是沒有簡單答案的[20]。對於一個剛剛在 1450 年左右成形的經濟體來說，要宰制世界上的其他地區，的確是需要花點時間。針對華氏這樣的描述，吾人不得不同意華氏之睿智。

以下，我們回覆上述幾件華勒斯坦所認為的重要之事，它們都在 16 世紀裡頭發生。首先，美洲的貴重金屬，讓歐洲（富）人得以過上擁有更多物質享受的生活，並且更重要的是，歐洲有足夠的錢可以進行重工業的投資，像是造船、煤、鐵業等，的確對未來歐洲向海外擴張（與「掠奪」）不無小補。吾人的問題在於，16 世紀末開始，直到 19 世紀初結束的絲綢一白銀貿易，絲綢是高階產品，深受歐洲人喜愛，華

---

[15] Fernand Braudel and Frank C. Spooner, "Prices in Europe from 1450 to 1750," in *Cambridge Economic History of Europe, IV*: E.E. Rich and C.H. Wilson, eds. *The Economy of Expanding Europe in the 16th and 17th Centuries* (London and New York: Cambridge University Press, 1967), pp. 374-486, p. 243, cited in Ibid., p. 128.

[16] Ibid., p. 128.

[17] H. K. Takahashi, "On the 'Transition from Feudalism to Bourgeois Revolution," *Journal of Indian Economic History*, XXXV, No. 140 (1955), pp. 143-151, p. 149, 150, cited in Ibid., p. 129.

[18] Karl Marx, Capital, I, ch XXVI (New York: International Publishers, 1967), p. 715, cited in Ibid., p. 129.

[19] Braudel, "European Expansion and Capitalism: 1450-1650" in *Chapters in Western Civilization*, p. 285, cited in Ibid., p. 129.

[20] Ibid., pp. 128-129.

勒斯坦應該知道得很清楚。並且華氏熟知歐洲的區域分工，核心、半邊陲與邊陲地區各自有該做之事，例如，屬於歐洲之邊陲地區使用了強迫的勞動力，而核心地區的勞動力則相對自由。聽起來很有道理，然而，怎麼一「擴張」到海外，加入了明、清中國的最富庶的長江三角洲（江南或長三角），華勒斯坦突然忘記了，在華勒斯坦的「長 16 世紀」，也就是 1450 年那時起，世界上核心地區應該就是像長江三角洲那樣才對啊！這裡繁華、富庶的程度，連歐洲最富庶的英格蘭地區至少都得等到 18 世紀中葉，也就是 1750 年代，才足以和清朝最奢華之地江南並駕齊驅。換句話說，華勒斯坦使其 1450 年誕生的歐洲世界體系整整遲了三百年，直到 1750 年之時，當時歐洲最富庶的英格蘭地區才追上了清中國最繁榮的長江三角洲[21]。這令華勒斯坦難堪的歷史事實，說出來之後，華氏的歐洲「世界體系」的誕生、擴張，並且將其他地區「併入」其世界體系的說法變得不攻自破。

　　華勒斯坦上述的論點之中，他的「長 16 世紀」從 1450 年到 1599 年，歐洲向海外擴張，華氏認為是歐洲人逐一地把世界上的其他地區「併入」，此時，華氏說這統一的體系仍然脆弱，因為參與者還算是勢均力敵，誰統治誰還難以下定論。華勒斯坦說得很有道理，因為 16 世紀末絲綢—白銀貿易，明朝是占優勢，一直到了清朝超過一個世紀的康、雍、乾盛世，江南的絲綢（棉花、瓷器，以及後來產於他處的茶葉）都還在全球市場上取得優勢地位。

　　簡單說，華勒斯坦的歐洲世界體系需要很長的時間才能趕上中國，華氏在其「世界體系」理論之前加上「現代」（modern）一字，正是「歐洲中心主義」思維下的產物。

〈索引〉裡的祕密

　　這是一個新的嘗試，不敢說筆者是全球第一位，但至少應該在前一百名裡面，在與世界級大師對話時是從一本書最後面幾頁的索引

21　Kenneth Pomeranz, *The Great Divergence: China, Europe, and the Making of the Modern World Economy* (Princeton: Princeton University Press, 2000).

（index）開始。之所以決定如此進行本章的分析，主要原因是，當華勒斯坦在慶祝他的資本主義世界經濟體系於長 16 世紀的 1450 年誕生時，他很可能不是很清楚明朝（1368-1644）中國發生過哪些重要事件，雖然華勒斯坦被視為世界史的專家。我們先看華勒斯坦最重要的著作，也就是他在 1974 年出版的《現代世界體系 I》[22]，不可否認地，絕大多數人認為世界史上第一個發現新大陸的人是哥倫布，而哥氏正是帶著歐洲人到達美洲的開路先鋒，所代表的正是華勒斯坦之「現代」世界體系向外擴張的起點，所以，我們先看看華氏這本重要著作談了多少有關哥倫布的事。另外，在遠東的明朝中國，正好也是華勒斯坦的歐洲資本主義世界經濟誕生的時期，我們得看看華勒斯坦如何看待這個遠東的王朝。

哥倫布（*Christopher*, Columbus）

吾人翻到該書索引處（第 394 頁），列出了第 52、169 與 335 頁可以找到 Columbus 這個字[23]。我們得檢視一下華勒斯坦對於這位歐洲世界體系的催生者的看法。

在該書的第 52 頁，華勒斯坦第一次談論到了哥倫布，這位號稱是第一位踏上美洲土地的歐洲人。這裡，華氏是為了說明自己的看法，也就是只有在他的歐洲世界體系裡頭，才能產生資本主義，而世界帝國（world empires）則不可能有這樣的機會，當然這看起來像是為了歐洲

22　Immanuel Wallerstein, *The Modern World-System I: Capitalist Agriculture and the Origins of the European World-Economy in the Sixteenth Century* (San Diego: Academic Press, 1974). 本書之繁體字中文版，可見：華勒斯坦著，郭方、劉新成、張文剛譯，《近代世界體系（第一卷）：十六世紀的資本主義農業和歐洲世界經濟的起源》（台北：桂冠圖書，1998）。這裡有必要說明一下中文版的標題，也就是譯者將華氏之 The Modern World-System 譯為《近代世界體系》這樣的標題，吾人不同意譯者與該出版社將 Modern 這個字譯為「近代」。吾人以為，必須將 Modern 譯為「現代」，因為在華勒斯坦用意之中，他的歐洲世界體系是其「長 16 世紀」世界上最進步的經濟體系，與「現代性」有密切關係。

況且，其「現代性」是相對於非西方世界的「傳統性」的概念，此與西方哲學二分法有關，簡單說，社會（科）學經常在尚未認真研究非西方——例如中國這個顯例——之前，即已將「傳統（性）」或「傳統（主義）」硬生生地套在非西方社會的「脖子」上了，然後再找一些研究者需要的歷史「證據」來支持之。吾人以為，這是當前學術界最大的問題。總之，譯者可能因為華勒斯坦在談其「長 16 世紀」，是五百年前的故事，所以意譯為「近代」，但筆者認為這是極具爭議的作法，不合作者之本意。

23　Wallerstein, *The Modern World-System I*, p. 394.

而量身訂做的。此時，說服讀者的方法是，將 15、16 世紀的歐洲與中國（明朝）做一番比較，也就是說，華勒斯坦得先證明西方在 1450 年即已領先中國，否則的話，應該少有人會相信哥倫布爲歐洲人發現了美洲，提供了日後開拓美洲的機會。於是，華氏在這一頁打算批評皮耶‧喬努（Pierre Chaunu）的論點，因爲喬努主張在 15 世紀即將結束時，遠東並不輸給歐洲。喬努說：「哥倫布與達伽瑪……不是中國人……這件事是值得反思的……畢竟，於 15 世紀結束之際，歷史文獻讓我們得以瞭解到，遠東作爲一個可以與地中海比較的實體……沒有在任何地方是不如──至少粗淺地〔比較下〕──位在遠西的歐洲大陸【24】。」這段話清楚地告訴我們，明朝中國與歐洲在 15 世紀末之時，二者難分軒輊，喬努的說法，並不利於華勒斯坦的歐洲世界體系的誕生條件。事實上，華氏的目的只是爲了鋪陳他所認爲的，1450 年時，歐洲已經領先遠東、超越中國了。稍後我們會看到華氏引用他需要的「證據」。但這裡，的確是華氏大作《現代世界體系 I》，第一次提到哥倫布。

　　華勒斯坦第二次在該書中論及哥氏是在第 169 頁的註解 21 裡頭，華氏旨在說明哥倫布被葡萄牙拒絕提供資助的可能原因。華氏在文中提供的原因是：「葡萄牙在沿著非洲海岸的航行上已經做得夠好了，〔王室〕並未感受到壓力去進行風險極高的西向航行的冒險活動。」【25】最後一次，也就是第三次，是華勒斯坦在其大作的第 335 頁之註解 169，華氏的確談到了哥倫布，其目的是在說明，一開始西班牙僅僅想在美洲建立「貿易據點（trading-posts），而非殖民地（colonies）」，後來因爲無法應付哥倫布前三次遠赴美洲的龐大費用，於是決定在美洲殖民【26】。從這個註解可以得知，西班牙一開始也不打算在美洲殖民，只想用少許的金錢建立貿易據點而已，後來錢被哥倫布用掉了，爲了籌錢，只得在美洲殖民，但這是題外話。吾人的重點在於，在哥倫布「發現」新大陸這件重大的歷史事件真實性之上，華勒斯坦與一般人並無不同，而這正

24　Pierre Chaunu, *Seville et l'Atlantique* (1504-1650), VIII (1): *Les strutures geographiques* (Paris: S.E.V.P.E.N., 1959), p. 50, cited in Wallerstein, *The Modern World-System I,* p. 52.

25　Wallerstein, *The Modern World-System I,* p. 169.

26　Ibid., p. 335.

是問題之所在。

可是，哥倫布眞有能力在 15 世紀末葉「發現」新大陸嗎？事實上，華勒斯坦相信，在 1450 年左右，西歐已經領先全球了，所以，這才使得哥倫布帶領著幾艘小船，帶著剛剛好夠多的補給，就能向西航行，到一個「未知」的地方去探險。因爲是「探險」，所以哥倫布什麼都不知道，也不會知道距離有多遠，應該帶多少淡水、麵粉、牛肉，與醃漬蔬菜（避免船員因壞血病而身亡[27]）等，若是如此，哥氏得到的資助有限，攜帶的東西不多，爲何能在幾個月之內回到西班牙？唯一的可能是他手邊有地圖。而且，華勒斯坦可能忘記了自己曾經寫過，在 16 世紀以前，歐洲人還沒有能力測量經度，也就是不可能知道大西洋到底有多大，那時候，歐洲人應該還不知道有太平洋呢！在討論羅馬教皇爲西班牙與葡萄牙畫了一條線來區分彼此的領土時，華勒斯坦說：「假定亞洲已經分配給葡萄牙了，但麥哲倫說服了查理五世重新詮釋地圖，〔即使〕在 16 世紀時，測量經度是困難的……。」[28] 這是華勒斯坦在其著作中說過的話，當然，作者的確有可能忘記了自己寫過什麼。總之，哥倫布「發現」新大陸這件事像個謎團似的，但是多數學者選擇「相信」它。但筆者選擇費時費力地去找尋答案，因爲哥倫布手上一定有一張地圖，我們得（替華勒斯坦）找出地圖。

吾人相信哥氏沒有「發現」新大陸，他只是拿著中國人畫好了的地圖，去了一趟長距離的遠行罷了。假若他手裡沒有中國人──具體而言，是鄭和的船隊（當時的地球上，只有這種可能）──在 15 世紀初期所繪製的地圖的話，華勒斯坦的故事就說不下去了。這麼說，世界經濟體系學派的創立者華勒斯坦，他在歐洲中心主義的探照燈下看著地球的模樣，地球上明亮的部分剛好都在歐洲，特別是西歐，而陰暗的地方剛好都在遠東──具體而言，在明朝中國（Ming China）。我們看一下索引裡面有多少與明朝（Ming）有關的事，會是華勒斯坦所關心者。

27　劉鋼，《古地圖密碼：1418 中國發現世界的玄機》，二版（新北：聯經出版社，2018）。
28　Wallerstein, *The Modern World-System I*, p. 335.

明朝（Ming Dynasty）

吾人再度從華勒斯坦前述書最後幾頁的〈索引〉，找到了 Ming Dynasty，出現了第 55、59、61-62、329、342 頁，我們將逐一檢視它們，看看華氏關心明朝的事有哪些？

首先，在該書的第 55 頁，華勒斯坦主要是爲了說明在鄭和的時代，明成祖（1402-1424 在位）要鄭和海外探險與後來的終止之原因未明，但華氏的確也討論了幾個原因，像是 1421 年遷都北京、儒家官員與宦官長期不和，與中國人「缺乏一種殖民的任務，尤其是因爲他們的自大，認爲自己就是全世界」[29]等，對於華氏而言，吾人以爲，重要的是，明朝中國停止了海外探險，這不就給了歐洲的世界體系得以成長的機會嗎？但是，明朝的「退出」不只是個「機會」而已，明朝還提供航海圖給哥倫布，否則 15 世紀末，歐洲的科技水準尚無法提供哥氏橫越大西洋所需的知識。我們稍後會討論幾幅古地圖即爲證據。還要注意的是，華勒斯坦似乎不反對中國人自大到認爲自己就是全世界，華氏是有意圖地想讓讀者認定中國人的「封閉」心態，不知道世界有多大。但古地圖將會告訴華勒斯坦及其支持者，當時中國人已經知道世界有多大了，不知道的是歐洲人。

華勒斯坦在其大作的第 59 頁談到了明朝（與清朝），是因爲他比較了歐洲的封建主義與中國的俸祿國家體制，華氏認爲「封建化」（feudalization）讓帝國的國家結構瓦解，關於中國的國家體制，華氏引用了韋伯的說法來支持自己，認爲俸祿國家本身會阻礙理性化的過程，當然沒有理性化的過程，也就沒有產生資本主義的機會[30]。然而，這樣的比較並非沒有問題，因爲中國沒有類似於歐洲的封建制度。我們知道華勒斯坦的論點深受馬克思主義的影響，所以華勒斯坦同樣認爲人類社會演進的過程是先封建主義之後，才進入資本主義。先不考慮這種

29　William Willetts, "The Maritime Adventures of the Great Eunuch Cheng Ho," in Colin Jack-Hinton, ed., *Papers on Early South-East Asian History* (Singapore: Journal of Southeast Asian History, 1964), pp. 25-42, p. 30, 31, cited in Wallerstein, *The Modern World-System I*, p. 55. 關於殖民這個問題，我們才看過，西班牙人一開始也不想殖民美洲，而是想建立貿易據點而已。

30　Wallerstein, *The Modern World-System I*, p. 59.

獨斷的論點，如果從封建到資本主義是必要的過程的話，那麼只有歐洲（也許加上日本）才能走上資本主義的「富強康莊」大道，其他地方根本沒機會。明顯地，這是在歐洲中心主義的視角下，為歐洲量身訂做的一套說詞。接下來，在第 61-62 頁的地方，華勒斯坦博學地也討論了明朝期間「個人主義」[31]的問題，因為此種尊重個人意願、選擇的意識形態，一直以來是西方受到普遍讚賞的原因，所以有學者認為此與資本主義只可能在西歐發展有關。當然，華勒斯坦雖然不是很清楚「傳統」中國是義務觀的社會（duty-driven society），但他也不可能如此膚淺地認為先有了「個人主義」就能產生「資本主義」，畢竟他貴為「世界經濟體系學派」的創立者。

接下來，在第 329 頁的註解 133 之中（這是個很長的註解），華勒斯坦提及了明朝禁止外國船隻靠岸，特別是日本的船隻。內文提到了中國在自己的白銀枯竭之後，主要「從美國與日本進口」。註解中亦提及了日本在與中國貿易時受益甚多。在華勒斯坦的大作中，最後一次出現明朝的地方是在第 342 頁之處，這裡華氏主要談的是葡萄牙與荷蘭於 16 世紀末在亞洲勢力之消長，例如，1570 年在葡萄牙崩潰之後，爪哇人即占據馬六甲海岸，控制了香料貿易，原先葡萄牙人獨占了中國與日本的貿易，讓日本人也不再需要葡萄牙人了。中國的皇帝因為「倭寇」（Wako）的侵擾，於是禁止與日本貿易[32]。

華勒斯坦在上述五個的地方談到了明朝，主要講述的是這個朝代如何地從先前——宋（976-1279）、元（1279-1368），或更早之前——的外向型（國際）經濟形態撤退（withdraw）到內向型（或封閉型的國內）經濟形態。一國或地區之統治階級與人民對於海外貿易的心態，影響了該國或地區的發展。吾人以為，這是二分法下產生之啓人疑竇的說法，事實上，明朝並不內向，至少有兩項證據：其一是 15 世紀初鄭和下西洋遠航的壯舉，華勒斯坦的確注意到了鄭和下西洋，只是鄭和在海外做的事，遠超過華氏之想像，我們稍後會提及。其二是隆慶（1566-

---

31　Ibid., p. 61, 62.
32　Ibid., p. 329, 342.

1572）時期海禁開放之後，熱絡的貿易為明朝賺進了大量的白銀，這可是國際貿易的「出超」，也就是出口大於進口的數額，是國民所得一個重要的組成部分。不過，華勒斯坦對此二者似無興趣，因為在其歐洲中心主義的視角下，所有偉大的、值得後世留意的事，都應該發生在西歐，不會在歐洲以外的地方。

古代地圖的祕密

　　與哥倫布冒險有關的難題，本章不僅試圖對歷來所謂的「大發現」感到懷疑，並且嘗試詮釋在西方知識體系中，哥倫布的重要性與發揮作用，但長期以來他卻遭到忽視。就某種意義上講，可以說「大發現」可被看作是整個西方知識體系中錯誤的根源。

　　哥倫布長期以來在我們的世界歷史中扮演著不可動搖的角色。無庸置疑的是，很少有人懷疑哥倫布故事的真實性。對於哥倫布的故事，讀者不太在乎他到底曾經去了哪裡，首先是如何「發現」美洲，隨後很快地「探索」並精確地「測量」美洲。人們傾全心地相信哥倫布的偉大事蹟，這使華勒斯坦的世界體系理論更加「自然」，並具說服力。

　　但是哥倫布到底知道什麼信息呢？是什麼催促著他冒險航行到「新世界」呢？答案很簡單：哥倫布至少有一張地圖，想必他知道返回的路線。倘非如此，誰能在毫無勝算的條件下支持他，尤其是在當時大西洋被稱為「黑暗之海」，而「西班牙」還不是十分富裕的時候？按照常理，哥倫布知道要如何、要在何時將乘員與寶物帶回。但不幸的是，我們的好奇心卻停止了。難道大家不會自問剛才這些問題，卻將哥倫布的「發現」視為理所當然，而無需任何證據？然而，當有人主張非西方人的鄭和（1371-1435）有可能比哥倫布早幾十年來到美國時，學者們便急於質疑與這七次下南洋有關的所有證據。這時，他們的批判性思維已莫名其妙地頂到最高點。

　　接下來，我們先看看哥倫布的「大發現」。

「大發現」

在西班牙君王的資助下，哥倫布總共擁有三艘槳帆船，招募最優秀的水手，補給海上生活的必需品，在 1492 年 8 月 3 日開始他的冒險之旅。在經過 70 天的漫長征服之旅，10 月 12 日清晨，哥倫布終於踏上陸地的第一步，位置在如今的巴哈馬群島，當時他自己將之命名爲聖薩爾瓦多群島。這次航行之後，在 1490 年代末和 1500 年代初他一共又進行三次航行，哥倫布先後抵達今日的古巴、海地、多明尼加、千里達和其他島嶼。

在此我們僅提三件事。首先，到底是什麼讓哥倫布認爲只要將船繼續向西航行，他就能找到一塊土地（歇歇腿）？其次，到底是什麼讓哥倫布相信他一定可以回到西班牙告訴國王好消息呢？倘使哥倫布沒有機會返回西班牙，那麼爲何西班牙國王願意贊助錢財？第三，如果當時無法精確測量出到「美國」的距離，那爲什麼哥倫布如此確信自己準備的補給品能夠橫渡大西洋呢？現在，請記住，這位英雄僅在短短幾個月內就返回國境。對於哥倫布以及我們的世界歷史而言，這「發現」的結局似乎太過廉價。

欲理解剛才提出的這些難題，我們需要知道一些隱藏在古代地圖中的祕密，這些祕密在幾個世紀前被視爲貴重的珍寶。本節中，我們將更多投注於一幅中國古代地圖，即 1418 年（1763 年）「天下諸番識貢圖」（所有野蠻人提供給天朝的地圖），以下簡稱「識貢圖」）。接著再略談一幅歐洲地圖，它是 1507 年的瓦德西穆勒（Martin Waldseemuller）世界地圖[33]。

---

33 一般認爲，耶穌會傳教士利瑪竇（Matteo Ricci）帶來的坤輿萬國全圖（即利瑪竇世界地圖），據信該人將當時的現代技術帶進了明朝中國，但是，這應該是誤會。事實上，這幅世界地圖存在著許多疑點，應該是複製於中國人所繪之地圖，是故，這裡，我們討論的重心放在一幅中國人所繪製的世界地圖上。關於爲何利瑪竇的坤輿萬國全圖是抄襲自中國人所繪製者，詳細的論述請參照：謝宏仁，第一章，〈哥倫布是個騙子：帶著前人的地圖去「探險」〉，《顚覆你的歷史觀：連歷史老師也不知道的史實》，增訂二版（台北：五南圖書，2021），第 43-88 頁。事實上，還有一張地圖更值得參考，它是 1513 年的皮里‧雷斯（Piri Reis）世界地圖，這一幅地圖記載了關於哥倫布「發現」美洲的重要資料，不過，我們已於第一章，也就是〈洛克〉專章裡述及，請參照該章說明。這裡不再贅述。

1418（1763）年天下諸番識貢圖

　　現在，我們討論一幅於 15 世紀初繪製的地圖，即「天下諸番識貢圖」。這張地圖是由一位業餘的古代地圖收藏家劉鋼所發現，他在 2001 年春天到訪上海通泰路一個著名的古董市場。這張**識貢圖**是莫易全在 1763 年（清乾隆年間 1723-1790）的仿製品。根據左下角的註釋，原始的一幅畫是在永樂 16 年（1418 年）所繪製的。註釋道出，此複製品是從永樂 16 年（天下諸番識貢圖）所仿。原始地圖繪製於 1418 年，這一點似乎無庸置疑。

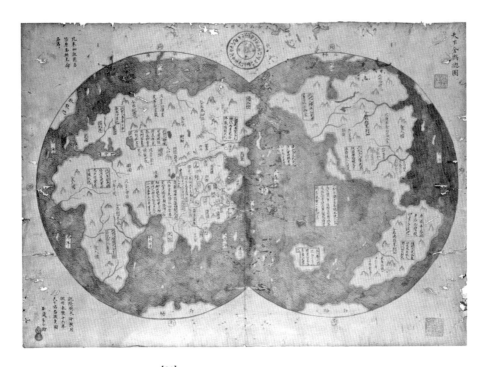

圖8-1　天下諸番識貢圖[34]

34　現在由文物收藏家劉鋼保存。這張地圖是在 2000 年代初期在上海的一個古董市場中所發現的。該地圖可在 Wikipedia 中被引用，https://zh-classical.wikipedia.org/wiki/%E5%A4%A9%E4%B8%8B%E5%85%A8%E8%BC%BF%E7%B8%BD%E5%9C%96，檢索日期：2020.02.08。

接著，我們先討論地圖上標註的文字，這些圖中的註釋可以幫助我們瞭解並重組過去發生的史實。

關於識貢圖的註釋

在莫易全的仿繪地圖上，有幾個重要問題需要解決。在地圖上有兩種註釋，第一種是原始的──在 1418 年的**識貢圖**中已經存在──用紅色墨水框起來；第二種是莫以仝的解釋中添加了那些沒有用紅色墨水框起來的註記。使劉鋼感到困惑的是，地球上的各洋海和大洲，包括北極、南極和格陵蘭島，在 1418 年的**識貢圖**（當然還有 1763 年的仿製圖）都能看到。更重要的是，在美洲和澳大利亞出現了帶有紅色圓圈的註釋[35]。毫無疑問，在歐洲人「首先」發現這些地方以前，有人更早便造訪過這些地方。從歷史上看，鄭和似乎是探索未知世界的唯一候選人，鄭和與艦隊可能已經環遊並測量整個世界[36]。這是**識貢圖**能在 1418 年完成的唯一可能，還比哥倫布的探索要早七十年。但是，有沒有證據表明鄭和在全世界的冒險經歷？一本 15 世紀出版的書可能透露出一些事實。

穆斯林費信在 1409 年至 1431 年間共四次隨鄭和下西洋。在他最後一次航行中，他寫了《星槎勝覽》（*Travels of the Astro-Vessels*），記錄他的所見所聞，與他聽聞的外邦風情，該書於 1436 年出版。這本書有兩個版本，有兩卷與四卷，四卷版本附有地圖。劉鋼發現，《星槎勝覽》和**識貢圖**當中有一個極其類似的註釋，道出這本書與地圖之間的緊

---

35 劉鋼，《古地圖密碼》，二版（新北：聯經出版社，2018），第 3-4 頁。
36 藉由比較西方（或歐洲）和東方（主要是中國人）所擁有的技術水平，將使我們得知何者能在全球四海之內航行，並進行準確測量。限於篇幅，我們僅能簡要指出歐洲和中國之間在航行和確切知道身處何處所必需的技術和技能之間的重要對比。實際上，早在 11 世紀，中國南宋在各種知識領域（例如天文學、數學）便已具備精良的裝備，更重要的是測量緯度和經度。
鑑於歐洲人要花上幾百年的時間，一直等到 18 世紀才積累相關知識來周遊世界。有關這方面的詳細分析，請參閱《古地圖密碼》的第六章〈中國古代地圖投影術〉和第九章〈測繪世界與科技文明〉，第 126-155、188-233 頁。光以天文學為例，在 3 世紀，農學家陳卓已經發現了由 1,464 個恆星組成的星系圈。見前揭書，第 204 頁。
此外，在對地理學進行了認真的查考之後，劉鋼發現一個不尋常的現象。他注意到，在 15 世紀，歐洲和伊斯蘭世界製繪世界地圖的水平大幅提高。儘管如此，歐洲人在 15 世紀才能準確繪測緯度，直到 17 世紀甚至更晚才能精確衡量經度。唯一的可能性是，有關地理科學的重要信息是從東方流向西方。請參照：前揭書，第 81-83 頁。

密連繫。準確地說，在**識貢圖**上所描述的異國風情與 15 世紀的歷史著作吻合。實際上，地圖**識貢圖**最初是在《星槎勝覽》一書中所臚列的。簡而言之，地圖是在 1418 年繪成的，而這本書在 1436 年付梓。地圖和書籍中記錄的內容均與鄭和的探索有關。但是，在這些地方用紅色墨水框註什麼？內容又是什麼？我們需要詳細檢視。

請留意，以下在**識貢圖**中所列出的乃是用紅色墨水所圈註的，早在 1418 年完稿，這可是在 1492 年「大發現」之前。當中有些註釋值得我們關注，尤其是歐洲人發現的那些「第一」。北美靠近阿拉斯加的一個附註記道：「這裡的人看起來像是契丹和蒙古人，以魚爲主食。」常識告訴我們，這種描述是因紐特人（Inuit）的特徵與蒙古人很相似，魚則是因紐特人的主食。在當今的美國西部地區，則以紅色墨水框出：「當地人的皮膚是黑色和紅色。頭和腰部穿戴鳥皮。是食人族。」顯然，這描述與北美的印第安人有關。在南美，有兩個用紅色墨水圈出之處，其中指出「有些城市以巨岩建造」、「它們被稱爲石城」；另一處指出：「該地居民信仰帕拉卡斯（Paracas）宗教，活人獻爲火祭。」第一個註釋與印加帝國有關，那裡的城市是用巨大的石頭建造；第二處則應該是印第安人相信帕拉卡斯的中期秘魯。

在當今澳大利亞的位置，以紅色墨水框標註：「當地人的皮膚也是黑色的。他們不穿衣服，而是在腰間穿戴骨頭製品，食人族。」這是對澳大利亞原住民的描述。當今非洲的一則標註則寫道：「原住民的皮膚看上去像漆黑漆。他們有白皙的牙齒、朱紅色的嘴唇和捲髮。」[37]總而言之，在歐洲人出現之前，用紅色墨水圈註的「識貢圖」以註解來表示某部族的外貌。這說出鄭和不僅曾到訪美洲，而且，也許是出於安全考慮還爲歐洲「冒險家」測量了世界。

在討論兩幅中國古代地圖之後，現在我們轉過頭來檢視兩幅 16 世紀的歐洲地圖，即 1507 年的瓦德西穆勒世界地圖，與 1513 年的雷斯世界地圖。這兩者都是當時「最佳」的地圖。

37　前揭書，第 10-11 頁。

1507年瓦德西穆勒世界地圖

　　如果要導航，那麼必須測量緯度和經度，否則將無法在水手圈子裡享受熱情和英勇的歡迎。夠精準地測量緯度和經度是在海洋上環行的唯一方法。以難度來說，計算緯度要比判斷經度相對容易。一般而言，歐洲人在 18 世紀中葉發明了六分儀和精確計時設備後，便幾乎解決了經度的測量問題。當然，那時技術還在繼續改進。但是在 16 世紀初之前，歐洲世界地圖中不應該存在經度和緯度的原型。然而奇怪的是，在 1507 年的瓦德西穆勒世界地圖中，卻畫著經度和緯度。

圖8-2　瓦德西穆勒世界地圖 [38]

　　因此，在 1492 年哥倫布「發現」新大陸後，瓦德西穆勒世界地圖能否獲得必要的技術來計算每個單位經度的距離，而又不具備相關本初子午線和緯線的相對知識，這頗令人感到懷疑。1507 年的瓦德西穆勒世界地圖被視為第一幅繪製緯度和經度的歐洲地圖，但令人懷疑的是，

38　該地圖本存於美國華盛頓特區的國會圖書館，維基百科，https://zh.wikipedia.org/wiki/%E7%93%
　　A6%E5%B0%94%E5%BE%B7%E6%B3%BD%E7%A9%86%E5%8B%92%E4%B8%96%E7%95%8C%E5%9C%B0%E5%9C%
　　BE，檢索日期：2020.02.08。

僅在探索美洲十五年之後，歐洲竟然就出現這樣的高級地圖？在這麼短的時間內，應該沒有多少歐洲冒險家、地理學家和製圖師曾經到訪並測量過美洲，以便在瓦德西穆勒世界地圖上放上緯度和經度。

　　或許人們可能會懷疑中國擁有的技術是否能夠測量整個世界。實際上，中國人擁有這種能力的可能性時間頗長，在此我們僅簡要提及。在秦朝（221 B.C.E.-207 B.C.E.），為了進攻南越，必須開鑿一條運河，即靈渠，以連接西江上游和長江。如此重要的水力工程使秦朝能將軍隊開赴廣西，然後沿著西江派到廣東。這必須倚仗複雜的技術來計算緯度、經度和海拔高度，否則連接西江和揚子的靈渠根本無從實現。在隋代（581-619）時，大運河的建設工事中絕對得要進行精確測量[39]。這兩個例證道出中國在很久以前就具有先進的技術與測量能力。

　　另外令人難以想像的是，1507 年的瓦德西穆勒地圖標示出南美洲的水文，而以地峽來代表中美洲。歐洲冒險家如何知道南美洲每條河流的盆地和存在於南北美洲之間的地峽？沒有人可以證實歐洲人在繪製地圖之前對它們進行調查的歷史事實。當瓦德西穆勒率領他的團隊在 1507 年完成該地圖時，直到歷史學家喬瑟夫·費雪（Joseph Fischer）於 1901 年在一座城堡中發現它之前，這幅地圖完全被人遺忘。在這張地圖上有很多筆記，當中最值得留意的是記錄著美洲大陸的名字，這名字乃是由義大利冒險家亞美利哥·韋斯普奇（Amerigo Vespucci）所起的。瓦德西穆勒和許多人以為韋斯普奇是發現美國的那個人。當然，這顯係誤解，因為有人比他更早到那裡了。

　　根據劉鋼的說法，在 20 世紀初，發掘出一些或許是阿拉伯人或是歐洲人所繪製的世界地圖[40]，瓦德西穆勒世界地圖只是其中之一。這不

39　有關經度和緯度的測量，請參見前揭書，第 220-232 頁。實際上，有人說隋朝的水手們可能已經訪問了澳大利亞北部。在隋朝（隋朝）和山海經（山海故事）中，記錄了土著鸚鵡和袋鼠。請參閱，例如：Louise Levathes, *When China Ruled the Seas: The Treasure Fleet of the Drgon Throne, 1405-1433* (New York: Oxford University Press, 1994), p. 197.

40　例如，1415 年德佛嘉（De Virga）地圖、1459 年佛拉·毛羅（Fra Mauro）地圖、1489 年赫里克斯·馬爾德路思（Henricus Martellus）世界地圖，與 1502 年艾博特·卡蒂諾（Alberto Cantino）世界地圖。事實上，瓦德西穆勒世界地圖已經呈現出安地斯山與南美洲大陸主要河流的樣貌。參閱前揭書，第 28、30、34、36、109 頁。

僅令歷史學家感到詫異，而且使他們感到困惑。這些地圖顯示，在所謂的「大發現」之前，好些水手已經環繞世界並進行精確的測量。準確來說，在 1492 年之前便已繪製美洲大陸和更遙遠之處。那麼，在 1492 年之前誰曾探索整個世界？那就是鄭和及其艦隊在航行中就已經完成所有的工作。但是這個「具爭議的」事實太過簡單而令人難以置信。看來，似乎只有在學術上撒謊的人才會公開宣稱。

劉鋼繼續說道，部分歷史學家確實相信瓦德西穆勒世界地圖代表了一個巨大的飛躍，但這飛躍太大而令人難以置信。此外，在 16 世紀之前，歐洲人的世界觀完全由克勞迪烏斯‧托勒密（Claudius Ptolemy）所主導。在托勒密的主張下，當今的美洲大陸和太平洋根本不存在。因此，在 1507 年瓦德西穆勒世界地圖之前的**所有的歐洲地圖**都顯示，歐洲西部海岸和亞洲東部海岸之間僅位於大西洋中，而沒有其他地方[41]。那麼為何瓦德西穆勒世界地圖已能繪製整個美洲大陸和太平洋的輪廓？為什麼瓦德西穆勒能知道大西洋比太平洋還小？一定有人先探索過世界了。

1421年地理大發現

本小節將探討一本巨著，是加文‧孟席斯（Gavin Menzies）的《1421年：中國發現世界》[42]。這本書以1421年為標題，表示該年發生了大事，但是歷史教科書還沒有告訴我們。讓我們檢視看看，在之前發生了什麼事。以下分三個部分討論之：其一，是年中國發現了世界。其二，考古的證據足以補充說明這件史實。其三，地圖的流向並非由西向東，而是從東向西。這些事實足以讓華勒斯坦受到不小程度的驚嚇。

41　前揭書，第 21-22、24、28 頁。

42　Gavin Menzies, *1421: China Discovered the World* (New York: Harper Perennial 200). 另外，安德羅在其 *The 1421 Heresy* 一書提出不少有創見的看法，但可惜的是，因為篇幅的關係，我們無法在此討論。關於古地圖的祕密之詳細的分析，請參照謝宏仁，第一章，〈哥倫布是個騙子：帶著前人的地圖去「探險」〉，《顛覆你的歷史觀》，增訂二版（台北：五南圖書，2021），第 43-88 頁。

中國發現世界

　　孟席斯與之前所提到的劉鋼經歷雷同，都因威尼斯製圖師茹尼‧皮茲加諾（Zuane Pizzigano）所繪製的一幅古地圖，意外地開始進行研究。這幅 1424 年的地圖包括歐洲和非洲的部分地區。在大西洋西端有四個島嶼，分別被命名為安提利亞（Antilia）、薩亞（Saya）、薩塔納茲（Satanazes）和伊瑪娜（Ymana）。孟席斯將這幅 1424 年的地圖與當時的地圖進行比對，發現前者非常精確。歷經幾個月鑽研地圖和檔案檢查中，他非常確定安提利亞就是現在的波多黎各，薩塔納茲就是瓜地洛普（Guadeloupe），這絕非巧合。因此，他聲稱，早在哥倫布造訪加勒比海地區的六十八年前，已經有人到訪過。鄭和這名字，便在孟席斯的腦海中逐漸浮現。

　　在我們所理解的世界歷史中，鄭和可能是唯一擁有必要的技術和技能來環遊世界的候選人。孟席斯在 1959 年至 1970 年間於英國潛艇部隊中進行維修的獨特經驗，他也確實在哥倫布、巴爾托洛梅烏‧迪亞士（Bartolomeu Diaz）、瓦斯科‧達伽瑪（Vasco de Gama）、斐迪南‧麥哲倫（Ferdinand Magellan）和詹姆士‧庫克（James Cook）曾航經的海道上航行。退休後，他甚至還造訪 120 多個國家和 900 個博物館，他所蒐集的證據證明鄭和曾在 1421 年完成他的環球之旅。他前後花費十五年的時間來解答難題和尋找真相。這種勞苦功夫使專家們相形見絀。孟席斯致力於分析古代地圖，令人難以忘記。在此，本文接著將目光轉向他處[43]。

　　偶然出現一兩個巧合或許可說是運氣。但是，如果書中有數百個「巧合」，誰能視而不見呢？但很不幸，學者們傾向全然忽略。根據孟席斯的說法，鄭和的環球航行主要由四個艦隊組成，其中包括周聞前往北美和北極的航行、洪保前往（西）澳大利亞和南極洲、周滿前往（東）奧地利和太平洋側的美洲、楊慶派赴印度洋周邊海域，他們也都精通經度測量技術[44]。在孟席斯的書中，證據包括古代地圖、航海知識、天文

43　Ibid..
44　孟席斯花掉超過一半時間來調查和解釋這四名指揮官的四次巡航。換言之，這四個艦隊完成鄭和在 1421 年至 1423 年間對世界的探索，請參閱：Ibid.（特別是第六到十五章）。

學、不完整的歷史資料、考古證據，例如沉船、船隻裝載物，特別是船尾柱等。本文以下將集中關注考古證據，和物種在各大洲的傳播，這可能是中國對世界的最大貢獻。

考古證據及其他

　　如果沒有直接證據，特別是歷史著作，來證明歷史學家想要說明的內容，那麼歷史文物可能會提供考古學家有力的線索。在此孟席斯在其書中提供了許多證據，我們看看其中的一小部分。首先，一個非常有說服力的證據是，在澳大利亞新南威爾斯北部的拜倫灣（Byron Bay）附近有遺物——找到兩根木樁。經過碳 14 同位素年代測定，係於 15 世紀中葉製造，誤差為正負五十年，這意味著這兩根木樁是在明朝製造的。1965 年，從該地點還挖掘出一個木舵。這根方向舵全長 12 米，意味著這個舵適用於長達百米的巨船。鄭和最大的艦隻確實有長達 11 米的舵。相較於此，15 世紀葡萄牙和荷蘭航海者所使用的快船的尺寸，還比這種 12 米或 11 米的舵大不了多少。

　　其次，1983 年，在新南威爾斯的彌爾頓發現了媽祖（海神）的石雕頭像，這是中國東南沿海的神祉。鄭和艦隊的每艘船都有一個神龕，就是要拜媽祖以求航海平安。這尊神像保存在澳洲卡圖姆巴（Katoomba）的克度姆巴（Kedumba）自然博物館中。第三，2002 年3 月孟席斯在倫敦的皇家地理學會上發表了演講。他聲稱，鄭和的艦隊曾到訪北美和南美的太平洋沿岸。在演講兩天後，他收到來自加利福尼亞州的信。他留意到，在舊金山灣東北部，有一艘船沉沒在沙加緬度河（Sacramento River）的沙質河岸中。沉船距離大海 150 公里，在六個世紀之前，東北風確實可能將船引入沙加緬度河。可以這麼說，不排除是鄭和的船隻駛入這條河[45]。

　　第四，在 1947 年，一位明朝研究專家中的佼佼者李約瑟——華勒斯坦相信的大師——曾經聲稱，他對中美高度文明與東亞和東南亞文明之間的相似性印象深刻。他認為，兩者之間有 30 多個文物，包括三足

45　Ibid., p. 196, 202, 226.

陶鼎、遊戲、算盤、祭祀用的玉器、樂器、中式枕頭等[46]。

　　第五個證據不是來自考古證據，而是由歷史紀錄呈現。據稱，鄭和艦隊的一名司令員周滿將大量胡椒帶回中國。麥哲倫是「最早」抵達菲律賓的歐洲人，他在當地所看見的精品，例如中國的絲綢、瓷器和硬幣，這可能是周滿帶到菲律賓，並用這些商品來交換貴重的胡椒粉的結果。孟席斯認為正可能是這原因，他查考明朝的史料，發現在 1424 年進口大量的胡椒，這些胡椒被保存在府庫中。接著，這些胡椒被用來犒賞文武官員，所餽贈的胡椒總量高達 1,500 噸。與麥哲倫的船隻運回歐洲的胡椒總量區區 26 噸相比，運回中國明朝的胡椒數量確實可觀[47]。

流浪者哥倫布

　　我們所知道的世界歷史從未告訴我們哥倫布手上有地圖。因此，我們可以斷言他正努力漂洋過海，因為歷史希望我們去這樣思考。那麼，哥倫布是美國的（第一位）流浪者嗎？這個問題聽起來似乎很瘋狂。即使是小學生，也會懷疑誰能在沒有地圖的情況下做到這一點。但是地圖是從哪裡來的？這是在此所要討論的問題，儘管我們可能面臨很大的困難。

　　有個線索可能可以告訴我們哥倫布的地圖是從哪裡來的。在《製圖者》中，約翰·威爾福德（John Noble Wilford）具體描述 15 世紀南歐的局勢。有幾個媒體，特別是在佛羅倫斯，新地圖、文藝復興早期人文主義者的地理理論，與旅行者的報導等，使抵達印度變得不再遙不可及，有位佛羅倫斯天文學家甚至鼓勵葡萄牙向西航行到印度，哥倫布確實在里斯本嗅到這種氣氛。換句話說，哥倫布受到了這種新的導航思想的影響。但是誰帶回了這個睿智的消息？誰建構出這種地理理論？儘管威爾福德從未發表評論，但他認為威尼斯商人尼可羅·德·孔蒂（Niccolo de Conti）可能是這一新信息的來源，畢竟他曾經去過東方約二十五年，並在 1400 年代初約翰二世執政時重返歐洲。而且，正如許

46　Joseph Needham, *Science and Civilisation in China*, Vol. 4, Pt. 3 (Cambridge: Cambridge University Press, 1954), pp. 540-543, cited in Menzies' *1421: The Year China Discovered the World*, p. 226.

47　Menzies, *1421: The Year China Discovered the World*, p. 196.

多研究人員總結的那樣，哥倫布獲取地圖最可能的方法是從他的哥哥巴塞洛繆（Bartholomew）——當時為葡萄牙國王約翰二世工作——那裡拿到。現在，至少我們知道其來源正是東方，而非東方後來才獲取西方的地理知識。

本章結語

西方理論家堅信，歐洲人發現地球的各大洲並將之聚集，使地球村得以實現。以前，我們從未對此表示懷疑，也從未挑戰過哥倫布的「1492年大發現」。在本章最後一個部分，或許我們應該思考哥倫布與西方知識體系曾經給我們的啟發與教訓。

哥倫布是西方優越論以及歐洲中心主義整套故事的起點，於是乎，在哥氏「發現」新大陸之前，華勒斯坦必須讓他的歐洲「現代世界體系」事先在1450年誕生。然而，今日我們再重新看一下這個15世紀最進步的經濟體系，我們好像看到了一個早產的嬰兒，仍需要很長時間的照顧，然而華勒斯坦這位世界體系學派的創立者，一看到他的小孩出生了，太過高興，隨即為這孩子舉辦了成年禮。這也難怪華勒斯坦這位享譽國際的歷史社會學大師級人物，一旦與歷史事實，特別是發生在他不甚熟悉的東方中國，竟然「出乎意料」地無法通過檢驗。原因在於，華勒斯坦以歐洲中心主義的視角來觀察非西方世界，在此視角下，許多歷史事實被隱藏了或者視而不見，可能的原因是，只有藉由忽略某些歷史事實，其「現代世界體系」理論在邏輯的推理上才能臻於「完美」。我們似乎又看到了一代大師捨棄歷史事實於不顧。不能不說，這是社會（科）學界的憾事。

哥倫布「發現」新大陸的虛假故事情節與西方知識體系似乎難脫干係，這位「發現者」曾經打開了我們世界歷史的新扉，但此刻我們必須將其關閉並重加改寫。華勒斯坦則運用了這樣的一層關係，繼續在學術界左右年輕學者的想法。

　　可以這麼說，除了創立者華勒斯坦（Immanuel Wallerstein）之外，堪稱發展研究領域三大理論之一的現代世界經濟理論（The Modern World-System Theory）大師級人物者，喬凡尼・阿律奇（Giovanni Arrighi）可說是第一人選。本章以阿律奇於 2007 年出版的專書《亞當・斯密在北京：21 世紀的譜系》[1]當中的主要論點，嘗試與阿律奇進行對話，並試圖證明不僅亞當・斯密在北京，連費爾南・布勞岱爾[2]（Fernand Braudel）也在這裡。簡單說，本章選用這標題之目的，來說明或許阿律奇是對的——不像英格蘭出現工業革命（Industrial Revolution）——中國只出現所謂的勤勉革命（Industrious Revolution）。對他而言，過去數百年以來，中國這個巨大經濟體的確因為分工與專業化，加上市場規模持續擴大，百業興盛繁榮，但阿律奇認為這只是斯密（成長）動力（Smithian dynamic），與資本主義毫無關聯。另外，他認為所謂的斯密動力指的就是勤勉革命，他看不到明清中國有其他的力量在推動其經濟發展。

　　然而，勤勉革命並不僅只與專業化、分工或市場有關而已，阿律奇在討論勤勉革命時，還引用了杉原薰（Kaoru Sugihara）與黃宗智（Philip C. C. Huang）[3]的說法來支持其論點。簡單說，對阿律奇而言，勤勉革

1　Arrighi, *Adam Smith in Beijing: Lineages of the Twenty-First Century* (London and New York: Verso, 2007). 關於本書之中譯本，中國大陸由路愛國、黃平、許安結三人翻譯此書，譯名為《亞當・斯密在北京：21 世紀的譜系》（北京：社會科學文獻出版社，2009）。在本書中，吾人以英文版的著作作為引用之對象。

2　費爾南・布勞岱爾（Fernand Braudel）為年鑑學派主要人物之一，因其中文姓氏布勞岱爾廣為兩岸知識界所熟知，故本書使用其中文姓氏。

3　黃宗智是華裔美籍知名學者，在稍後的部分，我們會另闢專章討論其著作。但在這裡，我們仍須引用其說法，因為欲瞭解阿律奇的論點，非得黃宗智的幫忙不可。換句話說，阿律奇對黃氏之看法幾乎是站在完全支持的立場，我們稍後會看到。

命所指乃是黃宗智「內捲化」（involution）的概念。在討論資本主義
是否存在於非西方社會（例如中國），阿律奇忘記布勞岱爾指出資本主
義的特性是「壟斷」（monopoly），該重點也是《亞當・斯密在北京》
一書中未能解釋清楚的部分。具體而言，筆者將證明「壟斷」這個資本
主義的特性也同樣出現在中國，故此筆者以「布勞岱爾數次造訪過北京
這個城市」加以暗喻。此外，筆者尚有疑問，例如「創新」在不同的社
會脈絡、發展路徑等情況下，代表的含義是什麼？只用斯密成長模式來
概括明清中國──特別是江南地區──的發展，真能解釋中國社會某
（些）面向數百年的發展？就像是華裔在美知名學者黃宗智（Philip C.C.
Huang）試圖解釋，為何 14 世紀中葉到 1980 年代的長江三角洲農民，
其生活水平總是落在「維持生計」[4]（僅以餬口）的邊線附近而已，這是
因為邊際生產力六百年來從未提升，如果為真，那麼黃宗智的「內捲
化」與 19 世紀中葉西方開始將中國「整合」（incorporate）進入其歐
洲資本主義體系是否存在某種關係呢？阿律奇認同黃宗智這個看法，我
們得花時間瞭解之。

　　本章分為兩大部分，在第一部分中，筆者試圖重述《亞當・斯密
在北京》的主要論點。首先，解釋什麼是「斯密動力」。其次，在社
會（科）學領域裡，不少學者認為，歐洲經驗的「獨特性」是無論如何
都必須加以堅持，不容挑戰。在該書中，阿律奇同樣屈從於這種「獨特
性」，這可以從他對「資本主義」為西方所獨有的觀點看出。再次，布
勞岱爾的資本主義三層結構值得我們注意，其中的「壟斷」特性只能在
資本主義裡才能被看到，但在《亞當・斯密在北京》一書裡，阿律奇不
幸地已經忘記這個特性。最後，檢討國家（政府）與資本（家）的關係；
二者間的緊密關係，是阿律奇認為西方所獨有，而中國所無者。

　　第二部分，探討中國數百年來經濟發展的模式，首先解釋學者為何
總是在「沒有資本主義」之下書寫中國歷史，以致於在社會（科）學中，
經常看到前後矛盾的論點，而黃宗智「內捲化」的概念正巧可以成為這

4　Philip C.C. Huang, *The Peasant Family and Rural Development in the Yangzi Delta, 1350-1988*
　　(Stanford, CA.: Stanford University Press, 1990).

樣的「範例」。其次，聚焦於（英國的）工業革命 vs.（中國的）勤勉革命。其中，勤勉革命與黃宗智所提之「內捲化」概念類似，阿律奇彷彿找到了知音，因此首先討論黃氏的主要論點。其次，黃宗智認為從明清時代直到改革開放之前，中國的核心區域江南農業發展產生停滯的現象，筆者對此論點加以質疑，並說明原因。再次，指出明清時期的小農經濟（small-peasant economy）〔特別是紡織業的「放料制」（putting-out system）生產〕與紅頂商人（或稱資本家）並存且共生。再者，介紹中國十大商幫中的「徽商」如何盡一切努力維持其壟斷地位，特別是在典當業、茶業、木業，與最重要的鹽業。最後，總結本章之發現。

亞當·斯密在北京

在本小節，我們討論阿律奇於 2007 年所撰之專書《亞當·斯密在北京》的主要論點。首先，指出什麼是斯密的成長動力，如此，我們才能得知阿律奇當年完成本書的主要論點。第二，該書持論之一，是西方的發展路徑才可能產生資本主義，阿律奇堅持中國即使有資本家，但充其量也只能是市場經濟，該論點與布勞岱爾的資本主義三層結構之說有關，也是筆者批評阿律奇之所在。第三，資本主義的特性應該不少，但對布勞岱爾而言，「壟斷」的力量，是其三層結構的最上層──亦即資本主義──才看得到的，我們將檢視在中國的土地上能否找到「壟斷」的蹤跡。第四，阿律奇認為，西方資本主義的獨特性主因之一是資本（家）與國家（政府）的緊密關係，特別是借貸關係，本文提出質疑。

斯密的成長動力

對阿律奇而言，什麼是所謂的斯密（成長）模式（Smith's model）或斯密（成長）動力呢？阿律奇解釋道：「斯密模式指的是，一國之財富取決於生產性工作專業化，這伴隨著生產單位之間的分工，且其專業化的程度由市場規模所決定。在這樣的模式中……經濟發展的過程是由市場的擴張所驅動。」[5] 他接著說：「雖然在追求利潤的市場交換處於

5　Arrighi, *Adam Smith in Beijing*, p. 21.

擴張的狀態，中國〔經濟〕發展的本質不必然是資本主義式的。」[6]「這種〔斯密〕成長動力的本質是藉由分工的擴大與深化所造成的生產力之提升所獲致的經濟發展，且只有市場的規模才足以對〔此種經濟發展〕產生限制。當經濟的改善導致收入及有效需求增加，市場範圍的擴大引發下個循環的分工與經濟情況的改善。但隨著時光遞嬗，這種良性循環終將限囿於空間尺度與制度安排，而使得市場規模到達極限，此時，經濟發展就進入了高水平均衡陷阱。」[7]

　　所謂的「高水平均衡陷阱」是英國學者伊懋可（Mark Elvin）於1970年代提出的。伊懋可指出，至少在工業革命發生前的一千年裡，中國領先全球，但之後就被歐洲超越，這是因為中國受到人口眾多與資源匱乏所限制。前近代（大約包括宋朝到清朝）中國農業雖然高度發展，無論是在耕種工具之改良上，抑或是密植、灌溉與復種等方面，都遙遙領先歐洲；雖然農業在中國高度發展，然而收益卻被為數眾多的人口所吞噬，「高水平均衡陷阱」於焉發生[8]。那麼，一個經濟體應該如何避免落入這樣一個陷阱呢？此時，就必須引進新技術和投入更多的資金，才能打破這個停滯的恐怖均衡。所謂的引進新技術，不少學者（例如阿律奇與黃宗智）認為中國沒有發生工業革命，所以不可能出現技術上的大幅提升，那麼明清中國是否使用更多的資金，以投入各種生產要素（例如土地、勞動力；其他資源，像是育種、肥料的使用等）呢？稍後，我們會看到江南地區確實投入資金，提高農業生產力，藉以設法脫離停滯的狀態。換句話說，明清中國的核心地區江南，即使真的陷入所謂「高水平均衡陷阱」，此種窘境也不會持續太久。然而，阿律奇卻相信「傳統」中國數百年來一直處於停滯之中，筆者對此深感懷疑，而覺得有必要加以重提。

　　對阿律奇而言，所謂的斯密式成長動力，後來會進入一個不再向前走的困境，此時，黃宗智的論述恰巧成為阿律奇最好的證詞。阿律奇同

6　Ibid., p. 24.
7　Ibid., p. 25.
8　Mark Elvin, *The Pattern of the Chinese Past: A Social and Economic Interpretation* (Stanford, Calif.: Stanford University Press, 1973).

意黃宗智以下的說詞：「在歐美的經驗裡，前現代與現代農業的變遷總是伴隨著總產出的絕對值與每單位勞動力產出二者的擴張。因此，似乎有必要區別伴隨著產出的『成長』（growth）與勞動生產力提高的『發展』（development）。對於中國而言，這種區分是重要的……〔因為〕在革命之前的六百年，農業產出增加了，能跟上人口劇烈增加的步調，但主要是因為集約化〔intensification〕或萎縮〔shrank〕，一如在內捲化之中。」[9]

　　從以上分析中，我們可以看出斯密成長動力，雖然讓中國能夠養活大量人口，卻也使中國陷入一種悲慘的停滯狀態，這情況黃宗智將之界定為「內捲化」。阿律奇引用了黃氏的概念來解釋中國的「停滯」。

歐洲經驗的獨特性──阿律奇對「資本主義」的執著

　　如同世界經濟體系大師級人物華勒斯坦，與社會學古典三大家之一的韋伯所認為的那般，資本主義是西方社會所獨有，即使他們對於資本主義的定義抱持不同的見解，但他們都認定，非西方社會絕對不可能產生「進步」的制度，那就是資本主義。對於資本主義，阿律奇說：

> 以市場為基礎發展的資本主義，其特性並非由資本主義的制度與安排決定的，〔足以〕決定者為國家〔政府〕權力與資本之間的關係。〔阿律奇似乎有些耐不住性子地繼續說〕無論你喜歡加上多少位資本家在〔像中國這樣的〕市場經濟裡頭，除非政府服從於資本家的階級利益，否則市場經濟還〔只〕是非資本主義的〔市場經濟而已〕。布勞岱爾自己就拿帝制中國為例說：「中國最碰巧是個支持他對區分市場經濟與資本主義的堅持了。中國不只有個堅若磐石的市場經濟……伴隨著連鎖起來的當地市場、蜂群擁簇那般眾多的小工匠與流動的商人、忙碌的商業街道與來自山西省的銀行家們、源自福建與其他省分的海外華人，凡此種種像極了16世紀歐洲超群資本

9　Huang, *The Peasant Family and Rural Development*, p. 12, cited in *Adam Smith in Beijing*, p. 25, note 26. 在討論黃宗智的專章中，我們還會碰觸到這個議題。

主義的組織，然而，〔中國的〕政府對任何異常富有的人顯露
出敵意，使得〔中國〕這裡不可能產生資本主義，除了仍然可
以看到特定受到政府支持著、監督著，與或多或少憐憫著的
群體之外。【10】

　　筆者認為，阿律奇上述這段話的主要意圖相當明顯，他想呈現給讀
者的是歐洲經驗的獨特性。換句話說，發生在歐洲的事物是一種獨特的
經驗，其他地方找不到，或者充其量也僅止於類似而已。當然，這裡所
談的是資本主義這個「制度」。阿律奇才剛剛在這段話說過，他的資本
主義之特點不在「制度」，而在國家與資本間的關係。但這裡，筆者認
為仍有以下至少三點值得深入探究，相信這些問題連阿律奇本人也將難
以回答。

　　首先，毫無疑問地，我們發現阿律奇以歐洲經驗來檢視中國這個
國家，他所強調的是歐洲的獨特性。一般而言，我們或許會直覺地感
覺到資本主義應該與某些制度的安排有關，但對他來說，資本主義最重
要的特性，不是制度怎樣設計，而是國家與資本之間的緊密關係。為何
他選用這個標準？是否只因為這個標準在中國找不到，所以即使制度安
排──例如簿記、可預測的法律體系、理性化的官僚制度等，都與資本
主義極為類似，但因為找不到政府與資本家複雜難分的關係，阿律奇認
為，中國仍然不能算是資本主義的。但問題是：如果中國的國家機器與
資本之間確實存在某些關係（因為在現實生活之中，二者不可能毫無接
觸），只是這些關係不太像發生在歐洲的關係那樣，那麼為何歐洲國家
與資本的關係就可以被視為資本主義的，但中國的卻不行呢？阿律奇並
未說明原因。簡單說，我們只能這樣猜測，或許他只想證明歐洲的獨特
性，但無法提出證據。

10　Giovanni Arrighi, Chapter 11, "States, Markets, and Capitalism, East and West,"*Adam Smith in Beijing: Lineages of the Twenty-First Century* (London and New York: Verso, 2007), pp. 309-350. 本文後來經改寫後，亦出版於他處，篇名改為 Historical Perspectives on States, Markets and Capitalism, East and West, *The Asia-Pacific Journal (Japan Focus)*, Vol. 6, No. 1 (January, 2008), pp. 1-25。本文主要參考自 2008 年較新版本，也就是 Historical Perspectives on States, Markets and Capitalism, East and West 一文，第 12 頁。

　　第二，就像布勞岱爾，阿律奇也注意到在很久以前的中國，其實可以發現類似於16世紀歐洲超群的資本主義所呈現出的景象，比方說鱗次櫛比的當地市場、爲數眾多的小工匠們、街道上熙來攘往的商人與消費者、山西的銀行家，與源自中國東南沿岸的福建海外華人等，部分的商人組織也像極了在歐洲所看到的情形。但對於阿律奇與布勞岱爾而言，就因爲帝制中國政府對商人存有「敵意」，所以商業活動註定難以發展起來。在此，本文舉例來反駁這個毫無說服力的說法。雖然我們不能否認長達數千年的中國歷史上，可能有些（或許至少兩、三位）皇帝及臣子不太喜歡商人，可是，假設人們眞能拿「敵意」來解釋經濟發展的好壞（這正是阿律奇所堅持的論點），那麼我們又該如何詮釋清朝初期康雍乾三朝（1662-1796）長達一百三十四年的盛世[11]呢？難道在這超過百年的歲月裡，清朝當屬世界上最強大的帝國，其政府都對商人抱持著敵意嗎？若是這樣，那麼清初的商人必定能在極艱困的環境中牟取最大的利益，但事實絕非如此。

　　第三，在上面這段話中，阿律奇似乎一開始就已經製造出連他自己都難以解決的問題了。他認爲，無論中國到底有多少資本家（capitalists），這個國家無論如何也不可能是資本主義的（capitalist），只能是非資本主義的（non-capitalist），具體而言是市場經濟（market economy）。難道這就是中國知名經濟學家所言，「資本主義萌芽（又枯萎）論」[12]嗎？但看起來卻又不像，反倒像是一個前後自相矛盾的論述。無疑地，阿律奇承認中國的確有些資本家，但同時他認爲中國不可能產生資本主義，依此推論，中國應該無法產生本土的資本家才對。於是，問題變成：中國（無論是明、清中國或是更早的南北宋）的資本家到底是從哪裡來的？唯一的可能只有從海外輸入了，但難道他所言的是海外華人？那麼，大多數居住在東南亞的海外華人，在歐人到達之前，早就在當地變成資本家了？另一個問題是，如果阿律奇

11　陳婷，《中國盛世第3卷：康雍乾盛世》（北京：中國華僑出版社，2016）。
12　不少學者持這樣的之見解，在此僅舉兩位相對知名學者之著作，例如：傅衣凌，《明清時代商人及商業資本：明代江南市民經濟試探》（台北：谷風，1986）；經君健，《經君健選集》（北京：中國社會科學出版社，2011）。

與布勞岱爾堅信市場經濟就足以培養出資本家，那麼數十年來，學者們
所爭執的資本主義是否只能出現於西方世界，而非其他地方，這些爭論
似乎就變得毫無意義，因爲不同的土壤也可能產出同樣的一種人——資
本家。阿律奇留下一些難解的疑題，但我們還得繼續討論下去。資本主
義的特性到底是什麼呢？

資本主義的「壟斷」特性

比喻的方式來說，不只亞當・斯密在北京，事實上布勞岱爾也在這
裡。言下之意，說明資本主義的「特性」也同樣可在中國找到，雖然阿
律奇可能仍會說，即使如此，中國也不是資本主義的。

在阿律奇的《亞當・斯密在北京》這本書中，結論中告訴我們所
謂的「傳統」中國無論如何也不可能產生資本主義時，他似乎是過於
急躁，竟然使他忘記在 1990 年代他得獎的大作——《漫長的二十世
紀——金錢、權力與我們社會的根源》[13] 所提到之資本主義的特性。蓋
因他相信布勞岱爾所說，中國充其量只能是市場經濟，而不可能出現資
本主義。但是，在 1990 年代時阿律奇卻也十分相信布勞岱爾所定義的
資本主義，所以我們暫且相信阿律奇所界定的資本主義並非其他人的，
而是布勞岱爾式的。阿律奇曾經這樣說：

> 布勞岱爾所構思的資本主義是三層結構的頂層——在此結構
> 的所有層級之中，上一個層級無法在缺乏下一層級的情形下
> 存在，亦即上一層級依賴下一層級。〔在這個三層的結構體
> 裡〕最低的層級是那個極原始的、多爲自給自足的經濟，用較
> 妥適的方式表達，則爲物質生活〔material life〕……在〔這底
> 層〕之上，來到另一個叫市場經濟的地帶，在此，在不同的市
> 場之間伴隨著水平式的溝通交流：在某種程度上，供給、需
> 求與價格得以自動協調。接著，更上一層，來到反市場〔anti-

---

13 阿銳基，《漫長的二十世紀——金錢、權力與我們社會的根源》（*The Long Twentieth Century:*
Money, Power, and the Origins of Our Times）（香港：牛津大學出版社，1999 (London and New
York: Verso, 1994)）。

market）的領域，這兒由巧取豪奪的巨賈依循由叢林法則經商營富。一如往昔，無論在工業革命業已誕生與否，這裡就是真正資本主義的家。[14]

　　這個由布勞岱爾構思出來的三層結構，也就是「物質生活—市場經濟—資本主義」，頗令筆者信服，阿律奇也是，但僅限於 1994 年當時。之後，特別在 2007 年《亞當・斯密在北京》這本書出版之後，阿律奇似乎不再相信這個三層結構的資本主義概念，也不再相信最高層級的「反市場」領域了，在此只有少數幾個強大的競爭者得以存活，「壟斷」的力量在操控著市場，所以是反市場。換句話說，如果我們可以找到少數的廠商（商人、業主）有辦法控制、操縱某種或某些商品的來源、通路，甚至價格，也就是展現其壟斷力，就足以證明資本主義的存在，因為這正是阿律奇在這段話所提，在叢林法則下，只剩下大的掠食者（資本家）遍地遊行，等待獵物（利潤）上門。

　　資本主義的定義成百上千，相信在短期間內學者不可能有共識，然而，會起身反對「壟斷」這個特性者，相信應該不會太多才是。我們暫且回到三層結構的頂層，來看資本主義的壟斷性。以下，我們舉個土地兼併的例子，來檢視「壟斷」這個特性。在農業立國的社會中，相較於受爭議、評價兩極化的商業活動，兼併土地是最穩定，同時也是最簡單的獲利方式。藉由源源不斷的租金收入，地主無需付出勞力便可再投資、再獲利。古籍有云：

　　前明富家甚多。如吾鄉華氏，世居東亭，田跨三州，每歲收
　　租四十八萬。……蘇州齊門外有錢檗者，亦田跨三州，每歲收
　　租九十七萬。[15]

14　Fernand Braudel, *The Wheels of Commerce* (New York: Harper & Row, 1982), pp. 21-22, 229-230, cited in Arrighi, *The Long Twentieth Century*, p. 10.
15　錢泳，《登樓雜記》，謝國楨選編，《明代社會經濟史料選編》（福州：福建人民出版社，2004）。

　　這段話爲清朝錢泳對家鄉在明朝時期的描述，是關於富豪之家，與其所聽聞的蘇州富豪之家所擁有之地產的記載，「田跨三州」是在說明華氏與蘇州富豪兩家豐富的家產，「每歲收租四十八萬」、「每歲收租九十七萬」道出在農業國家（朝代）只須將資金投資在併購土地，就可獲得龐大利益，這是一種理性的經濟行爲。土地兼併這類的行爲，豈不正是財富逐漸被壟斷的現象，不是在資本主義制度下才會發生的事嗎？阿律奇（與布勞岱爾）不是才剛說過，壟斷是資本主義的特性嗎？上述兼併土地，不就是富商（或許他們正是阿律奇所說的「資本家」）藉由購買土地，收取租金，來獲取龐大利潤的例子嗎？簡單說，阿律奇引用年鑑學派大師布勞岱爾對資本主義的詮釋，布氏將經濟活動分爲三個層次，最底層爲物質生活，中間爲市場經濟，最高層則是資本主義。較低層次爲較高層次的基礎，在最高層中，叢林法主導著遊戲規則，大商賈、大玩家開始其爾虞我詐的掠食行動，「壟斷」專屬於最高層次，並且經常與國家機器保持盤根錯節的關係[16]。

　　從以上阿律奇的說詞可知，富裕的商人在資本主義裡（也唯獨在此）才能運用其巨大的影響力，抓住各種機會試圖壟斷市場，盡可能霸占所有的利潤。那麼筆者認爲，前述蘇州田跨三州的富豪應該也只能在資本主義的社會才看得到。雖然阿律奇依然相信資本主義是個只能存在於西方社會的制度，但除了上述論點之外，資本與政府的關係也同樣爲阿律奇所關切。

資本（家）與國家（政府）的關係

　　在前面的分析中，我們已經說明爲了證明西歐資本主義的獨特性，東方（中國）不可能是資本主義的，阿律奇認爲中國充其量只能稱爲市場經濟，也就是布勞岱爾三層結構的第二層，而無法發展到最高層的資本主義。聽起來，資本主義好像是經濟發展較高的階段，遠比市場經濟更適合相對進步的西方社會，特別是，如果「（不斷地）戰爭」反能促使西歐社會「持續進步」，筆者覺得阿律奇似乎在傳達這樣的訊息。

16　Arrighi, *The Long Twentieth Century*.

　　當然，在學術的探討上，盡可能地發掘新鮮的想法，這也是研究人員夢寐以求的事。是故，阿律奇試著告訴我們，西方資本主義的獨特性，其中一個特性是資本家與政府間的緊密關係，例如，政府因為軍費開銷而經常需要向資本家（銀行家）借貸，這種情勢反而讓資本主義有成長的機會。筆者的想法就更簡單一些，那就是當某些商人大發利市之後，其中幾位可能變成慈善家，但這些人當中，不也可能會有一些想與政府官員打交道嗎？通常，官員們工作忙碌，不太可能輕易與市民小井打成一片，不過當紅頂巨賈來訪時，通常官員想要拒絕他（們）的難度可能高些，因為當官府的經費不足以成事時，他們應該會想起這些有錢的商人才對；當然，商人們也多少會探聽一下省城、縣城有什麼好買賣可做，來多賺點錢。簡單地說，即使我們不知道官員與商人的關係到底有多緊密，但二者的關係應該不至於形同陌路才對，然而這也能拿來當作資本主義的要素嗎？有時候，學者的想法實在讓人摸不著頭緒。

　　阿律奇在說明西方發展經驗的獨特性時，嘗試著以中國發展經驗來加以對照，這本無可厚非。然而，為了證明西方才可能出現資本主義，東方（中國）無論有多少資本家，不管擁有多少資本、人力與土地，充其量也只能是市場經濟而已，當然，中國的資本家可能活得並不快樂，因為他們不是身處資本主義社會，而只是在「市場經濟」社會。所以，中國的資本家們可能難以一展商業長才、賺取極大利潤。雖然阿律奇並未確切地告訴我們這些資本家到底過得如何，但看起來，阿律奇在其《亞當‧斯密在北京》專著中無論如何都要堅持這樣的看法──中國沒有資本主義，只有市場經濟，於是乎，他忘記了先前自己也曾經贊成布勞岱爾的資本主義位於三層結構之上層，並且壟斷是其特性。這一點，我們已經證明，明朝時期的土地兼併現象看起來並非不嚴重，而這是當時的商人千方百計、用盡辦法讓自己變成富可敵國，本文認為，這正是壟斷的證據，如同布勞岱爾所說的只有在資本主義的社會才可能被發現，也像是阿律奇認同的說法，在此時，叢林法則操控一切，只有體型大且活動自如的掠食者才可得存活。不過，相信阿律奇不希望在中國找到這樣的證據，因為他「想像的」中國仍是市場經濟，是全球最大的

市場經濟。於是，他再度對於資本主義加了另一個條件，那就是資本（家）與國家（政府）間的緊密關係，具體而言是借貸關係。

　　阿律奇繼續強調，自 15 世紀開始，資本（家）與國家（政府）之間的借貸關係，促成歐洲國家的財務擴張（financial expansion），這首先發生在義大利幾個城市國家（city-states，城邦）。簡單地說，歐洲國家因為經常處於戰爭的狀態，使得政府必須時常憂慮財源是否足夠因應軍需，這給予資本家（通常以銀行家的面目出現）機會，融資給政府以賺取利息。對歐洲而言，戰爭既是常態，遂催生了歐洲現代國家，同時也造成資本主義的出現，這的確與中國的歷史發展路數不同。中國是東亞朝貢體系[17]的中心，在朝貢體系的運作下，大致上不以戰爭為常態，阿律奇持這樣的看法，筆者亦感如此。然而，故事並未在此打住。他繼續說，只有在國家（政府）與資本（家）緊密合作之下，換句話說，政府向銀行家借款來支應戰爭的開銷，造成財務擴張，資本主義才可能得到其養分，並成長茁壯，然而這只在歐洲出現。在此阿律奇終於找到歐洲資本主義的獨特性了，能夠安穩地宣稱資本主義只能在歐洲尋見，因為在 16 到 18 世紀之間，明清政府並沒有進行大規模的借貸行為[18]，所以中國無法像歐洲那樣產生資本主義。然而，這有什麼意義呢？表面看來，阿律奇為歐洲量身訂製一襲名為「資本主義」的衣裳，當然，這衣裳歐洲穿起來特別合身。只是，阿律奇明明知道在東亞以中國為中心的朝貢體系並不經常（或總是）興兵打仗，並且或許他也曾聽說，當歐洲 15 世紀正發生財務擴張時，位於東亞的大明帝國挾其雄厚財力、軍力，能差派數百艘船艦巡航在東南亞、印度洋與阿拉伯海的海域[19]。

　　總之，阿律奇似乎只能在沒有「資本主義」下完成他對中國經濟發展史的書寫，偏偏他是位世界體系大師級人物，其影響可謂無遠弗屆。

---

[17] Takeshi Hamashita, *China, East Asian and the Global Economy: Regional and Historical Perspectives*, edited by Linda Grove and Mark Selden (London and New York, 2008).

[18] Arrighi, "Historical Perspectives on States, Markets and Capitalism, East and West," p. 13.

[19] 請參照：鄭永常，《海禁的轉折：明初東亞沿海國際形勢與鄭和下西洋》（新北：稻鄉出版社，2011）。

中國經濟成長的模式──工業革命vs.勤勉革命

從這裡開始，本文將進入（西方）工業革命與（中國）勤勉革命之間的論辯。在此之前，本文覺得有必要先瞭解爲何（特別是東方的、中國的）學者們總在「沒有資本主義」下來書寫歷史。

在「沒有資本主義」下所書寫的歷史

卜正民（Timothy Brook）在〈資本主義與中國的近（現）代歷史書寫〉一文中，探索資本主義這個概念如何影響20世紀中國的知識分子，在不同情形下，他們如何加以運用或反抗這個概念？簡言之，卜正民認爲：「中國的史學家從西方資本主義的論述中引進了不適用的概念來書寫自己的歷史，此舉既非西方殖民主義的單純產物，也非中國人思想上無安全感的佐證；而是他們作爲資本主義世界體系邊陲知識分子之經驗的結果。」[20] 不過，這並非故事的全部，在中國（特別在1949年之後）馬克思學說同樣影響著中國的歷史書寫，卜正民解釋道：

> 19世紀末葉在歐洲的社會科學傳入之前，中國從來不曾有過這種概念，也沒有相關的用詞。日後，中國的馬克思主義派史學家在20世紀中葉宣稱，從12世紀開始中國週期性的蓬勃商業活動應該被理解爲是〔粗體爲原文所有〕一種初發的，或者「萌芽中」的資本主義；甚至，它本身就具備發展成「眞正」資本主義的潛力，而且如果不是因爲西方帝國主義扭曲它的話，它也早就已經是這個樣子了。其實，這種結果根本不曾發生過，所以它是一種不符事實的說法。這種觀點是建立在閱讀歐洲歷史後所產生的憧憬之上，而且形諸於一種中國原本沒有但日後從西方移用過來的論述之中。[21]

20　卜正民，〈資本主義與中國的近（現）代歷史書寫〉，卜正民、Gregory Blue主編，《中國與歷史資本主義：漢學知識的系譜學》（台北：巨流圖書，1993），頁79-204，第148頁。

21　前揭書，第149頁。

　　可以這樣說，數十年來，中國知識分子對資本主義這個概念是既愛且恨，一方面，他們希望資本主義可以爲中國——特別是 20 世紀初葉以後的中國，帶來「現代化」的種種，就像英國與西歐其他列強一樣能不斷地壯大；另一方面，又必須告訴自己，正因爲中國沒有資本主義，或雖曾有資本主義萌芽，但因後天失調而來不及長大茁壯就已凋零，最終導致 1840 年代鴉片戰爭[22]的難堪局面、之後一連串戰事，與簽訂喪權辱國的不平等條約。因此，近代中國歷史似乎只能在「沒有資本主義」的框架下被書寫著。一方面，這暗示著每當中國知識分子想起這段歷史，只能被迫承認 19 世紀中葉清政府的停滯與無能，另一方面在渴望能像西歐那樣「進步」的同時，還必須安慰自己，中國很快就會追上資本主義的西歐，由於仍處於追趕的過程中，所以不能頗具信心地承認資本主義已在中國的土壤上生根。

　　然而，對於資本主義這個概念的形塑，還不僅只有西方船堅砲利以及其享有話語權的知識體系所造成，1949 年之後，在馬列思想的引導下，資本主義這個概念仍然得不到中共官方的認可。或者如此說，馬列史觀下的近代中國，似乎也不願意看到資本主義過早出現在中國歷史上（例如 1200 年的南宋），否則的話，從資本主義過渡到共產主義的時間所耗費的時間實在長得讓人難以接受。

　　不可否認，社會（科）學來自西方世界，在眾多西方學者中，資本主義的存在與否更是經常被提出的「答案」，用這概念來「解釋」近代西方爲何崛起，東方（中國）爲何落後。換句話說，資本主義的「有」或「無」變成西方在華勒斯坦的長 16 世紀（約 1450 年）或工業革命後的工業資本主義（Industrial Capitalism）之後逐漸興起，東方（中國）在 1840 年代逐漸衰落的主因。具體而言，因爲西方（以英格蘭爲例）出現資本主義之後，逐步向海外擴張，不僅得到原料、勞動力，同時也得到銷售工業產品的市場，快速累積貴金屬與國家力量。這種資本主義的「有」、「無」，用來解釋西方崛起與東方衰落的說詞，可說是甚囂塵上。

22　關於鴉片戰爭的討論，請參照謝宏仁，第五章〈鴉片的政治經濟學〉，《顛覆你的歷史觀：連歷史老師也不知道的史實》，增訂二版（台北：五南圖書，2021），第 223-266 頁。

　　筆者認爲，如果不是發生得更早，那麼，至少晚期帝制中國總該產生資本主義。不過，阿律奇阻止我們這樣思考。接下來，再進入阿律奇的主要議題：（西方英格蘭）工業革命 vs.（東方中國）勤勉革命，而黃宗智的主要論點對我們理解阿律奇有所助益。

黃宗智的主要論點

　　在此我們要多留意的是，阿律奇在其《亞當・斯密在北京》一書中，大抵上認同黃宗智的說法，當然也會認同黃宗智這本得獎的大作——《長江三角洲的小農家庭與鄉村發展》[23]。學界信服黃宗智的學者不在少數，但即使如此，黃宗智的主要論點，仍然值得再檢視。

精巧的模型——沒有發展的成長、停滯不前的商業化，與內捲化

　　黃宗智提供一個理解中國鄉村轉型（或說停滯）長期觀點的新方法，他的部分論述讓人無法不加注意。首先，他試圖證明，在中國歷史中，確實因爲人口壓力和爲數眾多的小額貿易增多的市場活動，在商業上確有發展，但這並非亞當・斯密或馬克思在分析英國時所提及的資本主義企業。簡單說，黃宗智堅信資本主義體系僅出現在歐洲（這也正是阿律奇所堅持的），當時世界上其他地方並無類似的經濟制度存在。在這個議題上，他認爲阻礙中國經濟無法像英國這樣繁榮、蓬勃發展的根本原因，是中國在清朝及其以前是屬於小農經濟的範疇。對黃宗智而言，清朝後期之前歸屬「傳統」中國，與「現代」二字毫無關聯。

　　其次，以理論來說，我們知道對黃宗智而言，「現代經濟發展」是什麼，進而瞭解他爲何會提出自相矛盾的說詞，例如沒有發展的成長（growth without development），和停滯不前的商業化（involutionary commercialization）。黃氏老練且純熟地區分成長與發展兩者之間的差別。他指出：**成長**（growth）是鄉村總人口產出增加，而**發展**（development）是每個工作天生產力收益的增加。因此，沒有發展的成長，意謂著總產出增加，但受限於邊際生產力遞減法則；相較之下，

23　Huang, *The Peasant Family and Rural Development in the Yangzi Delta.*

停滯不前的商業化則標誌著經濟體高度商業化，但無法提升勞動生產力，也就沒有發展。黃宗智認為，當代經濟發展並非專注在總生產增加，而較重視提升勞動的生產力。他進一步指出，在過去幾個世紀裡，中國的鄉村只有成長，而無發展。他認為實質的經濟發展，只出現在1980 年經濟改革開始之後。

　　黃宗智所提出的論調，聽似響亮，但不恰當。如他所言，發展經常由「較優的勞動組織……，技術進步，與增加提升勞動生產力的資本投入」而達致[24]。因此，要推導一個適用於中國人口稠密的地區，像是長江三角洲，來驗證其停滯的成長之模型時，想必他必然知道這些證據是為他這個經濟模型量身訂製的。倘若這種（工業革命式的）「發展」真的產生，照理來說應該產生更多的失業，也會因「人口壓力」而造成社會動盪。但何以黃宗智接下來選擇相信這類小規模的經濟活動，在明清時期，在豐沛勞動力的奧援下，能改善勞動的生產力，促進經濟發展（他認為能促使技術進步）而節約勞動力呢？可理解的是，設置如此嚴苛的標準，怎能期待在早期中國，在人口密度頗高的江南，還能得到這樣的結果？

　　對他而言，毫無意外的是，他認為中國的經濟發展得從 1980 年代才開始。那時，鄉村的工業化才剛起步（他認為是單位勞動力的資本投入增加，而提升勞動生產力）。此外，在 20 世紀末葉之前，勞動生產力還未提升。就此看來，黃宗智的確認知到總產出成長或「單位土地總產出的絕對增加」使江南地區過去幾世紀以來享受繁榮[25]。這在他的書中可說自相矛盾。

　　讓我們換個方式再次思考黃宗智所說的。他主張，打從明初開始，直到 1979 年經濟改革為止，江南的小農家庭在漫長的幾個世紀中，長期處於終日勞動，每年卻仍有數月飽受缺糧之苦。筆者相信黃宗智的觀

---

[24]　Philip C.C. Huang, "A Reply to Ramon Myers," *The Journal of Asian Studies*, Vol. 50, Issue 3, pp. 629-633.

[25]　Huang, "Development or Involution in Eighteenth-Century Britain and China? A Review of Kenneth Pomeranz's *The Great Divergence: China, Europe, the Making of the Modern World History*," *The Journal of Asian Studies*, Vol. 61, Issue 2 (May, 2002), pp. 501-538, p. 534.

察或許是對的，在長江三角洲如此廣大的土地上，不可能所有小農都過著幸福美滿的生活，至少應該有爲數不少的小農家庭仍過著匱乏的日子。因爲古今皆然，社會上還是免不了有窮人，在電視的古裝劇裡，明清時期不也常常出現貧苦的小農們，看起來日子過得並不愜意順遂，經常要爲打理三餐煩惱。然而，這只是江南景象的一部分而已，黃宗智卻誤以爲這是普遍的現象，並且還試圖告訴我們他的洞視灼見。他認爲現代經濟學裡的邊際生產力（增加一單位的生產要素所增加的產量或收益）的提升，並未發生在長江三角洲。這正是他爲何主張「發展」並未在這個地區產生的主因。他認爲這因素正好可以解釋江南的「不發展」，導致其社會經濟活動呈現停滯的結果，對小農家庭的生計產生嚴重的問題，當然阿律奇對這樣的說法應該是完全贊成的。不過，黃宗智無法解釋江南的另一幅景象，那就是明清時期的江南上繳到北京的稅收占整個王朝歲入的絕大部分。

江南 ── 明清中國稅收之主要來源

　　若要瞭解江南地區的經濟，就有必要提到宋朝的繁盛富裕。在宋朝，國內市場[26]由三個商業圈組成，亦即華北圈、華南圈與蜀圈（蜀就是四川省）。相較起來，由於交通不便，蜀圈較爲獨立。因較遠離戰火，四川省會成都在北宋（960-1127）時期成爲重要的貿易中心。其藥品、絲綢與養蠶吸引各地富商巨賈遠道而來。人類史上最早的紙幣──「交子」錢，便在四川出現。到了南宋，紙幣在中國各地廣爲流通。這樣的財政系統反映出宋朝經濟的富足[27]。

　　在宋元兩朝的經營下，江南成爲明清兩朝最富裕的地區。爲數可觀的城鎮持續增多，顯示區域繁盛發達。江南地區在明清時期成爲全國稅

26　國家市場的形成，區域的專業化，與區域之間的貿易流通，其例證請參考 Laurence J.C. Ma, *Commercial Development and Urban Change in Sung China 960-1127* (Ann Arbor, Mich.: Michigan Geographical Publication, 1971); G. William Skinner, *The City in Late Imperial China* (Stanford, Calif.: Stanford University Press, 1997)；錢杭、承載，《17世紀江南社會生活》（台北：南天書局，1998）；程民生，《宋代地域經濟》（台北：雲龍出版社，1995）。

27　請參考斯波義信，《宋代商業史研究》（台北：稻香出版社，1997）；陳高華、陳尚勝，《中國海外交通史》（台北：文津出版社，1997）。

賦的重心[28]。明朝中葉的學者邱璿寫道：

> 國家稅收由全國收取，但江南地區貢獻朝廷十分之九。江南
> 地區十分之九的稅賦由浙東與浙西而得，而浙東、浙西稅
> 收的十分之九是由五府徵得，此即蘇（蘇州府）、松（松江
> 府）、常（常州府）、嘉（嘉興府）與湖（湖州府）。[29]

明朝時期國庫總歲入約為 2,660 萬石（約 212,800 萬公斤）。光是蘇州府就提供歲入將近一成之多。江南六府共提供全國米糧稅賦歲入的 25%[30]。這些數字大多並未出現在黃宗智的著作中，所以阿律奇也難以從閱讀過程中受益。

在我們瞭解了阿律奇相當認同的黃宗智對江南小農家庭的描繪與理論的解釋之後，接著，我們可以較有自信地進入阿律奇的主題──工業革命與勤勉革命的討論了。

工業革命vs.勤勉革命

本文認為，阿律奇在《亞當‧斯密在北京》一書中，就已開始推演他錯誤的二元論，也就是西方的「工業革命」vs.東方的「勤勉革命」。阿律奇與黃宗智似乎持同樣看法，也就是數百年來，中國的邊際勞動生產力都沒有提升，也沒有「發展」。然而，筆者的重點是：邊際生產力未必要引進新技術（這是黃宗智堅持的），用其他方式也同樣可以達到（例如投入更多資金在育種、水土改良、農耕用具的改進等）。但可惜阿律奇似乎頗相信黃宗智的論點。

---

28 韋慶遠認為，江南地區提供最多的稅收，是因南宋時土地分為官田與私田兩種，其中江南地區大多為官田，特別是在蘇州府與松江府。官田的租稅遠高於私田，但官田與私田的劃分並不明確。但作者提供何以在江南地區，官田比例遠高於私田的幾個理由，例如南宋就是因國都南遷，政經中心轉移，江南富裕的經濟，土地營收的增加，較高的土地價格，土地因財富被兼併較嚴重，並加上明朝首先定都於南京，從江南地區較多挹注中央政府的財政。更重要的是，即使並非最主要的因素，江南比起北方較為富裕，故此收得的稅賦也較多。想必江南地區能有足夠的財源能拿來課稅，不然南宋以後諸朝代，豈不因人民無從謀生，而自掘墳墓嗎？請參照：韋慶遠，《明清史辨析》（北京：中國社會科學出版社，1989），第 157 頁。
29 韋慶遠，引註《明史食貨志》，第 37 頁。
30 《大明一統志》，明萬曆年間編，引自：樊樹志，《明清江南市鎮探微》，第 66 頁。

在中國的發展路徑是「勤勉革命」這個議題上，阿律奇試著比較杉原薰和黃宗智的論點。阿律奇說：

> 杉原薰所提到的勞力密集（labor-intensive），節約能源（energy-saving）發展路徑，類似於黃宗智所言「內捲的成長」（involutionary growth）。如同杉原薰，黃宗智也承認由鄉村婦女、兒童與老人所完成的非農副業，降低家計生產單位的操作成本，並賦予他們相對於大型資本主義生產單位所使用的僱傭勞動力，更有競爭優勢。然而，對黃宗智而言，在 17 世紀之後，先前在中國某些地方所存在的大型僱傭勞動農場，並未構成「發展」（development）或「演進」（evolution），反而構成「成長但沒有發展」（growth without development or involution）的境況。[31]

　　從以上段落之中，我們先思考幾個重點。第一，阿律奇為了證明相對於英國的工業革命，在新技術的變革下，促成生產力的提升，相對起來，中國的勤勉革命，在核心地區江南長期處於「成長但沒有發展」的情形下，生產力停滯不增，非得等到中國放革開放之後，特別是鄉鎮企業（Township and Village Enterprises, TVEs）成為經濟成長主力之一部時，才能脫離這種窘境，這是黃宗智的主張。本文認為，阿律奇雖然認同黃宗智（與杉原薰）的部分論點，但他似乎不甚瞭解黃宗智「內捲化」的定義。筆者試想，這應該是黃宗智為要說服我們，中國根本沒有資本主義，只有市場經濟的說法吧！稍後，本文會詳細討論黃宗智幾個看法。

　　第二，杉原薰所謂的勞力密集與節約能源發展路徑，與黃宗智的

31　Kaoru Sugihara, "The East Asian Path of Economic Development: A Long-Term Perspectives," in Giovanni Arrighi, Takeshi Hamashita, and Mark Selden, eds., *The Resurgence of East Asia: 500, 150 and 50 Year Perspectives* (London and New York, 2003), pp. 78-123; Huang, "Development on Involution in Eighteenth-Century Britain and China? A Review of Kenneth Pomeranz's *The Great Divergence: China, Europe, and the Making of the Modern World Economy,*" *The Journal of Asian Studies*, Vol. 61, Issue 2 (May, 2002), pp. 501-538, p. 531, cited in Arrighi, *Adam Smith in Beijing*, p. 37, 39.

「內捲化」相似，阿律奇比較兩人的說法，試圖說明長久以來中國農業的邊際生產力並未提升，但這並非事實，只是阿律奇以此來對照英國工業革命所帶來的生產力提升而已。歷史事實告訴我們，長江三角洲（或稱江南），雖是小農經濟，但邊際生產力確實有提升，主要在使用肥料這一類的資本投入，非黃宗智堅持的勞動力，我們稍後會分析。

第三，在更早一些或至少晚期帝制中國，最富庶的地區莫過於江南，由鄉村婦女、兒童以及老人為主力所完成的非農副業，構成黃宗智所言小農經濟的主要成分，我們並不否認這個論點。當然，從上述段落中，我們同樣可以明顯看到阿律奇（或者再加上杉原薰與黃宗智二人）的主要目的，是以中國的小農經濟來突顯西方資本主義的大規模生產（large-scale production），用此來說明中國經濟的落後。乍看之下阿律奇的發現似有道理，然而，只要產品有銷路，小農經濟也能蓬勃發展，但通常小農們無力到遠處推銷其產品，特別是行銷到距離遙遠的市場，運銷這檔事只能由擁有巨資的商賈，或許可稱為資本家來做，一如阿律奇所言。但許多學者仍拒絕用這個對他們來說可能具有負面含義的詞彙，來描寫中國經濟發展的實狀。要將一批貨物從甲地運送到乙地並不容易，但即使一般家庭要養一頭牛、一匹馬也是不容易呢！即使有水力，但若沒有足夠的畜力，物流則難以完全。稍後我們會看到中國大商賈（資本家）們所擁有的財力、權力，或許這正是布勞岱爾所說的資本主義的「壟斷」特性，也是阿律奇曾在 1990 年代所相信的元素。

接著，我們分別詳述上面所提到三個疑問，包括江南的邊際生產力問題、小農經濟與紅頂商人，與中國的富商巨賈。

江南的邊際生產力問題

黃宗智認為，因為「內捲化」，導致邊際生產力沒有提升。對阿律奇而言，內捲化可以說是「勤勉革命」的同義詞。換句話說，倘若我們可以證明，在明清時期內捲化並不存在於江南，那就證明我們不能輕易相信黃宗智為中國核心地區江南所描繪的小農經濟與鄉村發展了；對杉原薰的「勤勉革命」，與阿律奇所謂中國的斯密式成長同樣也得抱持懷疑的態度了。本節將說明，黃宗智所堅持的「內捲化」其實並不存在長江三角洲。

　　本文在此略加重述邊際生產力這個概念。邊際生產力係指在其他條件不變之下，最後增加一單位的生產要素（factors of production）所能增加的產量或收益。而生產要素指的是所有用於生產商品或勞務的資源，包括土地、勞動（這是黃宗智選用的唯一指標）與投入在生產的資本等。我們也可這樣看待生產要素，它是進行物質生產（與提供勞務）所必需的一切要素，同時也包括環境條件。可以這麼說，生產要素包括人身條件與生產物質條件。所有可能的生產要素若要成為現實的生產要素，就必須用某種（某些）方式進行結合。黃宗智告訴我們，邊際生產力的增加從未在長江三角洲發生，在他的研究期間，也就是 1350 年至 1980 年這六百年裡[32]，江南地區無法像英格蘭那般地提高邊際生產力。但在黃宗智的理論之中，他只強調勞動這個因素，這是我們該要留意的，因為照理說，應該還有其他的生產要素可用來提供長江三角洲提升其邊際生產力，盡可能不讓「內捲化」在這裡發生。

　　資源及其合理運用，也就是物質條件與人身條件的巧妙結合，是生產力得以發展的要件之一。現有資源的利用愈充分、愈合理，則生產力愈發達；生產力愈發達，對資源更能進行合理且有效的運用。換句話說，前述的邊際生產力可以因為資源組合和更有效的運用而獲得提升。在中國近代工業興起之前——然而，這受到鴉片戰爭的制約，農業生產基本上以人力為主，加上簡單的農具進行操作。因此，對於農業發展而言，最重要的資源（生產要素）就是人力與土地。筆者認為黃宗智強調的是人力，並且他堅信邊際生產力無從提升。然而他遺漏了土地這個生產要素。李伯重分析 1368 年至 1850 年，在這五個世紀裡江南農地與人口之間的關係。根據他的研究，該地區的農地面積沒有增加，但人口卻增加二倍。此時，如果沒有妥善處理這個問題，那麼黃宗智所言的「內捲化」就可能出現，進而使整個農業生產活動停滯下來，然而實際上，這種停滯的現象並未發生在江南的農業發展上。在這段期間之內，江南的人力與土地資源合理利用問題，成為了此地區農業生產力之一重要課

32　Huang, *The Peasant Family and Rural Development in the Yangzi Delta*.

題[33]。以下的分析，我們會看到江南土地的合理利用，使江南自產稻米的絕對數量並未減少，這是黃宗智關心的問題，因為他宣稱江南的小農糧食不敷食用。筆者認為，李伯重的研究結果也會讓黃宗智感到詫異。

　　人力與土地資源的合理運用，這二者的巧妙結合，足以提高邊際生產力。我們來看江南這個地區如何能不陷入「內捲化」的危機，李伯重這麼說：

　　　　江南低溼土地的改良（即「乾田化」），持續了很長時間。
　　　　根據濱島敦俊先生的研究，明代江南「分圩」工程的進展，即
　　　　是「乾田化」的表現。他認為唐末五代宋元，江南平原低溼
　　　　地區的開發，主要是「外延式」的開發，即以「圩田」、「圍
　　　　田」為主要形式，大片圍墾低溼土地……以高度利用土地為目
　　　　標，改造圩內低溼地，提高耕地熟化程度以及農業生產的穩
　　　　定程度。這一過程，始於 15 世紀初，大體結束於 17 世紀半
　　　　期，歷時約兩個世紀……近代江南之農田水利基本格局方告
　　　　形成[34]。水土改良，使得新的耕作方式得以產生並普及，從而
　　　　提高了農田的生產力。北田英人先生關於宋元明清時期江南
　　　　平原農業發展的研究，從時間、空間兩方面，對太湖平原低
　　　　溼地帶的開發進程，做了詳細的考證……他指出：宋代江南的
　　　　二作制，主要存在於高田（乾田），以早稻為前作，麥（特別
　　　　是大麥）為後作；低田則盛行水稻一作制。以後，隨著水土改
　　　　良的進展，低溼地區逐漸發展起一種以晚稻為前作，小麥、
　　　　油菜為後作的「新二作制」。「新二作制」遲至明清之際方成
　　　　為江南平原的主要種植制度（雖然直至 19 世紀初期，仍有相
　　　　當的低田依舊實行水稻一作物）。[35]

---

33 李伯重，《發展與制約：明清江南生產力研究》（新北：聯經出版社，2002），第 149 頁。
34 濱島敦俊，〈土地開發與客商活動——明代中期江南地主之投資活動〉，《明代江南社會研究の研究》第 1 部第 1、2 章，引自：前揭書，第 155 頁。
35 北田英人，第 1-4 章，〈宋元明清期中國江南三角洲に農業の發展に關する研究〉，引自：前揭書，第 155、156 頁。

　　上面段落告訴我們，自唐宋時期，水土的改良在江南成為農業發展的重要工作，一直持續到明清時期，這是人力資源與物質（土地）資源的合理利用。李伯重下這樣的結論，他說：「明代後期至清代期，江南的水稻畝產量仍然繼續有所提高。一個不容辯駁的證據是：儘管輸入稻米數量日增〔相似於黃宗智所言〕，江南自產稻米在江南稻米消費總量中所占的比重日減，但江南自產稻米的絕對數量並未下降，相反還有上升[36]。」簡單說，改良水土之後，生產力並非如黃宗智所言那般停滯不前。

　　除此之外，江南各地區的土質、地勢、排水與灌溉條件等互有差異，因地制宜，將各地區的自然資源合理利用，也是提高生產力的方法。明清時期，江南平原[37]已逐漸形成三個相對集中的作物分布區，棉—稻（棉為主，或棉稻並重）產區以沿海沿江地帶為主、太湖南部以桑為主（或桑稻並重）的桑—稻產區，以及太湖北部以稻為主的水稻產區。這三個作物區的範圍，大抵上與江南平原的自然區劃相符[38]。不同植物適合生長於特殊的土壤性質，排水與灌溉條件也各自不同，凡此種種都必須倚靠長年知識的累積，這需要人力資源與物質條件密切配合才能達到最佳狀態，也是提高生產力的主要方法。以上的歷史事實告訴我們，黃宗智的理論看似精巧，但與經驗不符，至少自 14 世紀中葉至 19 世紀中葉，李伯重所研究的這五百年間，江南並未發生「內捲化」的情形。

　　《亞當‧斯密在北京》可說是阿律奇的傑作，該書以長時間、大範圍的分析視角，來追尋東、西方過去數百年（六百年或更久）來不同的發展路徑，不同於西方的「工業革命」那條路，東方（中國）選擇較為辛苦的「勤勉革命」路線，他告訴我們，黃宗智的「成長但沒有發展」或「內捲化的成長」類似於杉原薰的「勤勉革命」。聽起來，好像阿律奇已經找到中國「勤勉革命」不同於英國的「工業革命」的證據了，那

36　前揭書，第 156 頁；其中，該頁的註解 23 提供不同學者在萬曆年間總產量的推估值。李伯重認為，明萬曆年間，江南自產稻米的總產量比消需求量多出 420 萬石以上。

37　江南地區除了江南平原外，尚包括浙西山地與寧鎮丘陵。

38　李伯重，《發展與制約》（新北：聯經出版社，2002），第 158、164-165 頁。

就是：過去數百年來，中國的邊際生產力從未提升。但所謂的「內捲化」真的曾經發生在江南嗎？在過去的數百年，大略等同於晚期帝制中國，也就是明清時期，或者如黃宗智所說的，再加上 1980 年代之前的歲月，在大部分的期間裡，「內捲化」並未發生。換句話說，阿律奇所謂的「勤勉革命」並非中國經濟發展的路徑。

小農經濟與紅頂商人[39]（資本家？）

黃宗智所關心的江南小農經濟，相信有不少家庭是從事棉織、絲織產業才對。在成千上萬的家戶當中，想必只有少數有能力經營相對大型的手工作坊，絕大多數的家戶沒有能力處理大量原料的加工過程，這些從事非農副業的小農家戶，應該可以說是屬於所謂的「放料制」生產體系的最小單元；但筆者認為，這些最小單位，卻可以和阿律奇所不願意承認的「資本主義」同時存在於中國，特別是其核心區域長江三角洲，也就是江南。

以棉產業為例，相較於英國的「工廠制」，中國長江三角洲「放料制」，就生產制度而言，似乎又是一個明顯二分法的案例，用來說明英國的進步與中國江南的落後。換言之，英國的「工廠制」乃是工業革命後的產物，不會出現在阿律奇、杉原薰與黃宗智所描繪下的中國，蓋因中國只有勤勉革命，進步的工廠制不可能出現中國的核心區域江南。同樣，黃宗智心儀的資本主義「大規模生產」也無法出現在只有「小農經濟」的江南農村，並且由婦女、兒童與老人所攜手努力的非農副業，也剛好是勤勉革命（內捲化的結果！？）源源不絕的生力軍。雖然，我們業已證明「內捲化」並未出現在 15 世紀至 19 世紀中葉[40]。

---

39 所謂的「紅頂商人」一開始指的是清朝徽商，像是胡雪巖、江春等人，後來這個詞被引申使用，指稱那些同時具有官、商兩種身分的人，再後來，則用在那些沒有官職但與高層官員關係良好，並可能影響政府決策的商人。例如，在清朝同治（1862-1874）年間，當時，一個具有官員身分的杭州商人胡雪巖，協助清政府辦理太平天國戰亂後杭州的善後工作，且多次為左宗棠採購軍火，其官階升遷至從二品的布政使。筆者使用「紅頂商人」一詞不專指清朝如前面例子所提的人物，而泛指清朝以前，特別是明清時期具有類似上述身分的人物。

40 李伯重，《發展與制約》（新北：聯經出版社，2002）。事實上，關於「內捲化」的問題，學者檢視中國近現代棉產業所使用的科技，與經濟活動有關，技術的進步與否是諸種社會關係下的產物，不能僅因技術上沒有突破性進展，便宣稱這是「內捲化」。請詳見：Gary G. Hamilton and Wei-An Chang, "The Importance of Commerce in the Organization of China's Late Imperialism,"

　　當我們論及晚期中國棉產業的組織改變時，這裡有個問題令學者感興趣。一般而言，棉產業可說是能挹注家庭經濟、維持城鎮家庭生活的產業。在這段時期，中國的棉產業的特徵是「放料制生產」，亦即商賈或／和勞工提供原物料或中間產品給家庭手工業來完成幾個生產步驟，再由商賈蒐集送至下一個製程繼續加工。在「放料制生產」中，只有一、兩台紡織機的家戶、鄉村的小作坊，是主要的生產單位。與大規模生產的模式不同，「放料制生產」是人口密集的江南地區農村家戶加入棉產業生產的主要方式。據 Gary G. Hamilton 與 Wei-An Chang（張維安）所言，明清時期的棉業，起初並非集中在都市，而是在鄉間，並且與黃宗智的說法相似，一開始是農村的副業。從他們的研究可以看出，自 1850 到 1930 年代，經歷經濟大蕭條與日本入侵，破壞中國人民日常生活的節奏，但中國手工棉紡織生產在西方及日本紡織品進口的衝擊下非但存活了，而且還頗為興盛。中國手工棉紡織品不只供應了大部分的國內需求，而且在國際市場上還相當受歡迎。根據資料顯示，中國土布（native cloth）在 1870 年到 1925 年之間，成長了八倍之多。更重要的是，百萬家戶加入了從紡紗到成衣的製程，數以千計的小型工廠則加入編織布匹，還有完成整件衣服的工作[41]。

　　我們再看看絲綢產業，17 世紀中葉到 18 世紀初期，江南的盛澤鎮紡織業的景況，讓我們可以概略知道中國的紡織業與西方的差異。以下是對該市鎮的描寫：

> 康熙年間，盛澤已經發展成為一個大型市鎮，大約有 10,000
> 戶居住著，其中，僅僅 300 戶從事編織與染布的工作。但在該
> 鎮方圓 25 里（中國測量單位，1 里等於 0.5 千米〔公里〕）的

---

in Giovanni Arrighi, Takeshi Hamashita, and Mark Selden, eds., *The Resurgence of East Asia*, pp. 173-213.

41　Kang Chao, *The Development of Cotton Textile Production in China* (Cambridge, MA.: East Asian Research Center, Harvard University Press, 1977), pp. 169-217; Xinwu Xu (ed.) *Jiangnan Tubushi* (*The History of Native Cloth in Jiangnan*) (Shanghai: Shanghai Social Sciences Press, 1992), cited in Hamilton and Wei-An Chang, "The Importance of Commerce," p. 199.

範圍內，有 6,000 個家戶從事織布的工作，絲製品都在這個區域內製造，商人們大部分從鄉村地區購買其所需之絲綢。然而，交易與其他服務於絲綢產業的活動，像是〔原料〕產製、行銷、機具維修，與交通運輸仍集中在盛澤鎮裡。[42]

　　從本段對盛澤鎮的描寫中，我們知道大多數的生產者並非受僱於市鎮裡的手工作坊，而是分散在數千個鄉間的家戶裡，而且盛澤鎮只是清初江南數百個市鎮當中的一個。可以說，在江南這個地區裡有成千上萬的家戶生產者從事紡織業相關工作，試著應付國內外市場的龐大需求。但難道千萬個小型作坊，僅因尚未使用西方蒸汽機的手工作坊就與「（西方的）資本主義」無緣嗎？不少學者試著這樣說服我們，例如阿律奇、布勞岱爾、華勒斯坦，或是黃宗智等。

　　在西方，約略 17 世紀時，英國的紡織業逐漸為「工廠制生產」所取代。在西方知識體系的影響下，學者嘗試檢視這種產業的經歷是否也出現在晚期的帝制中國。一般說來，商人固然能宰制城鎮的原料或中間產品，但無法衝破「放料制生產」的限制，使產業轉型為「進步的」工廠體系。但假使不深入研究晚近的中國放料制生產為何大行其道，並探究其效果，學者恐怕會遽下定論，認為只有西方的工廠生產制是進步的，也是先進的[43]。筆者認為，至少部分說來，這是因為學者傾向以歐洲的經驗為例（特別是舉英國的工廠生產），來對比中國（及非西方的社會）所謂「有意義的改變」。然而，中國棉紡織業自明清時期至今日，都可以看到以家戶、手工作坊，與小型工廠為主要生產單元，不僅吸收了鄉村大量勞動力，其產品在國內外也頗受喜愛，而遠距離的運送，因為需要龐大的資本與人力，非得要紅頂商人（資本家）出馬不可。但這豈不是像阿律奇所言，中國的確存在著許多資本家（或稱「紅

42　Futian Ju and Dasheng Wu, "The Formation and Development of the Silk Town Shengze," in *Small Towns in China – Functions, Problems and Prospects* (by Fei Hsiao Tung and others) (Beijing: New World Press, 1986), pp. 290-315, p. 295.

43　邱澎生，〈由放料到工廠：清代前期蘇州棉布字號的經濟與法律分析遺跡〉，《歷史研究》，第 1 期（2002 年 3 月），第 75-87 頁。

頂商人」），但就是缺少資本主義？本書先前已討論過這個自相矛盾的說詞，就不再贅述。有別於阿律奇，筆者覺得，有不少資本家存在的地方，應該就是資本主義盛行的地方。無論大商賈或企業家是不是叫「資本家」或是「紅頂商人」。中國龐大的國內外市場的確栽培了不少的富商巨賈。

中國的富商巨賈

自古以來，中國不乏富商巨賈，但「資本主義」與「資本家」此二詞彙數十年以來，應該不怎麼受到中國官方的喜愛，一個可能的原因是：資本主義因為有弊端，遲早要被超越，而「資本家」是黑五類，在計畫經濟時期更是政治不正確的代名詞。除此之外，中國知識分子對「資本主義」總是既愛且恨，複雜情緒難以簡單用幾句話加以形容。

或許因為受到馬克思的影響吧！在討論資本主義時，我們慣於忽視流通的領域。當談及商品流通，我們就必須談到中國省際間長途貿易，相信布勞岱爾也應該對此感到興趣才是。剛才我們談到棉產業，我們再回過頭看看棉產業的運輸與交易的情形，藉此瞭解長途貿易所發生的種種。吳承明認為，在明清時期長距離的商品貿易已有結構性的改變。雖然穀物貿易仍為大宗，但棉製品的重要性已取代鹽。在明朝遠洋貿易的棉衣交易數量約為 1,500 萬至 2,000 萬件，到清朝 1840 年時已達到 4,500 萬件，然而這數量僅略高於全國總數的 14% 而已。根據范金民的說法，在清朝初期，江南的製棉產業十分昌盛，生產棉製衣裳多達 7,800 萬件，當中的 7,000 萬件進入國內市場中[44]。這些數據令我們對中國跨省的經濟活動印象深刻。但許多學者卻忘記，以同樣的面積換算之下，中國一省的經濟生產就與歐洲國家相近，甚至有過之而無不及。正如王國斌所言，在中國省分之間的巨量貿易確實有其意涵。當討論到中國省分間的交易時，王國斌提供我們一個有創見的解釋。他認為，假使摒除人煙稀少的地區，中國任何一個人口群聚的區域，還比歐洲任一個國家

---

44 吳承明，〈論清代前期我國國內市場〉，《中國資本主義與國內市場》（北京：中國社會科學出版社，1985），第 259-263 頁；范金民，《明清江南商業的發展》（南京：南京大學出版社，1998），第 29-30 頁，引自：邱澎生，〈由放料到工廠〉，第 76 頁。

更大。據此，我們或許這樣想：拿整個中國來對比歐洲，而非與單一國家進行比較。歐洲諸國之間國際貿易的規模，或者還不比中國跨省或跨區域的規模還大。中國內部的交易或許能影響一兩個省分的市場，卻不會達到整個中國的層級[45]。

那麼，長途貿易大多靠哪些人來完成呢？誰能夠將生活必需品，像是鹽、茶、土布等，或是高階用品，像是景德鎮瓷器、蘇州刺繡等送到千里之外？除了擁有巨資的商人之外，到底還有誰（包括官府）有能力壟斷這樣的行業？應該不多才是。在此，以徽商為例，最重要的壟斷行業是兩淮鹽業。畢竟鹽是生活所需，無論居住在何處，所有的人都必須消費，因而，能夠壟斷該產業的商人，必然與官府保持良好關係。例如，徽商在宗族的勢力下，借助政治勢力的庇護，來維持壟斷地位，其中「商籍制度」與「捐納入仕」是兩種主要的途徑。「商籍制度」是明清時期，非但不限制商人子弟應試為官，而且還為商人（特別是鹽商）子弟所設立的制度，這是對商人「挾資遠來、為國輸將」的一種獎勵制度。根據何炳棣的研究：「平均商人家庭經過兩代或三代之後，即非原先同樣的社會身分。事業上幾乎當鹽商家庭達到小康時，年輕的成員就被鼓勵從事學術，最終是從政，結果使得商人家庭的商人成分愈來愈淡……人數約 300 人或更少的運商和場商的家庭，在順治 3 年至嘉慶 6 年（1646-1802）間，居然造就了 139 個進士、208 個舉人[46]。」而「捐納入仕」，就是花錢買官，這也是徽商子弟進入仕途的方便之門，歷代帝王每遇國家大事，像是賑災、籌餉、重大工程與充實邊疆等，都均將「捐納」視為解決中央財政之重要方式，徽商自不例外。筆者所欲強調者，為官商難分難解的關係，而這也包括官員貪污的問題。以下，我們以訴訟為例，略探清初鹽業規模的龐大與徽商對該產業的壟斷力量。

明清時期，兩淮鹽場是整個帝國七大鹽場中規模最大者，這鹽場

45　王國斌，〈農業帝國的政治體制及其在當代的遺跡〉，《中國與歷史資本主義：漢學知識的系譜學》（台北：巨流圖書，1993），第 281-334 頁。

46　何炳棣，〈揚州鹽商：18 世紀中國商業資本的研究〉，《中國社會經濟史研究》，第 2 期（1999 年），第 59-76 頁，引自：王亞軍，《明清徽商的訴訟研究》（合肥：安徽大學出版社，2013），第 46-47 頁。

所產的鹽行銷範圍亦最大，這就需要龐大的運輸隊伍與最雄厚的財力來擔綱。當然，兩淮鹽商獲利驚人，到了康雍乾時期，兩淮鹽業發展到頂峰，徽商執兩淮鹽商牛耳，自然而然地，經營鹽業帶給鹽商（特別是徽商）相當可觀的利潤，這引起官員的垂涎。於是，乾隆 33 年（1768）時，清政府策劃一起旨在剝奪徽商財富的「兩淮提引案」。本文在此略去細節，重點是原來應該上繳的「千萬餘兩」確實被貪污了。清政府本想從兩淮鹽場攫取更多銀兩，但又怕商人財力難負荷，影響鹽場運作，於是在本案受理的起頭，朝廷就暗示六大總商，若他們能湊出一份「千萬餘兩」的清單，並且供出歷任鹽政官員貪污問題，朝廷則對徽商賄賂的情事既往不咎[47]；如此，朝廷可以取得一筆款項之外，也藉機整頓朝政，最後再安撫震怒的乾隆皇帝。簡單說，鹽業利潤龐大，壟斷的利益必須維持，官商相互依存的情景，或許可以與歐洲國家在籌備軍需時與資本家（銀行家）的熱絡情形加以比較，縱然方式、目的不同，但在商言商，利潤還是要賺取的。除了鹽業之外，徽商也壟斷典當業、木業與茶業，本章在此僅討論其中最重要的鹽業。從「兩淮提引案」當中，我們至少能大略瞭解徽商是中國巨商富賈的代表（之一），即使他們不是阿律奇所稱的資本主義——而只是市場經濟——下的資本家。

本章結語

　　對照西方國家，特別是英國，看起來不應以二分法簡化，便將中國幾個世紀以來的工業化過程視為勤勉革命，因為這可能誤導讀者認為在歷史上中國的邊際生產力未曾進步；唯獨出現像英國的工業革命，才可能讓生產力大幅提升。雖然，工業革命的確可能讓生產力迅速提升，但假若無法找到該有的礦物，特別是煤、鐵，那麼工業革命不可能完成。除了煤、鐵之外，其他的資源也不能缺少，市場也是一樣，否則工廠大量生產出來的商品乏人問津，就不可能有商人願意再投資。按此邏輯，海外殖民地對英國而言像極了一筆橫財，讓英國得以無時無刻地從四

47　王亞軍，《明清徽商的訴訟研究》（合肥：安徽大學出版社，2013），第 159-164 頁。

面八方累積國家財富，這應該是亞當・斯密始料未及的吧？另外，鴉片這項「商品」應該不至於被亞當・斯密拿來當作「分工」的例子，但毒品鴉片確實使英國的重商主義與「自由」貿易發展到最高峰，爲英格蘭累積許多貴金屬，與難望項背的國力。一切的一切，看似都是合理的，這多虧學者們——包含阿律奇、布勞岱爾與黃宗智等人，爲英國擦脂抹粉，使其看來光鮮亮麗一些。然而，光鮮亮麗（的英國）只是相對的概念，如果我們無法同時指出（中國）暗淡無光的景象，這樣，前者可能會失去意義。但難道這是數十年或百年以來，社會（科）學要我們堅信的嗎？答案似乎是肯定的，而這卻是筆者所擔心的。

　　數百年來，乃至更久，中國經濟發展的路徑，不能僅簡單使用「勤勉革命」四個字加以概括，而這是《亞當・斯密在北京》一書所欲表達者。就本章的探討看來，所謂「（英國的）工業革命」與「（中國的）勤勉革命」兩者對照，發現這又是西方知識體系二分法的另一例證；然而，除了「工業革命」vs.「勤勉革命」的對比，讓彼此的差異意義更加顯明之外，事實上兩者可能都忽略了歷史事實。這令人質疑，難道英國在工業革命以前，絲毫沒有任何勤勉革命的跡象嗎？而被冠上勤勉革命的中國，我們卻看到邊際生產力的提升。此外，在鴉片戰爭之前的明清時期，並未存在所謂「內捲化」的現象。我們所看到的，只有學者爲了理論的完美而犧牲歷史事實。

　　黃宗智似乎過度地關心小農問題，雖然這沒有什麼不好，但是，他忽視土地這個生產要素，也瞧不見江南肥料使用的增加，這項資本的投入提高了邊際生產力，也就是黃宗智定義下的「發展」。可惜，阿律奇卻挑選黃宗智的說詞，來支持自己的立場。

　　長久以來，人類的爭戰不曾停止，但因為科學與技術的進步，20世紀的兩次世界大戰造成的傷亡尤為慘烈。於是，人們思考著到底是否存在著某種制度能減少這個世界的紛爭，卻苦無答案。換言之，人們在尋找著（在治理上）相對較佳的政治、經濟，與其他面向的制度，希望國家能因為這樣的制度而發展得更好，並且更重要的是，從全球的角度來看，是不是每個國家都走向某種「理想的」制度之後，國家之間的衝突就會減少，人類也可以在這樣的環境之中達到最適切的發展。有幸地，1989 年 11 月 9 日柏林圍牆倒塌了，這激發了日裔美籍學者法蘭西斯‧福山（Francis Fukuyama）之創見，於是他完成了一部全球矚目的傑作，也就是《歷史的終結與最後一人》[1]。不過，這本傑作，讓筆者看到的是，福山以為自己看到的是「歷史的終結」，但他無法認清資本主義「自由」市場的強韌生命力，也就是說，號稱「自由民主」的已開發國家打著「自由市場」的旗幟，只是為了獲得更多經濟上的利益而已；福山若不是被騙了，就是認同「自由民主」國家之作法。

　　然而，吾人以為，福山教授所肯定的，也就是那些在國家政體上號稱是「自由民主」的國家，其所服膺的意識形態，並未如福山所言，恪遵「自由市場」的遊戲規則，讓其經濟活動由那隻「看不見的手」（invisible hand）來掌控，而是由國家透過各種政策來左右之。這些國家在國際社會從事其貪婪的行為時，其統治者即使不是總是，但通常先穿上了「自由民主」這件美麗的外衣。自 1975 年開始，對福山而言，

1　法蘭西斯‧福山著，李永熾譯，《歷史的終結與最後一人》（*The End of History and the Last Man*）（台北：時報出版社，1993 (New York: Free Press, 1992)）。

好消息接二連三地出現了，一直到 20 世紀末這個準備要迎接美好未來的時刻。福山總結了那段時間發生的大事，在其著作上，他說：「世界上不論是軍事上的右翼威權主義或共產主義的左翼極權主義這些看來很強固的獨裁體制，都在核心部分顯露其最脆弱的一面。拉丁美洲和東歐、蘇聯、中東與亞洲，強固的政府都在這二十年間動搖了。當然，並不是全由安定的自由民主所取代，可是自由民主目前已及於全球不同的地區和文化，成爲唯一一貫的政治憧憬對象。」[2]

　　福山認爲「自由主義（liberalism）——民主（democracy）與市場資本主義（market capitalism）——在所有政府的與經濟體系，或是秩序原則的組合下都獲得了勝利」[3] 的時候，福山也看到了民族主義與基本教義派以各種不同之破壞（福山心儀之自由主義的）形式出現，然而，他不認爲這些破壞的力量能夠擴張，他相信自由主義是永恆的，即使福山的確也擔憂美國與其他民主國家向「認同」（identity）的方向移動，單單是膚色或種族就已經決定了人們如何看待他們所處的世界[4]。換言之，福山認爲，雖然反「自由主義」的因素並非罕見，但無論如何，人類已經不可能找到比政治上的民主政體與經濟上的自由貿易更好的制度了。

　　關於福山將上述的事件視爲「自由民主」意識形態最後的勝利，吾人以爲，這似乎是個過早且過度樂觀的結論。因爲，世界上人口最多的國家中國，其總書記習近平透過修法將自己的任期取消；另外，俄羅斯總統普丁（Vladímir Vladímirovich Pútin）則將他的任期延長至 2036 年。從民主國家的角度來看，這兩個大國領導人對自己任期的安排，與「人民做主」、「民主政體」的理念可以說是完全背道而馳。如果再加上2020 委內瑞拉「民選的總統」葛拉爾杜・奎多（Juan Gerardo Guaidó Márquez），在自由民主的「典範」美國的支持之下，卻遲遲無法就

2　前揭書，第 IV 頁。

3　John Mueller, "Did History End? Assessing the Fukuyama Thesis," *Political Science Quarterly*, Vol. 129, No. 1 (March, 2014), pp. 35-54, p. 35, 36.

4　Azar Nafisi and Francis Fukuyama, "Totalitarianism as a Mindset Can be Anywhere," *American Interest*, Vol. 15, Issue 5 (May, 2020), pp. 1-11.

任，「在任的」總統尼古拉斯・馬度羅（Nicolás Maduro Moros）一方面掌握軍權，一方面受到中國與俄羅斯支持，這些重要的國際事件都不支持福山的論點。

　　單從 2020 年左右發生的國際事件來看，福山之「歷史的終結」預言，好像應驗得不多，吾人以為，這是因為福山對歷史事件的認識不清，而且他只看到英、美國霸權對國際秩序的「貢獻」；尤有甚者，福山對於中國自 19 世紀中葉所受之屈辱所知無幾，基於以上的理由，福山才會得出「歷史的終結」這種謬論，我們有必要重新檢視其說法。本章之結構安排如下，首先，我們得先知道福山對於資本主義「自由」市場在全球獲得了最後勝利的原因。其次，福山宣稱歷史已經終結，因為人類已經找到了最好的意識形態，那就是自由主義，或者我們稱之為「自由民主」體制，不過，待我們重返歷史之後，可以看到歷史並未終結，可惜福山並不知情，或者他假裝不知道。第三，我們解釋福山對於資本主義「自由」市場的誤解，相信這是福山過早地宣布他要終結歷史的原因。第四，我們將證明「自由貿易」只是富國糖衣而已，它看起來甜蜜可口，但是裡頭卻包裹著毒藥，讓發展中國家能以翻身。第五，福山對於「傳統」中國存在著誤解，這使得他過度地美化了英、美兩國的制度之優越性，另外，我們有必要為福山做些補充。第六，福山所堅信的源自西方之「現代」國家，起於 1500 年左右，吾人以其「以法統治」與「民主的可預測性」二者來當成標準，檢視是否近代的「現代」國家真源於西方？最後，吾人總結本章之發現。

資本主義「自由」市場的勝利！？

　　在福山想法之中，談到「自由」二字，在（全球）市場的運作上，它所指的是：國家（政府）不應該干預經濟活動，市場有一隻看不見的手會引導之，讓國家能夠得利，這是亞當・斯密（Adam Smith）之主要論點。福山在其傑作《歷史的終結》一書中對於所謂的「自由主義的

勝利」[5]，其愉悅之情，可謂溢於言表，然而拉丁美洲的「不發展」並非
如福山所認爲的那樣簡單，吾人以爲，此地區的失敗不能歸咎於「進口
替代」工業化政策，以及此政策相關的保護措施。以下分述其原因。

首先，福山在書中批評起源於拉丁美洲的依賴理論（dependency
theory）的政策錯誤，他認爲即使是相對穩健的依賴理論家所提出之政
策，仍正面地對立於自由主義的理念；具體而言，依賴理論的支持者，
主張利用進口之高關稅壁壘，以及進口替代工業來保護與培育民族工
業，這明顯地與自由主義所堅信的政府「不干預」政策相反。於是，福
山認爲其主因是這些國家背離了自由主義的「正確」軌道，於是無可避
免地，過去號稱是美國後花園的拉丁美洲，看起來一直是乏人照顧的模
樣。其次，福山接著強調了東亞國家——具體而言，指的是 1980 年代
東亞四小龍（香港、新加坡、南韓與台灣）加上後來的馬來西亞、泰國
等國家——於「二次戰後的亞洲經驗正如古典自由貿易理論所預言，已
證明遲發的近代化國家比既有的工業大國相對『有利』。以日本爲始，
亞洲的遲發近代化國家可以從歐美購買最尖端的技術，不再爲老朽而效
率不佳的生產基礎所苦，可以在一、兩代之間習得高科技領域內的競爭
能力……」。從福山上述的說法看來，他似乎不怎麼瞭解發展研究這
個領域，而這正巧是筆者可以補充之處。

針對上述福山的說法，我們可以提出一些質疑，來說明福山教授試
圖用過度簡化的理由來解釋複雜的、迥異的，深受歷史背景所影響的發
展路徑，以下提出本文的不同看法，藉以表達筆者懷疑福山之見解。第
一，福山怪罪拉丁美洲依賴理論的支持者們，指責他們用關稅建立一道
高牆，執行所謂的進口替代工業化來培育民族工業，福山認爲這些政策
與自由主義者堅信的「不干預」政策相反，於是導致失敗。然而，筆者
以爲，福山根本不清楚上述幾個他認爲導致拉丁美洲經濟發展失敗的原
因，但福山所建議者，剛好可以用在美國——特別是這個國家剛剛成立
的時候——與二戰之後的台灣。簡單說，美國在開國之初，很清楚地，

5　福山用了一個章節來說明自由經濟爲何得以勝出的理由，請參閱：第九章，〈自由主義的勝
　利〉，《歷史的終結與最後一人》（台北：時報出版社，1993），第 122-135 頁。

並非擁護自由主義，反而是保護主義才使得這個國家有工業化的過程得以抵抗外來的競爭[6]。這一點，我們在稍後的章節會詳加敘述。吾人以為，拉丁美洲國家失敗的原因並不能歸咎於進口替代這個單一的政策，因為東亞的「奇蹟」也歷經過進口替代工業化時期，我們稍後還會談到這個議題。

第二，福山提到的「遲發近代化」（後發優勢），此理論的觀點是，後進國家無須重蹈已開發國家先前在發展經濟時所犯下的錯誤。理想上，後進國家因為擁有後發優勢，於是可以節省下經濟發展的時間與金錢，避免掉不必要的浪費。只是，如果後進國家同時有這樣的「優勢」的話，那麼應該不是每個後進者都可以享受這樣的果實，因為後進國家為數眾多，就某個特定的產業而言，例如最有可能的紡織業，許多後進國家得以其低廉的勞動成本來吸引外商投資，後進國家彼此競爭，大多數的發展中國家根本是苦無機會吸引外商來投資。另外，福山還提到了後進國家可以購買歐美的尖端技術，如此的話，便能夠很快地追趕上已開發國家的腳步，這一點，福山還是太樂觀了點，這或許是新自由主義者的通病。其一，已開發國家不可能將最先進的技術賣出，保護尖端技術都來不及了，怎麼可能賣給其他國家。其二，尖端技術亦需要更高階的工人來操作，後進國家經常面臨的問題是：自己辛苦培養的人才都被已開發國家的優渥薪水與美麗的環境所吸引，恐怕人才的流失得先處理，才有人能夠操作自歐美進口的新機器。其三，在研究發展的能力上，因為人力、物力與財力均輸的情形下，已開發國家與後進國家的科技鴻溝不只是難以弭平，還可能擴大到讓後進國家根本難以追趕的地步，換句話說，科學技術的能力與收入的不均等一樣，鴻溝已經大到難以填平之境界了[7]。

6　張夏準著，胡瑋珊譯，《富國的糖衣：揭穿自由貿易的真相》，二版（台北：五南圖書，2014）。關於已開發國家表面上支持自由貿易這個看法，我們在稍後的分析會詳加討論。而新自由主義是美國的羅納爾德・雷根（Ronald Wilson Reagan）總統，與英國首相瑪格麗特・柴契爾（Margaret Hilda Thatcher）夫人在 1980 年代初期向全世界大力放送的意識形態，要求參與的國家解除管制，鼓勵私有化，應該讓市場那隻看不見的手來擘劃國家之經濟活動。

7　謝宏仁，《發展研究之風雲再起：中國一帶一路對西方及其知識體系的挑戰》（台北：五南圖書，2018）。

　　第三，福山認為發展中國家在一、兩代之內就可以習得競爭的技術能力，如果真是如此，那麼一代用二十年計算，兩代是四十年；1989年到2009年是一代，2029年是兩代，也就是說，再花不到十年的時間，發展中國家就能夠靠著從歐美國家引進來的尖端技術，得以完成其「追趕」已開發國家的（歷史）任務了。按照他的理解，每個發展中國家都能夠憑藉著其「後發優勢」追趕上先進國家，但事實上，還真是事與願違，一切似乎都出乎了福山的意料之外。吾人以為，已開發國家因為資本主義「自由市場」而獲得勝利，但尖端技術是已開發國家的競爭利器，已開發國家會極力保護之而不讓技術外流，哪裡來的「後發優勢」呢？

　　明顯地，全心支持著自由主義的福山必然會認為拉丁美洲為了實施進口替代工業而採取保護主義是不對的，他說：「從經濟上來看，當我們考慮到孤立或是保護主義時，我們是走在一條錯誤的道路上。」[8]然而，因為福山並未認真思考發展研究這個領域的重要問題，以致於誤以為自己找到了拉丁美洲這個因為實施保護主義而導致失敗的例子。下一節，我們先看英國霸權的例子，鴉片戰爭可以讓我們清楚地看到英國──被認為是19世紀最崇尚自由民主的國家──是如此地在「自由貿易」的大纛下，進行毒品的「自由」貿易，我們也將看到中國（人）在這場戰爭中，其實是真正的受害者。筆者以為，中國知識分子習慣用受害者的角度來看待19世紀中葉的歷史，只是恰到好處而已，只是他們至今仍不清楚鴉片戰爭的真正起因。

重返歷史──歷史尚未終結

　　我們應該終結福山之「歷史的終結」，因為並非「自由」市場，而是保護主義[9]才讓已開發國家的經濟能夠繼續維持高成長，這必須予以澄清。

8　Alexander Gorlach and Francis Fukuyama, "Francis Fukuyama: Democracy Needs Elites," *New Perspective Quarterly*, Vol. 34, Issue 2 (Spring, 2017), pp. 9-13, p. 12

9　事實上，吾人認為我們可以視保護主義為重商主義之一部，很重要的一部。重商主義者為了國家的利益而不擇手段，以鄰為壑，只為了累積國家財政，即使發動戰爭也在所不惜。保護主義當然與重商主義不同，但前者可以視為後者在政策執行上的一種手段。

　　人們經常爲了現在所持的某種目的而重返歷史，事實上，這個過程是一個挑選（重要）歷史事件的過程，當然，挑選有其目的，中國亦不例外，特別是 1978 年在成爲全球第二大經濟體，並且在軍事、外交、地緣政治以及文化的論述上逐漸得以挑戰美國的霸權的情形之下，中國的官員與知識分子，積極地「重新評價」（re-evaluate），並且「活化」（revitalize）中國的過去（China's past），當然，此舉亦與中國共產黨執政的合法性不無關係。其主要分法有二，其一，在文化大革命的破壞之後，學術界與藝文界開始思考如何拯救「傳統」（traditions），於是在其作品中放入「中國性格」（Chineseness），地方政府在受了中央的鼓勵之後，在投資項目與文化旅遊的推波助瀾之下，數以千計的「歷史的」主題公園像是雨後春筍地出現了。其二，爲了增強後天安門事件的世代之愛國心，中國共產黨經由系統地制度化中國之「受害過程」的論述（discourse of victimization），教育這個世代愛國心之重要性，並且提醒中國過去所遭受之屈辱，對比於中國在共產黨領導下所獲致的偉大成就[10]。

　　爲了充分瞭解中國政府如何運用自鴉片戰爭開始之一連串「受害過程」及其屈辱（humiliation），並藉以激發人民的愛國心，我們得舉個例子，吾人以爲，單就這個例子即可略窺一斑。先前於中國駐紐約總領事館任職的鄭曦原說道：「大清帝國是我心中塵封的痛……洋人的大炮轟開了我們緊鎖的國門，迫使中華民族必須以開放的姿態去面對世界……過去隱藏了千年的污穢終於見了陽光……我們民族在 19 世紀中葉，由於『閉關自守』、『固步自封』……因此從一個泱泱大國淪落爲遠東一個邊緣『鄉巴佬』國家……。」[11]這段話或許可以被視爲大清帝國自 1840 年至 21 世紀今日的中國爲止，台海兩岸知識分子內心的眞實寫照。即使當代中國崛起已經不容小覷了，但只要一想到過去國家民族所受到的不平等待遇，華人內心大致上就如同鄭曦原所道出的「心中的

10　Maximilian Mayer, "China's Historic Statecraft and the Return of History," *International Affairs*, Vol. 94, No. 6 (November, 2018), pp. 1217-1235, p. 1225.
11　雙引號爲筆者所加。請參照：鄭曦原，〈引子：晚清史是我心中塵封的痛〉，《帝國的回憶：《紐約時報》晚清觀察記，1854-1911》，修訂版（北京：當代中國出版社，2007），第 I-II 頁。

痛」。清朝失敗的原因是「閉關自守」、「固步自封」，後來是因為洋人所擁有的大炮先打開了「緊鎖的國門」，中華民族才能以「開放」之姿再度面對挑戰，因為「陽光」讓埋藏千年、污穢已深的「傳統」不至於過度潮溼而發霉。筆者認為，諸多過失該由清中國自己承擔，有功勞則該歸給洋人，這是鄭曦原的真心話，也是多數中國知識分子普遍認同的觀點。

在此，我們談談中國共產黨透過「受害過程」或「受害者」來激發人民——特別是後天安門世代——的愛國心是否合理。吾人以為，這與能否看得清鴉片戰爭的原因有關，原因愈是接近歷史事實，相信愈能看清中國受害的過程，怎麼說？我們先看一個虛假的，但卻為大多數人所接受的理由，那是文化衝突的觀點，這個觀點是英國人（或許得加上美國人）特別喜歡的觀點，因為這將滿清描繪成落後的、不知國際禮儀的國度。簡單說，學者們傾向輕易相信導致鴉片戰爭之原因源自文化衝突，舉例來說，馬謐挺在談論到南京條約時，他認為「條約解決的是戰爭，而非解決東西方文化的差異，天朝與洋人註定不相融合」[12]。這裡，他指出即使槍砲聲音暫歇，但文化衝突並無甚改變。再略提一次亦無妨，特拉維斯‧漢尼斯三世（Travis Hanes III）和法蘭克‧薩奈羅（Frank Sanello）用專章解釋清朝舊禮節導致清朝後來的悲劇；相較於英國這個現代與文明的國家，清朝皇家禮俗顯得憨愚不堪，因此鴉片戰爭是無可避免的收場[13]。阿朗‧佩雷菲特（Alain Peyrefitte）的著作是另一個例子，他在書中的主要論點之一，圍繞在馬戛爾尼晉見乾隆皇帝發生的諸事，導致無法避免戰爭[14]。本文認為，這視點被過分誇大，真正的理由不在這裡。以下簡述鴉片戰爭發生的真正原因，之所以「簡述」即可，主要原因在於大多數人將該戰爭的原因想得太複雜了，反而讓人

---

12 馬謐挺，《微歷史：鴉片戰爭的正面與側面 2》（北京：團結出版社，2012），第 201 頁。

13 特拉維斯‧漢尼斯三世、法蘭克‧薩奈羅著，周輝榮譯，《鴉片戰爭：一個帝國的沉迷和另一個帝國的墮落》（北京：三聯書店，2005），第 13 頁。

14 阿朗‧佩雷菲特著，王國卿、毛鳳支、谷炘、薛建成、夏春麗、鈕靜籟譯，《停滯的帝國：一次高傲的相遇，兩百年霸權的消長》（L'Emprie immobile ou le choc des mondes）（台北：野人出版，2015）。

無法看清眞相。

　　不同於一般的說法，吾人認爲鴉片戰爭發生的原因，可以讓人清楚地看到清朝的的確確是「受害者」，無論何時以何種方式，將清中國的「受害過程」運用各種方式傳遞給下一代，應該都是合理的。筆者認爲中國共產黨用鴉片戰爭（以及後來所有的外國勢力入侵的事實）來激發人民的愛國心是無可厚非的，只是其知識分子可能不太清楚這個戰爭爲何而發生。

　　英格蘭挾工業革命的優勢，自詡其工業產品所向披靡，然而在遠東最大的市場，卻難以找到銷路，於是大量進口毒品到中國，不只利用了所謂的「文化衝突」來發動戰爭，更舉起了「自由貿易」之大纛，指責中國人不知道國際貿易的好處，甘心地生活在一個「自給自足」的落後國度裡。偏偏中國的知識分子對英格蘭所編織的謊言深信不疑，甚至還暗地裡感謝著英國人帶來了所謂的「現代性」。事實是，清中國絕對是名符其實的「受害者」，無論是誰，強調「受害過程」都無不妥。事實上，就連 1840 年代末期流亡英國的的馬克思，對於英國挾大炮威脅中國，要這個遠東大國犧牲其子民的健康，購買英國商人送來的毒品，馬氏也感到相當地不以爲然[15]。

　　然而，可惜的是，至今仍有不少人不僅不曾責備過販賣毒品的人，更是對於釐清戰爭發生的原因興趣缺缺。清朝中國是受害者，但至今仍然受到指責，對於加害者──英格蘭──反而因「勝者爲王」的態勢，逃過了一切責任的承擔。這倒是讓人難以接受，中國近代史、世界史的學者們對於鴉片戰爭如此重大的歷史事件，竟然還處於「混沌未明」的狀態，吾人以爲，恐怕這與學術界誰掌握了話語權有關，當然，這也得「受害者」配合才行，而且最好還是不假思索地全盤接受，以免枝節橫生，壞了世人對於白金漢宮裡英國（王室）的美好印象。

　　或許因爲現在的目的不同於以往，是故「重返歷史」確有必要，尙有疑問的說法還得再檢視一番，而那些習以爲常的論點未必沒有再討論

15　謝宏仁，第四章，〈倫敦霧裡看清中國〉，曾志隆主編，《馬克思誕生兩百年後世局之演變》（台北：五南圖書，2018）。

的空間。這裡，我們還得記住一件事，19 世紀中葉時，英國絕非是一個相信自由市場而戮力實施自由貿易的工業國家。

福山對資本主義自由市場的誤解

繼承黑格爾（Georg Wilhelm Friedrich Hegel）的思維，在 1989 年柏林圍牆倒塌以及冷戰亦畫下休止符，福山宣稱「歷史的終結」（end of history），「自由民主」（liberal democracy）與「自由市場」（free markets）已大獲全勝[16]。乍聽之下，福山的說法的確有其吸引力，倘若再加上腦海中柏林圍牆倒塌的畫面，那麼不少人會相信「歷史的終結」這一刻終於到來了，「自由主義」得到了全面的勝利，就像是福山所言那般。

然而，自由民主體制的絕對完美，迷惑了福山，也混亂其思緒。具體而言，福山的論述之中，讓人遍尋不著「任何對於（經濟）發展之矛盾本質的嚴肅分析，這些〔矛盾〕本質將可能擾亂核心國家的民主制度或使之轉型，或者將在核心國家與邊陲國家的關係之中，引發了全球範圍的持續性危機」[17]。工業國──無論我們談的是英國，或者是美國──經常利用「自由貿易」這個意識形態來吸引新興工業國加入國際貿易的大家庭，再加上其國內市場的吸引力，讓新興工業國覺得有利可圖，但事實是：歷史上英國、美國，與其他工業國家其實是利用保護主義來防止其他國家在產業上與自己競爭，藉以維持其優勢，絕非向競爭對手開放其國內市場，尤其在自己的產業尚無法與外來者競爭之前。

不只如此，一國之內的情形亦復如此，有錢者愈有錢，貧者無立錐之地。但福山「接受了新保守主義的說法，使他忽略了過去二十年來〔大約指1967-1987年期間〕美國已經擴大了的收入不平等」[18]。簡言

16　Nicolas Berggruen and Nathan Gardels, "China: From the Great Wall to the Global Bridge," *New Perspective Quarterly*, Vol. 29, No. 3 (Summer, 2012), pp. 60-65, p. 60, 61.

17　Richard Peet, "The End of History ... or Its Beginning?" *Professional Geographer*, Vol. 43, No. 4 (November, 1991), pp. 512-519, p. 514.

18　Sheldon Danziger, Peter Gottshalk, Eugene Smolensky, "How the Rich Have Fared, 1973-1987" *American Economic Review*, Vol. 79, No. 2 (1989), pp. 310-14, cited in Peet, "The End of History ... or Its Beginning?" p. 514.

之，福山認為階級問題在西方社會已經解決了，但這似乎過度樂觀。另一方面，先前我們曾經提過，福山自己也擔憂著美國與其他民主國家向「認同」的方向移動，此意謂著膚色與種族將會影響其經濟收入、日常生活，與他們如何看待自己所處的世界，弱勢者難保不轉變成民主制度的破壞者[19]。對福山而言，此趨勢對其所信仰的自由民主體制之維繫並無助益。看起來，福山的說法存在著難解的矛盾之處，不過，這仍然不易撼動福山被認為是美國自由民主體制的代言人之地位。

　　事實上，在歷史上，美國「妥善地」運用這種「自由民主」體制之代言人的例子並不少見，我們將會看到更多。所以，可以這麼說，不管是英國霸權，還是美國霸權都不願意看到自己因為使用武力而被國際社會所唾棄，因此如果需要出兵的話，那麼其真正理由絕對不能讓市井小民一眼就看出來。於是官方媒體一定得想出一套論述來說明使用武力是不得已的選擇，而且無論如何派兵到海外總是為了別的國家好，即使費用得由英、美霸權自己來承擔。所幸，身為霸權的英國與美國深諳箇中道理，後者對國際媒體的掌握應該無須多談，但 19 世紀的霸權英國同樣對此亦相當熟悉，鴉片戰爭期間，倫敦的官方刊物《經濟學家》（The Economist，今稱《經濟學人》）大力支持皇家海軍派兵遠赴遠東作戰，不只如此，該刊物還大力讚賞此戰役所獲得的賠款。

　　為合理化侵略的行為，撰寫了《國富論》（The Wealth of Nations）[20]的亞當·斯密，其理論遂被包裝成「自由貿易」這種意識形態，要政府不要試圖去干涉任何商人的經濟活動，因為有一隻「看不見的手」會自動地調節市場，可以讓參與貿易的夥伴們都得到利益。這樣的說法，無論現在還是過去，仍然為學者所信仰與推崇。以下，我們還得再談談鴉片戰爭的例子，之後，我們再回顧富國是如何變成富國的，這些富有的國家到底是採用自由貿易還是保護主義，才能獲得經濟快速成長的機會呢？

　　鴉片戰爭其實是一場在「自由貿易」大纛下的毒品買賣，這是史上

19　Nafisi and Fukuyama, "Totalitarianism as a Mindset Can be Anywhere."
20　Adam Smith, The Wealth of Nations (Hong Kong: Commercial Press, 2002).

最大的、歷時最長的走私案，值得再花點時間談談。這場戰爭可以拿來證明「自由貿易」這種意識形態早在近兩個世紀以前，就已經被西方工業國用來當作發動戰爭的藉口，並且以此來說服非西方國家的知識分子們，讓他們以為自己在思維上遠遠地落在國際主流之後。先前，我們已經大略地提過鴉片戰爭發生的原因，其原因簡單到讓人覺得不可置信的地步，也可能是太過簡單以致於相信的人不多。

在清中國雍正皇帝（1722-1735）的法令規範之下，鴉片是不合法的商品。若以當今的社會（科）學的某一種方法來分析的話，應該不容易找到一位知識分子會認為非法商品也應該享受「自由」貿易下，不受到任何拘束地流動。但是，為何鴉片戰爭結束至今都已經過了一百八十年了，特別是內心為該戰事受創嚴重的中國知識分子，對此戰爭，一直停留在不願意（或看不到）真相的情況下呢？吾人猜想，中國知識分子可能也受到「自由貿易」此種意識形態的吸引，認為清朝當年無法與外國匹敵，正是因為清朝官員不懂「自由貿易」對國家經濟的幫助，於是喪失了富強的契機。但事實上，「自由貿易」只是英格蘭的一個出兵中國的幌子而已，19世紀的英格蘭可以說是一個保護主義的泱泱大國，偏偏中國知識分子還深深地相信「自由貿易」此種冠冕堂皇的意識形態，當今的英國人應該還覺得奇怪，到底是什麼原因讓中國人這麼容易就上當了呢？令人百思不得其解。

總而言之，就連對世界史影響如此深遠的這場鴉片戰爭，至今尚有為數不少的學者還不知道這場規模龐大的毒品走私案發生的真正原因，走私毒品對大英帝國來說，實在太不光彩。剛好這時亞當‧斯密在累積國家財富的方法上，提出了讓英國王室、政府與商人很好的台階下，那就是政府不要管太多，市場有一隻看不見的手，它可以管好自己。於是，在苦無出兵理由的窘境之下，廣州卸貨港口的某幾個倉庫裡頭，早已擺滿了自印度送來的裝滿鴉片的箱子，在這些箱子的前面，正好可以插上「自由貿易」這幅大旗。而所謂的「自由貿易」只是富國用來吸引（不）發展中國家的糖衣。

富國的糖衣——自由貿易

謊言無須更新，有人相信即可。無論我們談的是過去還是現在，人們一直相信英國與美國，都是自由貿易的信仰者。我們先看德國經濟學家弗雷德里希・李斯特（Friedrich List）於 1841 年鴉片戰爭仍在進行時，即抨擊了英國利用大量補貼的方式與透過高關稅，讓自己登上經濟的頂峰，但卻鼓吹其他國家努力奉行自由貿易政策[21]。這麼說來，1840年代前後，英國在遠東的中國宣揚自由貿易理念，要求中國（及其他國家）開放其國內市場，英國自己卻高築關稅壁壘與巨額補貼的方式來取得競爭優勢，明顯地說一套做一套，自由貿易並非（總是）英國人所信仰的意識形態。事實上，英國得在 1870 年代左右，才開始認真一點地實施自由貿易政策，而且，至少一部分的原因是：英國已經從清中國偷走了英國王室與商人最在意的茶樹種子、樹苗及其他相關技術。以下，再分幾個小節分述之，包括關於自由貿易的官方說法、大英帝國的霸權、美國霸權在自由貿易政策上之（不）作為，以及保護主義的典範美國等。

「全球化的官方說法」

關於自由貿易，按照「全球化的官方說法」來看，可以說，英、美兩國是全球之重要推手，想必福山會支持這樣的論點。可是，我們才剛剛看到了英國在 1840 年代使用武力要中國接受毒品鴉片，並且要求中國讓此產品進入「自由貿易」的商品項目表之中，自己卻利用高關稅與大量補貼的方式來扭曲市場，明顯地，所謂的「官方說法」並不能解釋我們看到的情形。那麼，還有什麼樣官方之說法值得我們留意的呢？我們花點時間與篇幅，看一看大家所熟悉且願意相信者。官方的說法——也就是被普遍接受的的說法——告訴我們什麼？學者張夏準歸納出以下的結果：

21　張夏準著，胡瑋珊譯，《富國的糖衣》，二版（台北：五南圖書，2014），第 34 頁。

英國在 18 世紀〔就〕採取自由市場和自由貿易政策……到
19 世紀中葉，英國令人驚歎的經濟成功顯出這些政策的優越
性……在英國霸權之下，這個自由世界的秩序在 1870 年左右
趨於完善，其主要基石為：在國內採取自由放任產業政策；國
際間物流、金流和人流的低壁壘限制……產生了一段空前的
繁榮時期。不幸的是，第一次世界大戰後……1930 年美國放
棄自由貿易……英國在那時之前……但後來自己不敵誘惑重
新引進關稅……第二次世界大戰後……在美國霸權之下……
貿易自由化在富裕國家之間有一些重大進展。但是保護主義
和國家干預依然存在於大多數的開發中國家……幸運地，自
1980 年代以來，隨著新自由主義的興起，世界各地大都放棄
了反自由政策，到了 1970 年代末期，開發中國家所謂進口
替代工業化的失敗——在保護、補貼和管制的基礎上——已變
得十分明顯……實施自由貿易和歡迎外國投資的東亞經濟「奇
蹟」，喚醒……許多開發中國家……擁抱新自由主義。走向全
球整合的趨勢大放異彩，最大勝利是1989年共產主義的垮台。[22]

　　從上面這段文字來看，英、美兩戮力實行（新）自由主義[23]政策，
看起來，無論是英國霸權也好，抑或是美國霸權也好，似乎都是為了讓
全球經濟的榮景得以持續而向世界上的開發中國家宣傳自由主義，而
且，據全球化的官方說法，各地之所以失敗就是因為保護主義，無論是
在進口替代工業化時期，或者是政府在管制上干預過多所致。簡單說，
官方說法告訴我們，（新）自由主義讓英、美得以稱霸全球，而保護主
義則讓許多發展中國家失敗；東亞經濟「奇蹟」正是因為自由貿易政策
所致。這種官方說法，其實不難攻破，卻流行了數十年，至今還是有人

22　張夏準著，胡瑋珊譯，《富國的糖衣》，二版（台北：五南圖書，2014），第 40、41 頁。

23　經典自由主義與新自由主義對於自由市場的堅持如出一轍，對於減少政府管制、私有化亦持相
　　同之看法。但二者仍有不同，新自由主義不再像經典的自由主義對國內與國際兩個區塊做出分
　　割和區別，而是以為兩者在很大程度上，可以視之為一體的兩面，也就是說，對新自由主義而
　　言，國際的流通亦不過是內政之延長，尤其是國家的疆界遲早將為全球化所打破，人們的眼光
　　以及注意力要從國內向國際移動，一直到以全世界為範圍。洪鎌德，《全球化下的國際關係新
　　論》（新北：揚智文化，2011），第 207 頁。

深信不疑，福山只是最有名的例子而已，當然，他不可能不在 1989 年柏林圍牆倒塌這件事做文章，因爲對福山而言，這是自由民主的資本主義之大勝利。接下來，我們看看英國霸權在「自由貿易」上的特點。

英國霸權之作為

按官方之說法，「在英國霸權之下，這個自由世界的秩序在 1870 年左右趨於完善，其主要基石爲：在國內採取自由放任產業政策……」，吾人以爲，新自由主義者應該最想聽到「自由放任」這四個字了。但這裡，我們只消回顧一下德國經濟學者李斯特大肆抨擊英國在 1841 年時對外宣揚「自由貿易」，但事實上卻是施行保護主義，利用了高關稅與補貼兩種主要工具，就可以知道這個英國霸權如何努力地維持「自由」世界的秩序了。在當時，處於英國霸權之下的眾多殖民地能夠享受多少「自由世界的秩序」呢？這讓人十分懷疑。另外，其主要基石是英國在國內採取自由放任產業政策，但某產業得以有競爭力，得以成功，不可能只靠一項「自由放任」之政策而已，這太過理想化了，如果眞是如此的話，那麼每一個政府都讓產業的關係人「自由」，也都「放任」關係人爲其所欲爲之事，政府好像不需要發布任何有關經濟、財政、產業，或其他政策，像是水利、教育、能源等的行政命令了，因爲政府唯一應該做的事，就是別管任何經濟活動，讓看不見的手去處理即可。果眞如此，所有政府都靠「自由放任」的話，那麼誰將勝出呢？最終還是靠武力解決嗎？

張夏準所言之「自由世界的秩序在 1870 年左右趨於完善」，這是指對英格蘭而言。爲什麼呢？先前提到英國發動了鴉片戰爭，其實是爲了茶葉，英國人買了太多中國茶，使得白銀流至中國，想賺回白銀，卻只能靠走私鴉片，偏偏道光皇帝要嚴格取締英商的非法走私，英國只得發動戰爭，想方設法地要回白銀。但問題還在於茶葉，所以當英國派了大使馬戛爾尼覲見乾隆皇帝時，還不忘記要帶十二位植物學家同行，可惜那時還沒能偷到關於茶葉的商業祕密[24]。不過，失敗爲成功

---

24 謝宏仁，第五章，〈鴉片的政治經濟學〉，《顛覆你的歷史觀：連歷史老師也不知道的史實》，增訂二版（台北：五南圖書，2021），頁 223-266。

之母，後來英國竊取成功，1851 年福鈞（Robert Fortune）取得了 2,000 個茶樹種子、17,000 棵茶樹苗，和八位專精種茶的人，到了加爾各答（Calcutta）、印度，與錫蘭（Sri Lanka）等地種植。之後，英國力推保護政策，對於其殖民地印度，給予全力的扶植，對於中國茶葉之進口則予以高關稅之進入障礙。例如 1800 年，印度出口 4,300 萬磅茶葉到英國，沒被課徵一毛錢的稅，但換成是中國茶葉，得要課微最高 35% 的關稅，如此一來，印度茶葉迅速充斥英國市場，在 1880 年，出口到英國的茶葉總量達 8,600 萬磅，完全超過中國茶葉的數量[25]。張夏準所言，1870 年英國所推動的國際「自由秩序」是在英國取得茶葉競爭的優勢之後，就 19 世紀全球最重要的產業競爭而言，英國不可能在自己的產業居於弱勢時，即冒然地推行自由貿易。

美國霸權之作為

　　美國所建議之新自由主義讓已開發國家得利，但卻嚴重地傷害了拉丁美洲的發展，我們得分析其原因。

　　關於美國霸權與貿易自由化之間的關係，張夏準重述了官方說法，他說：「第二次世界大戰後……在美國霸權之下……貿易自由化在富裕國家之間有一些重大進展。但是保護主義和國家干預依然存在於大多數的開發中國家。」[26]這段話告訴我們，二戰之後，自由貿易只在富裕國家之間有進展，大多數的開發中國家仍然利用國家干預和保護主義來發展其經濟。二次大戰之後，特別是 1980 年代美國向發展中國家推銷「新自由主義」之後，是不是就會像福山所言，民主政體更加鞏固，經濟更加繁榮了呢？答案應該是否定的。以下的分析，我們會看到拉丁美洲國家與中國的例子。

　　拉丁美洲因為熱情地擁抱了新自由主義，使其成長的障礙特別明顯，拉丁美洲人均所得在 1960 年代和 1970 年代每年以 3.1% 之速度成

25　Sarah Rose 著，孟池譯，《茶葉大盜：改變世界史的中國茶》（北京：社會科學文獻出版社，2015）；周重林、太俊林，《茶葉戰爭：茶葉與天朝的興衰》（武漢：華中科技大學出版社，2015），第 60 頁，引自：前揭書，第 202、203 頁。
26　張夏準著，胡瑋珊譯，《富國的糖衣》，二版（台北：五南圖書，2014），第 52 頁。

長，當時是高於發展中國家平均水準的，其中巴西的成長速度更是與東亞經濟體相差無幾。可是，1980 年代拉美國家聽信了美國的美麗謊言，選擇實行新自由主義之後，其成長的速度竟然還達不到拉丁美洲國家最「艱辛時光」的三分之一，即使我們將 1980 年代的十年視爲調整期而將之剔除，1990 年代之人均所得成長率，也只有其最「艱辛時光」的二分之一（3.1% 比 1.7%）。接著是每況愈下，2000 年到 2005 年之間，該地區可說是停滯不前，成長率在人均所得方面已經下降到0.6%，新自由主義讓整個拉丁美洲地區之經濟跌到了谷底。我們再看看中國的例子，自 1978 年改革開放以來，其經濟發展的成功，充分地說明了策略選擇的重要性，中國並非無條件地採行新自由主義來與世界經濟整合，而是有策略地以漸進的方式融入之，中國利用高關稅保護來建立其工業之基石，其平均關稅超過 30%，直到了 1990 年代都是如此。另外，在外國投資方面，中國比南韓、日本更歡迎外國投資，但即使如此，中國仍然規定了外資持股之上限與零件自製率的條件，以此來保護本國市場與建立製造業的基本能力[27]。從拉丁美洲國家與中國的例子看來，新自由主義對發展中國家沒有好處。

保護主義的典範美國

接下來，我們得看看二戰之前的美國，檢視這個國家在其簡短的歷史上，是如何地擁抱著保護主義。說起來，這的確讓人感到些許意外。亞歷山大・漢密爾頓（Alexander Hamilton）於 22 歲時參加獨立戰爭，33 歲（1789 年）出任美國第一任財政部長。1791 年漢密爾頓向國會提出其「製造業主題報告」，報告中提到了，像美國如此地落後，爲了抵禦外來的競爭，就必須對「處於發展初期的產業」加以保護，直至這些產業能夠自立爲止。此時，這位才 35 歲的財政部長，公然地反對當時西方世界最知名的經濟學家亞當・斯密的建議。在該「報告」中，漢密爾頓向國會議員建議了許多可以協助美國產業發展的措施，例如「保護性關稅和進口禁令、津貼、重要原物料出口禁令……產品標準管制、

27　前揭書，第 45-46 頁。

金融和運輸基礎設施的發展」等。50 歲那一年，漢密爾頓在紐約不幸地死於一場決鬥中，無法見到自己的方案被採納，但 1812 年英美戰爭爆發後，美國國會立即將關稅提高兩倍到 25%，這場戰爭阻止了從英國與歐洲國家進口製成品，讓美國的新興產業得以有喘息（發展）的空間。事實上，在 1800 至 1920 年代之間的一百多年裡，美國是全球「最具保護主義色彩的國家」，但這個國家也是「成長最快速的經濟體」。在二次大戰之後，此時美國的產業優勢已經找不到對手時，這個國家才真正開始擁抱自由貿易，而且美國還比不上英國在具產業優勢的 1860 年至 1932 年所實行的自由貿易之程度，不曾像英國那樣實施過「零關稅制度」。即使美國真的比較開放了（不可能完全自由），這個國家仍然使用其他方式——例如「公共研發資金」——來發展重要產業，舉例來說，美國自 1950 年代開始一直到 1990 年代中期，其聯邦政府所提供的資金，就占據了整個國家總體研究發展資金的 50% 到 70%，遠勝過所謂的「政府主導」型國家——日本與韓國——的 20% 左右。沒有聯邦政府的資金挹注，美國不可能在高科技產業領先全球[28]。這就是保護主義的證明，然而福山對美國扭曲市場的所作所為則毫不在意。

　　從以上的例子來看，2020 年剛下台的唐納·川普（Donald Trump）前總統在其任內發動了與中國的貿易戰爭，利用保護主義讓美國處於優勢地位，看起來川普政府似乎與其國家的「自由主義」背道而馳，然而事實上，川普的作法才是美國（英國亦如此）的正統作法，也因此「自由貿易」其實只是「富國的糖衣」。對於新興工業國而言，光看這包裹著「自由貿易」的亮麗糖衣，很少不被吸引者，但這表面上的「自由貿易」，實際上是要發展中國家開放其市場，讓外商得以為所欲為，盡其所能地擴大其利潤，並且政府的干涉愈少愈好，

　　進口替代並非如「全球化官方說法」所言與福山所堅信者，係拉丁美洲經濟發展失敗之罪魁禍首，這是因為實施進口替代工業化之時，政府通常會提高關稅來阻止外來商品與本土廠商競爭，或者再加上補

貼本土廠商，減少其成本負擔，這樣的話才有機會扶植本土企業，期待日後能夠有機會與外國競爭者一較長短。然而，這就引起了新自由主義者——像是福山——的撻伐了，因為這些都是扭曲市場的作法，於是進口替代工業化就成了新自由主義支持者眼中的代罪羔羊。然而事實上，台灣、南韓在工業化初期一樣執行過進口替代工業化，只是台灣與南韓也都施行過出口導向工業化，藉以賺取外匯。相反地，拉丁美洲主要出口原物料，而原物料受到國際市場更致命的影響，當拉丁美洲國家賺不了外匯同時又得還錢的情況下，只能繼續為之，拉丁美洲最終演變成債臺高築。我們以台灣是東亞「奇蹟」為例，台灣在 1950 年代實施進口替代工業化，不久之後，1960 年代初期則將重心移向出口導向，以輕工業為發展之主軸。因為地緣政治的因素，美國開放其市場給台灣，日本工廠教了台灣代工廠技術，日本的總合商社負責美國這個最大市場的行銷工作，這些都是台灣工業化初期，得以賺取大量外匯的原因，並非只因出口替代工業化就足以成事[29]。所以，拉丁美洲的進口替代工業化並非如新自由主義者福山所言，是該地區失敗之主因。

　　以下，我們討論福山對「傳統」中國的誤解，吾人以為，這可能導致福山對英、美自由主義持過度正向之態度。

福山對「傳統」中國的誤解

　　福山對於自由主義的喜好，吾人以為，部分可能來自於對「傳統」中國的誤解[30]。以下分為幾個小節討論，包括歐洲中心主義下的「傳統」中國、現代國家與「以法治理」，以及制度的「可預測性」。簡單說，福山似乎刻意地貶低「傳統」中國，藉此來突顯「自由主義」的英、美之進步性。

歐洲中心主義下的「傳統」中國

　　中國這個巨大的國家，長久以來吸引著全球無數學者的目光，福山

---

29 謝宏仁，《發展研究的終結：21 世紀大國崛起後的世界圖像》（台北：五南圖書，2013）。
30 這裡的「傳統」中國，指的是費正清（John K. Fairbank）定義的 1842 年以前的中國，稍後我們還會談到費氏的論點。

也不例外，特別是福山對於英國、美國這些「自由民主」國家之強盛，與中國自鴉片戰爭以來就苦於追趕，福山想用他的理由來說服我們，「自由民主」這樣的意識形態是人類至今所能找到的最佳制度。當然，中國——至少目前——所採用的政治制度[31]，絕非福山心儀之政治制度。那麼，對福山而言，中國到底為何達不到福山的要求呢？

接下來，我們即將看到福山對於「完美」政治制度所下的定義，雖然看起來只是重述、引用了古典社會學三大家之一韋伯的說法而已，或者僅僅增加了少許自己的意見，這也難怪聽起來十分耳熟。福山認為世界上有三個類別（或條件）可以說明政治制度，第一是國家機器（state apparatus），這是一個「上下層級的組織」（hierarchical organization），擁有能力得以威嚇人民，更重要的是，它還得是一個現代國家（modern state）[32]。福山要我們留意一下，在人類的歷史上，中國的秦朝（221 B.C.E.-206 B.C.E.）是第一個建立了「現代」國家者，早於西方一千七百多年。可惜，因為秦朝並未「以法治理」（rule of law），取而代之的是，經由教育而產生的溫和的統治者（moderating rulers through education），以致於中國不可能像西方那樣，人民有幸得以理解「民主的可預測性」（democratic accountability）[33]。

那麼，福山的「現代」國家有何特色呢？福山引用了韋伯的定義，他說，「現代國家〔舉才用人〕並非基於朋友或親屬，人們之所以被拔擢不是基於與統治者的關係」，此外，「人們應該被視為公民，被〔一組規則〕公正地對待，並且與統治者之間存在著一定的距離〔以免用人

31　事實上，福山在發現中國「模式」似乎不是那樣地符合他自己的「自由民主」體制之後，福山也改變其說法。例如，他曾經在一場演講當中，很有「禮貌地」談到了東西方之政治制度各有所長，聽起來好像他對於英、美的「自由民主」體制有了新的體悟。不過可惜的是，目前吾人尚未能看清其中之變化。有興趣的讀者，請參照：福山，《從歷史的終結到民主的崩壞》（新北：聯經出版社，2018）。

32　Francis Fukuyama and Weiwei Zhang, "The China Model: A Dialogue between Francis Fukuyama and Zhang Weiwei," *New Perspectives Quarterly*, Vol. 28, No. 4 (Fall, 2011), pp. 40-67. p. 40, 41.

33　Francis Fukuyama, "What Kind of Regime Does China Have?" *The China Challenge*, Vol. 15, Issue 6 (July/August, 2020), pp. 144-156, p. 145; see: Gregory Melleuish, "Francis Fukuyama and the Origins of Political Order and the State: A Historical Critique," *Australian Journal of Politics and History*, Vol. 58, Issue 1 (March, 2012), pp. 112-122.

唯親〕，這與古代國家（ancient states）有著相當程度之不同」【34】。第二個條件是「以法治理」，韋伯宣稱中國傳統法律自秦朝開始即已停滯，吾人猜想，從某一個角度來看，傳統中國法的最高階段就是秦朝，所以秦朝以後的朝代，法律體系在各個方面的表現都不可能超越秦朝，這一點相信福山應該不會反對才是。那麼，福山持贊成意見的原因是什麼呢？簡單說，因為福山相信秦朝是中國第一個「現代」國家，可惜後繼無力，秦朝也是最後一個，因為秦朝沒有發展出「以法治國或民主之可預測性」【35】。所以，從福山的標準可以看出，這是一種讓人民得以作主而伴隨的「可預測性」。

　　以下，針對福山這兩個標準反駁之。首先，福山一方面認為秦朝是全球第一個「現代」國家，其「現代」國家的標準之一即是「以法治理」，但另一方面，福山又提到了，秦朝之所以無法延續下去，又是因為沒有辦法「以法治理」，這是矛盾之處。第二，「民主」制度，其實是一種公民權利的展現，可是福山不清楚，在清末西方法律體系引入之前，「傳統」中國法律是一個義務觀的社會，統治階級與人民均無權利的概念，用此來比較，事實上是用西方的「有（權利觀）」來比較東方（中國）的「無」，非常不妥。歷史上，中國的法律體系是極有效的，與西方的「權利觀」之法律體系，並無明顯的優劣之分【36】。

現代國家與「以法治理」

　　在福山的想法之中，秦朝雖是一個「現代」國家，但可惜尚未習得「以法治理」，於是二千多年前的一個「短命」之「現代」國家遂消失在歷史的長河裡。福山所言似乎合理，倘若一個朝代無法「以法治理」的話，那麼這個朝代想必是國祚不長了，秦朝僅僅十多年的歷史，正好可以將之拿來當成沒有習得「以法治理」，才導致朝代的滅亡。只是福山不是說，一個「現代」國家（朝代）得先有「以法治理」這個必要條

34　Fukuyama and Zhang, "The China Model," p. 40.

35　Fukuyama, "What Kind of Regime Does China Have?" *The China Challenge*, Vol. 15, Issue 6 (July/August, 2020), p. 145.

36　謝宏仁，《社會學囧很大 1.0：看大師韋伯如何誤導人類思維》（台北：五南圖書，2015）。

件嗎？怎麼又說秦朝是中國（也是世界上）第一個「現代」國家，但卻學不會「以法治理」呢？

　　回到秦朝舉國不懂「以法治理」，事實上福山也不懂秦朝。根據德國學者何意志（Robert Heuser）的說法，中華法系就是在秦朝時所形成的，直到唐朝已臻成熟。然而，事實上，夏朝（2070 B.C.E.-1600 B.C.E.）時已產生了國家法，歷經商朝（1600 B.C.E.-1046 B.C.E.）、西周（1042 B.C.E.-772 B.C.E.）逐漸完備，而法律的大變革則發生在春秋戰國時期（770 B.C.E.-221 B.C.E.），此時，成文法已經在各國頒布實施，而中華法系的雛形則是在秦朝所形成。一般認為秦朝法律是殘缺的，不可能找到證據來證明已經存在著系統化的法律體系，這種說法為多數人所信仰，再加上西方學者——例如古典社會學巨擘韋伯與本文討論的主角福山——不願意深入研究中國，以致於過去的錯誤一直由下一代的學者繼續承接下來，只得一錯再錯了。

　　考古挖掘到的秦簡，顛覆了前述所言之秦朝法律是殘缺的說法。1975 年 11 月在湖北省雲夢縣，挖掘到了秦朝行政內史的墓塚，這個朝代的法律制度，從現在湖北雲夢出土的秦簡看來，已經相當完備了，中國傳統法律的原則，正是在這個時候確立了。挖掘之後，總共發現了1,150 片有文字的竹簡，其中的三分之二與法律有關。學者將之分類到六個文獻匯編之下：第一，《秦律十種》共 201 片，這是原始的行政法材料；第二，《效律》共 60 片，監督貯糧官與懲罰違反者之規定；第三，《秦律雜抄》共 42 片，由行政法和刑法材料所組成之匯編；第四，《法律答問》共 42 片 187 條，為所做的解釋、刑法，與程序規範等；第五，《封診式》共 98 片，分 25 部程序分類之文獻（大多數是勘驗報告）；第六，《為吏之道》共 51 片，是官吏行為規則的資料匯編所形成之法律規章[37]。

　　從考古學的證據看起來，秦朝應該已經學會了「以法治理」這個技巧了，只是福山卻告訴我們，秦朝之所以短命，是因為這個國家從上至

---

37 何意志著，李中華譯，第四章，〈前現代結構：中國古代法律思想和法律制度〉，《法治的東方經驗：中國法律文化導論》（北京：北京大學出版社，2010），第 36-89 頁。

下，一直無法學會「以法治理」這個「現代」國家的重要元素，但歷史卻告訴我們一個不同於福山所說的故事。

制度的可預測性（political accountability）

　　吾人以為，正是在歐洲中心主義的氛圍下，西方學者不知不覺地產生了優越感，在他們看到了西方制度的優越性之後，同時他們也「看到」了東方（特別是中國）制度的落後性，而且似乎這早已是學術界的「共識」了，但到底為什麼會產生這樣的結果呢？筆者以為，除了韋伯的影響之外，可能與美國的頭號中國通費正清有關，費氏以 1842 年將中國歷史分為該年之前的「傳統」中國，以及之後的「現代」中國。對費氏而言，討論「傳統」中國的意義似乎不大，因為在這段期間的中國被視為一個「停滯的」社會，在這樣的社會裡，若有事發生的話，也不會是重要的；費氏認為「現代」中國才可能發生有意義的變遷，因為是西方人帶來了「進步」的觀念。

　　費正清的「停滯說」自然地與「可預測性」[38]不合，然而如果我們用心地蒐集資料去反駁費氏之說法，並且最後我們真的成功地找出了相當多的證據，足以證明「傳統」中國並非處於「停滯」的狀態，那麼相信我們在學術界應該可以獲得很好的聲望，因為我們與大師級的費正清之論點進行了「有意義」的對話。然而，在分秒必爭的現代社會，如此「有意義」的討論將會花掉我們不少時間，我們只消問幾個問題，就可以找到很好的理由來拋棄費氏的「停滯說」。我們舉三個例子來看，第一，唐朝（618-907）當然在「傳統」中國的時間序列之中，如果這個朝代真的很傳統，為何日本要派留學生到唐土學習新知呢？第二，宋代（960-1279）曾經發行過紙幣，這應該是人類首次的發明，難道這種進步的制度可能在所謂的「傳統」社會發生嗎？第三，約莫 18 世紀中葉，歐洲流行「中國風」，如果中國是「傳統」的社會，何以能供應高階產品，甚至是關於精神層次的林園造景、擺設用品給「現代」歐洲呢？

38　韋伯對此談了很多，而福山也感到興趣，吾人以為，因為可以讓福山對中國的誤解得到大師韋伯的背書。

「停滯的」中國爲何吸引「現代的」歐洲消費者呢？這些問題都不是費氏的論點所能予以解釋者。所以，「傳統」中國之「不可預測」性，這種讓人摸不著頭緒的論點不攻自破，雖然我們並不直接與費氏對話。

源自西方的「現代」國家

這一小節之中，我們將證明，福山認爲西方是「現代」國家起源之地，這只是他心中的幻覺而已，並非眞實。

福山告訴我們，約莫在西元 1500 年之後，「現代」國家在西方興起了，西方國家之所以可以稱之爲「現代」國家，對福山而言，是因爲西方有了東方所沒有的「以法治理」與「民主的可預測性」這兩項獨特的要素。這裡，我們花少許的時間，看看福山的說法是否合理？首先，我們先用一般人的思維來理解某些應該算是滿基本的問題，在人類的發展過程當中，制度的改變應該不可能是一蹴可幾，通常得花上許久的時間才對，所以我們似乎不得不質疑福山選擇了一個西方開始向外擴張的時間點，告訴我們西方才有的「現代」國家，已然具備了「以法治理」與「民主的可預測性」。

吾人懷疑著，難道是因爲西方開始向海外殖民，所以西方人就（「自然地」）知道如何「以法治理」這個世界嗎？聽起來，實在不合邏輯。西方人爲何在 16 世紀初期的時候，全都知道了用法律來治理一個國家是多麼好的一件事，並且在西方世界裡的所有國家「竟然」不約而同地都開始使用法律來解決人民之間、人民與政府，或者是政府與政府之間的糾紛呢？到底是什麼讓 1500 年的西方成爲第一個運用「以法治理」的地區，並且因而孕育了爲數不少的「現代」國家呢？我們能夠爲福山猜測得到的「理由」，似乎只能是因爲福山也受了西方哲學二分法的影響，在解釋西方爲何成爲今日（強盛）的西方之時，「現代」的西方必須由「傳統」的東方來陪襯。也就是說，「西方」必須由「東方」這個相對的概念才可能得以理解；而「現代」這個概念根本不可能在缺少「傳統」的概念之下而存在，換句說話，「西方」與「東方」得同時存在，「現代」與「傳統」亦是如此。果眞如此的話，福山的看法與古

典社會學「大師」之一的韋伯似乎異曲同工，這倒是讓人意外，因爲筆者不曾聽說過福山是韋伯的粉絲這種說法[39]。

　　其次，我們談談福山所提之「現代」國家的第二個重要元素，也就是「民主的可預測性」，看看此要素是否眞是西方約莫在 16 世紀（即 1500 年）開始冒出地表的「現代」國家所不可或缺者。什麼是福山所認爲的「民主的可預測性」呢？筆者以爲，這種「可預測性」應該與上述提及的「以法統治」有關，也就是用清楚的、邏輯首尾一貫的法律體系來治理整個國家，相信也只有這樣，民主制度才得以確立，可預測性才得以實現。又民主制度應該是什麼模樣呢？相信讀者的心目中各有對於民主制度的看法與堅持，但吾人相信「全民普選」應該可以被多數人認爲是一個可以被接受的民主制度之指標才是，那麼 16 世紀初的西歐國家眞的如福山所言是在實行民主制度嗎？看起來不是。我們舉當今最

39　雖然如此，福山的老師杭廷頓（Samuel P. Huntington）專注於運用文化面向的觀點來解釋歷史上東、西方之間的衝突，這倒是爲人們所熟知者，杭廷頓之傑作《文明衝突與世界秩序的重建》（新北：聯經出版社，1997）爲全球眾多讀者所熟知。筆者認爲，單單使用文化之間的差異，試圖來理解複雜的國際政經關係與地緣政治，雖然這對讀者而言的確產生不小的吸引力，但似乎難以說服筆者爲何歷史上某些時期西歐（國家）並非像當代一樣，可以被輕易地歸類於所謂的「先進」國家，或者「已開發」國家，如果西歐（基督教）文明（或中東回教文明）得花上一段時間來形成的話，那麼應該不會突然之間就能看到巨大轉變才是。
　　例如，7 世紀到 11 世紀，回教文明擴展到了東南亞，之後就不再繼續了，這是爲什麼呢？應該是某些原因造成的結果，而不是回教文明本身導致了這樣的情形發生。再例如，歐洲的中古世紀，人們稱之爲黑暗時期，相信杭廷頓所稱頌之西歐文明，應該不是指涉這個時期才對，那麼爲何在西歐文明之前是不怎麼光彩亮眼的時代呢？歐洲到底發生了什麼變化呢？相信這是某些原因所造成的結果，也就是杭廷頓所說的「西歐文明」，到底是哪些因素塑造了後來的足以「壓迫」全球的「西歐文明」呢？杭氏無法解釋這些，相反地，他似乎只是將「西歐文明」視爲理所當然而已。這一點倒是和古典社會學大師韋伯相似。
　　韋伯亦十分熟稔於運用文化面向的分析方式，他認爲西方之崛起與新教倫理有關，而東方之衰弱則因爲儒教倫理並無類似之經濟倫理，結果導致了清朝中國難以與西方列強匹敵。韋伯在世（1920）之前，他應該聽說了遠東的古老帝國──滿清王朝──在西方列強的「互動」之下土崩瓦解了，這似乎應驗其經濟倫理導致發展（或不發展）的「因果」關係了。關於對韋伯單一面向的文化解釋之強力且幾乎是「不留情面」的批判，請參照謝宏仁，《社會學囧很大 1.0：看大師韋伯如何誤導人類思維》（台北：五南圖書，2015）；《社會學囧很大 2.0：看大師韋伯爲何誤導人類思維》（台北：五南圖書，2019）；《社會學囧很大 3.0：看大師韋伯因何誤導人類思維》（台北：五南圖書，2020）。
　　那麼，如果杭廷頓也運用（單一面向之）文化面向來解釋歷史上東、西之間的衝突，杭氏的解釋應該也不會有什麼說服力才是，想必杭廷頓的得意門生福山之論點應該也難以服人才是，我們將繼續證明這樣的說法。事實上，杭廷頓的的確確認爲「美國民主的成功」應該歸功於在美國建立的階段，存在於北美的「盎格魯─新教徒文化」（Anglo-Protestant culture）。請參照：Francis Fukuyama, "Do we really know how to promote Democracy?" *Romanian Journal of Political Science*, Vol. 5, Issue 1 (March, 2005), pp. 161-173, p. 165。

被普遍認同的民主國家英國為例，事實上，20世紀初的英國可以說是「相當專制」，1918年英國的男性開始普選，女性則是在1928年才開始普選。號稱民主國家典範（之一）的英國，實施全民普選的日子還落後給挪威（1913）、丹麥（1915）、奧地利（1918）、瑞典（1918）與荷蘭（1919）等五個國家，其他歐洲國家實施全民普選則在英國之後，像是西班牙（1931）、法國（1946）、德國（1946）、義大利（1946）、比利時（1948），葡萄牙（1970）與瑞士（1971）。可以說，英國這個世人稱頌的民主國家，在全民普選的實施上，並未領先其他歐洲國家，當然也稱不上落後[40]。數字上看起來，福山所稱之「民主的可預測性」在20世紀之前，充其量也只有一半而已，因為在這之前，仍有一半的女性無法藉由投票來表達其意志。所以，西方的「民主制度」之發展，所遇到的阻礙應該是不少的，特別是對女性而言。總之，福山的說法——西方「現代」國家形成於1500年——實在讓人摸不著頭緒。

本章結語

　　這麼說，古典社會學三大家之一的韋伯於1920年離世後的某一天開始，其名氣在思想界「就是」——絕非只是「幾乎」——無人能及，所以我們可以發現，只要願意全心全意地追隨韋伯，自己的名聲似乎也可以跟著水漲船高。怎麼說呢？福山的老師，就是鼎鼎大名的文化論者杭廷頓之得意門生，雖然內文中並未討論杭廷頓之大作，但明顯地，杭廷頓深受韋伯之影響，過度地重視文化因素之探討，最終導致了杭氏在其東、西方的衝突與世界秩序的混亂之分析中，他視「（文化）衝突」為不可避免，且完全歸咎於基督教文明與伊斯蘭教文明之差異所致，當然在西方的歷史學傳統底下——多多少少結合了基督教的善惡二元論——基督教文明代表的是善的一方，而伊斯蘭教文明則屬於惡的一方，最終善的力量一定會是勝利的一方，惡的一方必然在善的力量的影響之下，得到了重生，還真多虧了基督教文明。讀者看到這裡，是不是

40　梁柏力，《被誤解的中國：看明清時代和今天》，二版（香港：花千樹出版社，2011），第212、213頁。

覺得福山的論點像極了他的老師杭廷頓呢？英國也好，美國也罷，只要一想到「自由主義」，福山的想法裡自動浮現這兩個模範國家，然而福山總是不願意解釋，為何還不能算是自由民主體制國家的中國，對於新自由主義興趣缺缺的中國，改革開放至經濟發展同樣可以獲得成功？

　　如果讀者對韋伯還算熟悉的話，是不是看完了筆者對於福山的討論之後，覺得自己好像剛剛才讀完了韋伯的大作呢？但在這個章節裡，我們並未深入地討論韋伯。不過，因為杭廷頓與福山這對師生，受到了大師韋伯的「潛移默化」之影響實在太深，所以，師生說出來的論點均與韋伯雷同。

　　21 世紀的我們還要繼續將 20 世紀初韋伯對中國的粗淺看法發揚光大嗎？我們還要繼續歌頌杭廷頓以及其愛徒福山之「大作」與「真知」來讚揚英國與美國這種所謂的「自由民主」體制國家嗎？韋伯也好，杭廷頓與福山這對師徒也好，他們在看到西方的「好」和「優點」之後，就開始等不及地向大眾闊談其心中極度偏頗的故事，這對瞭解世界歷史也好，東、西方比較歷史也好，即使有幫助也極為微小。

第十一章 弗格森（Niall Ferguson）——
為成就108課綱，教育部部長採信大英帝國的謊言

　　尼爾・弗格森（Niall Ferguson）是當今英國最著名歷史學家之一，哈佛大學提胥講座教授，牛津大學耶穌學院資深研究員等，也是大英帝國當代的化妝師。弗格森在其大作《文明：西方與非西方》（*Civilization: the West and the Rest*）[1]中提到了，若用當代流行的電腦行銷術語來形容的話，以下六大 APP 讓西方——也就是「居住在歐亞大陸西端的少數人」——支配這個世界五百年，它們分別是「競爭」、「科學」、「財產權」、「醫學」、「消費社會」與「工作倫理」。本文試圖推翻弗格森西方支配世界五百年之說，並且意外地波及了教育部部長的 108 課綱，具體而言，弗格森與教育部部長可謂沆瀣一氣，至少就東方（中國）落後給西方的總時間而言。

　　弗格森在其〈導論：拉瑟拉斯的提問〉[2]中，相當直白地說：「主張西方文明的興起是基督紀元第二個千年後半段最重要的單一歷史現象，不表示這就是『歐洲中心論』或（反）『東方主義』。這只是針對顯而易見之事所做的陳述。這裡的挑戰在於解釋西方文明何以興起。**15世紀之後**〔粗體為吾人所加〕，是什麼原因讓西歐文明勝過外表看來遠較西歐優越的東方帝國？」[3]吾人以為，弗格森也害怕自己被貼上「歐洲中心論」者，於是先表明自己只是在陳述一件「顯而易見之事」，其

1　尼爾・弗格森著，黃煜文譯，《文明：西方與非西方》（新北：廣場出版，2019）。本書早在 2012 年已有繁體中文版，請參照：弗格森著，黃煜文譯，《文明：決定人類走向的六大殺手級 APP》（新北：聯經出版社，2012）。在本文中，引用時是根據 2019 年版。此外，筆者對於 2019 繁體中文版的副標題，也就是 the West and the Rest，有點意見。按字面翻譯的話，應譯為「西方及其他」才是，當然就意義來說，the Rest 必然指的是非西方人。只是，英文 the Rest 夾雜了輕鄙之意，譯者將之譯為「非西方」實在難以展現原文更為「豐富」之意。

2　〈導論：拉瑟拉斯的提問〉，前揭書，第 27-48 頁。

3　前揭書，第 35 頁。

論點絕非是在「歐洲中心主義」的思維下所產生的。弗格森確實認定了西方領先五百年，而且他提出的解釋是：西方擁有六大殺手級 APP，才可能領先（主宰）世界達五個世紀之久。

　　學術界不乏以成敗論英雄的作品，也就是看到了西方在歷史上的某個時期──例如 16 世紀的宗教改革、18 世紀的工業革命、19 世紀的鴉片戰爭──之後，西方（列強）勝過東方（中國），特別是在軍事工業、軍事組織與制度這些方面。學者於是開始找一些可能使得西方領先的因素，像是「獨一無二」的理性化、某宗教分支「特有」的宗教倫理、工業革命，或是起源於何時仍有爭議的「資本主義」，晚近還得加上「民主」這個會讓歷史終結的制度。這些「原因」乍聽之下都有道理，只是學者中的大多數根本沒有認真研究過東方（中國），這倒是讓人感到意外。

　　事實上，最晚從 19 世紀末，歐洲學界早已充斥著西方已主宰世界數百年之看法了。過去及現在皆瀰漫在類似的氛圍當中，無論在哪個面向上，歐洲幾乎都是領先的。然而，真如弗格森所言，過去的五百年裡，西方（歐洲、西歐，或歐亞大陸最西端的少數人）在上述的六大事物當中領先了嗎？這是弗格森關心的問題，「恰巧地」正好也是台灣教育部欲取得的「證據」。108（2019）課綱──主要是歷史科──對於世界史的看法，竟然與當代英國知名歷史學家弗格森如出一轍，教育部部長完全贊成弗格森的論點，西方（特別是英國）已經領先（主宰）世界長達五個世紀了，這樣的說法頗令吾人感到不可思議。五個世紀裡的大部分時間，就是中國歷史上的晚期帝制時期，其中不乏經濟發展相當繁榮的時期，例如 15 世紀初期、16 世紀末與 17 世紀初期的明朝，整個 17 世紀與 18 世紀的康熙、雍正、乾隆清初盛世，西方（英格蘭）到底是如何領先五個世紀呢？

　　為了解答弗格森這個「不可思議」的論點，與教育部完全服膺於「歐洲中心主義」思維，並且全心全意地支持弗氏之論點，吾人將本章結構安排如下，首先，我們對弗格森「殺手級的六大 APP」，也就是「競爭」、「科學」、「財產權」、「醫學」、「消費社會」與「工作

倫理」等提出質疑，並且我們也會以實際的例子，大略地說明弗氏的
「醫學」與「消費社會」此二 APP 未必領先全球。其次，我們有必要
先知道到底誰決定了「知識」是什麼？知識如何地被形塑，以及其傳播
的網絡？這些將有助於釐清歐洲中心主義與社會科學爲什麼會是今日的
模樣。第三，當弗格森遇上教育部部長，會激起什麼樣的火花呢？二人
未曾謀面，爲何對 15 世紀後的世界史之看法竟會如此地雷同，讓人誤
以爲教育部部長根本是視弗格森對帝國與世界史的看法爲圭臬，毫無批
判反省的能力。最後，吾人總結本章之發現。

西方領先的六大殺手級APP

　　先前，我們在〈諾斯〉專章引用張夏準的論點時，提到了張夏準對
於英國歷史學家尼爾・佛格森〔本書音譯爲「弗格森」〕的看法，張氏
認爲，弗格森在他的傑作《帝國》[4] 之中，誠實地記載大英帝國爲數頗
多之不當的行爲，鴉片戰爭僅是一例，弗氏卻堅持總體而論，「大英帝
國是一件好事……確保有利於每一個人的自由貿易」[5]。可想而知，弗格
森爲了證明大英帝國在許多不當行爲之後，留給世界的其實是一些好的
事物或制度，所以弗氏決定不談太多英國人如何對於其他人種的迫害，
談的是歐洲──具體而言是18、19世紀的英國──爲什麼可以領先（主
宰）這個世界。以下，我們再分爲兩個小節討論之，其一，對殺手級
APP 的質疑。其二，我們選擇弗格森的「醫學」與「消費社會」這兩
項 APP，做更進一步的討論[6]。

4　本書的繁體中文版，請參照：弗格森著，睿容譯，《帝國：大英帝國世界秩序的興衰以及給世
　界強權的啓示》（新北：廣場出版，2019）。事實上，我們即將看到弗格森對於六大殺手級
　APP 的描繪，其基本的態度是：大力讚揚大英帝國爲這個世界帶來的好處。所以，可以推測到
　的是，我們應該很難得到弗格森對於大英帝國之不當行爲的批評才是。如同弗氏在《帝國》
　中承認的話：「1982 年我進入牛津大學……當時牛津大學學生會還常常針對一些像是『我們對
　殖民統治感到抱歉』之類的嚴肅草題進行辯論，年輕愚昧的我很直接的〔地〕表達心中的反對
　意見，魯莽行事的結果就是讓我的學生領袖生涯草草結束。直到那時，我才開始明白並不是所
　有的人都和我一樣，對於英國過去的帝國統治懷抱著自信及美好的評價。」這段話之中，清楚
　地告訴我們，弗格森對於英國的帝國統治是有自信，並且對於被殖民者的社會之「貢獻」持相
　當正面與肯定的態度。
5　張夏準著，胡瑋珊譯，《富國的糖衣：揭穿自由貿易的眞相》，二版（台北：五南圖書，
　2014），第 43 頁。
6　關於弗格森的六大 APP 之其餘四者，包括「競爭」、「科學」、「財產權」與「工作倫理」等，

質疑六大APP

這一小節中，我們用一種相對輕鬆的，也就是沒有那麼學術的方式來反問弗格森，藉以質疑其「大言不慚」的種種說法。以下，我們逐一討論弗氏之支配這個世界五百年的六大殺手級 APP，引號內的文字，是弗格森在其結論一章中對於每個 APP 的總結，引號外的文字，則是筆者對弗格森論點所提出的質疑。概括而論，弗氏的六大 APP 都言之成理，只要他能詳盡地回答吾人所提之問題的話。

「競爭：歐洲本身由於政治分裂，使得每個王國或共和國宛如多家公司一樣彼此競爭」[7]。當然，彼此競爭可以促進科技的提升，特別是在軍事工業之上，否則很快會被對手擊垮。然而事實是：歐洲國家，特別是列強之間，不只存在著競爭關係，也存在著合作關係。讀者對於發生在 1850 年代的英法聯軍應該不陌生，對於 1900 年的八國聯軍，印象應該更深刻才是，這是列強在海外利益分贓時的合作關係。也許我們可以想想非洲國家之間的邊界，為何平行於經線或緯線呢？傳統上，非洲大陸上數以萬計的部族之間，為何會以直線來劃定邊界？應該沒有人會相信國家之間的邊界可以這麼直，直得讓天然屏障，像是山與川，幾乎無用武之地。吾人相信，這是歐洲列強為非洲國家所劃定的，在列強之間的競爭之後，只將歐人的利益納入考量。

「科學革命：17 世紀數學、天文學、物理學、化學與生物學的重大突破都發生在西歐」[8]。吾人以為知識是累積的，17 世紀西歐在數學、天文學與生物學發生重大突破之前，除黑死病之外，蒙古人也隨身帶了不少科學知識給予歐洲人才對，加上本性慷慨的阿拉伯人在與歐洲交流之時，不吝嗇地西傳了數學、天文學與世界地圖（後來傳到哥倫布手

請參考：謝宏仁，《顛覆你的歷史觀：連歷史老師也不知道的史實》，增訂二版（台北：五南圖書，2021）。關於「競爭」APP 請參照該書第一到五章；「科學」APP 請參照第一到四章；「財產權」請參照導論、第六章；「工作倫理」APP 請參照第七章，或者亦可參考謝宏仁，《社會學囧很大 1.0：看大師韋伯如何誤導人類思維》（台北：五南圖書，2015），特別是第一章〈儒家倫理與資本主義精神〉，該章證明了儒家倫理並不缺乏韋伯認為只有新教倫理才看得到的經濟倫理。

7　弗格森著，黃煜文譯，《文明》（新北：廣場出版，2019），第 383 頁。

8　前揭書，第 383 頁。

上），因此弗氏在為西歐的臉上貼金的同時，倒也該學習東方的飲水思源觀念。況且，當弗氏在書寫其傑作的第二章「科學」APP 時，他談了發生於 1683 年「維也納圍城戰的勝利，不只是基督教與伊斯蘭教為期數世紀鬥爭的轉捩點，也是西方興起的關鍵時刻……1683 年後鄂圖曼人的長期退縮，不完全出於經濟因素……仔細地觀察可以發現，西方的優越本身來自於科學能更有效地適用在戰爭上……」。弗氏說得極是，西方（英國）將科學運用在（鴉片）戰爭，非法的商品也變成合法，暴利於是有了更加「踏實」之理由，難怪弗氏會說「（歐洲）政府的運作也較為合理」，特別是在使用槍砲之後。

「法治與代議政治：英語世界出現了最適用的社會與政治秩序系統，這個系統的基礎是私有財產權，以及讓財產所有者在選舉產生的立法機關中擁有代表權」[9]。這便是一開始弗格森所談論的「財產權」，看起來法治與代議政治是必要的，因為二者都是西歐引以為傲者。可是歐洲中心主義思維掩蓋了北宋中國早已保護了的著作權，即使在那樣「傳統」中國的義務觀社會的治理之下，統治階級與人民均無權利觀念，但卻有保障私有財產之事實，就效果而論，與權利觀並無不同。然而，在西方知識體系之下，東方（中國）不談權利，被描寫成落伍的象徵，至今依舊如此。另外，英語世界的代議政治，不應過度誇耀，因為美國有很長的時間，婦女與黑人都不能投票，英國婦女也得等到 1920 年代晚期，最終才獲得其投票權。

「現代醫學：幾乎所有 19、20 世紀醫療的重大突破，包括熱帶疾病的控制，都是由西歐人與北美人完成的」[10]。吾人想問問弗氏，居住在溫帶地區的列強，為何要跑到熱帶地區去控制人家的疾病？這不正是黃鼠狼給雞拜年。如果不是為了統治的目的，列強苦心栽培的那些很怕熱的醫生們會想去熱帶地區幫忙控制殖民地人民的疾病嗎？這倒是讓人難以相信。另外，好的醫療技術的確讓人羨慕，不過若是沒有好的健保與其他制度配合，相對貧窮的人民無法得到好的照顧，這便是英語世界

9　前揭書，第 383 頁。
10　前揭書，第 383-384 頁。

的兩大強國——美國與英國——在新冠肺炎（coronavirus, COVID-19）疫情之寫照。2021 年 10 月中旬止，美國這個最「資本主義」之國家，其新冠肺炎死亡人數都已經超過 70 萬人，從美國的例子來看，「現代」二字代表著什麼意思？

「消費社會：工業革命從中產生，除了增加生產力的科技供給，也從棉織衣物開始更多、更好與更便宜的商品需求」[11]。工業革命讓人聯想到科技的提升，使得大量製造的商品能以更便宜的價格售出。看起來，大家都得到了利益，但事實並非如此。工業革命之後，來自英格蘭工廠的商品，引起不了中國消費者太大的興趣，但英國卻因為買了太多茶葉而導致白銀外流，為了解決這個問題，英國政府傷透了腦筋。後來，工業國英格蘭終於找到了鴉片這項農特產品，英國要印度種植鴉片輸往中國，於是白銀流至印度，印度有了錢購買英國製工業品，工廠的產品有銷路後，技術的革新方能繼續。簡言之，工業革命之所以成功，與鴉片脫離不了關係。

「工作倫理：西方人是世界上最早結合更廣泛而密集的勞動與較高的儲蓄率的民族，資本因此能持續累積」[12]。如果高儲蓄率真是一大強而有力的 APP，那麼華人的高儲蓄率不是眾所皆知嗎？為什麼西方人可以領先五百年，而華人卻沒有呢？這麼有趣的問題為何沒有吸引弗格森去挖崛真相呢？另外，高儲蓄率結合密集的勞動倒是可以很快地存到第一桶金，這對未來的投資確實有幫助，只是密集的勞動一定是西方人自己去做的嗎？未必。吾人寧願相信勞力最密集的部分，西方人應該會留給其黑人同胞去做才對。

再論「醫學」與「消費社會」APP

這一小節中，我們先將重心放在「傳統」中醫藥學如何被西方「現

11　前揭書，第 384 頁。吾人猜想，殖民者無論如何應該都會比被殖民者更早進入消費社會才對，活在消費社會的殖民者，其生活方式真是羨煞了被殖民者。

12　前揭書，第 384 頁。事實上，關於「工作倫理」與資本累積的關係，談得最有聲有色者當然非韋伯莫屬了。吾人在其他的拙作之中，業已詳細討論過，此處就不贅述了。請參照：謝宏仁，第四章，〈重讀經典《新教倫理與資本主義精神》〉，《社會學囧很大 2.0：看大師韋伯為何誤導人類思維》（台北：五南圖書，2019），第 179-234 頁。

代」醫學歧視，中醫藥學絕非不如西醫，而是在西方知識體系底下不斷被霸凌而已。其次，我們以明清時期江南地區──長江三角洲──的消費社會爲例，證明消費社會更早之前亦曾經出現過，只是當時並沒有APP而已。

受盡霸凌的「傳統」中醫

簡單說，中醫藥學長期以來被歧視。日前，筆者在因緣際會之下，看到了台南永康區「永明街」一家中醫診所前面，掛著一條紅底白字的「感冒可以看中醫」布條。當時，筆者在開車，但卻聽到了來自心中的一聲感嘆，怎麼會這樣呢？中醫不是已經存在了數千年，照顧過難以計數的黎民百姓，爲什麼在現今的社會還得用如此簡單而又無奈的方式提醒路過的人呢？爲何「傳統」中國醫學在「現代」西醫的競爭（或知識霸權）之下，生存空間受到嚴重擠壓呢？事實上，在西方知識體系（包括醫學）之下，相對於西方「現代」醫學──總是連結到「科學」（弗格森第二個APP）──所展現出的實驗精神，中國「傳統」醫學──經常連結到「不科學」甚至是迷信──只靠大夫間的傳承來判斷病情。以下的例子，應該多少可以讓我們知道「傳統」中醫的處境才是。

高國欽是一位擁有廣州中醫藥學博士學位的大夫（古時稱醫生爲大夫），他在2017年出版了《保生大帝藥籤詮解》[13]。一看到書名有「藥籤」這兩個字，一般人就會聯想到是「神明的藥方」，是「不科學」的，在當今的社會裡，經常還被用「迷信」二字簡單地帶過，延續千年的「傳統」醫學淪落到了幾乎是最卑微的位置。但在高醫生的深入研究之後，改變了他對藥籤的看法，原來藥籤是可以經過科學考證的，絕非迷信二字可以輕描淡寫之，不止於此，大多數的藥籤都源自於名家之手與名書呢！

高國欽大夫提到，自從1078年《和濟局方》的出現，藥方與藥籤遂開始在民間流傳，至今已超過九百四十年了，倘若再將整個北宋包括進來，則已達一千零六十年的歷史，可以說藥籤文化是千年以上

13　高國欽，《保生大帝藥籤詮解》（台南：台南祀典興濟宮，2017）。

的「傳統」文化。高國欽醫生將台南祀典興濟宮的藥籤──漢朝（202 B.C.E.-220 B.C.E.）至清朝（1644-1912）的有效藥方──分爲內科（120首）、兒科（60首）、眼科（90首）、外科（60首），一共330首。高醫師說道：「對於古藥名，盡己所能做了完整的考證；對於方劑的用法，比古較今，並且加入（應用）這一項，以利於現代一般百姓的翻閱參考。藥籤的內容，從上到下，從海到陸，貫東穿西，內容十分豐富，雖然僅有330首，我〔高國欽〕個人以爲眞可謂是一部濃縮的中醫藥學史！」另外特別值得一提的是，高醫師在330首的基礎上，再增補了內科30首，大多是「現代」文明病的適用藥方，像是高血壓、糖尿病、腎臟病、中風、痛風、病毒性疾病與婦科疾病等，這增補者是取自於海峽兩岸大夫的有效方劑，皆能通過科學的檢驗。高醫生爲該書花了三年多的時間，日夜筆耕，他認爲「傳統」文化不只是要保存，而且還得發揚之。可惜的是，目前中醫藥學在西方知識體系之下，依舊處於相對不利的位置。

明清江南的消費社會

　　二分法經常將「好的」、「良善的」與「正面的」形容詞或名詞撥給西方那一邊，而「壞的」、「邪惡的」與「負面的」則分給了非西方國家或地區。二分法再度撥了「邊陲」這個讓人聽起來不是很高雅的名詞給位於亞太地區的明清中國，問題在於：在這五百年之中，（至少）有兩百五十年的光陰，中國是處在世界經濟的核心位置，其歷史文化怎麼可能像教育部所說的那樣卑微與低下，只是落在地圖的某個角落而已。本章筆者將說明教育部的「邊陲（中國）」在幾個世紀以前領先（或「主宰」）了「核心（歐洲）」，特別是在絲綢與瓷器工業部門。

　　在「消費社會」這個APP的議題上，弗格森在書中以19世紀末與20世紀初日本的西化爲例，說明全世界的人們無不學習西方的服飾，其中一項重要發明是由勝家製造公司（Singer Manufacturing Company）生產的勝家縫紉機，可想而知，這與大量生產模式有關。我們熟知日本的現代化過程採「全盤西化」這種震盪療法，因爲怕錯過任何一項重要

者，所以連歐洲的服裝也一起學了，上至天皇，下至所有武裝部隊，通通穿著歐洲服飾，女子的制服在 1920 年代也跟著西化。

弗格森引用的例子不無疑義，但的確 18、19 世紀歐洲的服裝漸漸地由日本人（與其他非西方人）所模仿。18、19 世紀歐洲服飾的流行，確實可以拿來證明歐洲在「消費社會」這個殺手級 APP（遙遙）領先非西方社會，這無庸置疑，但不過是一、兩百年的事，然而更早以前呢？這就讓筆者來為弗格森補充了，以下我們拿明清時期產江南絲綢為例。

明清時期中國的絲綢業在世界居於領先的地位。如果一國能領導世界流行的潮流，那麼實在無法想像這個經濟體沒有強大的經濟動能。現在我們稍微借用一下弗格森的「競爭」APP，來衡量一國經濟的能耐。如果在經濟上沒有兩下子，那可很難長期領導世界流行的潮流。以下的例證說明在太平洋東岸（美洲西岸）絲綢有多麼流行：

> 從加州到智利，富有地區的主教、神父、修女的聖餐袍都是絲製品。長筒絲襪廣受歡迎，〔馬尼拉〕大帆船源源不絕帶來新品。曾經，光一條船就帶來超過 5 萬雙。中國商人知道亞洲的商品在新西班牙（註：今美國大部與中美洲）如此暢銷，也很快學會適應瞬息萬變的市場，靈巧的仿造顧客喜愛的款式。墨西哥城議會 1703 年在中央廣場啟用照著華人在馬尼拉開設市集（Parián）的樣式，而稱為洛加度（Zocado）的永久性市場。這些市集商店販售大帆船所運來的商品，市政府靠著出租商店大撈一筆。[14]

不僅江南地區製造，並經由馬尼拉運到新大陸宗教用途的衣服，中國商人也在從加州到智利的新西班牙設計並行銷給貴婦穿的絲襪。但不幸的是，現今海峽兩岸大多數的高中生只知道「新美國棉」（US

14　Horacio de la Costa, *The Jesuits in the Philippines, 1581-1768* (Cambridge, MA: Harvard University Press, 1961), p.132, cited in Arturo Giraldez, *The Age of Trade: The Manila Galleons and the Dawn of the Global Economy* (London and New York: Rowman and Littlefield, 2015), p. 148.

Cotton），卻不曉得中國之前曾在世界絲綢業居於領先地位。這讓人想到經濟榮景的光環已在晚期的中華帝國褪色失光，同時也讓弗格森誤以爲西方在「消費社會」APP領先了全球長達五百年之久。

綜上所述，弗格哥的六大APP都有問題，並且醫藥與消費社會兩個APP，我們花了點時間，對弗氏提出了質疑，只是當前知識的壟斷與傳播對西方社會更爲有利。

知識的壟斷、傳遞與散播

馬克思、涂爾幹、韋伯、諾斯，或者再加上本章所批判之學者弗格森，當他們在談論19世紀的歐洲──或者更具體說是英國──是何等地偉大時，經常因爲無法看清歷史事實，而導致這些大師衍生出錯誤的論點。不過，知識──包括錯誤的那些部分──的傳遞有其特殊管道，有時候面對著掌握權力者對知識的壟斷，學者也只能人云亦云，爲了討生活，持續地將「知識」傳遞給下一代。

本節再分爲以下三個部分，其一，知識的傳遞。其二，知識的社會歷史。其三，知識如何在（前）第三世界散播。此時政府扮演著極其重要的角色，卻經常爲人所忽略，我們將以台灣這島上的教育部爲例，或許也可以成爲（前）第三世界的例子也說不定。

知識的傳遞

照理說，知識會偏向某個或另個方向。但是，誰決定將「知識」的哪些具體的細節傳授給下一代呢？正規的回答是：由某些知識領域內的特定團體擔此責任，但什麼是知識領域，孔誥烽從柯林斯（Randall Collins）對知識領域邏輯的詮釋裡推得自己的說詞，他把知識領域視爲「知識分子之間的來往互動鏈結所組成的知識生產領域……」[15]。在這領域中，「個別的知識分子聯合起來形成知識網絡或思想流派」[16]。

15　Randall Collins, "The Sociology of Philosophies: A Global Theory of Intellectual Change" (Cambridge, MA: Harvard University Press, 1998), p. 19, cited in Ho-Fung Hung, "Orientalist Knowledge and Social Theories: China and the European Conceptions of East-West Differences from 1600-1900," *Sociological Theory*, Vol. 21, No. 3 (September, 2003), pp. 254-280.

16　Idid..

孔氏同時也運用了米哈伊・拉蒙特（Michele Lamont）對知識網絡的描述，包括真正的「師生關係」和象徵性的「校際連繫」，這些關係是「經由對其他思想的引用或暗示」[17]所建立。孔誥烽認為，透過「知識網絡的擴散」，「思想能散布在廣闊的地域裡，並且能長期存在」[18]。總而言之，歷史一直帶給我們林林總總的知識，當然也包括本研究中的社會學知識。但倘若知識本身包含偏見又該怎麼辦？就像本書的主旨，即試圖扭轉歐洲中心主義在社會科學長期以來所造成的偏頗觀點，而這就必須讓相對正確的看法與論文在知識網絡裡擴散下去，將思想散布在更廣闊的地域裡使之得以長存。

　　鴉片戰爭在中國知識分子心中留下創傷，其中許多人由於清朝的軍事頹敗而分散注意力（甚至導致他們轉頭不看），但這只是故事的一部分。儘管清朝確實戰敗，但戰爭並非是一場全面衝突。本文在此提供一個新的解釋，說明英國為何對清廷發動戰爭，並解釋為何鴉片戰爭應更名為「茶葉戰爭」。很諷刺的是，雖名為「鴉片」戰爭，但其標的並非鴉片，主要原因乃是茶葉貿易，由於英國在茶葉貿易居於劣勢，英國在工業革命之後，工人需要大量的茶葉來提神，不得不向中國購買，進而導致大量白銀從英國流出。相較之下，清朝在茶葉貿易中占上風，但消費過多鴉片，因此擔心白銀流出。換言之，這兩個帝國所擔憂的看起來都非常相似，都是白銀外流的問題。

　　在重商主義的意識形態下，驅使英國必須打破中國對茶產業的壟斷。換句話說，英國人需要控制生產茶葉的茶園，以及在種茶、捻茶和焙茶的專業知識，屆時英國就可以不用仰賴中國茶。但是這種體認並未立即為英國帶來解決方案，因為清朝壟斷相關的知識。在 18 世紀下半葉之後，歐洲的工業剽竊猖獗，尤其是在西歐。因此，英國人決定從清朝手中強奪豪取，儘管清廷盡全力保護其知識產權，但英國人最終還是

17　Michele Lamont, "Three Questions for a Big Book: Collins' *The Sociology of Philosophy*," *Sociological Theory*, Vol. 19, No. 1 (March, 2001), pp. 89-90, cited in Ibid., pp. 254-280.

18　Ibid., p. 255.

偷走了茶籽、茶株和農人[19]。

　　漢學家對大清帝國缺乏競爭力和英國對清朝的震怒提供各種解釋，包括道光年間清廷的貪腐無能、老舊的武器、對英國提倡的「自由貿易」意識形態之無知、過時的儒教以及傳統的思維方式等。總而言之，清廷被認爲要對衝突負責任。但是，爲什麼知識界要責怪清政府拒絕允許販賣鴉片這類的麻醉品？爲何英國打著五顏六色的「自由貿易」[20]旗幟，就不用對入侵清朝負責？朝廷既然可從徵收關稅中獲利，乾隆皇帝眞的不喜歡與外國人做生意嗎？吾人以爲，上述的各種解釋，認爲清廷是應該負責者，如此的說法，至今仍在知識網絡裡甚囂塵上。

知識的社會歷史

　　在深入探討 1450 年至 1750 年這三百年之間西方近代知識的形成，及其與社會交融互動的歷史，彼得・柏克（Peter Burke）在總結 18 世紀啓蒙運動是「歐洲知識歷史上的轉捩點」時，他說在當時，由於專業研究者以及研究機構紛紛成立等因素，大學已經不再能夠實質壟斷高等教育，此外「知識階級」（特別是來自法國者）相較於以往，他們更積極地參與啓蒙運動，同時也推動著政治、經濟與社會之改革[21]。柏克總結了以下的看法，吾人以爲，對於本書所關切者——取消古典三大家的資格並凍結他們在學術界的（社會）資本——應該會產生助益，他說：「……知識的社會歷史和宗教的社會歷史一樣，是一則由自發宗派轉變到確定教會的故事，這種轉變曾多次重複發生。它是局外人和編制人員，業餘者和專業者、知識企業家和靠固定收入度日的知識分子之間互動的歷史。」[22]事實上，柏克談了不少教會與國家二者關係在這個時期的變化。

19　庄國土，〈茶葉、白銀和鴉片：1750-1840 年中西貿易結構〉，《中國經濟史研究》，第 3 期（1995），頁 66-78，第 75、76 頁。

20　弗格森在《帝國》一書談了不少大英帝國是多麼「無私地」支持自由貿易，可見弗氏並不清楚大英帝國做了些什麼；另外關於弗氏對「自由貿易」的誤解，請參照：張夏準著，胡瑋珊譯，《富國的糖衣》，二版（台北：五南圖書，2014）。

21　彼得・柏克著，賈士蘅譯，《知識社會史：從古騰堡到狄德羅》（*A Social History of Knowledge: From Gutenberg to Diderot*）（台北：麥田出版社，2003），第 93 頁。

22　前揭書，第 104 頁。

不過吾人以為，教會與國家之間的關係，應該是西方社會獨有者，這裡我們將重心置於他處，也就是「知識的社會歷史」，另外我們還得加上本書的主軸（之一）即「歐洲中心主義」，具體而言，在形塑社會學這門「知識」的漫長過程之中，此領域的「古典三雄」──涂爾幹、馬克思與韋伯──之所以「出線」，依據柏克的說法，應該是源於不同的團體（學會與機構）、大學編制內人員，與局外人多年以來互動下之結果，吾人同意此一說法，至少要確定這三位大師且不致於引發過多的反對力量這件事，絕非一朝一夕可以獲致。只是，這裡應該不是一個合適的地方來深入討論在知識史上，何時是第一次出現「古典三大家」的確定時刻，又到底是在哪些勢力的消長之後，才使得社會學界「必須」存在著三位大師級人物。

然而，因為這是筆者內心之意圖，是故這裡可以確定的是，吾人試著想讓社會學經典三雄之穩固地位這個既定事實，重新得到討論的機會，在這個過程之中（與之後），必須先將三位已經在某種程度被「神格化」了的大師級人物請下神壇，並且暫時地委曲他們三位坐在一般的座椅上，等候通知下一步該怎麼辦。亦即吾人希望透過這本書──此過程其實已經開始──讓上述不同的大學、學會與研究機構之間的互動，能夠（再次）啟動討論的過程，讓新的議程、證據或是種種的論點，得到充分發表之機會。並且筆者期待著矯正「歐洲中心主義」這樣的偏頗觀點之後，讓三位大師級人物從此失去炫麗光彩，今後與大眾平起平坐。但這是艱鉅的任務，一定得說服大多數的學者才行。

知識在（前）第三世界的散播

以台灣這小島為例，或許地方小，反而讓人得以看清誰掌握了權力，並且利用權力定義了什麼才是「知識」。此時，腦筋動得快一點的讀者，立馬在腦海裡浮現了「教育部」三個字。

台灣地處東北亞與東南亞交界，也是第一島鏈的關鍵位置，在戰略地置上，經常被專家認定是最可能發生戰事的區域之一。另外，台灣海峽兩岸關係複雜，在政治上分治，但在歷史上與文化上的關係實不

易用簡短的幾句話來描繪，於是台灣教育部所頒訂之課綱——特別是歷史科——似乎一直存在著爭議，特別是當議題涉及到台灣意識與中國意識孰重的問題時。這個問題，家裡有高中以下學生的家長們應該都十分熟悉，所以應該無須再花時間多談，況且教育部最大的問題並非出在台灣意識或中國意識哪個應該在教科書上占更大比例。吾人以為，最大的問題是：歷史課綱之世界史這個部分完完全全呼應了西方領先五百年的說法，為弗格森的說詞（或謊言）背了書。我們在下一節，將會立馬談到教育部 108（歷史）課綱的幾個重大問題，當然這些問題同樣地可以用來質疑弗格森，因為弗氏是當代堅持西方（英國）已領先五百年之要角。不過，我們還得談一下為何教育部缺乏反省與批判能力，甘為「歐洲中心主義」思維之應聲蟲的可能原因。

　　教育部除了想節省工作時間之外，為何選擇配合「西方優越主義／歐洲中心主義」的種種說詞——最重要者為西方已領先五個世紀——並且要千萬學子不去思考「為西方鼓掌」的原因呢？以下幾個可能的因素是根據吾人的觀察，同時也包含著主觀的想法。其一，可能是儒家思想還在作祟吧！？讀書人一當了官，多少會忘記了人民的期待，當官的感覺應該還是吸引讀書人的，雖然儒家強調的總是士大夫對於社會的責任，而不是如何地在平民百姓的面前顯示官威。所以當上了官，就「自然而然」地總以為自己的想法沒問題，無須費時費勁地再思考片刻。

　　其二，留學這件事本身的影響，這不太容易證明，但至少可以「間接推論」而得到頗為「可信」的答案。先前，我們在〈諾斯〉專章也見到了諾斯確實這麼做，他是拿了諾貝爾經濟學大獎的人，連他都這麼做了，我們「效法」他一下也無妨才對。話說留學可以增廣見聞沒錯，然而事實上，也可以從國外帶回一些頗為「歐洲中心主義」式的思維。並且因為自己是虛心到海外學習，所以懷疑西方學者的力道總是差一點，於是我們看到了 108 歷史科課綱——影響莘莘學子的歷史觀與世界觀——的重要指引，極清晰地為學生「指引」了一個錯誤的方向，並且要學生盡全力地走到路的盡頭。吾人猜想，參與歷史課綱審查的委員們，大多數應該是喝過洋墨水的學者專家。

其三，或者受到了1950年代頗爲流行的現代化理論（Modernization Theory）之薰陶，教育部的官員與課綱審查委員們，或多或少地在其心態中，尚殘存著一些殖民性格（coloniality）吧！？在這樣的心態之下，任何人都難免將西方國家（美、英、法、德，僅舉四例）視爲自己學習之對象，希望有朝一日當前稍微落後一些的母國也能像西方國家那般，過著相對美好一點的生活。於是在外國的月亮比較圓的想像裡，既然已設定西方社會爲自己的學習對象，那麼訓練多年的批判能力，一時間全消逝無蹤。所以大多數學者所選擇的觀察角度，分析後所得到的結論，就成了（前）第三世界政府照單全收的課程大綱了。官員們大都以爲自己費盡心力，終於可以在（教育部的）歷史上留名了，萬萬沒想到，好不容易確定的108課綱，才正要進入實施階段，卻發現了重要錯誤——這本書出版之後，也就是台灣教育部官員開始要傷腦筋的時候了。

以上三者，均未獲實證資料支持。如果讀者眞想責備筆者的話，也請先試著狠狠地批評一下1993年諾貝爾經濟學獎得主諾斯。筆者只是小咖，諾斯才是大人物，批評諾斯才能建立自己的學術地位。

但爲什麼教育部所頒布的歷史科課綱，其世界史的部分完完全全呼應了弗格森的說法，亦即西方領先（主宰）世界五百年呢？欲知道答案，我們得一一細數教育部制定的歷史科108課綱的錯誤。

當弗格森遇上教育部

難以想像教育部先前所頒布的108課綱，竟然會與當今英國最著名的歷史學家有關係。

弗格森提出了六大APP——「競爭」、「科學」、「財產權」、「醫學」、「消費社會」與「工作倫理」——爲的是證明西方世界自15世紀開始，已領先了五百年（以上）。事實上，本書所討論的大師級人物，有不少人是支持這樣的觀點，像是華勒斯坦、阿律奇、黃宗智與黃仁宇等，或許還可以再加上韋伯與諾斯二人，但最後二者對於西方領先的時間，不是那樣地堅持五百年這個看法。直到今日，中國的知識分子，仍然爲19世紀中葉之後清廷無能對抗外侮而灰心喪志，於是他們

只能在「沒有資本主義」的條件下去理解過去五百年的歷史，不知不覺掉落了弗格森論點所設下陷阱之中。不可思議地，台灣的教育部也附和了弗格森的說法，其官員們與歷史科課綱審查的專家們，更可能因為自己的看法與當今最知名的歷史學家弗格森的論點如此地相似，進而為自己卓越的才氣而感到驕傲。讓官員與審查者趾高氣昂的原因很簡單，因為其歷史觀與世界觀竟然可以找到當前英國最著名歷史學家弗格森的背書。然而只要是弗氏與教育部認同的想法與意見，均是吾人戮力想要批判者。

以下，再分為兩個部分，第一，新課綱所呈現出的六大罪狀，這部分得花較長的時間說明，並且詳述吾人不能接受歷史科 108「新」課綱的理由。第二，弗格森如何看待 108 課綱？

「新課綱」的六大罪狀

以下將偏重在與歷史觀、世界觀直接相關的部分。當然，這不表示其他課綱中的問題不重要。我們馬上討論在新課綱當中所發現的幾個問題，主要圍繞在「歐洲中心主義」（或「西方的優越性」、「西方領先五百年」）觀點下所看到的偏頗世界。教育部頒布的 108 歷史科課綱，特別是日後將影響千萬學子世界觀之歷史課綱，其間之錯誤，幾乎是罄竹難書。

教育部部長及其所屬官員，再加上應邀參加課綱審查的委員們，他們所看到之偏頗的世界，筆者列舉出六大問題，或稱「六大罪狀」[23]，以下逐一討論。

罪狀一——鴉片戰爭的正面意義

高中歷史第二冊之第四單元「近代西力的衝擊」之重點二的說明 1-2

---

23 罪狀一、四、六先前已經出現在筆者之拙著中，請參照：謝宏仁，第三章，〈無關緊要的明朝〉，《社會學囧很大 3.0：看大師韋伯因何誤導人類思維》（台北：五南圖書，2020），第 115-168 頁。這裡，吾人對於罪狀二、三、五再予以詳加討論，藉以充分地證明，教育部的 108「新課綱」可以說是完完全全在歐洲中心主義的思維底下所生產出之「誤盡天下蒼生」的歷史科課程之「指引」，官員們已經為無數年輕學子們導入了錯誤——或至少偏頗——的歷史觀與世界觀而不自知。筆者殷切盼望這本書還有機會阻止年輕學子繼續走在一條方向錯誤的道路上，因為有人「故意」地（或「無知」地）寫錯了沿途的路標，特別是在幾個重要的交叉路口。

的第二點是：「西力衝擊與西風東漸未必都是負面的，可擇要從不同層面予以探究和評估。」現在，我們用很短的時間與簡略的方式來「評估」鴉片戰爭這件事，當然吾人並不清楚教育部的官員們在想什麼？鴉片戰爭到底有哪些層面是正面的，是激勵了清廷應該長進了嗎？還是吸食鴉片者後來過得不順遂實在是報應，而有教育意義嗎？現在讓筆者來簡略地（再）說說鴉片戰爭造成的影響。

事實上，「鴉片」戰爭是為了茶葉，因為英格蘭持續地向清中國購買茶葉，白銀持續外流至中國，造成英國王室的緊張，當時歐洲各國在重商主義的意識形態之影響下，普遍認為貴金屬是國家力量的象徵，白銀外流代表著國力的喪失。可是工業革命後數十年的英格蘭，卻找不到讓中國消費者喜好的商品，於是印度這塊殖民地就被英格蘭挑選為種植毒品鴉片的地方，聽說在孟加拉還將毒品加工成中國人喜歡的味道，難怪有人說「需求創造供給」。鴉片這毒品雖置人於死，但產生的暴利可以讓人暫時忘記了別人的死活，也忘記了道德二字要怎麼寫才能寫得漂亮，即使雍正（1722-1735）在位時就下令──而且後來其子嗣還三令五申地──禁止吸食與販賣鴉片。

然而，英國王室受到金錢欲望的驅使，發動了鴉片戰爭，這件事根本與大使馬戛爾尼無關，英國王室真正在乎的，根本不是馬大使磕不磕頭，這是小事沒錢才是大事，國家再怎麼窮也不能窮王室啊！商人沒賺錢，誰繳稅給女王呢？簡單說，英國人買了茶，也的確付了錢，只是不甘心錢被賺走了、荷包空了，於是想賣點東西出去，賺點錢給王室，但又找不到合適的商品，最後商品是找到了，只是不合法而已，所以只好用大砲轟開城門。英國人利用「磕頭」這件事來掩飾，但沒想到效果會出奇地好，東方（特別是中國）國度裡的人們還信以為真，數十年來其主管教育之機關裡頭的工作人員，幾乎完全不敢違背英國人的意思，這也奇怪了。

當然，太平天國事件的確也是清中國開始走向下坡路段的歷史事件，值得關注。但「鴉片」戰爭可以視為西力衝擊的開端，而且「負面」得非常徹底，因為英國人食髓知味，其他的列強也跟進分一杯羹，

如果教育部的溫馨提醒，跟大家說「西力衝擊與西風東漸未必都是負面的」，吾人以爲鴉片戰爭絕不會是個好例子。

罪狀二──哥倫布拿中國人的地圖「發現」世界

高中歷史第三冊之第三單元「世界文明的蛻變與互動」，主題一爲「歐洲社會的蛻變」，主題二爲「世界文明的交匯」，主題三則爲「亞洲大帝國的發展」，相信比第二冊更容易看出教育部「新課綱」的價值判斷。在「歐洲社會的蛻變」的說明1-1裡，教育部提到要「討論11到15世紀歐洲政治社會和文化發展過程。十字軍東征是基督教與伊斯蘭兩大文明的衝突，卻帶來東西方文化、貿易接觸，有助於歐洲王權與商業的發展」。聽到「文明的衝突」，筆者就想到了背後一定有什麼不可告人的經濟利益，然後教育部並未要求老師或出版社去找尋眞正原因，反而將「**有助於**〔粗體爲筆者所加〕歐洲王權與商業的發展」設定新課綱裡的「結論」，這是什麼道理？實在讓人費解，吾人以爲，除了教育部官員擁抱著歐洲中心主義之外，應該找不到其他合理的答案。爲何無須談談十字軍在伊斯蘭世界造成的破壞，以及11世紀到15世紀之間歐洲的王權發展到底有什麼可圈可點的地方呢？這段時期當「兩大文明」爲了某種實際的利益而打得死去活來的同時，遙遠的東方中國是南宋、元朝，與明朝的前期，有馬可波羅的遊記爲證，說明東方的人民比西方的同僚們過得富裕多了，就算是東方的皇帝還有一點專制。聽說，歐洲還處在中世紀的黑暗時期，如同教育部官員所認爲，這倒是導致了歐洲王權的進步，因爲不可能更差了！

本單元的主題二爲「世界文明的交匯」，其說明2-3建議老師這樣教──「從維京人的海上活動談到早期葡萄牙和西班牙的航海事業，大約斷在1580年代」。很清楚地，教育部官員（與課綱小組成員）們認爲世界文明的交匯這件事，沒有西方人是不可能發生的，其他的非西方人根本不可能帶領這個世界走向更「文明」的未來。這些掌握權力可以制定課綱的人應該也是這樣想的，否則的話，至少要出版社或歷史老師們再讀讀15世紀初鄭和七次下西洋，到底做了哪些事？難道只是「尋

求惠帝」這種小事？惠帝想趕快跑都來不及了，還能造成什麼威脅？事實上，哥倫布是拿著中國人所繪製的地圖去「發現」新大陸，1492年「發現」新大陸這件事是假的[24]。所以，所謂的重點──「歐洲人早期的探險與貿易」、「維京人的海上活動」、「葡萄牙人和西班牙的航海事業」──也應該給予一定程度的質疑。但簡言之，「新課綱」仍能在「歐洲中心主義」主旋律中與西方共舞，未來的教科書肯定會充滿著舊思維。

　　吾人猜想，新課綱是教育部官員（與其他課綱審訂小組）在「想像的」世界史裡，為千千萬萬學生決定了「認識世界」與「跟上世界腳步」的觀看角度、步伐的大小以及速率。簡單說，海上探索全部歸功於西方，一些古地圖隱藏的祕密就歸功於外星人與飛碟，為何不深究古地圖的疑點進而解釋之？鄭和下西洋的相關議題因為文件大部分被燒了，所以就無從證明？可是，聽說葡萄牙的文件也在某一次大地震中毀了，但我們卻可以「無緣無故」相信該國亨利王子的偉大功績。那是因為歐洲中心主義的解釋框架已由教育部代為實行了，此框架是由教育部所提供。

罪狀三──中國只能有「專制政治」而已

　　我們還得再談談，同樣是第三冊之第三單元「世界文明的蛻變」之主題三「亞洲大帝國的發展」，在說明3-1之中教育部提到了「首先簡述11至13世紀歐亞草原民族的活動及擴展」，過去在「漢族」中心主義的史觀下，草族民族只是被描寫成騎在馬上管理一大群羊的模樣，學生和老師一樣，對歐亞草原的瞭解也僅止於此。所以看起來「歐洲社會的蛻變」與「世界文明的交匯」此二主題談的是歐洲如何變好，相對地，「亞洲大帝國的發展」教育部要老師談的卻是中國如何變壞。看起來是如此，否則應該就不會要老師們將其注意力放在中國專制政治上，如果搭配著剛剛才提過的「十字軍運動……有助於歐洲王權……的發

24　謝宏仁，第一章，〈哥倫布是個騙子：帶著前人的地圖去「探險」〉，《顛覆你的歷史觀：連歷史老師也不知道的史實》，增訂二版（台北：五南圖書，2021），第43-88頁。

展」，看起來「中國專制」的對比性就更強了，這不是擁抱歐洲中心主義又會是什麼呢？當然，這其來有自。

教育部將西方哲學的二分法，例如有／無、存在／缺席、現代／傳統、資本主義／封建主義、大規模生產／維持家計的生產、向海（開放）／向陸（封閉），當然最重要的是，還得與基督教「文明」的善／惡二元論觀念相結合，西方總是站在良善的、現代的、正義的與光明的那一方，東方（非西方）則總是站在對立的一面，也就是陰險的、傳統的、邪惡的與黑暗的。自 11 世紀開始，十字軍東征伊斯蘭，基督教文明總是代表正義的一方，相反地，伊斯蘭文明則是倒了大霉似地總是被「要求」扮演邪惡的角色。大家或許還記得或者聽說過 2003 年美國與英國——恰巧剛好是基督教文明兩大代表——聯手攻擊伊拉克時，小布希總統與布萊爾首相公開指責海珊邪惡政權擁有毀滅性武器，為了世界「正義」必須將之除去，結果什麼也沒發現，倒是在該地區造成了 300 萬名無辜難民。布萊爾在十多年以後，在該國國會指責其不具正當性的出兵之 700 頁的報告出版了之後，仍然堅持自己當年出兵的合理性，就因為「正義」。

那麼，近世東亞，特別是中國，教育部要歷史老師教什麼給學生呢？在其說明 3-2 提到「東亞地區應討論中國與日本的政治發展。中國著重專制政治的建構、統治意識形態的形成等課題⋯⋯」。請注意，這段話告訴我們，教育部要歷史老師教的是「中國著重專制政治」之建構，還記得「十字軍運動」是兩大文明之衝突，而且「有助於歐洲王權與商業的發展」，請問當時歐洲王權的「優勢」是什麼呢？教育部是不是能提供一、兩個例子呢？這是歐洲歷史上最黑暗的時期，到底官員們看到了什麼優勢？看到這裡，我們已經難掩對教育部歷史科「新課綱」的失望，甚至絕望的心情了。

罪狀四——17世紀時亞洲（中國）才是核心

高中歷史第三冊之第四單元「歐洲勢力的崛起」，主題二「近代早期經濟與社會的變化」，其重點之一是「資本主義經濟與世界體系的

形成」，說明 2-1 提到「本單元討論近代早期，亦即 16 到 18 世紀，世界經濟與社會的變動。這個時間世界經濟發展的特色是商業資本主義的興起，新航路打通後，西歐國家擴張遠洋貿易，加速商業資本主義的發展。在同一時間，東亞的中國，由於美洲白銀的輸入刺激物價上漲，促進工商業的成長，也出現商業資本主義的現象」。說明 2-2 則述及「透過遠洋貿易，歐洲人逐漸將世界整合在一個資本主義世界經濟體系中。17 世紀的美洲、東南亞、中國沿海、台灣與日本，都被納入此一貿易網路之中」。

　　吾人以爲，「歐洲勢力的崛起」這個單元，應該是歐洲中心主義最具代表性的了。首先，新航路打通之後，西歐國家擴張遠洋貿易，加速商業資本主義的發展。那麼試問，原本早已存在的遠洋貿易，像是阿拉伯在印度洋、東南亞與南宋之間的貿易，就不能算是擴張遠洋貿易，加速商業資本主義的發展嗎？明顯地，這是刻意強調西方對世界經濟體系的貢獻。再試問，16 到 18 世紀，非洲人對加速商業資本主義難道沒有貢獻嗎？當時有多少黑人青年放棄了親人來到美洲，並且「全心全意」地爲西方人累積財富而奉獻出一生的勞力呢？其次，1500 年到 1700 年之間，中國的確因爲美洲白銀的輸入，造成物價上漲，而教育部想要的教科書是描寫因爲物價上漲使得人民生活更加困難嗎？但這只是畫面的一小部分，爲何不在說明當中，描述中國因爲絲綢、棉花與瓷器的大量輸出，產生巨額貿易順差，這是白銀大量輸入中國的原因。爲什麼當中國在經濟表現亮眼時，教育部選擇不談，卻樂意談物價上漲，底層人民日子難過呢？

　　再來，新課綱的說明提到了，「17 世紀的美洲、東南亞、中國沿海、台灣與日本」因爲歐洲人「透過遠洋貿易……逐漸將世界整合在一個資本主義世界經濟體系中」。然而 17 世紀中葉，明朝雖的確爲清廷所取代，但朝貢貿易仍繼續著。17 世紀末至 18 世紀末是大清盛世，外國列強還想著如何到中國做生意爲自己賺點錢，也爲頗愛錢的王室貢獻點生活所需，爲何是歐洲人將上述地區整合進了「歐洲的」資本主義世界經濟之中呢？這麼說，爲何不是歐洲人到東方找尋做生意的機會呢？

當然，歐洲人所到之處，能征服就會征服，取走他們想要的東西，對於無法征服者——例如中國——只好問問「主管機關」是不是可以做點買賣，這是重商主義（殖民主義、帝國主義）的一貫技倆。如果真像是教育部「新課綱」說明的那樣，那麼 1661 年鄭成功在普羅民遮城（赤崁樓）、熱蘭遮城（安平古堡）打敗了當時的海上強權荷蘭人，應該也可以將之說成鄭氏將台灣（福爾摩莎）納入鄭氏「（海盜）商業網絡」之中，但教育部為何不這樣說呢？看起來是以成敗論英雄。

罪狀五——利瑪竇根本不是製圖師

　　同樣是第三冊之第四單元「歐洲勢力的崛起」，主題三「近代早期的思想與學術」，其重點一是「科學革命到啟蒙運動」，重點二則是「東亞思想與學術的變化」，說明 3-1 提到「……討論重點包括：17 世紀的科學革命，及其對『近代心靈』（Modern Mind）之形成的影響；18 世紀啟蒙運動的發展、理性主義的形成，及其與現代性的關係」。說明 3-2 則提到了「16 與 17 世紀『西學』傳入東方是東西文化交流的重要課題，在中國耶穌會士除了帶來基督教，也介紹近代西方科學知識」。教育部這段說明與前述之重點相當，同樣是一心一意地為西方或歐洲人喝采。以下幾點值得花點時間討論。

　　首先，至少有很多人都聽過西方的崛起應該與新大陸的發現有關，這真是一筆橫財，那裡有太多的貴重金屬、成癮性植物，像是蔗糖、咖啡等，但第四單元「歐洲勢力的崛起」，教育部似乎對這筆橫財不感興趣，只對那時候西方為這個世界留下的非物質文化有感而已，這倒奇怪了，當時讓西方人感興趣的是物質及其所帶來的財富，現在非西方人（包括教育部的官員）倒是樂意為其非物質文化拍手，在筆者看來，這又是擁抱歐洲中心主義的明證。因此，學生只能看到「啟蒙運動」、「科學革命」、「理性主義」、「現代性」，還得再加上「西風東漸」這麼重要的學術交流。說穿了，不去揭西方人的瘡疤，好像是教育部不能說出來的祕密？還是教育部的官員對世界史也不是很清楚？這又令人費解了。

其次，新課綱提到了 16、17 世紀「西風東漸」，最有名者莫過於耶穌會士利瑪竇（Matteo Ricci），利氏被視為將西方科學知識帶入中國的第一人，其中他進獻給萬曆皇帝（1573-1620）其於 1602 年繪製的坤輿萬國全圖，一直以來被認為是當時最先進的世界地圖，這張圖被認為是參考了那個年代歐洲最準確的兩幅地圖，因為人們不認為其他地方的人具備繪製世界地圖的能力。在這裡，吾人略提一下利瑪竇「繪製」的地圖有什麼問題[25]，簡單地說，利氏的地圖並非如一般所認為的，參考了兩幅歐洲最先進的地圖，因為那兩幅圖也有問題。事實上，利瑪竇的坤輿萬國全圖是參考中國人所繪的圖，而且成圖的年代應該在明成祖永樂（1403-1424）過世不久的時候，因為利氏的世界地圖，在中國的東北地方，其地名相當清楚，只是都是些小地方而已，而且都與永樂皇帝大戰蒙古軍隊有關，世界地圖不應該呈現這些地名才對。因此，「西風東漸」的第一張圖就有問題了，有歷史意識的學生應該有興趣知道其原委才對。

罪狀六──亞太地區（近五百年）處於邊陲

這是 108 課綱所犯的最嚴重之罪狀了，完整地呼應弗格森最重要的論點──西方領先（主宰）世界五百年。

雖然在前述的討論之後，我們老早就看出了新課綱的基本論調了，但別忘了還有第四冊，教育部要歷史老師談談亞太地區與位於南半球的非洲。第四冊的主題三是「非西方世界的危機或轉機」，重點則置於「非洲與亞太地區：從被『發現』到被『殖民』」。新課綱的說明 3-2 提醒老師「南半球的非洲、亞太地區長期（**近五百年**〔粗體為吾人所加〕）以來處於歷史文化的『邊緣』，一直被歧視和忽視……〔老師或出版社〕可以上溯自他們如何被『發現』，一直到 19 世紀被『殖民』，以及如何**被動地**〔粗體為吾人所加〕納入『世界體系』之中。而各地百姓微弱的、無奈的自主性吶喊及其『在地文化』（indigenous culture）也值得注意」。以上的說明，有幾點需要予以留意的。

25　李兆良，《坤輿萬國全圖解密：明代測繪世界》（新北：聯經出版社，2012）。

　　首先，新課綱認爲「近五百年」來，非洲與亞太地區（包括中國）長期處於歷史文化的「邊緣」。然而，眞的這五百年都是如此嗎？那麼該如何解釋明清時期的蘇州，其服裝時尙在太平洋彼岸，也就是西屬美洲受到當地的喜愛呢？另外，更誇張的是，歷史科新課綱的第三冊，也就是在先前所述之主題「近代早期的思想與學術」，說明 3-3 提到「18 世紀歐洲文化則有一股『中國風』（Chinoiseries），欣賞中國庭園與品味，嚮往中國的儒家思想與自然神論，讚揚中國的科舉與文官制度。這些對中國的認識對啓蒙運動有一定的影響」。課綱這段話說的是，啓蒙運動受了中國的影響，在 18 世紀應該是「東風西漸」的時期，假設我們暫時不考慮馬可波羅那個年代西方對中國的熱愛。換句話說，此時中國的歷史文化應該處於世界的核心而非邊陲，這是第三冊的「說明」告訴我們的。那麼爲何在第四冊的說明當中，新課綱要學生知道「非洲、亞太地區長期（近五百年）以來處於歷史文化的『邊陲』，一直被歧視和忽視」。如果這不是新課綱的重大矛盾的話，那麼就是教育部部長率領其百官，熱情地擁抱歐洲中心主義，將 1492 年之後的歐洲置於世界的「核心」（所以其他地區才成爲「邊陲」），可是同時又不敢放棄「中國風」這歷史事實，以致於在高中歷史科第三、四冊出現了如此重大的衝突。

　　其次，關於非洲、亞太地區（以及拉丁美洲等）自從被「發現」與被「殖民」之後，「被動地」納入「世界體系」之中，這樣的說法，實在讓人難以苟同，特別是東亞的朝貢貿易體制。此制度實行了超過千年，中國自隋朝（581-619）之後，逐漸形成象徵性地以中國爲中心的朝貢貿易體制爲主的「國際關係」，一直到明成祖達到了高峰，外國人想要進入這個體制做生意，通常需要官方的許可，爲何是中國（例如明朝）「被動地」「納入」世界體系之中呢？吾人以爲，教育部所言之「現代」「資本主義」「世界經濟體系」，應是參考華勒斯坦[26]所設立的現代世界（經濟）體系學派之理論，認爲是歐洲人將世界上的其他地

26　請參照本書之〈華勒斯坦〉專章。

區「納入」（或「併入」）在華氏的世界體系之中，非西方世界是「被併入的」，所以筆者認為教育部認為西方是「主動的」，東方是「被動的」。好的都是西方的，壞的則由東方（非西方）來承擔。

弗格森與108歷史科課綱

看來學者卜正民真的言中了，非西方國家知識分子的附和，是西方知識霸權得以繼續茁壯的原因；另外，（前）第三世界政府的教育單位「下令」全國為西方起立鼓掌，也幫了個大忙，這可以視為「西方知識體系」建構過程中（最）重要的組成部分[27]。

當前英國最傑出的歷史學家弗格森，他先預設了西歐已領先（或主宰）世界五百年這個結果，然後再找到六個 APP 來「解釋」為何領先，所以，他所找到的歷史資料，基本上都得符合「領先五百年」這個預設的結果。當然好處是，這樣的「研究」看似有理，同時因為讀者大多忙碌於日常所需，若是有學者──最好是有名氣──著書立說，符合西方知識「體系」所需者，再加上大眾媒體，像是 BBC 與 Discovery 的加持，其偏頗的觀念，不僅僅是在作者的本國廣為流傳，更可能流傳到更多（前）第三世界國家。這些國家有兩個明顯的共同點，其一，都是先前被西方國家──特別是大英帝國──所占領與統治的地方，且於第二次世界大戰之後，才獲得了獨立的地位，原因是殖民母國也忙於自己的重建工作，無暇他顧。其二，西方留在殖民地不少「好的」制度，這應該是西方至今仍感到自豪的，其中的某些，應該已成為弗格森的殺手級APP 了，繼續讓五百年後的西方領先並主宰這個世界。

教育部的「新課綱」，也就是俗稱的 108 課綱，與弗氏的作法有著異曲同工之妙，不只如此，其官員（與課綱審查「小組」）竟然與弗氏一樣，在沒有約好的情形下，要高中歷史老師（與出版商）「只能」去找一些符合「新課綱」的證據，那麼所謂的「多元面向的歷史解釋」難道只是教育部的口惠而已？總而言之，弗格森氏的「西方領先（或主

27　卜正民著，李榮泰譯，第三章，〈資本主義與中國的近（現）代歷史書寫〉，《中國與歷史資本主義：漢學知識的系譜學》（北京：新星出版社，2005）。

宰）世界五百年」之說，相信教育部官員們不會反對才是，因為「新課綱」也的確是這樣寫的。它的意思是：高中學生應該記下來，否則不一樣的答案是不會給分的。在這樣的情況底下，多元面向的歷史思考與解釋要如果達到呢？幾無可能。

本章結語

弗格森這位當今英國最為知名之歷史學家，他告訴讀者住在歐亞大陸最西邊的少數人，為何他們在過去的五個世紀裡得以聰明地運用六大 APP（包括「競爭」、「科學」、「財產權」、「醫學」、「消費社會」與「工作倫理」）來支配整個世界。弗氏在其論點中運用了最時髦的科技用語，道盡了歐洲自 15 世紀以來超越全球的「優勢」，聽起來，其論點似有其道理，然而在仔細思量之後，不難發現五百年前，明朝才完成了鄭和七下西洋之壯舉，之後於 16 世紀末，馬尼拉大帆船開始載著長江三角洲產製的高階絲綢、瓷器，經過太平洋海上絲綢之路到達了美洲，滿足當地殖民者之消費需求，這條海上絲路延續了二百五十年之久，明朝在國際貿易持續地保持順差的優勢，為何西歐可以領先東亞這個地區長達五個世紀之久？

如果我們再看看滿清這個朝代，清初時期，約莫在 17 世紀末至 18 世紀末這段時間裡，歷經了康熙、雍正、乾隆三期，是所謂的「康、雍、乾盛世」，為清朝國力鼎盛之時，縱使我們假定──如同弗格森所做的那般──西歐在方方面面都進步神速，努力追趕著大清帝國，弗氏也難以用任何具體的證據來支持其說法，西歐在此期間「支配」了位於東亞的中國。然而，弗氏的論點不只在英國受到擁護，在西方學術界得到支持，意外地，我們發現了教育部部長的歷史科 108 課綱，在東方（中國）落後給西方的總時間這個議題上，竟然與弗格森的論點一致，教育部部長採信了弗氏的論點，為年輕人設定了詮釋世界史一個錯誤的解釋框架。可以這麼說，教育部部長為了成就其課綱而採信了弗格森為大英帝國寫下的謊言。

身為英國人，弗格森為過去的大英帝國之「榮光」擦脂抹粉似乎是

情有可原，然而僅僅為了呼應西方已領先或主宰世界五百年之論點，教育部部長全盤接受了弗氏之看法，這倒是令人訝異。也許我們不願意，但卻又不得不承認，歐洲中心主義之思維早已入侵非西方知識分子頭腦裡的每一根神經了，以致於迫使他們日後只能抱持偏頗的觀點來看待歷史，也難怪新編的 108 課綱還是難以讓人們看清東方的真實模樣。相反地，我們看到的景況是：西方知識體系日漸成長茁壯，枝繁葉茂，持續地庇蔭著一群臣服於西方知識體系之學者。

雖是號稱「新」課綱，但教育部與該部門聘請的歷史科審查委員們，似乎對世界史也只是一知半解而已，在不清楚鴉片戰爭真實原因的情形下，竟然要出版商與教師尋找該戰爭之正面意義；在不知道哥倫布是拿著中國人的地圖去「發現」美洲的狀況下，當然部長與委員們只得繼續相信耶穌會士利瑪竇為明朝帶來了當時世界上最進步的地圖，是利氏打開了中國人的眼界；更在全球學者都在為西方的優越而付出自己最真誠的佩服之意的歡樂氛圍裡，部長與委員只能要莘莘學子們一定得記住近五百年來，亞太地區長期處於世界的邊陲，人們只能遙望著「核心」歐洲；尤有甚者，教育部的長官與歷史學界的耆老們還不讓學生知道 17 世紀時的中國處於世界的中心位置，因為他們自己也不知道這個事實。

弗格森為大英帝國寫下的謊言，不料竟成為歷史科 108 課綱的主要支撐物，而且教育部再利用考試的機制，要全台灣的高中生都得學會利用歐洲中心主義的觀點來看待過去或是現在這個世界。

第二部分
蔥翠綠葉的庇蔭底下，
站著三個來自東邊的學者

第十二章 黃仁宇（Ray Huang）——

明朝本「無事」，庸人自擾之！那到底誰是庸人？

　　從這裡開始，我們得花點時間，好好地認識西邊老橡樹底下乘涼的三位學者，聽說他們遠自東邊而來。我們首先拜會黃仁宇先生。

　　如果讀者看過《萬曆十五年》[1]這本書，那麼對其英文原來的書名《1587, A Year of No Significance》應該不陌生才對。該書的英文版於1979年出版，中文初版則在1985年問世。這本書是中國（華裔美籍）著名歷史學家黃仁宇先生的成名作。根據中文版二版的序文提到，當時初版的5萬本中文書已經售罄，這數字絕對是暢銷書才可能有的，可見黃氏在華文世界影響力頗大。學術著作要找到有如此紀錄的，可說相當少見。黃氏的這本專書，在英語世界特別是美國，被許多大學選用為教科書，另外尚有法文、德文與日文等版本，可說是黃氏最暢銷的一本書。

　　本章選擇與黃仁宇教授對話，不只是因為這本書的影響力而已，也（可能）因為此書為大多數西方學者所認同，服膺於西方的「優越性」，而且有意無意間，對西方知識體系在全球的傳播可說是推波助瀾。《萬曆十五年》一書的寫作風格極其特別，這年在明朝萬曆帝（1572-1620）的統理下，並沒有什麼特別的事發生。當然，就中文書名，其實看不出所以然，但如果我們將英文書名直譯的話，它可翻譯作《無關緊要的1587年》。西元1587年，是萬曆皇帝即位的第十五年，看起來就像一個由許多瑣事組合起來的一年。可以這麼說，明朝——對

1　黃仁宇，《萬曆十五年》（1587, A Year of No Significance），二版（新北：食貨，1994 (New Haven and London, 1981)）。關於《萬曆十五年》這本書相對完整的討論，請參照：謝宏仁，第三章，〈無關緊要的明朝〉，《社會學囧很大3.0：看大師韋伯因何誤導人類思維》（台北：五南圖書，2020），第115-168頁。

黃仁宇而言，這是一個無關緊要的朝代——因為早已「停滯」，所以處處可見這個朝代殘破敝敗之象。不過，由於該書的寫法相當特別，風格與一般學術著作迥異，倒是不容易直接看出作者到底想表達什麼，黃氏將明朝「停滯」的幾個原因，全部隱藏在看似沒什麼重要性之 1580 年代所發生的事。

不過，黃氏的大作為何與古典社會學三大家之一的韋伯有關，乍看之下的確還看不出來，但定睛一望，原來黃氏整本大作（只）呼應韋伯的說法，也就是西方是現代的、進步的，而東方（中國）是傳統的、停滯的。具體而言，黃氏的《萬曆十五年》為韋伯提供了明朝（中國）即已「停滯」的證據。也許因為韋伯在西方受到廣大讀者群的喜愛，黃氏亦跟著受惠，其幾本大作都相當暢銷，影響力不容小覷。

與「無關緊要」略有不同，本章嘗試尋找一些發生在明朝，且有些許重要性的事件與讀者討論。本章結構安排如下，首先，瞭解《萬曆十五年》所申述的七件看似不重要的事，在當中被黃氏忽略的歷史分析，以及提出一個比黃氏的「大歷史」更大的史觀。其次，吾人將介紹幾件「被（黃氏）遺忘的歷史事件」，藉由分析它們，間接地證明大明帝國是個重要的朝代，絕對不是「無關緊要的」。第三，黃氏的著作，均是在其「大歷史（觀）」的視角下所完成者，我們得瞭解他觀點的獨特之處。第四，我們有必要瞭解黃氏的「數目字管理」與「可預測性」之間的關聯，這一小節中包括了三個子題，其中包括了他的「大歷史（觀）」與「數目字管理」，黃氏之二分法——也就是西方的「有」與東方的「無」——的解釋框架，以及資本主義與「數目字管理」之間的關係等。最後，吾人總結本章之發現。

明朝本「無事」，庸人自擾之

對於明史的「專家」黃仁宇教授而言，明朝是個「無關緊要」的朝代。為何如此說呢？本小節中，我們得先看看黃氏極感興趣的 1587 年，這個看似有點無趣的朝代到底發生了哪些不重要的事，為何黃仁宇先生要拿這些瑣事來困擾自己呢？其次，我們有必要釐清《萬曆十五

年》與「大歷史」兩者間的關係，因此我們至少得（概略地）描述各章的內容。的確，這部歷史著作的寫法與一般坊間書籍頗為不同，雖然各章所要介紹者，與一般人對歷史書籍的認知相較起來，看起來並沒什麼重要性，然而卻都與黃氏的「大歷史」有關。再次，我們也得瞭解為何在黃氏的想法裡，這個朝代會如此庸拙不堪？明朝的國祚不算太短，為何對黃氏──或許不只是明史研究專家，更應該說是中國的（大）歷史專家──來說，竟成為一個無關緊要的朝代？

　　黃氏選擇以「大歷史」視角看到「無關緊要」的明朝，筆者則認為明朝是個「必要」的朝代，因為它已經發生了，而且在歷史長流之上，確實有個王朝叫「明朝」，並且國祚延續了兩百七十六年，在諸朝代中算是「長壽」的。試想要維持一個朝代過完近三百年的歲月談何容易，怎麼能說是個「無關緊要」的朝代？不過，筆者這種質疑方式恐怕仍不易說服讀者，因此還得再進一步說明，這樣才能讓「對話」進行下去。這個論點是：黃氏的「大歷史」不僅無法看到更「大」的畫面，而且還不清晰，這點出人（包括黃氏本人）意料之外。

困擾黃氏的七件瑣事

　　我們得看看該書裡頭到底寫了什麼？至少我們得稍微瞭解各個章節到底說了些什麼？首先，該書敘述七個不同的故事，其中的共同點，就是它們看起來都不重要，不值得任何人──包括黃氏自己──花費心力在它們之上，至少作者想要呈現這個訊息。其次，我們藉由作者的論述，來瞭解其「大歷史（觀）」，黃仁宇教授希望藉由他的視角讓我們能看得更遠也更清晰。

　　《萬曆十五年》這本書的第一章〈萬曆黃帝〉述說萬曆自幼年即位，首輔張居正掌政治實權，政治實效的確卓著。張氏強調行政效率，不屑於文官集團標榜的仁義道德，對於那些孚眾望者也同樣不放在眼裡，再加上張居正任用私人，這也引來文官集團的不滿。張氏的萬貫家財，也非全然取之有道，因此張居正去世之後，攻訐紛至沓來，最後被無情地清算。第二章〈首輔申時行〉，講述著繼任之首輔申時行，他一

改張氏之作風，期望與文官集團合作，於是不斷地舉行禮儀與經筵來推廣他所強調的「誠意」，但萬曆選擇缺席，這一來皇帝與群臣之間的嫌隙日深，少了皇帝，禮儀與經筵頓失其意義，誠意戛然而止。申時行有心調和卻力有未逮，最後黯然下台。第三章〈世間已無張居正〉與第四章〈活著的祖宗〉可以合起來一起看，主要討論萬曆與群臣之間的衝突。由於萬曆偏愛三子朱常洵，希望他成為太子，不過這會動搖倫理綱常。因為萬曆的願望無法實現，於是他決定以怠工來對抗文官集團。黃仁宇認為文官集團至終將掌握國家事務的實際處理權，特別是在文官制度趨向成熟之際，此時皇帝的主要功能就只剩下參加各種禮儀來護衛其君臣倫常而已。第五章〈海瑞──古怪的模範官僚〉欲引出明朝官僚運作的問題。海瑞雖重視法律，但倫理道德為其行事之指導原則，不過以道德取代法律充其量只是一種浪漫的情愫罷了。第六章〈戚繼光──孤獨的將領〉講述萬曆年間，倭寇勢力大起，戚繼光揉雜傳統武器與先進火器，創立鴛鴦陣，戚氏的改革可說功勞不小。不過，即使如此，因為明朝的衛所兵制始建不久，逃亡情形相當嚴重、組織渙散，再加上後勤補給制度的缺陷、裝備落後等，改革計畫最後仍被束之高閣。第七章〈李贄──自相衝突的哲學家〉試圖瞭解思想界的困境，士人雖追求聖賢之道，但另一方面，與平常百姓無異，他們依然難以克服物質之誘惑。李贄強烈不滿於文人這種心態，但自己也為此窘境所困難以逃脫[2]。

　　貫串《萬曆十五年》一書七章內容的是「傳統主義」的理念型，亦即在明朝萬曆年間，是「停滯」、「落後」、「不可預測」（無「數目字管理」）的。黃氏選擇強調文官只在乎倫理道德，卻不願提及科舉擢才，吏、戶、禮、兵、刑、工等六部的專業分工；萬曆皇帝因立皇儲的問題，用怠工、不處理國事的方式來表達其抗議，但國家的治理卻還是穩定持續，這是因為專業的分工，大多數文武官員仍各司其職，即使當中有行事風格怪異的模範官僚；衛所兵制並非沒有缺點，但在明朝末年

2　黃庭碩，〈書評：黃仁宇《萬曆十五年》〉，《史繹》，第 35 期（2007），第 161-169 頁。

也打過幾場勝仗，也許補給、軍備大有問題，但對手更有問題；想法不為時代所接受者比比皆是，反倒是掌握學術霸權者，名留青史，卻未必能在思想上讓人耳目一新。黃氏企圖利用李贄來呈現明朝「整個」思想停滯的窘境，這裡雖然尚未提出深入的證據，只是先暫以常識來質疑黃氏這本大作而已。或許讀者知道萬曆年間，明朝正經歷其第二次經濟繁榮時期，向菲律賓輸出不少高階產品，像是絲綢、瓷器。這些貨品由馬尼拉大帆船載運到西屬美洲，而這還只是與外國貿易的部分而已，黃氏的「大歷史」對此竟然興趣缺缺。

　　簡言之，為了成就「傳統主義」這個理念型（韋伯留給世人的精神遺產），著名歷史學家黃仁宇教授對中國歷史竟不是切心研究，反而是為求理念型的完備，選擇放棄歷史分析的機會。稍後，本文將逐一反駁黃氏在這七個章節裡的主要論點。在這之前，他書中的一段話，毫不掩飾地吐露其心聲，我們會看到黃氏「大歷史」史觀的真正企圖。

黃氏的「大歷史（觀）」

　　以下這段話，是黃仁宇先生在 1994 年為中文版《萬曆十五年》寫〈序〉時提到，他說：「萬曆 15 年，公元 1587 年，去鴉片戰爭，尚有兩個半世紀，可是其時以儀禮代替行政，以無可認真的道德當作法律，是為傳統政治的根蒂，在大歷史的眼光上講，已牽連明清；又因中央集權，財政無法核實，軍備只能以低級技術作一般準則，若從大歷史的角度檢討，即使相去兩百五十三年，也不過大同小異。」[3]從黃氏這段話當中，讀者應該略微知道，「大歷史」係指以「長時間」、「遠距離」、「寬視野」的角度來進行歷史分析[4]。

　　我們先談談黃氏與韋伯論點的「親合關係」，這種關係或許讓人直覺地感受到，當黃氏在閱讀韋伯（筆者猜想）時，一定特別容易產生共鳴吧？！黃氏認同年鑑學派的長時間、大範圍的歷史比較分析，是故他

3　黃仁宇，《萬曆十五年》，二版（新北：食貨，1994），第 II-III 頁。
4　朱瑞月，〈長時間、遠距離、寬視野的歷史座標──評介黃仁宇的三本歷史著作〉，《人文及社會科學教學通訊》，第 1 卷第 5 期（1991 年 2 月），第 212-217 頁。

認爲，在過去有不少人認爲 1840 年的鴉片戰爭[5]是清朝中國衰弱的起點，然而在布勞岱爾的啓發之下，黃氏將時間往回溯至萬曆 15 年（甚至之前）的明朝中國，西方領先全球大約有五百年的光景，自然而然地東方（中國）落後了五百年[6]。既然落後，那麼黃氏總得告訴我們到底爲什麼東方（中國）在五百年前就被西方追趕過了。或許，黃氏應該知道明朝中國事實上還有些可圈可點之處，像是絲綢、瓷器大量地銷往鄰近國家，工藝水平還保有優勢才對。於是黃氏知道自己不能認眞進入歷史分析（實質研究）之中，否則他將無法說服讀者，明朝——特別是萬曆年間——中國便狠狠地被西方拋在腦後。同樣地，在西方哲學「二分法」的教導之下，又出現一位東方的知識分子，自然地將他所蒐集到的歷史「證據」放入其已經設定好的詮釋框架——像「傳統主義」這個理念型——之中，在詮釋的同時，還認爲「證據」能持續不歇地支持自己的論點。由此可以看出，黃氏將中國開始落後於西方的日期往前挪移，從 1840 年推至 1587（萬曆 15）年，將近三百年，對西方人而言，眞是大功一件。對於「新」史觀而言，黃氏的「大歷史」在華文學術界更是奠定穩若磐石的基礎。稍後，我們還會看到更多證據。

　　所以，雖然黃氏沒有明說，在相對於西方「現代主義」理念型的解

5　與多數學者一樣，黃氏並不清楚鴉片戰爭發生的眞正原因，也因爲這樣，清廷這個戰敗者總是被究責的「國家」，結果英國獲得利益，強賣毒品、索賠，再告訴全世界，清朝因爲不知道「自由貿易」的「好處」，所以才落得這步田地；這頭睡獅打輸了，這只是剛好而已，因爲故步自封，將國門鎖起來，鴉片戰爭之後，封閉的中國終於知道必須打開貿易之門，這不正是眞正清的「西方衝擊論」嗎？黃氏也是這麼想，也打算這樣告訴大家的。關於鴉片戰爭的原因，請參照：謝宏仁，第五章，〈鴉片的政治經濟學〉，《顚覆你的歷史觀：連歷史老師也不知道的史實》，增訂二版（台北：五南圖書，2021）。關於黃仁宇對鴉片戰爭的原因之錯誤「理解」，請參照：黃仁宇，《中國大歷史》（新北：聯經出版社，1993）。

6　關於黃氏三不五時地要讀者們相信，中國自明朝開始，即已落後西方世界五百年，我們很難相信一位如此知名的歷史學家竟然沒有提出任何證據支持他自己的說法，他只是要我們相信他所說的，而且千萬不要懷疑，但這應該不是做研究時應該有的態度，可是黃氏在撰寫其〈中國近五百年歷史爲一元論〉時，他卻這樣說：「我作此文，可以說是沒有詳細的事實根據去支持一種廣泛的批評。可是雖如此，我們也可以用大眼光的邏輯推行，補救這缺點。我們必須看清：如果要明清的制度，改革爲有現代性的合理化，勢必……要取消傳統的一元政治……要財政經理確實，又必增強司法機構，使司法官專業化……。」換句話說，黃氏根本沒有用歷史證據來支持其所說的中國自明朝起即處於落後的窘境了。我們很難相信這個事實，但這是他自己親手寫下來的字句。至於所謂的「司法官專業化」，事實上，「傳統」中國的法官（通常也是行政長官）並不是沒有專業化的訓練或者國家在人員上的支持，只是行政司法合一而已，由此可知黃氏對傳統中國法律並不熟悉。請參照：黃仁宇，〈中國近五百年歷史爲一元論〉，《放寬歷史的視界》（台北：允晨文化，1988），第 212 頁。

釋架構所指引，黃氏腦海中浮現出韋伯的「傳統主義」（雖然兩人並不認識），並且認爲這是可以串起全書每一章節的一條軸線。試想，如果耗費許多時間，撰寫幾篇不同主題的文章，卻無法將之串連的話，那麼豈不是前功盡棄了？所以黃氏「利用」自己絕妙的文筆，嘗試全然不同的寫作風格，而完成《萬曆十五年》這部大作。全球（應該有）上百個爲其撰寫書評者，好像沒人發現黃氏是在韋伯之「傳統主義」理念型框架的窄小窗櫺前，幫我們遠眺大明帝國，這皇朝乃是「傳統」中國的代表作，可說是一個暮氣沉沉、停滯不前的國度，可能不只是落後，相較於西方的進步，可說是「倒退」著。用黃氏的話來說，係「儀禮代替行政」、「道德當作法律」，以人治爲主的「中央集權」，讓官員上下其手，以致於「財政無法核實」。此外，由於不重視科學，是故「軍備只能以低級技術作一般準則」[7]。簡單說，黃氏認爲毫無疑問地，在「傳統主義」的束縛下，明朝中國什麼事都做不好；相較起來，西方即使什麼事都不做，也會比明朝中國還來得好，不只是在 1587 年而已，在之前也是。接下來，我們得看看《萬曆十五年》這書上還有哪些問題？基本上，筆者認爲這本書並非「大歷史」史觀下的產物，黃氏並沒有比韋伯好上多少，他也（暫時）「忘記」歷史分析到底有何用處，反倒受了理念型的誘惑，而稍微失掉「大師」的格，這點確實與韋伯相似。

　　此外，黃氏也喜愛「研究」法律，他認爲「一個社會真正的轉捩點在法律」[8]，這不就是韋伯所言，支撐著資本主義成長茁壯最重要的制度？當然，我們尚不能說黃氏是韋伯的代言人，但是至少黃氏對韋伯所主張，保障私有財產的權利觀確定是舉雙手贊成的。只是弔詭的是，兩人似乎不知道在中國這個義務觀的社會，是藉著處罰侵犯他人者來間接保護私人財產「權」，於是他們都自以爲找到某種西方所獨「有」而東方卻「無」的「東西」。黃氏才會信誓旦旦地宣稱：「明朝與清朝……法律上還沒有徹底支持個人私人財產權利這一觀念……。」[9]看起來，

7　黃仁宇，《萬曆十五年》，二版（新北：食貨，1994），第 II-III 頁。
8　黃仁宇，《我相信中國的前途》（北京：中華書局，2015），第 16 頁。
9　前揭書，第 23 頁。

黃氏是先確定了西方「有」、但東方（中國）所「無」之物，然後再附上其解釋，而非進行（相對）完整的歷史分析。

被（黃氏）遺忘的歷史事件

我們在前節中已經大略描述《萬曆十五年》書中每一章想要表達的想法，在本小節裡，我們試著「補充」（或批評）黃氏忽略的部分，當然這是艱辛的「任務」，因為黃氏在華文世界裡，是個極具重要性的歷史學專家，相信他說法的人，應該是成千上萬、為數眾多。雖是如此，還是得奮力嘗試。

《萬曆十五年》的第一、二章都談到了張居正。萬曆前半時期，張居正為首輔，黃氏所在意的是，張居正不與文官集團對話。事實上，這個結論不只這些，在他談論明代漕運時，他說：「在 15 世紀初期設置的漕運體系及其附屬機構……在 16 世紀，由於整體系的僵化……到該〔16〕世紀末和 17 世紀初期，明代官員明顯落後於時代的發展。他們管理國家的思想觀念和現實之間的斷裂，再也不能以技術補救來解決。根本原因在於時代的精神惰性，已經僵化。」【10】黃氏認為在 16 世紀末，明朝官員管理國家的觀念已經跟不上時代，原因是「時代的精神惰性」，這種論調相信韋伯聽了可是會非常的高興，因為這與社會行動有關，與行動的意義有關。某一種精神狀態，例如新教倫理，會引導著一群人做相同或至少相似的事情，所以這種「時代的精神惰性」讓文官集團什麼事也不想做，這是黃氏告訴我們的【11】。剛好，張居正於 1572 年至 1582 年擔任首輔，他與文官沒話可說，所以「萬曆新政」、「張居正改革」是張居正與他的幾個朋友就可以完成的？一條鞭法是少數幾個人就能推行？這真是匪夷所思！黃氏過度強調文官集團的僵化，但事實上，大多數的文官仍然必須按照其官位、職責所在完成法律所規定的事

---

10 黃仁宇著，張皓、張升譯，《明代的漕運，1368-1644》（新北：聯經出版社，2013），第 222 頁。

11 事實上，黃氏並非贊成韋伯所有的論點，這也不可能。例如，黃氏就曾經指出，韋伯將歐洲長期經濟的發展歸因為某種「精神倫理」之不當。黃氏認為韋伯這樣的說法，過度偏重特定的單一面向，這不甚明智。果然，身為一代「大師級」歷史學者，黃氏的論述中仍然有不少讓人心服的看法。

項，張居正與少數官員的確可能存在不小的衝突，但是，整個官僚體制仍需運作下去，否則吏、戶、禮、兵、刑、工六部都將陸續垮台。若是這樣，相信黃氏一定會在其上大書特書，但怎麼沒有呢？

在第三、四章，黃氏主張，待文官制度成熟之後，官員必定掌握國家事務的實權。或許黃氏從萬曆皇帝那兒看出的經驗，才得到這個推論。不過，或許黃氏倒可以這樣看：皇帝怠工不上朝，即使時間延續一年半載，整個國家的文官系統仍然平穩運作，因為體制內的權力與責任均由法律所規定。但定睛一看，這豈不就是韋伯心目中最理想的法理型科層體制嗎？這讓人無從確定黃氏真正的用意，看起來他打算批評文官體制，但效果似乎欠佳。第五章，黃氏討論古怪的官員海瑞，其結論是：（海瑞）想以道德來取代法律，但這只是一種不切實際、浪漫的想法而已。事實上，明朝的法律遠比黃氏想像的還要複雜，意圖以道德來取代法律，談何容易呢？不過《萬曆十五年》的讀者，大概沒有太多人會懷疑這件事。況且，連黃氏自己都認為海瑞是個古怪的官員，是個異數，因此能用海瑞來代表文官體系嗎？這應該受到質疑。我們還是回到明代的法律本身，就「傳統」中國法律而言，就連韋伯這個外國人都知道中國（充其量）是實質理性的法律，但他「只是」不知道「傳統」中國是一個義務觀的社會而已，整個「傳統」中國沒有權利觀念，更不用提及財產「權」的保障了，當然這是韋伯一廂情願的想法，一個不懂中國法律體系的人所堅持者。但矛盾的是，黃仁宇教授是中國歷史學家，如果我們不是那麼嚴格界定的話，也許還可以稱他為明史專家，但他竟然將大明王朝說成「停滯的」國度？除了韋伯有這等影響力之外，實在想不出來到底還有誰能讓黃氏徹底迷失方向。不過，我們還得回頭看明朝的法制建設，特別是明初洪武皇朱元璋對此之用心。

在中國各朝代裡，《大明律》可能是花費時間、精力最多者，修訂前後長達三十餘年，幾乎與洪武朝相始終，也就是說，自立國伊始直到洪武去世的前一（1397）年完成。清朝修訂明史，將此一過程總結為：「草創於吳元年（1367），更定於洪武 6 年（1373 年），整齊於 22 年

（1389年），至30年始頒示天下。日久而慮精，一代法始定。」[12]《大明律》共計460條，主體部分共計《名例律》（總則）、《吏律》、《戶律》、《禮律》、《兵律》、《刑律》、《工律》等七個部分。以下，我們僅簡略談其中《吏律》與《戶律》。《吏律》計33條，用以規範官員，犯罪行爲包括官吏「未能履行行政職能或違反行政規定」、「處理文書不符合規定」等，像是「官員赴任過限」條，官員若不遵從，就按過期的期限加以懲治；「講讀律令」條，則規定官員務必熟讀《大明律》，並且依照規定時間接受考核，不合格者須接受不同程度之處罰。這當然比韋伯所能想到的還來得複雜，官員並非只要會讀經、欣賞古文與修身養性。《戶律》計95條，其間之犯罪行爲包含「國家賦役、稅收、倉庫、市場、民間錢債，以及家庭婚姻」，此乃確保「人戶在籍、差役均衡、市場平穩」，其中賦役的公平性與經濟活動的規範尤爲重要。另外像是「保障稅收和國庫收入」則與黃氏的「數目字管理」有關，雖然黃氏對英國的「數目字管理」多所讚譽，但對明朝中國則缺乏興趣。當然《大明律》制定在於穩定國家經濟秩序，讓整體社會秩序得以維持。例如《戶律》之下設立「隱蔽差役」條，這是爲了「禁止豪民令子孫弟侄跟隨官員隱蔽差役，違者，家長和官員均獲罪」。《戶律》之的「妻妾失序」條，規定「有妻而再娶妻的，杖九十，離異，四十以上沒有子嗣才允娶妾，違者，笞四十」[13]。相關條目以穩定家庭婚姻爲目的。

此外，《大明律》尙規定，倘無明定法條可以爰依，法官斷罪得引用與罪行最相關的律條，再依具體情形酌予調整。但爲求謹慎，對於法律並未規定之罪行的處罰意見，法官不能自行處斷，必須「將罪行、引用的律文，及調整後的處理意見等上報刑部，刑部商議之後，再報皇帝批准」[14]。從《大明律》的規定看來，由刑部討論之後，再請皇帝批

12　〔清〕張廷玉，《明史》，卷九十三，《刑法一》（北京：中華書局，1974），第2284頁，引自：吳艷紅・姜永琳，《明朝法律》（南京：南京出版社，2016），第21頁。

13　前揭書，第23-25頁。

14　《大明律・名例律》，「斷罪無正」，高舉，《大明律集解附例》，卷一，第370-371頁，引自：前揭書，第35頁。

准的條例所集結而成之《問刑條例》有效地補充《大明律》之不足。隨著社會的演進，《問刑條例》亦隨之變化，正所謂社會與法律同時演化之現象。《問刑條例》經過弘治（1487-1505）、嘉靖（1521-1566）與萬曆三朝修訂，儘管時間相去甚遠，但這三次修訂的背景與原則大致相同，皆爲條例大量存在而使得司法紊亂之時，且都以「情法適中」爲修訂的原則，確保「罪刑相等」、「輕重相宜」。爲體現「情法適中」，諸如偷盜、納賄都考慮數量上的差別，作爲裁罰的標準；又如搶劫、強姦等犯罪，再分爲「已成」與「未成」二者，造成損害不同，亦爲條例修改的要點。另外，「首犯」、「從犯」、「初犯」、「再犯」、「累犯」，量刑上亦有所區別[15]。

綜上所述，無論是明初《大明律》編修，或是《問刑條例》在不同時期因應社會所做的調整、修訂，在在表現出明朝官員的嚴謹態度，絕非黃氏以一個「古怪」官員海瑞的例子所能代表。也許明朝法律的進步「不夠快」，尚未成爲當時全球效法的範式，但也絕非韋伯以「停滯」兩個字就能加以代表。況且在歐洲還處於（或許太陽才剛剛露臉的）黑暗時期將盡，啓蒙運動的開頭，當時日本、朝鮮的士大夫，高度肯定《大明律》，並且都對《大明律》進行注釋，分別彙集成日本的《明律國字解》與朝鮮的《大明律直解》[16]。如此，這位古怪官員海瑞是要如何用道德取代法律呢？黃氏應該要告訴我們更多。

《萬曆十五年》第六章訴說一位孤獨者戚繼光，無論過去還是現在有能者總是沒有太多朋友。他所遺留最爲人所知者，非「鴛鴦陣」莫屬。雖然對抗倭寇的武士刀，戚繼光打造了有兩條放血槽的戚家刀，但事實上，火器在戚家軍的武器裝備中占據著最重要的地位，但黃氏應該不覺得這是重要的。一如黃氏所言，其軍事改革是成功的，戚繼光頗有才能，但明朝的衛所兵制從建立之初就註定失敗，因爲不消年日，軍士

15　前揭書，第 39-41 頁。

16　何勤華，《中國法學史》，第二卷（北京：法律出版社，2000），第 407-415 頁；文亨鎮，《〈大明律〉傳入朝鮮考》，《中央民族大學學報》，第 5 期（2000），第 35-38 頁；高艷林，《〈大明律〉對朝鮮王朝法律制度的影響》，《求是學刊》，第 36 期（2009），第 123-128 頁，引自：前揭書，第 34 頁。

兵逃走甚眾，唯有這樣，西方才能領先五百年，不然明末軍事改革若沒有失敗與衰亡，西方絕不可能領先五百年。因此黃氏只能強調衛所兵制之「壞的開始是失敗的一半」，所以日後的軍事改革必然（也「必須」）不會振衰起敝，畢竟明朝為清朝取代，說「改革成功」不免讓人起疑。於是黃氏（與其支持者）決定不提明末軍事改革的成功。這麼說明朝滅亡的因素不少，縱然明朝晚年軍事改革有其侷限，但有其成功的部分，黃氏所承認的戚家軍就是個例子，當中最值得一提的是孫承宗車營與徐光啓的登州火砲營，簡述如下。

　　明朝天啓 2 年（1621），吏科給事中侯震暘上疏道：「中國長技在火器，然火器用以臨敵，必藉車用。」意思是，火器必須結合戰車，方能發揮最大效用，而孫承宗的車營正是晚明軍事改革之重要產物，車營最重要的特點其中之一是充分配備先進火器。孫氏一到山海關即從大同調選熟練車砲的 12,000 名士兵成為骨幹，「其裝備以火器為主，其中鳥銃 256 枝、三眼槍 1,728 枝、佛朗機 256 架、大砲 16 門、滅虜砲 80 門；偏廂車 128 輛、準迎鋒車 256 輛、輜重車 256 輛、戰馬 3,320 匹、駄運畜力 408 頭……經孫承宗的苦心經營，車營成為了遼東明軍最精銳的部隊」。登州火砲營是徐光啓所倡導建立的，經徐光啓安排了一批葡萄牙銃師到登州指導西砲製造與操縱點放之方法。戮力經營之下，登州火砲營「不僅擁有當時最先進的西洋火砲，而且掌握了一般明軍尚不曾完整掌握的西式大砲的使用知識（如銃尺的使用）。這支軍隊成為全國最精銳的部隊，不僅穩住了牽制後金軍事進攻的戰略要地——東江，而且數度重創後金軍隊」。簡言之，戚繼光、孫承宗與徐光啓的三支軍隊，代表著明末的新式部隊，徐光啓比較既有與新式軍隊兩者，他說：「器械之費，一人當十；糧餉之費，一人當三。」徐氏道出了軍事改革後的「技術密集型和資本密集型軍隊的絕佳總結」[17]。簡單說，黃氏所不看好的「明末軍事改革」，反倒應該給予肯定，不能因為軍事改革未讓晚明「起死回生」就抹滅其成功之事實。不然光憑長城與弓弩投石，

17　李伯重，《火槍與帳薄：早期經濟全球化時代的中國與東西世界》（新北：聯經出版社，2019），第 332-336 頁。

要如何拒清軍於關外呢？

　　黃氏書裡第七章的主角是李贄，是一個「自相衝突」的哲學家。李贄認爲文人就相信全心全意地追求聖賢之道，然而他發現，士大夫的仁義道德，例如「重義輕利」、「君子恥言談利」等，原來只是說說而已，但事實上，這是「表達」與「實踐」的不同。士大夫的「表達」不同於日常生活的「實踐」。舉個例子，傳統上士大夫若總是（或經常）將利益掛在嘴邊，這的確難容於儒家社會。普遍上，他們該做的是修身養性，古典社會學大師韋伯堅信「修身」這件事是士大夫最重要的事，但事實絕非如此。在士大夫是否應該追求更好的物質生活這個議題上，黃氏刻意安排李贄這位所謂「自相衝突的哲學家」，並且相信這是思想的困境，然而眞是困境嗎？筆者倒是認爲儒家的士大夫對此種心態十分熟悉，應該不會造成他們太大的困擾才是，簡單說知識分子相當清楚社會對他們的期待，也清楚整個社會也不會過度苛責，如果他們內心眞的很想爲自己賺點錢的話[18]，只要嘴裡別總是談論錢的事就可以了。

　　我們花些篇幅重新檢視黃氏在《萬曆十五年》的主要論點，確實發現一些讓人質疑之處，筆者亦做些許補充，發現 1587 年這個黃氏所認爲的「無關緊要的一年」，其英文書名只是其委婉語，其實黃氏內心想說的是，明朝是個「無關緊要的朝代」，沒有什麼重要的事情發生，陳舊的社會也沒有產生變化的力量，至少他是作如是觀的[19]。

　　針對其書中的內容，一共有七個主題，實際上乃是在韋伯的「傳統主義」理念型的詮釋架構中繞圈圈，怎麼繞也繞不出其框架之外。這時候，我們心裡好像有種「似曾相識」之感，原來我們好像又見到了古典

18　謝宏仁，第二章，〈還原眞相：西方知識體系建構下曲解的中國傳統法律〉，《社會學囧很大1.0：看大師如何誤導人類思維》（台北：五南圖書，2015），頁 59-101，第 74-79 頁。

19　隱藏在《萬曆十五年》一書背後的，如陳正國在〈黃仁宇的現代化論述與西方歷史〉一文中所言，其實是現代化理論。黃氏並沒有明說，但是參考筆者的分析，當黃氏在檢視明朝的問題時，基本上是圍繞在「現代（化）」的對立面，也就是「傳統（主義）」，是故黃氏的歷史分析，可說圍繞在「傳統主義」的詮釋框架下，這就讓許多歷史事實得不到更清晰的畫面。因此，陳正國試著爲黃氏緩頰，他說：「即使讀者未及發現此一史觀〔指現代化理論〕，他仍舊可以享受黃仁宇因著現代化史觀而對明代人物與歷史所發出的同情之嘆與精采的史事描述。」對此，筆者實難認同，因爲現實中應該不易找到比現代化理論更「歐洲（美國）中心主義」的觀點了。請參照：陳正國，〈黃仁宇的現代化論述與西方歷史〉，《新史學》，第 12 卷第 4 期（2001 年 12 月），頁 155-192，第 155 頁。

社會學「大師」韋伯。數十年前至今，我們一直認爲韋伯是東、西方歷史比較研究大師，但原來他並不十分瞭解中國。那麼黃氏呢？同樣是一位歷史學重要人物，而且其大作《萬曆十五年》更是翻譯成多種語言，其歷史分析應該沒有太大問題才是，不過因爲與韋伯相似──熱愛且擁抱著理念（類）型，他暫時忘掉歷史學者應該去做該做的事，例如進入當地，瞭解歷史文化脈絡，這種歷史分析才會有說服力。不過黃氏忘記去做的事，我們在這兒幫他完成了。

黃氏（內向的）「大歷史（觀）」

現在，也許我們可以再回想一下，黃氏所說的「大歷史」到底指的是什麼呢？黃氏這麼說：「以往的史觀往往限於上層結構的觀點來評比政策、臧否人物，卻從未深入下層社會來對證歷史現象，此種史觀產生許多盲點。」黃氏主張從「長時間、遠距離、寬視野」的角度重新審視歷史，避免過度地「計較歷史人物短時片面之賢愚得失，而竭力勾畫當日社會輪廓，不致因材料參差而造成偏激印象」。事實上，他這種的「大歷史」史觀與「法國年鑑學派探究深層而持久的結構性條件的史觀」[20]可說是異曲同工。這麼說，黃氏對年鑑學派感到莫名的吸力。不過，不曉得是筆者的領悟力不高，抑或其他原因，總覺得用了史學「巨擘」黃氏的「大歷史」史觀之後，似乎覺得他寫的「大」字恐怕還不夠大，尤其是在明朝海禁在隆慶（1566-1572）時期正式解除。但隆慶皇是萬曆的父親，那麼隆慶朝解除海禁，正是馬尼拉大帆船連接起太平洋兩岸的時候，人類的商船可以定期地橫越太平洋，照理說應該是一件大事才對。筆者十分好奇，既然黃氏這麼關心 1587 年，明朝中國的產

20　朱瑞月，〈長時間、遠距離、寬視野的歷史座標〉，《人文及社會科學教學通訊》，第 1 卷第 5 期（1991 年 2 月）。事實上，黃氏的「長時間、遠距離、寬視野」之座標，應該可以讓人看得更遠、想得更廣才對，相信研究人員應該有不少人會被如此「寬廣」的視野所吸引，如果可以學習得來的話。然而不幸的是，一般人大概難以習得。王志誠專訪黃氏時所得的結論是：「在他〔黃仁宇〕的歷史著作中，一再揭櫫『大歷史史觀』，提倡以『長時間、遠距離、寬視野』的條件重新檢討歷史……這種嶄新觀念，實際上全由生活煎熬所致，其學術成就，事實上是因命運的困塞躓踣得來的。」看起來，這樣的「歷史座標」應該難以學會才是，因爲得先要在年輕時生活過得苦一些。請參照：黃仁宇，《赫遜河畔談中國歷史》（台北：時報文化，1989），第 318 頁。

品在四百多年前就賣到了美洲，並風行於斯，凡此種種，萬曆皇、張居正（和他所任用的私人）、申時行、古怪的海瑞、擁有「新軍」的戚繼光、活在矛盾之中的李贄，竟然沒有一人提到江南的絲綢、瓷器廣為外人所喜愛，而源源不絕地輸往海外？難道這些人在其「主人公」的筆下，都「必須」活在明朝這個「內向」[21]、「封閉」的國度嗎？

　　萬曆 5 年（1576），這年萬曆皇 13 歲進入青春期，剛好馬尼拉大帆船打從這一年開始營運，此後因為明朝中國生產的商品廣受太平洋彼岸的消費者所喜歡，於是，大帆船持續不停地運送長江三角洲（江南）這個地區所產的高檔貨品，也就是絲綢（與瓷器），在橫越太平洋之後到達西屬美洲，這就是著名但被黃氏「大歷史」史觀不小心遺忘掉的絲綢──白銀（silk-silver）之路。這條海上絲路，延續了兩百五十年，到 1820 年代才停止。大帆船在太平洋上走了兩個世紀以上，「大師」黃仁宇教授竟然當作什麼也沒發生！一條鞭法是張居正在萬曆 9 年（1581）推行的，若沒有美洲白銀，明朝哪有足夠的白銀流通呢？稅制改革從福建開始，就是因為那裡是美洲白銀輸入的首站。在此僅舉一例，稍後還有更多證據，我們只消萬曆年間從西屬美洲輸入菲律賓的白銀（絕大部分運回明廷）即可。根據西班牙官方文件，全漢昇計算出自 1598 年（萬曆 26 年）開始，到 1784 年（乾隆 50 年）運至菲律賓的美洲白銀，其中萬曆年間的資料包括：1598 年 25.56 噸，價值 100 萬披索；1599 年至 1602 年每年 51.12 噸，價值 200 萬披索；1604 年 63.9噸，價值 250 萬披索；約在 1620 年 76.68 噸，價值 300 萬披索[22]。萬曆年間，美洲白銀持續流入中國，讓明朝經歷第二次經濟繁榮時期──約莫 16 世紀末、17 世紀初，因為國內銀產早已枯竭，倘若沒有美洲白銀的話，貨幣供給將會不足，交易就無法完成。

21　黃仁宇，《中國大歷史》（新北：聯經出版社，1993）。這本大作章節極多，一共有二十一章，其中第十四章標題為〈明朝：一個內向和非競爭性的國家〉；第十五章標題為〈晚明：一個停滯但注重內省的時代〉。這兩個標題告訴我們，黃仁宇的確認為在中國（大）歷史上，明朝是無關緊要的。

22　全漢昇，《中國經濟史論叢》，卷二（香港：新亞研究所，1972），第 439 頁。

「數目字管理」與「可預測性」

　　黃氏的另一傑作，是 *China: A Macro History* 於 1988 年成書，次年由 Sharpe 出版社付梓。繁體中文版譯爲《中國大歷史》，至 2014 年 7 月，已是 64 刷。不過雖然稱爲「大歷史」史觀，可以讓讀者看得更遠也更清楚，然而黃氏受到韋伯傳統主義的影響，在該書自序中他說：「我認爲近代中國所面臨的最大一個問題乃是**傳統社會**不容產生現代型的經濟體制，在綜敘背景時我稱唐宋帝國帶擴展性，明清帝國帶〔內向的〕**收斂性**……中國過去一百五十年內……終於在 1980 年代初期從一個**閉關自守中世紀**的國家蛻變而爲一個**現代國家**〔粗體均爲筆者所加〕……。」[23]

　　從黃氏的自序中，我們看到他十分熟練地運用二分法，無論所談的是什麼，明清中國一定得和「內向」、「傳統」、「封閉（或閉關自守）」相連結，而這僅是爲求對照於西方的「外向」、「現代」、「開放（或往外擴展）」而已。爲何兩列火車轉向不同的方向？韋伯認爲這是新教倫理發揮了「轉轍器」的功能，使得兩輛火車背道而馳，換句話說，西方而且只有西方轉向「理性（化）」，而法律是資本主義的重大支柱，因爲它提供了可預測性。而黃氏經常掛在嘴邊的「數目字管理」，其實正是韋伯的「可預測性」，中國只因爲其法律體系長得不像西方而已，對他來說這便無法提供「可預測性」，自然「數目字管理」也就無從開始。

　　「中國大歷史」專家黃仁宇教授的肺腑之言，意外地完全闡明他《萬曆十五年》（或直譯爲《無關緊要的 1587 年》）的研究目的。雖然我們必須承認黃氏在這本名著的寫法令人耳目一新，且該書被認爲是寓意深遠，不過說穿了，黃氏想要證明，明朝是個停滯的帝國，任何事物包括（最重要的）法律制度，都處於靜止狀態，是一個絕無可能有什麼新想法、作法的朝代，這令筆者頗感詫異。不過，還得收拾起「意外」的心態回過神來，因爲我們還要討論以下子題，包括「大歷史

23　黃仁宇，《中國大歷史》（新北：聯經出版社，1993），第 vi、viii 頁。

（觀）」與「數目字管理」、西方的「有」與東方的「無」，以及「資本主義」與「數目字管理」等。

「大歷史（觀）」與「數目字管理」

那麼「數目字管理」所為何事？是為了「現代性」還是為「資本主義」？還是為求簡要說明西方為何領先五百年？看來，黃氏斬釘截鐵地回答：全部都「是」。「數目字管理」是黃氏提出來的概念，為的是支持西方的「現代性」與「資本主義」，因為這正是西方領先五百年的主因。

先前本文提到黃氏的「大歷史（觀）」是指用「長時間」、「遠距離」、「寬視野」的角度來進行歷史分析[24]。學者邱澎生對於黃氏「大歷史（觀）」另有看法，值得一提。邱氏開宗明義地說：「『大歷史觀』、『數目字管理』是黃仁宇先生成學以來所極力宣揚的史學概念，前者是這種史學概念的統稱，後者則是這種史學概念的實際操演。」是故，邱氏認為「大歷史（觀）」與「數目字管理」相輔相成，是一種共生的關係，看來似乎是如此。不過筆者並不這樣認為，「數目字管理」這概念，與韋伯有關，應該說與韋伯的資本主義難脫干係。什麼是「大歷史的觀點」，黃氏直接道出，「即是從技術上的角度看歷史〔technical interpretation of history〕」[25]，所謂的「技術上的角度」，則正是他強調的「數目字管理」概念。邱氏引用黃氏的另一篇文章，他說：「**資本主義**〔粗體為筆者所加〕社會，是一種**現代化**的社會，它能夠將整個的社會以**數目字管理**……法律既以**私人財產權**之不可侵犯作宗旨，也能同樣以數目字上加減乘除的方式，將**權利與義務**〔粗體均為筆者所加〕，分割歸併，來支持這樣的分工合作……以農業組織作國家基幹，注重凡事維持舊有的均衡；以商業組織作國家基幹，則注重加速交換（exchange）。時代愈進化，後者愈能掌握科技，而前者的弱點更為

24　朱瑞月，〈長時間、遠距離、寬視野的歷史座標〉，《人文及社會科學教學通訊》，第 1 卷第 5 期（1991 年 2 月）。

25　黃仁宇，〈《萬曆十五年》和我的大歷史觀〉，《萬曆十五年》（北京：三聯書店，1997），第 268 頁，引自：邱澎生，〈「數目字管理」是洞見或是限制？〉，第 352 頁。

暴露，其國民對其政府之無能益抱不滿。」[26]筆者針對黃氏以上看法，仍有微詞。

黃氏所謂的「數目字管理」並非史學的操演，簡單說史學的操演應考量到研究者、事件詮釋者的價值關聯，而數目字管理僅僅是操作的方法之一，並非如邱氏所言，它就是史學的實際操演。並且假若只按字面意思來理解的話，實在讓人難以想像「數目字管理」與歷史學，或者黃仁宇的「大歷史觀」到底有何干係。

另外，黃氏其實將「數目字管理」**等同於**資本主義社會，西方是這樣的社會，自然必須仰賴「數目字管理」；而黃氏的明朝，即便使用不少「數目字」，也眞「管理」不少國家事務，但因爲明朝（不知何故地）離資本主義實在太遠，所以對他而言，討論「數目字管理」就顯得累贅多餘。

二分法──西方的「有」與東方的「無」

首先筆者懷疑，每當黃氏爲了中國的前途而感到憂愁，他特別容易落入西方哲學二分法（例如在場／缺席、有／無）的陷坑當中，這時他不可能去思考歷史分析還得注意哪些事項。後來黃氏或許找到一位來自歐洲的知己（也就是韋伯），和他「對話」幾次，但這件事黃氏並沒有明說。於是黃氏「發現」由於西方掌握某些「獨特」[27]的性質或事物，它「有」資本主義、「有」現代性、「有」商業組織（成爲「國家基幹」）、「有」權保障私產，還「有」科學技術的加持；換成東方，既「無」資本主義、「無」現代性、「無」商業組織、「無」權保護私產，也「無」科學技術加持。無疑地，這是黃仁宇先生的解釋框架，對於東方（中國），我們可用「傳統主義」加以概括，這個理念型貫穿黃氏學說的主軸。那麼西方之所以領先五百年，就因爲西方「有」什麼東方所「無」的事物，西方「有」我們不羨慕；但東方的「無」，我們得試著

26　黃仁宇，〈我對「資本主義」的認識〉，《食貨》，復刊16卷第1、2期（1986），第46-47頁，引自：前揭書，第352頁。

27　不像韋伯，黃氏對於「獨特（的）」這個名詞（或形容詞）並非情有獨鍾，可以說韋伯恨不得所有人都知道西方的「獨特性」（如果眞的有）。不過黃氏的思維，與現代化理論之關係匪淺，但筆者認爲，韋伯才應該被視爲現代化理論的開山祖師呢！

（只用常識）來解釋，順便（很學術地）反駁黃氏這位歷史學大師！

　　我們把「無」資本主義、「無」現代性、「無」商業組織，三者放在一起談，然後再聊聊後二者，也就是「無」權保護私產，也「無」科學技術加持。不難理解，「現代（性）」與「資本主義」二者經常被連結使用，這兩個概念不僅滿足西方的優越性、白種人優越感，還順帶指責非西方（東方）社會的「不長進」，以致於淪落到今日不堪的模樣。（現代）資本主義經常也與五百餘年前的地理大發現有關，不少人將此視為歐洲領先的開端。另外，西方「有」商業組織[28]，這些組織後來「自然而然地」成為「國家基幹」，當然這是東方（中國）所欠缺的。學者把這些西方「有」的，東方所「無」者放在一起，逐漸形成西方知識體系的主要支架。所以因為「有」許多優勢，西方引領全球五百年，這是西方知識體系亟欲要我們知道、學習，並且傳給下一代的。大約在 19世紀中葉以後，我們為西方知識體系這棟建築物耗費不少心力整修，讓它的主體結構更「安全」些，並且為它看起來老舊的外表「拉皮」過不少次。

　　以下筆者反問黃氏（與其支持者）幾個問題：如果西方真領先五百年的話，為何日本與朝鮮要學習《大明律》？都已經停滯了的明朝，其官員還能制定出像樣的法律制度呢？為何 16 世紀起，西屬美洲開始大量購買長江三角洲所產製的絲綢與瓷器？18 世紀時，歐洲括起了「中國風」，如果歐洲真領先的話，怎可能吹起一陣「東風」（來自相對「落後」的國度），讓西方人著迷？為何 16 世紀末起，中國在「國際」貿易上總是順差，白銀總是源源不斷輸入中國？為何到了 19 世紀中葉，工業革命都已經過了六、七十年，英國還是只能賣出農產品罌粟花給中國，英格蘭對自己的工廠制度不是引以為傲嗎？西方到底是如何領先五百年呢？就連一百五十年都很難啊！這是常識，並不需要與黃氏談學術上有價值的東西。倘若 18 世紀中葉，甚至是 19 世紀中葉，清朝中

28　請容許筆者再行猜測，黃氏之所以會提到「商業組織」，可能與韋伯的興趣有點關係。韋伯著，陶永新譯，《中世紀商業合伙史》（上海：東方出版中心，2010）。此書正是由韋伯的博士論文〈家族共同體和勞動共同體〉擴充增寫而成。

國並無落後的跡象，那麼「無」資本主義、「無」現代性、「無」商業組織的特質並沒有重要性。黃氏與韋伯及其粉絲，充其量只是為了「西方領先（五百年）」這個預設的結果找到一些符合其說法的「證據」，來為已經射出的箭拿著彩筆畫靶。

接著，我們再利用一點篇幅，來檢視中國「無」權保護私產，以及「無」科學技術加持這件事。在拙著〈還原真相：西方知識體系建構下曲解的中國傳統法律〉[29] 一文中，筆者已經詳細介紹「傳統」中國是**義務觀社會**，與韋伯熟知的西方**權利觀社會**之法律體系明顯不同，然而韋伯就連這項東、西方知識體系最基本的差異都不知道。當他拉高音量批評中國法之時，竟然有不少知識分子在旁邊鼓掌叫好。西方人不瞭解東方（中國）法律體系，或許情有可原，但居然有人莫名其妙當上「東、西方歷史比較研究大師」就顯得有點誇張。然而更誇張的（可能）是黃氏一直強調在「權利觀」下私產才能得到保障，好像在「傳統」中國有錢人都是自己請保鏢，無視「國家機器」。所以恐怕黃仁宇先生也不知道義務觀社會要如何保障私產，筆者深信如此，否則他不可能再重複韋伯早說過的話。

至於科技的加持，對於西歐「主宰」世界五百年這件事而言，在軍火工業的進步方面，產生的實質利益最為驚人，然而做壞事的人通常不喜歡別人去談論他們過去完成的無良商業活動。其實在 15 世紀末之後，歐洲向外擴張，世界史就充滿了血腥暴力與受害者終生未曾稍歇的眼淚，歐洲人的「自由貿易」總是在槍炮黑船的支持下才得以完成。例如鴉片戰爭[30] 之後簽訂的南京條約，不正是英格蘭打著「自由貿易」的大纛，與此同時船艦上的大砲對準著廣州城的城門時所簽訂嗎？筆者覺得，「科技」二字非但不是中性的語詞，而且它在人們的心中總是連結到美麗的事物，但這正是問題的癥結，特別是在傳遞社會（科）學的知識給下一代的時候。

---

29 謝宏仁，第二章，〈還原真相：西方知識體系建構下曲解的中國傳統法律〉，《社會學囧很大1.0》（台北：五南圖書，2015），頁 59-101。
30 謝宏仁，第五章，〈鴉片的政治經濟學〉，《顛覆你的歷史觀：連歷史老師也不知道的史實》，增訂二版（台北：五南圖書，2021）。

「資本主義」與「數目字管理」

接著我們還得再談談黃氏如何連結「資本主義」與「數目字管理」這兩個概念，不過邱氏在分析黃氏的論點之後，他接著認爲黃氏是這樣主張（筆者也相信），邱氏說：「由明到清，這種肇因於特殊『經濟組織、法律體系、文化觀念』而形成的『不能在數目上管理的國家』，即使經過了 16 世紀因應白銀流通的『一條鞭法』改革、鹽商也因『商專賣』的綱法改革而對明清財政更形重要，雍正年間大力推行的『火耗歸公』，山西票號也在 19 世紀日漸活躍，然而，黃仁宇仍然強調：這些現象與改革都未發生『決定性的力量、劇烈的改進』，洪武型財政造成『組織與制度的體系』仍未轉型，明清財政仍未具有『現代性的合理化』。」[31]

上述說詞顯示，黃氏堅持自己信念，很清楚地，他知道明朝的確發生過不少重要的事，包括修築大運河來維持強大的漕運能力、產業競爭力、法律制定能力、文官拔擢方式、與（法理型）科層體制等，在在與總體國力有密切的關係。然而無論明朝再怎麼好，還是得「落後」西方五百年，這似乎是黃氏在進行歷史分析之前，就已經設定好了的「答案」。所以無論他再怎樣努力端詳，也看不見「決定性的力量」與「劇烈的改進」。儘管洪武皇再怎麼努力修訂《大明律》讓法律與社會可以同時演進，也無法讓「組織與制度的體系」轉型成功，明清財政絕不可能出現「現代性的合理化」，因爲這些都只能在西歐發現而已。黃氏似乎是如此想，也要我們全盤接受他的說法。但也許我們該認眞看明朝初期的「數目字管理」究竟如何。

我們沒有必要將所謂的「數目字管理」神祕化，搞得好像它是什麼高深的學問，非得要大師級的學者來界定它究竟是什麼才會達成某種效果。「數目字管理」難道不就是爲了（國家）治理嗎？所以人口也好，土地也罷，的確是要得到較爲準確的數目字，管理才會有效率，否則政策制定者八成無法看到自己預期的結果。當然一個朝代能夠延續愈久的

---

31 黃仁宇，〈中國近五百年歷史爲一元論〉，《放寬歷史的視界》（台北：允晨文化，1988），第 200-201 頁，引自：邱澎生，〈「數目字管理」是洞見或是限制？〉，第 359 頁。

話，至少表示了統治集團比較用心，制度相對健全些，政策執行得相對
徹底，這麼說該朝代的「數目字管理」還算是可圈可點的，但我們暫時
先忽略這概念到底與「大歷史（觀）」有無關係[32]。

　　如果「數目字管理」是為了國家治理的話，那麼明初洪武皇帝的
人口普查與土地登記可說是相當成功，這也應該可以歸功於「數目字
管理」，而不必等英國直到 17 世紀末葉時——1689 年光榮革命之後，
黃氏堅持這是具體的時間點——才能讓人察覺到「數目字管理」的好處
為何。在全球怎麼會只有一個地方開始「數目字管理」，難道 17 世紀
末以前，英國的鄰近國家，竟然沒有一個社會發展水平與英格蘭相當的
嗎？英國在當時是獨領風騷的嗎？荷蘭好像也不差，這國家海拔那麼
低，不用「數目字管理」的話，其人民如何能安穩地生活在海平面之上
呢？這實在啟人疑竇。而且這兩個國家，不就是用黃氏極欣賞的「數目
字管理」，相繼大力拓展奴隸貿易[33]，保持國家的競爭力，當時其他國
家連想分一杯羹都很難呢！如果黃氏的「數目字管理」真的那麼重要的
話，那麼少了這種「獨特」的管理方式，想必這兩個國家累積資本的速
度應該會放慢一點。

　　不過，我們暫且擱置上述幾個「數目字管理」的相關問題。那麼
所謂的「洪武型財政造成『組織與制度的體系』仍未轉型」，指的應該
不是優點，至少聽起來是如此。可是回憶起國中時期，好像讀過黃冊與
魚鱗圖冊，前者為人口統計，後者則是土地登記，這兩本冊子似乎就是
「數目字管理」的例證，不知道為什麼黃氏卻認為它們不是，難道朝廷
只是為了要得到數目字，而再也沒有其他的想法了？如果是這樣，恐怕

---

32 說實在的，當邱氏在討論黃氏的「大歷史（觀）」與「數目字管理」這兩個概念時，他認為前
　者是「史學概念之統稱」，而後者則是其「實際操演」。筆者不同意黃氏的說法，不過對於邱
　氏似乎完全接受黃氏的說詞，吾人感到十分不解。筆者認為「大歷史（觀）」似乎是可行的，
　是可以操作的，但為何在「實際操演」時，必須要依循「數目字管理」這個概念或方法呢？這
　樣一來豈不是把歷史學家、研究者主觀的詮釋拋棄不管了嗎？但這如何可能？對於「數目字管
　理」是「大歷史（觀）」的「實際操演」，筆者深表懷疑。

33 今日荷蘭高品質生活，應該與過去這個國家的新教徒努力地從事奴隸貿易有關。2021 年 7
　月 1 日，阿姆斯特丹市長（Femke Halsema）已為過去的行為公開道歉。請參照：〈荷蘭反
　省蓄奴歷史阿姆斯特丹市長道歉〉，聯合新聞網，2021 年 7 月 1 日，https://udn.com/ news/
　story/6809/5574529，檢索日期：2021.07.02。

明朝的官員日子過得也太輕鬆了些。但總之，也許明朝創立者朱元璋的財政制度尚未轉型成黃氏心目中理想的樣子，不過在他掌權之後，一系列影響深遠的改革確實次第地推行。

在人口統計上，自從均田制於 8 世紀瓦解後，洪武皇帝「首次使朝廷掌握個人及其擁有土地的詳細情況」。一如唐朝，明朝用登記戶籍的方式來蒐集資料，洪武 14 年（1381），朱元璋下詔，使官員登錄全國居民的資訊登記，包括「姓名、年齡、戶主出生地，其職業屬籍，其擁有的土地與家畜，及住所大小。這些內容一式四份，使各屬地、府、地方各有一份，朝廷所持一份以黃色封面，故有『黃冊』之稱」。不過朱元璋認為所有納稅義務人永遠都不會改行，但他應該瞭解這種作法有風險，因為他的家庭在蒙古統治時期被歸為採金人，但實際上家鄉根本沒有金礦。另外洪武皇帝也「照搬了蒙古的勞役制度，並要求所有人都隨其姓名登記在官府檔案中……〔因此〕我們得以瞭解明朝科舉考試的中舉者不僅如政府指望的那樣來自官宦之家，也有出自農戶、軍戶以及塩戶。顯而易見，匠籍劃分並未阻礙人們改變職業。事實上，許多家庭花錢請別的人家替自己完成勞役」[34]。可以這麼說，明朝開國皇帝透過黃冊對人民進行全面監管，每一家戶持有一份戶籍，負責正確地填寫資料。黃冊與納稅有關，這倒不難理解，但比較難理解的是，黃冊到底與「數目字管理」有沒有關係[35]？當時，每千戶組成一單位，「其中十個最富裕的家庭為首領，每位首領保證次於其家的十個家庭完力役並納稅」[36]。看起來，這些「數目字」雖然不多，但是背後應有目的，而且與「管理」並非無關，準確說這是國家治理之一部。

34　韓森（Valerie Hansen）著，梁侃、鄒勁風譯，《開放的帝國：1600 年前的中國歷史》（北京：社會科學文獻出版社，2016），第 329-330 頁

35　可想而知，黃仁宇先生必定說兩者之間完全沒有關係，因為這不是他想看到的。筆者則認為可能有關係。這乃是因為黃氏受到西方知識體系的影響太深，筆者則「輕微一些」。
　　在此，還得略談「歷史分析」、「實質研究（歷史研究）」。關於人口，明初的數字是準確的。因為我們不能拿後來數據的失準來抹滅洪武皇帝當時在人口登記上所做的努力。根據何炳棣的研究，主要的困難處在於缺乏洪武 26 年（1393）到乾隆 52 年（1787）四個世紀間較為有用的資料。何炳棣，《明清社會史論》（新北：聯經出版社，2013），第 278 頁。雖然我們不能否認明代的人口登記到後來並不如初期那樣準確，但是這不能用以證明官員不知道「數目字管理」的重要性。

36　韓森著，梁侃、鄒勁風譯，《開放的帝國》（北京：社會科學文獻出版社，2016），第 330 頁。

　　在土地登記上，洪武 20 年（1387）稅收的流失，促成了另一項改革，就是全國性的土地登記。這種土地冊的草圖狀似交疊在一起的魚鱗，故稱爲「魚鱗圖冊」。政府「希望能將所有土地登記在案，並按照其產量分爲九等，以此決定稅額。但他們很快採取了更爲簡便的土地稅方法……」。洪武 23 年（1390）各地上繳的稅銀成了以後納稅的基數。到洪武 26 年（1393），官府「已蒐集到足夠的數據以擬定各省或地區的稅額，這些數據來源包括土地普查和前朝檔案」。事實上「明朝成功地徵收到相當於蒙古統治時期二倍的土地稅。在 1380 年代和 1390 年代，其稅收超出中央政府所需」[37]。由此看來，（至少）明初的人口、土地登記都相當確實可信，雖然朱元璋後來計畫更新黃冊與魚鱗圖冊，但因爲缺乏人手而作罷。不過如前所述，「數目字管理」是爲了治理的需要，這個 17 世紀英國在光榮革命後才出現的「制度」，在明初早就有了。但這衍生出另一個問題，黃氏的「數目字管理」似乎與「資本主義」有關，那麼難道說資本主義也曾發生在明初？並且還早於華勒斯坦的「世界經濟體系」在 1450 年誕生之日[38]。然而，「數目字管理」的故事還未結束，記不記得邱氏認爲「大歷史（觀）」與「數目字管理」是同一件事，這一點筆者業已提過，但可確定的是，邱氏（與黃氏）的說法讓人摸不著頭緒。

　　可惜的是，明初看起來還不錯的制度，偏偏無法成爲「決定性的力量」進而造成社會「劇烈的改進」，所謂的「組織與制度的體系」當然也就無法轉型成功了，我們也就能理解爲何明清財政仍然不具備「現代性的合理化」，因爲黃氏堅信著，只有西方才可能產生「資本主義」，

37　前揭書，第 330 頁。

38　黃氏非常不喜歡學者提議明朝的「資本主義萌芽說」，他曾經說：「所以我一看到時人寫歷史，談到明代嘉靖、萬曆年間，膏腴萬頃、土地集中……後來松江華亭上海紡織業發達，又是資本主義萌芽……〔黃氏略顯不悅地〕再說一遍：資本主義要金融經濟、商品經濟趨於成熟，信用廣泛的〔地〕展開，支持**現代經濟**〔粗斜體爲吾人所加〕的技術因素如信用狀（letter of credit）、匯票（bill of exchange）、提貨單（bill of lading）、複式簿記都已通行……。明朝與清朝，不僅貨幣還沒有組織得上頭緒，而且法律上還沒有徹底支持個人私人財產權利這一觀念……如何談得上資本主義……？」關於黃氏對資本主義萌芽說感到不屑，請參照：黃仁宇，《我相信中國的前途》（北京：中華書局，2015），第 23 頁。

只有西方人才懂得「數目字管理」，其他地方的人，如果眞有的話，都
是後來才學到的。

本章結語

　　黃氏在《萬曆十五年》書中，非常認眞地探討七件發生在明朝很
小的事件，當然以他在史學界的地位，用想的都知道這七件看起來不重
要的瑣碎事件，必定隱含大道理，因爲「大師」的稱呼必定其來有自！
後來有人這麼說，其實黃氏這位史學巨擘──如同其未曾有一面之緣的
「恩師」韋伯──都是歷史學家，擅長歷史分析（或實質研究），對中
國想必有一定程度的理解才是。可惜這僅只是我們的想像而已，因爲他
們的思維活動都侷限於某種「詮譯框架」（理念型），使得他們應該引
以爲傲的歷史分析錯誤百出，這可說相當可惜。

　　《萬曆十五年》的作者運用他高超的寫作技巧，將七個看似毫無關
聯的事件串連起來，因爲這些事件本身看起來眞是「無關緊要」。作者
高明之處在於，對世界史或東、西方比較歷史而言，他成功地將明朝中
國「描寫成」一個無關緊要的朝代。因爲相對於西方的「外向」、「進
步」、「開放」，同時也「主宰世界」；東方（中國）則是「內向」、
「停滯」、「封閉」，同時也「無關緊要」，因爲在世界歷史之中，明
朝僅僅是西方的對應物而已。換句話說，西方的「有」必須從明朝（中
國）的「無」來認識，而這個「無」正是「無關緊要」的「無」。

　　這是明史專家，也是中國大歷史（家）黃仁宇教授所留給我們的。
他展現給我們的，是一個「無關緊要的明朝」！

　　在近代中國史上，有一筆被消失的美洲白銀，這是一筆極龐大的財富，若要找到它們的下落，就必須先找到一個有利的視角。具體而言，區域經濟必須在全球視角（global perspective）下才得以看清其運作，但黃宗智教授[1]反其道而行。

　　當世界經濟整合與日俱增的時候，地方歷史不再只是眼光狹隘的關懷。但是我們怎樣能在區域、國家，乃至全球秩序與互動下，來研究地方的歷史呢？我們要用什麼研究途徑，才能夠綜覽全局呢？本章嘗試以全球的觀點，來討論江南地區的經濟活動，特別在 16 世紀以後，由於白銀（當時是做通貨使用）與國際接觸的頻繁更甚以往，也因此明清時期白銀的流入亦有必要加以討論。

　　在過去的歷史思維下，我們已經習慣於研究單一特定區域，例如中國長江三角洲（江南）的社會、經濟變遷，只用該地區發生的些許狀況來思考評判，而這可能是所謂 1842 年之前的「傳統」中國給人一種孤立的（isolated, isolation）、不與外國聯繫的印象，這其實與本章稍後將提到的，費正清以 1842 年為界，將明清時期五百年來的（晚期）帝制中國與之後區分成「傳統」（traditional）與「現代」（modern）中國有關。在這類思維下，「傳統」中國與外界的連結被刻意忽略，或

1　我們在先前的章節——世界經濟體系大師級人物〈阿律奇〉（Arrighi）的專章——曾經討論過黃宗智的說法，因為阿律奇的「勤勉革命」用了不少黃宗智的「證據」來支持其說法。這裡我們直接討論黃宗智的說法，重點之一將放在黃宗智在理解區域經濟的過程中使用了過小的視角，讓他只看到了小農們不如意的生活，當然黃氏的關懷並非不重要。
　　本章改寫自 Vincent H. Shie, 'From the Local and the Global: Jiangnan in Regional and Global Circuits, 1127-1840 (Re-evaluating Philip C.C. Huang's The Peasant Family and Rural Development in the Yangzi Delta, 1350-1988)，《輔仁大學社會學系研究初探論文系列》，第 16 期（2006 年 1 月），第 1-46 頁。

者不納入學者研究的分析架構內。筆者認為，華裔學者黃宗智的著作就是一個例子。他將長江三角洲視為一個孤立的、封閉的區域，因為他深信，中國在 1842 年西方列強未到達之前，與外界鮮少聯繫，至少他的書是這樣說的。

黃氏的著作《長江三角洲的小農家庭與鄉村發展》曾獲得亞洲研究學會的列文森（Levenson）獎項。列文森中國研究書籍獎的評判標準是，該著作對於中國歷史、社會、政經與文化之理解產生極大助益。黃氏因為這本研究期間長達六百年的巨著，而獲得此項殊榮。當我們閱讀著這本受到亞洲研究大獎肯定的學者之著作時，想必對中國長江三角洲（江南）的農業發展與小農的生活能有相當瞭解，因為黃氏告訴我們，在這六百年之間，即使連中國這塊最富庶的江南地區，生活在土地上的農民們每年生產的糧食都不夠吃，更何況中國其他地區。他說這是因為邊際生產力一直沒有提升，非得等到 1979 年經濟改革，這問題才漸漸獲得解決。

可是長江三角洲至遲自南宋以來就已經是中國最富庶的地區，向海外輸出大批絲綢、棉花與瓷器，美洲白銀大多都流入了這個地區，但為何黃氏卻用整本書的篇幅，來證明江南小農們六百年來生活是如此清苦呢？相信有不少的小農過著清苦的生活，但到底誰偷走了美洲白銀呢？對此黃氏並未交待，然而他卻獲得了獎項，所以我們得花點時間尋找被偷走的大筆財富。筆者以為，問題正是在於這本得獎的書對地方研究所採取的視角不夠宏觀，並非放眼全球。簡單地說，黃氏的分析方式完全忽略江南與其他地區的連結，特別是海外。如此一來，這部得獎的著作不僅使人看不見明清中國在海外貿易上的優勢位置，還暗示他是費正清的追隨者。

黃氏在 1985 年時，曾經出版他的第一本關於小農的傑作《華北的小農經濟與社會變遷》[2]，而在 1990 年出版的《長江三角洲的小農家庭

2　黃宗智，《華北的小農經濟與社會變遷》（*The Peasant Economy and Social Change in North China*）（新北：谷風出版社，1987 (Stanford, Calif.: Stanford University Press, 1985)）。《華北的小農經濟與社會變遷》一書獲得 1986 年美國歷史學會的費正清獎，但本章將研究重心放在《長江三角洲的小農家庭與鄉村發展》所挑起的論述上頭。此二大作，讀者得以約略看出，作

與鄉村發展》（英文版）一書可以說是在《華北的小農經濟與社會變遷》之上，發展出他更爲成熟的理論，並翔實使用各種蒐集資料的方法，包含田野調查、文獻研究與訪談等，這可說是研究早期中國鄉村發展所必需的。在這本書中，黃氏對江南[3]地區特感興趣，本文也同樣感到興趣。或許大家對黃氏的作品還會持續稱許下去，但現在藏在密室裡幾個世紀之久，大量白花花的銀兩，清脆的響聲，開始吸引我們的注意，或許我們將能找到美洲白銀的蛛絲馬跡。

本文嘗試重新檢視黃氏對長江三角洲小農家庭的論述。他在論述中堅持，小農長期以來都是過著困乏窘迫的生活，黃氏主張這是由於勞動的邊際報酬率遞減，不過這種主張無法解釋何以江南地區的成長停滯不前，其實這個情況另有原因。在北宋（976-1127）時，經濟中心移往首都開封，而在南宋（1127-1279）則移至臨安（杭州），從此長江三角洲成爲中國最富饒的地區。簡言之，我們將會發現，長江三角洲經由與外國進行通商貿易而賺取大量白銀（當時在國際市場上的主要通貨），因此近（現）代中國的財政資本可算相當雄厚。或許黃氏正確指出長江三角洲的農戶只能勉以餬口度日，但他無可否認當時該區域幾個世紀以來可是中國最富裕的。那麼，我們要如何解答這兩個看似矛盾的論述呢？在此以全球化的觀點來檢視，將有助探討這看似矛盾的現象。

這一章之中，我們再分爲以下幾部分來分析，首先，指出黃氏的主要論點。接著，指出江南實爲高度商業化的區域，可說是明清時期的金庫，縱使黃氏堅持農戶生活困苦。第三，江南地區在絲綢與棉製品的專業化，爲中國賺進大把白銀。第四，以全球觀點來看，中國在明朝國力強盛的兩段時期，全球白銀的流入也使當時張居正所推行的一條鞭法

者在中國農村經濟發展賦予相當之關心，這無庸置疑。不過，稍後的分析中，我們可以看到黃氏在分析的架構上，遵循著費正清以 1842 年爲基準將中國區分爲所謂的「傳統」與「現代」中國，對黃宗智而言，傳統中國基本上可以稱之爲「小農」經濟，然而我們將會看到這樣的區分並不適當。費正清以鴉片戰爭將中國區分爲二的分析方式影響學者甚鉅，這樣的誤解必須打破，而這也是本書的主要宗旨。

3　本文所指江南包含長江以南江蘇省的縣分，即清朝統治時由江寧等諸府管轄的區域，包含江寧府、常州府、蘇州府、松江府與太倉州，及今日浙江省所轄所對應清朝統治之杭州府、嘉興府與湖州府。其區域約等於 Skinner 所劃分的長江下游地帶。請參考 Skinner, *The city in late imperial China*, and Huang, *The peasant family*. 本文以江南（地區）與長江三角洲兩名詞交替使用。

獲得財政上的支持。第五，提出如何「改進」黃氏的論述，以獲得較佳的解釋，藉此來補充黃氏對江南地區理解之不足。雖說這些瑕疵對黃氏的著作未必構成重大傷害，但當黃氏以短視與狹窄的眼光來看待江南地區，卻無視白銀在總體經濟上的顯著效果，這就使得黃氏得獎的著作有重加評估的必要。

在這裡，我們將研究期間限定於南宋（1127-1279）到清朝的鴉片戰爭（1840），當西方以槍砲聲敲醒清廷為止，而這正好是費正清分割「傳統」與「現代」中國之分界點，也是黃氏認為有趣的地方。諸如黃氏等人認為，直至列強侵門踏戶之際，中國的資本主義仍是一朵含苞待放的花朵。在此我們僅臚列華文世界幾位有名的專家學者，來看看他們對「傳統」中國的看法，例如在論及明清國內市場時，傅衣凌發現：「由於白銀使用所引起的社會變革以及國內商品交換的頻繁，就使明代的社會經濟發生深刻的變化，資本主義生產關係的萌芽逐漸地出現了，儘管它們仍受著封建勢力的壓迫，然而這種新力量已在江南及沿海城市裡稀疏地看到，則是事實。」[4] 對他來說，國外市場似乎與明清中國關係不大。在這裡，我們看到中國學者傅衣凌即以「封建」的力量，來「證明」資本主義在明朝才剛剛發芽，卻被強大的「封建」力量給無情的橫加摧毀，但他並未證明到底哪些力量屬於「傳統的」，而「封建的」社會到底應該包含些什麼？

除了對中國經濟史學貢獻良多的傅衣凌之外，我們再看另一位著名經濟學者經君健對於晚期帝制中國在經濟等方面有何見解。在探討清代民間經濟、法律制度與立法時，經氏是這樣說的：「清代及其以前的社會經濟，乃是一種結構簡單的社會經濟，它是在以低速發展的小農經濟的基礎上構成的。」[5] 經氏對於清代及其以前的中國如此的描述，事實上是一種過於概括的說法，基本上是西方衝擊論的支持者。持這樣觀點的學者抱持一種信念，那就是在 1840 年之前的中國大陸尚未被（西方）

4　傅衣凌，《明清時代商人及商業資本，明代江南市民經濟試探》（北京：中華書局，2007），第 232 頁。

5　經君健，〈清代關於民間經濟的立法〉，《經君健選集》（北京：中國社會科學出版社，2011），頁 419-441，第 440 頁。

啓蒙，對於「現代」、「理性」、「進步」、「工業革命」，以及「自由貿易」經濟思潮等，可謂一無所知。這是因爲清朝孤立於世界之外，皇帝仍以爲中國位於世界中心，自己是天之驕子。換個方式說，迄今爲止還是有爲數不少的中國（乃至旅外華人）學者以西方的二分法來理解自身，中國只是西歐列強（特別是英國）的對應物，資本主義大規模生產方式以西歐爲起點，在全球擴張的背景下產生。因此中國在二分法的對應之下，只能以「小農經濟」、「小農家庭」的面目出現。即使資本主義的確在中國的土地上萌芽，也會被某些學者──像是傅衣凌等──運用某種方式來判定它枯萎了。

　　而黃氏認爲，農業的資本主義，尚未出現在近（現）代的中國，更遑論工業的資本主義，所以我們或許可以假定黃氏是費正清的追隨者，在稍後的章節，我們還會再談到這個問題。

黃氏主要的論點

　　黃氏在《長江三角洲的小農家庭與鄉村發展》一書中，他提供一個理解中國鄉村轉型（或說停滯）之長期觀點的新方法。他的部分論述讓人無法不加注意。首先，他試圖證明，在中國的歷史中，確實因爲人口壓力和爲數眾多的小額貿易增多的市場活動，而有商業發展，然而這並非亞當・斯密或馬克思在分析英國時所說的資本主義企業。簡單說，黃氏堅信資本主義體系出現在歐洲，當時世界上其他地方並無類似的經濟制度存在。在這個議題上，黃氏認爲阻礙中國經濟無法像英國這樣如此繁榮、蓬勃地發展起來的原因，是中國在清朝及其以前是屬於小農經濟的範疇。對黃氏而言，清朝之前的中國歸屬於傳統，與「現代」二字無緣。

　　其次，以理論來說，我們要知道對黃氏而言「現代經濟發展」是什麼，進而才能瞭解他爲何會道出自相矛盾的詞語，例如**沒有發展的成長**（growth without development），和**停滯不前的商業化**（involutionary commercialization）。黃氏老練純熟地區分了成長與發展兩者間的差別。他指出**成長**（growth）是鄉村人口總產出增加，而**發**

展（development）是每個工作天生產力收益的增加。因此，沒有發展
的成長意謂總產出增加，但受限於邊際收產力遞減法則；相較之下，停
滯不前的商業化標誌著經濟體高度商業化，但沒有發展，也就無從提升
勞動生產力。黃氏認為當代經濟發展並非專注於總生產增加，而較為注
重提升勞動的生產力，其又進一步認為，過去幾個世紀，中國的鄉村只
有成長而無發展，實質的經濟發展，只出現在 1980 年經濟改革開始之
後。

　　黃氏所提出的詞語，聽似響亮，然而卻不恰當。如他所說的，發展
經常由「較優的勞動組織……，技術進步，與增加提升勞動生產力的資
本投入」而達致[6]。因此，要推導一個適用於中國人口稠密的地區，像
是長江三角洲，來驗證其停滯的成長之模型時，想必他必然知道這些證
據是為他這經濟模型量身打造的。倘若這種「發展」真的產生，照理來
說應該產生更多的失業，也會因「人口壓力」而造成社會動盪。但何以
黃氏接下來相信這樣的經濟活動，在明清時期有豐沛勞動力的條件下，
能改善勞動的生產力，促進經濟發展（他認為能促使技術進步）而節約
勞動力呢？可理解的是，設置如此嚴格的標準，怎能期待在早期中國，
在人口密度如此稠密的江南，還能得到這樣的發展結果？

　　對黃氏而言，毫無意外的是，他認為中國的經濟發展得從 1980 年
代才開始，那時鄉村的工業化才剛剛起步（他認為是單位勞動力的資本
投入增加，而提升勞動生產力）。此外在 20 世紀晚期之前，勞動生產
力還未提升，黃氏的確認知到總產出成長或「單位土地總產出的絕對增
加」使江南地區過去幾世紀以來享受繁榮[7]，這在黃氏的書中可算是個
矛盾，至於他的解釋，在後面會進一步討論。

　　讓我們換個方式再想想黃氏所說的。他主張，打從明初開始，直
到 1979 年經濟改革開放為止，江南的小農家庭在漫長的幾個世紀中，
長期處於終日勞動，每年卻仍有數月飽受缺糧之苦。筆者相信黃氏應該

6　Philip C.C. Huang, "A Reply to Ramon Myers," *Journal of Asian Studies*, Vol. 50, Issue 3, pp. 629-633.

7　Huang, "Development or Involution in Eighteenth-Century Britain and China? A Review of Kenneth Pomeranz's *The Great Divergence: China, Europe, the Making of the Modern World History*," p. 534.

是對的，在長江三角洲這麼大片的土地上，不可能所有小農都過著幸福美滿的生活，至少應該有為數不少的小農家庭過著匱乏的日子。古今皆然，社會上還是免不了有窮人，在電視的古裝劇裡，明清時期不也常常出現貧苦的小農們，看起來日子過得並不愜意順遂，經常要為打理三餐煩惱。然而，這只是江南的景象之一而已，黃氏卻誤以為它是普遍的現象，並且還試圖告訴我們他的洞視灼見。他認為現代經濟學裡的邊際生產力[8]──也就是增加一單位的生產要素所能增加的產量或收益──的提升，並未發生在長江三角洲，這正是他所定義的「發展」在這個地區是看不到的主因，他認為這因素正好可以解釋江南的「不發展」，導致江南地區社會經濟呈現停滯的結果──小農家庭的生計產生嚴重的問題。不過黃氏無法解釋江南另一幅相對富裕的景象，而這會比較符合這裡所提出的證據，那就是明清時期的江南上繳到北京的稅收占了整個王朝的絕大部分，這表示有相當部分的小農後來成了上農，也就是相對富裕的農民。

　　由於蒙古部族的威脅[9]，明太祖朱元璋將重兵置於西北地區，與宋朝不同，明初並不鼓勵海外貿易，因為東南沿海倭寇侵擾，禁止人民

8　關於邊際生產力的問題，吾人以為，實在有必要再多加說明。黃氏兩部得獎的作品──《華北的小農經濟與社會變遷》（1985 年英文版）與《長江三角洲的小農家庭與鄉村發展》（1990 年英文版），都花了很多篇幅在討論該邊際生產力遞減的現象，無論我們想到的是華北平原的貧農或者是長江三角洲的小農們。對於黃氏而言，無論是其「發展」也好，是「資本主義的必要條件」也好，或者是其所謂的「生產力質的突破」也好，這些都發展在西方世界，而且是工業革命之後的西方世界，特別是英格蘭，就吾人的理解而言。
　　然而邊際生產力下降，應該不是中國農村無法發展的主因之一，因為邊際生產力下降不會只發生在明清中國而已。更何況黃宗智知道得很清楚，在「人口壓力」之下，勞動力應該供過於求，即使貧農想要在農閒的時候外出找工作，這應該也不太容易，所以在找不到工作的情形之下，也只能留在自己家裡的一塊小地裡繼續投入其勞動力。這麼說中國的鄉村農戶經常是利用其家庭的剩餘勞動力來從事紡織業（與經濟作物的種植），此種家庭副業的形態，賺多或少其實並不重要，能賺一文錢總比沒有好。
　　我們用黃氏十分熟悉的經濟學的學術話語來說，就算是勞動力之邊際生產力早就降到最低生活水準之下了，這些貧窮的農戶還是會繼續生產，誰會認為貧農在其「理性」的考量之下，其所有的勞動都會以獲得最大利潤來考量呢？不可能。所以讓筆者難以理解的是：為何黃氏非得要如此地在意華北的貧農與江南的「糧食不足」的小農們之勞動的邊際生產力遞減的問題呢？這根本不重要啊！除非黃氏有其特定之目的，像是拿了西方的某個學術領域的理論，硬是將它套用在中國農村的例子上。
9　事實上，從明初一直到嘉靖年間，蒙古人對明朝的威脅似不曾停止，俺答汗曾在 16 世紀中葉率10 萬大軍進攻北京，亦曾發生土木堡之變的慘事。請參閱周重林、太俊林，《茶葉戰爭：茶葉與天朝的興衰》（武漢：華中科技大學出版社，2015）。

出海貿易也許是個合理的國防政策，再加上他採取「不征諸夷」（不討伐外族）的訓令，不難看出朱元璋想要休養生息之意圖。因此明初時期採取若干恢復小農經濟的措施，原來擁有廣大田產的江南地主在大規模的遷徙與籍沒[10]之後，遭受一連串的打擊。明初有數次遷徙富戶以充實京師及其他地區，其中「較爲重要者有兩次：前一次在洪武 24 年（1391）命戶部籍浙江等九布政司應天十八府、州富戶 4,300 餘戶，以次召見（註：陸續召見），徙其家以實京師（註：遷徙百姓充實首都南京）。後一次則在永樂元年（1403）復選應天、浙江下戶三千人，附籍北京」[11]。不過，在大規模遷徙與籍沒之後，江南發生了些變化，像是在自耕農之中，崛起了一批批「力田（按：努力務農）致富」的農民，例如「成化年間（1465-1487）蘇州文人吳寬概括當時江南生產發展情形道：『三吳之野，終歲勤動，爲上農者不知其幾千萬人。』當時通過力田是可以致富的……」。之後的例子，也說明了田畝經營還是江南農民致富的主要途徑，在 16 世紀初期與中葉時期的「正德（1506-1521）、嘉靖時無錫富豪安國、鄒望、華會通等，都是以業農起家的」。努力務農進而向上流動，也就是力田致富是可能的[12]。

　　明顯地，黃氏只選擇了符合他的理論——沒有發展的成長——的例子，他竟然能將中國自南宋以來最爲富庶的地區描寫成一個小農家庭生活貧困，經濟有些許**成長**但沒有**發展**（黃氏將**發展**定義爲邊際生產力的提升，而這通常在工業技術提升之後才會出現）。不過，我們也不能忘記江南地區因爲經濟發達，足以養活較多人口，於是這個地區的人口密度相當高，勞動力相對充沛。在工業化之後，的確也會讓一些人找不到工作（摩擦性失業）。總而言之，黃氏認爲，這個地區是停滯的，是小農經濟的簡單結構，黃氏似乎走得比任何人都遠，因爲他主張在江南這裡，眞正要有發展得要到 1979 年的經濟改革開放之後。在分析的視

10　罪犯者家產經清查與登記後予以沒收，中國歷代理朝經常以籍沒之制度爲其主要手段，用來鎮壓反叛者與重罪者。

11　《明太祖實錄》，卷四十九，「洪武三年二月庚午條」。引自：傅衣凌，《明清時代商人及商業資本》，第 234 頁。

12　范金民，《賦稅甲天下：明清江南社會經濟探析》（北京：三聯書店，2013），第 11 頁。

角上，簡單說黃氏拋棄了以全球視角來觀察江南，當然這是因為他認為1840 年代以前中國基本上並沒有與外國貿易的可能。

江南——明清時期中國的金雞母

若要瞭解江南地區的經濟，就有必要提到宋朝的繁盛富裕。在宋朝，國家市場[13]由三個商業圈組成，亦即華北圈、華南圈與蜀圈（蜀就是四川省）。相較起來，由於交通不便，蜀圈較為獨立。因較遠離戰火，四川省會成都在北宋（960-1127）時期成為重要的貿易中心，其藥品、絲綢與養蠶吸引各地富商巨賈遠道而來。人類史上最早的紙幣「交子」錢，便在四川出現。位於江南地區的杭州，是南宋的國都與當時的政經中心，亦是朝貢系統的中心。在當時中國乃至世界，250 萬的人口數是最多的。在宋朝時海外貿易發達，海關遍及全國；到了南宋，紙幣在中國各地廣為流通，如此的財政系統反映出宋朝經濟的富足[14]。

在宋元兩朝的經營下，江南成為明清兩朝最富裕的地區，為數可觀之城鎮的增多顯示區域豐富，江南地區在明清時期成為全國稅賦的重心。明朝中葉的學者邱璿寫道：

> 國家稅收由全國收取，但江南地區貢獻朝廷十分之九。江南地區十分之九的稅賦由浙東與浙西而得，而浙東、浙西稅收的十分之九是由五府徵得，此即蘇（蘇州府）、松（松江府）、常（常州府）、嘉（嘉興府）與湖（湖州府）。[15]

---

13 國家市場的形成，區域的專業化，與區域之間的貿易流通，其例證請參考 Laurence J.C. Ma, *Commercial Development and Urban Change in Sung China 960-1127* (Ann Arbor, Mich.: Michigan Geographical Publication, 1971); G. William Skinner, *The City in Late Imperial China* (Stanford, Calif.: Stanford University Press, 1997)；錢杭、承載，《17 世紀江南社會生活》（台北：南天書局，1998）；程民生，《宋代地域經濟》（台北：雲龍出版社，1995）。

14 請參考斯波義信著，莊景輝譯，《宋代商業史研究》（新北：稻鄉出版社，1997）；陳高華、陳尚勝，《中國海外交通史》（台北：文津出版社，1997）；Mark Elvin, *The Pattern of the Chinese Past: A Social and Economic Interpretation* (Stanford, Calif.: Stanford University Press, 1973)。

15 梁方仲，《明清賦稅與社會經濟》（北京：中華書局，2008），第 37 頁。

　　明朝時期國庫總歲入約爲 2,660 萬石，光是蘇州府就提供歲入近一成之多；江南六府共提供全國米糧稅賦歲入的25%[16]。這六府的米糧稅賦歲入如表 13-1 所示：

表13-1　明朝江南六府米糧稅賦一覽 [17]

區域	華制單位（石）	公制單位（噸）
蘇州府	2,502,900	200,232
松江府	959,000	76,720
常州府	764,000	61,120
嘉興府	618,000	49,440
湖州府	470,000	37,600
杭州府	234,000	18,720

　　在明朝，江南地區負擔全國最多的稅賦，而清朝時，土地稅賦包括了地丁（土地稅與傜役）和米糧。我們用乾隆 18 年（1753）的土地稅爲例，看看江南提供給中央多少稅收，如表 13-2 所示：

表13-2　1753年中國土地稅賦估算（單位：1,000兩白銀） [18]

省分	地丁(1)[a]	米糧(2)	總和(1)＋(2)
吉林（？）	2,990	190	3,180
山東	4,348	953	5,301
河南	4,417	468	4,885
山西	3,817	318	4,135
奉天	46	95	141

（接下頁）

---

16 《大明一統志》，明萬曆年間編，引自：樊樹志，《明清江南市鎮探微》（上海：復旦大學出版社，1990），第 66 頁。

17 前揭書，第 65 頁。

18 Yejian Wang, *Land Taxation in Imperial China, 1750-1911* (Cambridge, Mass.: Harvard University Press, 1973), p. 70. 表格中吉林省後的問號，表示本書作者對吉林省的資料存有些許疑問，但對本文研究江南稅賦影響不大。

省分	地丁(1)[a]	米糧(2)	總和(1)+(2)
陝西	2,007	406	2,413
甘肅	389	635	1,024
江蘇	3,884	4,699	8,583
浙江	3,226	2,401	5,627
福建	1,515	410	1,925
廣東	1,687	938	2,625
安徽	2,158	1,654	3,812
江西	2,274	1,575	3,849
湖北	1,416	665	2,081
湖南	1,514	486	2,000
廣西	469	195	664
四川	857	21	878
雲南	375	355	730
貴州	128	233	361
總計	37,517	16,697	54,214

註：[a]地丁由土地（土地稅）與男丁（丁稅）組成。土地稅是針對持有土地課徵，丁稅是以成年男丁人口計算。其他判定標準，如財產稅，也是稅賦的一種。

表 13-2 的資料顯示，在清朝時 1753 年江蘇提供約 860 萬兩的稅收，浙江則約為 560 萬兩。光從江南這兩省，就收到約 1,420 萬兩銀的稅收，占當時全國歲入的 26%。從而看出在清朝時亦如明朝，江南地區大約提供國家歲入的四分之一。

江南地區在明清兩朝的確是金雞母，該區域的經濟和數量可觀的市鎮吸引學者的目光，許多研究便探討江南市鎮的波動變化。例如趙岡引用樊樹志的研究，指出江南地區蘇州、松江、常州、杭州、嘉興、湖州六府市鎮數目在不同朝代時的變化，宋朝時僅 71 個、明朝 316 個，到了清朝時增加到479個[19]，從這六府之市鎮數不斷增加來看，江南經濟

---

19 趙岡，《中國城市發展史論集》（新北，聯經出版社，1995），第 173 頁。研究江南市鎮的中外學者不在少數，請參照，例如：劉石吉，《明清時代江南市鎮研究》（北京，中國社會科學

繁榮之景象可見一斑。那麼黃氏所提到的小農家庭，應該會想盡辦法在這些市鎮找份差事才對，就像經濟改革開放之後在都市討生活的農民工那樣，怎麼可能留在鄉下獨自忍受三餐不濟的貧苦生活呢？照理來說，應該會有大規模的城鄉移民才對。

因此本文認為，學者對於江南市鎮的研究，其解釋雖各有不同，但就總的影響來說，他們或多或少都忽略了該區域以絲綢換取白銀的貿易行為，當然這是明清中國在絲綢工業領先所致。至於黃氏也是如此，但似乎又不得不這樣做，因為他不斷強調江南小農家庭貧苦的生活，假使被讀者發現其實那裡「藏有」為數不少的美洲白銀，那麼他就得想辦法回答到底是誰偷走那些白銀，於是黃氏決定繼續隱藏這些財寶。

美洲白銀的奇幻漂流

白銀從西屬美洲重見天日之後，經過長時間、遙遠的旅程，終於來到它們最終目的地——中國的長江三角洲，也就是江南地區。按理說，黃氏應該非常清楚地知道這個地區為明清中國賺取了許多外匯，只不過他將此地的大筆財富藏了起來，直到今日（學術界裡的）人們似乎對這筆財富依舊興趣缺缺。雖然白銀被藏起來了，但我們還是得知道白銀漂流了多久？到過哪些地方？這錢最後又是怎麼進入這個地區的呢？

江南地區專業化的產業，也就是棉紡業與絲綢，在明朝與清朝白銀輸入扮演極為重要的角色。在元成宗元貞年間（1295-1296），黃道婆在松江府引進棉花，從此之後，元明兩朝便鼓勵農民種植棉花。一般來說，棉花種植多集中在松江府與太倉州，在明朝晚期時達到高峰，當時的可耕地中，大約有六、七成拿來種植棉花。在明朝棉和絲製品同樣重要，相對地，米糧生產的重要性開始減低；在宋朝江南可說是蘇杭熟、天下足的糧倉，到明朝居然糧產短缺[20]。筆者覺得，這是當地農民基於理性選擇的結果，不過黃氏堅持認為數百年來當地小農生活清苦，且不

出版社，1987）；Gilbert Rozman, *Urban Networks in China and Tokugawa Japan* (Princeton, NJ.: Princeton University Press, 1973)。

20　趙岡、陳鍾毅，《中國棉業史》（新北：聯經出版社，1900），第 46 頁。

曾有機會改善其生活。可是我們才看過一些小農變成富農的例子，想當然爾這些證據難以符合普羅克瑞提斯的鐵床（Procrustean bed），以致於床上躺著呻吟而殘缺的人，床下銀子滿地散落響聲四起，並加上一堆的殘肢敗體。

絲綢手工業在中國已經有上千年的歷史，在明清時期，絲綢的主要產區就是在江南，包含杭州府、嘉興府、湖州府與蘇州府的幾個縣。最好的絲綢是湖州府與蘇州府吳江縣的湖絲（主要指生產於湖州的絲）與吳絲（主要指生產於吳江縣的絲），可說是海內外馳名。由於大多數的可耕地都拿來種植棉花與桑樹（以提供桑葉養蠶），剩下的可耕地根本得不到足夠的米糧，因此在明清時期江南地區可說是糧產不足，但本文討論的主旨是江南的絲綢貿易。

要討論世界經濟整合，絕對不能不瞭解、討論馬尼拉大帆船。馬尼拉大帆船第一次橫越太平洋是在1565年，最末一次則在1815年[21]。這條橫越太平洋的海上絲綢之路，在全球化的過程中扮演相當重要的角色，同時也讓中國與美洲連結，且在產業、地緣文化（geoculture）占有重要地位；可惜它也是被許多人遺忘的一條航線。

在這兩個半世紀中，大帆船意氣昂揚的航行在「西班牙湖」（The Spanish Lake），從菲律賓的馬尼拉直通墨西哥西岸的阿卡普科（Acapulco）城。《東西洋考》發現在菲律賓呂宋島，白銀是西班牙人（也許再加上少數的當地原住民）用來和中國進行貿易的唯一通貨。「當船回航（中國），上頭盡是白銀」[22]，簡言之，西班牙白銀解了中國通貨的渴，而西班牙人殷切地需求中國的商品，因為呂宋島發展的程度相對較低。基本上，這些商品是日常用品、替代性商品、軍需用品與絲綢[23]。

為何中國和西屬美洲貿易能維持這麼久呢？簡單說，是因為西班牙人使用美洲生產的白銀，來交換中國生產的絲綢，並將之運送到歐美各

21　William Lytle Schurz, *The Manila Gallon* (New York: E.P. Dutton &Co. INC., 1959).
22　陳樺，《清代區域社會經濟研究》（北京：中國人民大學出版社，1995），第306頁。
23　全漢昇，《中國經濟史論叢》，卷一（香港：新亞研究所，1972），第425頁。

地高價行銷大賺一筆。因中國與美洲之間，經由馬尼拉中轉的絲綢—白銀貿易，所以「可觀、且持續的貿易，便在 1571 年……在亞洲與美洲之間開始了」[24]。丹妮絲‧弗林（Dennis O. Flynn）和阿爾圖洛‧吉拉爾德茲（Arturo Giraldez）說道：

> 在阿卡普科（註：墨西哥西岸的城市）、馬尼拉與中國突然出現之大量的貿易主要由兩個產業支撐：白銀（由西屬美洲生產運抵終端市場的中國）和絲綢（中國製造，之後運抵西屬美洲）。顯在地方財政與會計上頭的，是中國的「白銀化」，導因於需求面的衝激，而使跨太平洋的貿易在 1571 年誕生。[25]

本文在此必須強調，這一條開始於 16 世紀中葉，橫越太平洋的海上絲綢之路，連結了太平洋東岸與西岸，連結了西屬美洲與明朝中國，這應該是人類歷史上可以真正地宣稱全球化時代的來臨，可惜華人社會圈裡知道的人並不多，但其重要性絕不容輕忽，特別是大量的美洲白銀流入中國這個歷史事實，決定了明清時期數百年的經濟發展。就如弗林和吉拉爾德茲所言，其影響是難以估計的，因為這樣中國帶領了全球進入了一個白花花的銀兩世界。

全漢昇則根據西班牙官方文件，計算出菲律賓由西領美洲進口的白銀數量，如表 13-3 所示：

24　Dennis O. Flynn and Arturo Giraldez, "Introduction: The Pacific Rims' Past Deserves a Future," in D.O. Flynn, L. Frost and A. J. H. Latham (eds.) *Studies in the Economic History of the Pacific Rim* (London and New York: Routledge, 1998), pp. 1-18, p. 1.

25　Dennis O. Flynn and Arturo Giraldez, "Spanish Profitability in the Pacific: The Philippines in the Sixteenth and Seventeenth Centuries," in D. O. Flynn, L. Frost, and A. J. H. Latham (eds.) *Pacific Centuries; Pacific and Pacific Rim History since the Sixteenth Century* (London and New York: Routledge, 1999), pp. 23-37, p. 23.

表13-3　每年經由太平洋運抵馬尼拉的白銀數量[26]

年度	價值數額（披索）	數量（噸）	年度	價值數額（披索）	數量（噸）
1598	1,000,000	25.56	1724-1729	3-4,000,000	76.68-102.24
1599-1602	2,000,000	51.12	1731	2,434,121	62.21
1604	2,500,000	63.9	約在1740	3,000,000	76.68
約在1620	3,000,000	76.68	1746-48	4,000,000	102.24
1633	2,000,000	51.12	1762	2,309,111	59.02
1634-1688	2,000,000	51.12	1764	3,000,000	76.68
1698-1699	2,070,000	52.5	1768-1773	1,5000,000-2,000,000	38.34-51.12
1700-1712	2,600,000	66.46			
1713-1714	3-4,000,000	76.68-102.24	1772	2-3,000,000	51.12-76.68
1723	4,000,000	102.24	1784	2,791,632	71.35

　　在1598年至1784年間，平均起來每年約有價值200萬到300萬披索的白銀被運抵菲律賓。根據德寇明（De Comyn）所估計「從1571年到1821年，大概有4億披索被運到馬尼拉」[27]。然而這些統計資料只是官方數據，當時走私可是猖獗得很。1638年時，西班牙總督巴努耶洛斯·卡利洛（Banuelos y Carillo）對於走私猖獗，導致大量白銀流入中國感到悲哀，他寫道：「中國的皇帝大概能爲著這麼多不經向西班牙國王納關稅就獲得的白銀，來建造一個專屬的倉廩。」[28]但是最終到底有多少白銀是經由馬尼拉流入中國呢？全漢昇的估計如表13-4所示：

26　全漢昇，《中國經濟史論叢》，卷一（香港：新亞研究所，1972），第438-439頁；Dennis O. Flynn and Arturo Giraldez, "China and the Manila Galleons," in A. J. H. Latham and T. Kawakatsu (eds.) *Japanese industrialization and the Asian economy* (London and New York: Routledge, 1994), pp. 71-107, p. 82。

27　前揭書，卷二，第439頁。

28　William S. Atwell, "Notes on Silver, Foreign Trade, and the Late Ming Economy," *Qing Shi Wen Ti*, Vol. 3, Issue 8 (1977), pp. 1-33, p. 24.

表13-4　每年經由馬尼拉流入中國的白銀數量 [29]

年度	價值（披索）	年度	價值（披索）
1586之前	300,000	1604	2,500,000
1586	500,000	1605-1633	2,000,000
1587-1598	800,000-1,000,000	1634-1729	3,000,000-4,000,000
1599-1602	2,000,000	1825	1,550,000

　　表 13-3 和表 13-4 共同說明了，明朝中葉到清朝中葉，從西班牙運送到馬尼拉的白銀，幾乎悉數運到了中國。例如 1598 年時，運往馬尼拉的 100 萬披索當中，至少有 80 萬披索送往中國，另外在 1604 年運往菲律賓的 250 萬披索，則全部都運到中國。具體而言，明清中國的長江三角洲，可說是當時全球絲綢產業、流行服飾的生活中心。雖然證據如此充分，但仍舊吸引不了黃宗智的興趣。在這裡，僅先舉一個例子說明，例如在 1615 年，西班牙皇室曾禁止傳教士穿著東方服飾，這正說明了東方服飾在美洲流行的事實[30]。

　　除了西屬美洲之外，日本（銀島）是供應中國白銀的地方。據稱在 1800 年之前的兩個半世紀，中國從日本與歐洲輸入白銀 48,000 噸，並經由馬尼拉從美洲輸入10,000噸以上[31]。大量西班牙屬美洲先輸入歐洲，再轉運至中國。經由與西班牙通商，周遭國家例如英國、荷蘭等，也獲得大量白銀，並以之與中國進行貿易。當葡萄牙占領澳門成為貿易根據地幾十年後，西班牙也占領馬尼拉成為其貨物集散地。葡萄牙占據澳門，並將絲綢從中國出口賣給西班牙。這麼一來，葡商也用白銀和中國進行絲綢交易，他們攜帶大量的西領美洲的白銀到亞洲，其終端都是指向中國。全漢昇指出：「在 1580 年代，每年帶到遠東地區的白銀約合 125 萬披索[32]。」

29　全漢昇，《中國經濟史論叢》，卷二（香港：新亞研究所，1972），第 440 頁。

30　方真真，《明末清初臺灣與馬尼拉帆船貿易（1664-1684）》（新北：稻鄉出版社，2006），第 83 頁。

31　Andre Gunder Frank, *ReOrient: Global Economy in the Asian Age* (Berkeley, Calif.: Berkeley University Press, 1998), p. 105.

32　全漢昇，《明清經濟史研究》（新北：聯經出版社，1987），第 8 頁。

　　荷蘭占據的台灣可說是與日本、東南亞進行貿易的集散地，在這裡「荷蘭商人也以白銀爲交易的媒介來營利，因爲他們對中國的絲綢貿易深感興趣」[33]。絲製品經由荷蘭商人運抵日本的總數，在1635年超過1,000擔（54.2噸），到了1640年增加至2,700擔（146.34噸[34]）。結果輸往中國的白銀數量，遠多於表13-3、表13-4的數量。或許值得順帶一提，美洲白銀也流入北台灣，不過可能因爲西班牙殖民台灣的時間極短，加上與台灣的貿易還遠不如與中國頻繁，另外西班牙的文獻大都圍繞在馬尼拉華人圈，雖然或許有定居在馬尼拉的台灣商人，但缺乏相關資料。

全球經濟的白銀化（Silverization）

　　明清中國當時是全球最大的經濟體，以白銀爲主要交易媒介，再加上在幾個關鍵性產業遙遙領先，使其產品像是絲綢、棉花、瓷器，以及後來的茶葉爲全球許多國家（王國）消費者所喜愛。所以在航海能力許可下，西方許多國家攜帶大量美洲白銀，或從太平洋的東岸橫越而來，或先經大西洋回到歐洲，再繞過非洲海岸、阿拉伯海、印度洋、麻六甲海峽、南中國海，最後抵達中國東南沿海的港口，與中國商人進行買賣。美洲白銀經過了無數里程，最終抵達中國。當時長江三角洲是全球生產中心，其高階商品例如絲綢、瓷器與茶葉，都匯聚於此，這裡就是美洲白銀奇幻漂流的最終目的地。

　　中國實行銀本位制（也就是以白銀爲通貨）長達五百年之久，開始於1436年直至1935年廢兩改元爲止，白銀可說是近現代的中國最重要的通貨。但如此大量的白銀流通對中國有何重要性呢？如果有，是如何影響？如前所述，大量白銀輸入中國，這是不容否認的，這幫助我們瞭解黃宗智所忽略的，就是全球如何影響在地的、地方的經濟，也就是近（現）代的中國。這使我們有必要以全球的觀點，來瞭解白銀在中國這塊土地的流通。當討論明末清初，威廉‧安特維爾（William S.

33　前揭書，第33頁。
34　前揭書，第40頁。

Atwell）的論點引領了我們到一個相對正確的方向，他說：「〔美洲白銀〕便利貨幣成長，大大促進交易效率，這些進口的白銀能左右經濟步調，或稍微延伸一點能影響國家的經濟發展。」[35]在這裡，他覺得貨幣供給使經濟成長的過程平順，或甚而能影響整個國家的經濟成長。但我們也不能忘記，貨幣供給增加也會推動物價上漲。

　　在明朝，當白銀的購買力最高的時候，大約是其他地方的兩倍，所以歐洲人非常樂意將白銀送到中國來[36]。但好景不常，由於白銀總是流向高購買力的區域，當銀子的供給增加，其價值便告滑落，因此套利活動逐漸無利可圖，套利終告結束，但絲綢貿易繼續不輟，白銀依然持續流入中國，也因此不能就此認定，套利是讓白銀持續流入中國的原因[37]。此外，絲綢貿易、茶葉變成中國主要的輸出商品，在工業革命之後，英國平民百姓逐漸養成喝茶的習慣，必須大量向中國購買茶葉，使得白銀持續從英國流出，令英國王室深感不安。

　　假如明清時期製造出足夠供應流通所需的白銀，那麼大量輸入的白銀必定導致通膨失控，但倘若白銀生產不足而又不進口因應，那麼就會導致經濟停滯。因此，為求釐清輸入白銀所帶來的影響，有必要知道中國生產白銀的數量。表 13-5 統計出明朝開採銀礦的總數：

表13-5　明朝政府開採銀礦的營收（1401-1520）[38]

年份	兩	公斤[a]	年平均（公斤）
1401-1410[b]	1,299,167(+)	48,719(+)	5,413(+)
1411-1420	2,905,602	108,960	10,896
1421-1430	1,993,591(+)	74,760(+)	7,476(+)

（接下頁）

35　William S. Atwell, "International Bullion Flows and the Chinese Economy circa 1530-1650," *Past and Present*, No. 95 (May, 1982), pp. 68-90, p. 68.

36　不僅在明朝白銀的價格比世界其他地方高出一倍，在宋朝與元朝也是同樣。請參照：全漢昇，《中國經濟史研究》，卷三（香港：新亞研究所，1976）。

37　由套利主宰的白銀貿易大概在 17 世紀中葉告終，是因白銀持續流入中國而壓低白銀的價格。這就像發行過多通貨，會貶低貨幣的價值一樣。請參照：Flynn and Giraldez, "China and the Manila Galleons"。

38　Atwell, "Notes on Silver, Foreign Trade, and the Late Ming Economy," p. 27.

年份	兩	公斤[a]	年平均（公斤）
1431-1440[b]	1,277,863(+)	47,920(+)	5,324(+)
1441-1450[b]	289,752	10,866	1,811
1451-1460[b]	363,454	13,630	2,272
1461-1470	614,680(+)	23,051(+)	2,305(+)
1471-1480	589,248(+)	22,097(+)	2,210(+)
1481-1490[c]	802,396	30,090	3,009
1491-1500	530,552	19,896	1,990
1501-1510	325,200	12,195	1,220
1511-1520	329,200	12,345	1,235

註：記號（+）指在原始資料中的數值並不精確，其總數應比表所示更高些。

[a] 1兩約合37.5克。

[b] 缺1401、1435、1441年至1443年與1450年至1454年的資料，因此以兩與千克（公斤）來計算的數額或比實際值還低。所推算的數量是根據可得數值的年份加以推估而得。

[c] 從1487年至1520年，政府將金銀礦開採的稅入合併計算。由於金礦所得不多，因此幾可直接將數額當成勘採銀礦所得。

　　將表 13-3、表 13-4 與表 13-5 相比較，顯示在明朝本地開採的白銀實在算不得什麼。200 萬到 300 萬披索的白銀（約合 51 噸到 77 噸）被運到菲律賓，最終輸入到中國。明朝政府在 1441 年至 1450 年期間，開採白銀的收入也才不過 11 噸而已。平均來說，明朝政府所收入的白銀，也才不過占總數的三成罷了[39]。故此在1441年至1450年間，中國出產的白銀才 36 噸（11 噸除以 30%），年平均量才 3.6 噸。光以這個數量的白銀根本無法維持經濟活動，特別是如此不足的生產量。有人認為，推動明朝經濟巨輪的其實是外國的白銀，的確在明清時期中國非得生產迎合外國商賈的商品，以從國際市場中賺取白銀。以下經由討論明朝兩段的治世及一條鞭法，我們便能明白貨幣供給的重要性。

　　當景氣繁榮時，我們可看到充足的貨幣供給，縱使貨幣供給充裕並不代表景氣一定繁榮，但比較上卻是如此。一般來說，明朝有兩次的繁盛（太平盛世），其一出現在 15 世紀初，另一次則在 16 世紀後半至

39　全漢昇，《中國經濟史研究》，卷二（香港：新亞研究所，1976），第 611-612 頁。

17世紀初[40]。如表13-5所示，在15世紀初中國本土出產的白銀尚且算
豐富，然而從1440年代以後，便逐漸減少幾乎枯竭。因此可想而知，
要維持經濟活動，非得仰賴從國外進口白銀不可。不知是否誇大了些，
弗林和吉拉爾德茲認為中國的「白銀化」影響是全球性的：

> 中國擁有全世界四分之一的人口（按：1644年有1.6億，根
> 據Fairbank, 1992: 128），並且擁有全世界最大的朝貢貿易系
> 統。當一個占世界經濟比重如此大的經濟體要購買某個必須
> 在大陸間運輸的貴重商品，那麼對全世界來說，對這產業的
> 影響將會很大。[41]

　　明清時期中國擁有全世界四分之一的人口，並且以白銀作為交易
的媒介。我們可稱中國周遭國家為「銀區」，畢竟如此繁盛的經濟活動
對世界有舉足輕重的影響力。因此在探討世界經濟活動時，絕不能將中
國成為吸納白銀的重要地區給忽視掉。這個事實便足以說明中國不只不
是孤立於世界經濟，而且還扮演著舉足輕重的角色。簡單說，本國出產
的白銀是明朝第一個盛世的推手，但外國輸入的白銀才是明朝第二個盛
世的根本。因為大量白銀促使貨物與勞務間的交換，並且推動貨幣的成
長，確保明朝後來的貨幣供給不虞匱乏。
　　另一個例證更能突顯白銀流入中國的效果。在16世紀中葉，明
朝政府針對積弊已久、沉痾已深的賦稅制度體系做了一番改正——推
行「一條鞭法」，也就是將許多的稅賦項目簡化，並將稅金與勞動合
一。在實行一條鞭法之前，農戶肩負絕大多數的土地稅與繇役（無償勞
動）。大抵的情況如下所述：

> 每位男丁稅負的擔子乃是取決於地方官員的認定。但管理該
> 系統的責任卻為權貴家庭——亦即大戶人家所左右，也就

40　前揭書。

41　Flynn and Giraldez, "China and the Manila Galleons," p. 75.

是，他們能經由變造、隱匿相關資料，達到逃漏稅的目的。
經由賄賂，官員減少他們應繳納的稅額，使得重擔落在當地
這些窮人家的肩上。[42]

　　明朝宣德與正統（1426-1449）年間，由於琳瑯滿目的稅賦與繇役，
結合當時的社經情勢，最終導致成千上萬的人逃離家園隱居山林。事實
上，明朝許多暴動和過時且惹人厭的稅制體系脫不了關係，在稅制改革
之前，明朝國勢可說是搖搖欲墜[43]。

　　一條鞭法在 1522 年頒布，直到 1659 年才廢止[44]。該法有幾個創
舉，包含：1. 將三、四十個土地稅簡化爲兩、三項；2. 將土地分級簡化
爲兩、三個稅率級距；3. 以白銀徵稅[45]，而一條鞭法的實施的確帶來改
進。首先，使土地勞力的稅賦公平化，農民終於不用一肩扛起稅賦與勞
務。其次，減少壓榨奴役百姓，政府僱用專職的勞動者，取代無償的繇
役。第三，更重要的是，該法促進商業經濟的發展，因爲即使是農民，
也依然要在市場上銷售商品，換取白銀來納稅。這些明代晚期的稅制改
良，終於緩和暴亂的情勢。但假若本地出產的白銀幾乎告罄的話，這政
策要怎樣才能落實呢？

　　明萬曆年間（1573-1620），每年歲入白銀超過 1,500 萬兩[46]，但當
時中國的白銀產出卻減至最低。可以這麼說，如果不輸入白銀，那麼一
條鞭法根本就無從實施起[47]。此外要記得一條鞭法是從福建與廣東省開
始試辦，在這些地方，最早有商人與外國人進行貿易來賺取白銀。從這

42　John K. Fairbank and E. O. Reischauer, *China: Tradition and Transformation* (Sydney: George Allen & Unwin, 1979), p. 206.

43　Susumu Fuma, "Late Ming Urban Reform and the Popular Uprising in Hangzhou," in L.C. Johnson (ed.) *Cities of Jiangnan in the Late Imperial China* (New York: SUNY Press, 1993), p. 67.

44　Fangzhong Liang, *The Single-Whip Method of Taxation in China* (Cambridge, Mass.: Harvard University Press, 1970), p. 2.

45　John K. Fairbank and E. O. Reischauer, *China: Tradition and Transformation*, p. 347.

46　楊國楨、陳支平，《明史新編》（台北：雲龍出版社，1995），第 374 頁。

47　請參照：Atwell, "Notes on Silver, Foreign Trade, and the Late Ming Economy"; Flynn and Giraldez, "Born with a 'Silver Spoon': the Origin of World Trade in 1571"；全漢昇，《中國經濟史研究》，卷二、三（香港：新亞研究所，1976）。

裡，我們就能合理推論，如果不輸入白銀，明朝早該因其老舊、過時的稅賦體系而衰亡。雖然這結果發生的機率難以量化，但即使如此，我們也不應忘記這有可能導致明朝的衰亡。

　　回到正題，本節主旨欲指出進口白銀的重要性。以全球觀點來看，在本文的案例中，進口白銀對白銀流通的重要性是顯而易見的，中國與世界經濟的緊密連結可見一斑。即使黃氏堅持1350年至1988年之間長江三角洲的小農家庭過得並不如意，但江南的繁榮卻是事實，那麼美洲白銀在漫長的漂流之後在此處定居了，其命運如何，黃氏並不清楚，但這顯然不是問題的全部。

黃氏理論的其他問題，但未必是江南的

　　黃氏對發展一詞的模糊定義，與他強調人口成長的因素，我們已經討論過，在這裡我們就來討論他得獎著作中還沒顯出的部分。一開始，他宣稱江南地區的農民僅能餬口度日，以種植穀物為主要的經濟活動。當黃氏回應彭慕蘭（Kenneth Pomeranz）在2000年出版的專書《大分流》時，他依然堅持江南地區的經濟活動只能自給自足，黃氏說：「長江三角洲平原幾乎種滿供人食用的穀物。」[48]這點絕非事實，這個能賺取大量外匯的區域，居然僅能自飽？江南的種植樣態，其實遠比他所想的還要複雜，絕不只是種植穀物而已。

　　《補農書》（《沈氏農書》的續篇）指出，種植桑樹養蠶比起種植稻穀雜糧，獲利可達兩、三倍之多[49]。繅絲養蠶可說是該地獲利最豐的事業，不但如此江南地區也非僅種植單一作物，這和黃氏所論述的相去甚遠。曾有人認為，縱然已有各種農業相關的產業（如製造農具、農產品加工、產銷等），但典型商業化的農業，不僅種植多種作物，還兼營

48　Huang, "Development or involution in eighteenth-century Britain and China? A review of Kenneth Pomeranz's *The great divergence: China, Europe, and the making of the modern world economy*," p. 506.

49　劉石吉，《明清時代江南市鎮研究》（北京：中國社會科學出版社，1987），第191頁。另外，二、三倍於種植稻穀雜糧是概括的說法，是否必然如此，李伯重對此持不同看法，請參見：李伯重，《發展與制約：明清江南生產力研究》（新北：聯經出版社，2002）。

家禽家畜等[50]。例如，沈氏的管理模型顯示在江南地區種植桑樹、種稻與蓄養禽畜的重要性[51]。

表13-6　沈氏農業綜合產業的經營模型[52]

項目	數量	生產量	利潤（白銀：兩）
白米 （及其他穀物）	30畝	90石	90兩
桑蠶	10畝	850片=17,000條 蠶600片 布料120錠 250（單位）賣出	120兩 22.5兩
禽畜	58頭	豬、羊、鴨 鵝、雞	55.1兩

　　表 13-6 顯示，豢養禽畜獲利 55.1 兩白銀，占總獲利的 19%（287.6 兩，當中包含蠶絲相關的產業 142.5 兩，和種稻的 90 兩銀）。與黃氏所說的剛好相反，總收益的五分之一來自飼養禽畜，這樣怎能說長江三角洲的經濟條件是人民過著僅以餬口為生的日子呢？或許沈氏的模型誇大了點，並且貧農根本不可能過著這種模式的生活。但較為富裕和幹練的家庭想必能如此經營。如此便不能說服人說，從 1350 年直至 1988 年，也就是黃氏所研究探討的期間，江南地區的老百姓居然過著貧窮線邊緣的生活。至少黃氏得告訴我們，他要如何解釋為何這種綜合經營農業的模型，竟然只能被定義為僅以餬口的經濟。另外本章前面也提出證據，說明部分農民因為「力田」（努力務農）致富而成為富農，所以江南不只有小農家庭而已，但黃氏只關心小農，而且是貧苦的那群，當然他們的確需要更多的關心。

　　其次，黃氏強調人口壓力是導致成長停滯不前的主因，那麼我們就有必要知道清朝時期人口與土地之間關係的實狀到底是怎樣，以檢視人

50　前揭書，第 195 頁。
51　《沈氏農書》，約 1640 年，引自：樊樹志，《明清江南市鎮探微》（上海：復旦大學出版社，1990），第 195 頁。
52　前揭書，第 195 頁。

口壓力究竟是否存在。根據全漢昇的研究，明清時期每口男丁大約能分到4畝田，這也是維持生計的最低限度[53]。行龍則提供1661年到1901年部分年份的數據，如表13-7所示：

表13-7　清朝部分時期人口與土地間的比率 [54]

年份	土地（頃）	人口	每人畝數
順治18年（1661）	5,493,576	95,688,260	5.7
康熙24年（1685）	6,078,430	101,708,690	5.9
雍正2年（1724）	7,236,327	130,559,740	5.5
乾隆18年（1753）	7,352,218	183,678,259	4
乾隆49年（1784）	7,605,694	286,321,307	2.6
嘉慶17年（1812）	7,886,256	333,700,564	2.3
道光2年（1822）	7,562,102	372,457,533	2
咸豐元年（1851）	7,562,857	432,164,047	1.7
光緒13年（1887）	9,248,812	401,520,392	2.3
光緒27年（1901）	9,248,812	426,447,325	2.1

雖然清乾隆6年（1741）以前的人口統計並非可靠，但很明顯地，1753年以後的糧食生產便告不足，這是因為每人能分到的農耕地不足4畝[55]，米糧短缺乃是因著每人獲得的可耕地不足。在清朝乾隆、嘉慶、道光年間（1736-1850），人口的確呈現增加的趨勢，因此許多學者認為要強調這段期間人口增加所帶來的壓力，但清朝人口增加的根基早已在康熙與雍正朝（1661-1735）奠定。如果前任皇帝時的經濟根基不穩，那麼就難以支撐超過百年的人口增長。此外，光以每人4畝田來假設農業生產力恆常不變，而無任何改良生產力的手段，著實不合理。令人難以置信的是，在清初國力日漸強盛，從外國輸入白銀，難道不會想辦法

53　全漢昇，《中國經濟史論叢》，卷二（香港：新亞研究所，1972），第589頁。
54　行龍，〈人口壓力與清中葉社會矛盾〉，《中國史研究》，第56卷第4期（1992），頁51-58，第58頁。
55　全漢昇，《中國經濟史論叢》，卷二（香港：新亞研究所，1972），第589頁。

來改進農業技術、灌溉系統、種子與引進新品種作物嗎？事實上，有些作物（如玉米、地瓜便是由美洲引進）能種在不適合種植稻米的田裡，並不會令可耕地減少，卻可養活許多的人【56】。雖然清朝初期人口急遽增長是真，但這些新農作物應該可舒緩人口增加所帶來的壓力。

在先前的〈阿律奇〉專章中，阿律奇就是引用了黃氏的論點來為自己背書。的確我們先前已批評過黃氏之說，其以為只有透過技術的進步才可能讓生產力得以提升，但這種說法排除了其他可能提高生產力的作法，我們在這裡略微重述一下。事實上，黃氏是對的，他認為江南的農業技術並沒有提升，特別是水稻生產在技術上沒有重大突破，不過這並非故事的全部。黃氏並未注意到生產集約度提升不少，而且還是資本投入。以李伯重的話來說，主要的途徑是「增加以肥料投入為中心的資本投入」，這種資本投入自明代以來，就一直以相當高的速度增長，到清朝中葉才達到肥料投入的極限，「通過改變農業經濟結構，把經營重心轉移到集約程度較高的部門」【57】，這對於江南農業的發展確實有重大意義。另外黃氏認為，長江三角洲的人口壓力極大，這論點並非空穴來風。在 1368 年至 1855 年之間，這個地區的可耕地面積沒有增加，然而人口卻增加了兩倍，這個問題如果不加以處理的話，確實可能發生黃氏看到的農業「內捲化」（involution）現象。不過這樣的現象並未出現在這段時期的江南地區，因為在既有的水土資源上進行改造，在自然條件最適合的地方，分別配置不同的生產部門，以形成水稻、棉花與蠶桑三大專業化生產，再加上從唐朝開始的稻麥複種制，在江南地區技術進步相當明顯。凡此種種，避免掉江南農業可能遭遇的內捲化問題的產生【58】。

第三，黃氏認為，由於人口壓力，導致農村家庭過著悲慘的窮日子。剛剛我們提到了江南在 1850 年之前的五百年間，耕地未增，但人口增加了兩倍，人們會直接聯想到，糧食應該會不夠才對，黃氏也做如

56　全漢昇，《中國經濟史研究》，卷三（香港：新亞研究所，1976），第 703 頁。

57　李伯重，《發展與制約》（新北：聯經出版社，2002），第 128 頁。

58　前揭書，第 149、150 頁。

是想。因此我們看看中國的糧倉系統與稻米進口，中國老早便實施「均輸」與「平準」制，其中「均輸」制度（確保各省間糧食儲備與運輸互補缺短）在 19 世紀中期解體之前，行之有年且成效卓著，在其瓦解之前並未造成嚴重的飢饉。也就是說，縱使清朝連年人口增加，但直至清朝中葉，仍未造成糧食嚴重的匱乏[59]。

再者，乾隆 37 年（1772）從外國進口米糧，當時從暹邏（今泰國）進口 30 萬石白米到廣東、福建與寧波。在前面的雍正皇帝，直到後來乾隆年間，還是鼓勵進口稻米（1723-1795）。根據許璇的估計，自同治 6 年（1867）以後，進口稻米的數量便持續增加，如表 13-8 所說明的：

表13-8　中國進口稻米的數量（1867-1933）[60]

年份	平均值（擔）[a]	指數	年份	平均值（擔）[a]	指數
1867-1870	387,633	100	1901-1905	4,505,781	1,162
1871-1875	430,820	111	1906-1910	7,479,112	1,929
1876-1880	440,824	113	1911-1915	5,733,683	1,479
1881-1885	230,637	60	1916-1920	6,213,346	1,603
1886-1890	4,288,009	1,106	1921-1925	15,610,613	4,027
1891-1895	6,928,921	1,788	1926-1930	16,632,519	4,290
1896-1900	5,947,215	1,534	1931-1933	18,215,485	4,699

註：[a] 1擔約等於54.2公斤。

雖然稻米進口增加的確是個趨勢，但在 1886 年以前增加並不快速。在整個清朝，進口白米是免稅的，還有「防穀令（避免糧食任意跨省移動的法令）規定商人如果要跨省運糧，必須交付稅捐」，等於鼓勵沿海省分百姓購買外國稻米，因為相較內陸長途陸運漕運的高昂費用，從國外進口顯然有利。直到 1890 年代，進口白米的數量仍維持在 1,500

59　Pierre-Etienne Will and R. Bin Wong, *Nourish the People: The State Civilian Granary System in China, 1650-1850* (Ann Arbor, Mich.: Center for Chinese Studies, Michigan University, 1991), p. 57.

60　許璇，《糧食問題》（上海：商務印書館，1935），第 42、44-45、47 頁。

萬擔以上，縱使這數額不過是國內消費總數的2.1%而已[61]。這說明黃氏所說的糧食短缺其實是不存在，也沒有因人口壓力而帶來嚴重的問題。

第四，黃氏所感興趣者，為1350年起的六百年間，富饒的商業化與貧寒交迫的農家生活並存在江南地區。他下結論說：「明清時期的市場發展……伴隨著邏輯的故步自封，與實行上停滯不前，僅能餬口的農戶經濟……並且多數農民家庭從事商業化的棉花、桑樹種植、紡紗與布料生產，並非因為這些基於理性的活動能提供他們最大利益與累積資本，乃是在不合適的農耕收入與過剩的家庭勞動力的條件下，求取生存（這是我所強調的）的方式。」[62]

的確，許多鄉鎮志說出了農戶的貧窮。在18世紀中葉，例如相對富裕的無錫縣志寫道：

> 農民僅能從田裡得冬天的米糧。當他們付租之後，他們清空
> 米缸，放在罐裡，以取回他們典當的衣服。在早春，他們開
> 始紡織以換取糧食與布料，因家裡已無米糧。[63]

假若農民在無錫鎮這種富裕的地方過著艱苦的生活，那麼可以想像在較貧窮的鄉鎮，那生活豈非悲慘不堪，但地方志卻勾勒出江南地區各市鎮的富饒景象。例如：

> 南潯鎮志記載說，在明末清初，市場有如魚鱗比次，煙囪燈
> 火成千上萬，滿港船舶。[64]
> 清乾隆朝（1736-1795）時，震澤鎮志記載：數百種商品在市
> 場交易，看似個小都城。[65]

61　前揭書，第48-50、71頁。
62　Huang, *The Peasant Family*, p. 309.
63　全漢昇，《中國經濟史研究》，卷三（香港：新亞研究所，1996），第87頁。
64　劉石吉，《明清時代江南市鎮研究》（北京：中國社會科學出版社，1987），第37頁。
65　樊樹志，《明清江南市鎮探微》（上海：復旦大學出版社，1990），第66頁。

　　當我們對比小農的貧窮與市場的繁榮，對於黃氏所熟稔的理論機制（也就是成長的停滯不前並未帶來發展），這裡產生了一個簡單的謎：誰拿走了錢？前面的分析告訴我們，美洲白銀的確進入了中國的江南地區。

　　第五，黃氏說農民以理性的方式，不求營利而只求生存，因此對農民而言，市場是蠅頭小利、規模微小的[66]。為敘述江南地區盡是這種市集，他引用吳承明的統計數據，來說明在 1840 年前後，棉花、棉布、米糧占貿易總額的三分之二，如表 13-9 所示：

表13-9　中國的貿易量，1840年前後（單位：百萬兩）[67]

商品項目	價值	百分比	進口淨額（＋） 出口淨額（－）
穀物	138.833	39.71%	-
棉花	10.859	3.11	＋3.015
棉布	94.553	27.04	＋0.802
生絲	10.22	2.92	－2.252
絲綢	14.55	4.16	-
茶葉	27.082	7.75	－11.261
食鹽	53.529	15.31	-
總計	349.626	100.00%	-

　　黃氏增加穀物的百分率（39.71%）、棉花（3.11%）與棉布（27.04%），合計中國貿易項目中，布料和食物（即馬克思所說的「小規模生產品」）的比重超過七成。此外他還堅信「許多交易不過就是販夫走卒、市井小民蠅頭小錢的買賣而已」[68]。

66　Huang, *The Peasant Family and Rural Development*, p. 105.
67　本表擯除國內市場的交易，與穀物、等商品銷售用於繳稅的比重。吳承明，《中國資本主義發展史：第一卷・中國資本主義的萌芽》（北京：新華書店，1985），第 284 頁，引自：Huang, *The Peasant Family and Rural Development*, p. 90。
68　Ibid., p. 90.

　　黃氏索引的同一份資料卻能呈現迥然不同的圖像：假使我們暫且無視黃宗智所言的百分比的話，則當中出口淨額或進口淨額就值得一提。首先，即使沒有穀物的進口淨額（＋）或出口淨額（－），但就金額來看，約 1.38 億兩或全部的 39.71% 著實可怕。如果說這些數額都是市井小民、農夫、小販一分五毫的交易加總起來，恐怕讓人難以相信。就技術層次而言，即使時至今日，依然難以全盤算出，更別提在明朝或清朝。

　　撇開清朝曾有的防穀令不管，何以沒有穀物的淨出口或淨進口量，有種說法是，諸省間長途的糧食貿易掌握在紅頂商賈，而非那些升斗小民手中。蔣建平引用部分吳承明[69]的估算，認為在鴉片戰爭前夕，國內貿易量大約為 3.88 億兩，穀物約占 42% 其中約有 21% 是省際間的貿易，另外每年大約有 3,000 萬石的米糧得運至遙遠的終端市場[70]。果真如此，那麼這樣龐大的國內外的交易，怎可能如黃宗智所言，是由小農小民獨力完成呢？

　　但重點是，黃氏為何選擇大約 1840 年時中國對外貿易的資料呢？這道出什麼？美國的漢學巨擘費正清以 1842 年為分界，劃分所謂的「傳統」與「現代」中國，而黃氏也選取這個劃分時點前後的資料，來證明中國在此時的貿易都只是升斗小民的零星買賣，這正是一幅小農經濟、社會結構簡單的畫面，也是黃氏想要讓我們看見的社會面貌。

　　關於中國近代所發生的重大事件，發生在 1840 年代的鴉片戰爭是其中之一，許多學者將此視為中國歷史的轉捩點，黃氏似乎也不例外。為了證明中國經濟發展遠不如當時工業、社會思潮（例如自由貿易）、

69　這裡出現了一個弔詭的現象。黃氏運用吳承明的研究來證明自己的農業內捲化的說法，也就是所謂的「沒有發展的成長」的現象，以經濟學的說法而論，就是總產量增加但邊際生產力卻遞減的說法是正確的。然而，吳承明在李伯重所撰之《發展與制約》一書中為其撰寫序文，在當中反對黃氏農業內捲化理論的不恰當。吳承明說：「李伯重『根據大量直接間接資料，經過詳密考察後認為，到明清時期，江南水稻生產已達到傳統勞動投入的極限，集約化程度的提高已主要是依靠以肥料為代表的資本投入……肥料的投入量（折合標準肥）在明清時代增加了 80% 強，種籽、水利面的資本投入也有增長。這個結論，不僅與一些單從人口與耕地比例得出來的集約化概念不同，對於晚近研究中提出的邊際收入遞減下的生產和『農業內捲化』（involution）理論在江南這個人口最密地區的適用性，也提出挑戰』。」請參見李伯重，《發展與制約》（新北：聯經出版社，2002），吳承明序，第 IV 頁。

70　蔣建平，《清朝初期米糧貿易研究》（北京：北京大學出版社，1992），第 6-7 頁。

資本主義最進步，也是最現代化的英國，黃氏接續吳承明的研究，後者主要討論鴉片戰爭前後中國對外貿易的統計數字，包括輸出入產品的種類、金額與百分比，因爲黃氏的研究目的是證明中國在 1840 年前後的貿易，都是雞毛蒜皮、蠅頭小利的小額貿易（petty-trade），相較起來英國資本主義所發展出來的乃是大量生產、巨額（large-scale）貿易。所以黃氏告訴我們，舊中國在貿易種類之中有高達三分之二的比例，都只是農民日常生活所需的衣服、食品等規模微不足道的零碎貿易而已。這說法恰巧與美國最重要的漢學家費正清，將晚期帝制中國以 1842 年爲界線，區分爲之前的傳統中國，與之後的現代中國，所呈現的風貌極爲相似。但這純粹只是巧合嗎？當然不是，筆者相信，我們可以將黃氏視爲費正清的追隨者。在這樣的分期下，所有近代中國有意義的變遷都只能發生在 1840 年代之後，也就是西方列強開始在中國擴展勢力範圍時。套用費正清相對委婉的說法，則是西方列強爲滿清中國帶來現代化的機會，所以雖然要證明黃氏與費正清之間的關聯並不容易，然而如此相近的歷史分期，若說是「純屬巧合」應該更令人難以相信。

　　那麼黃氏如何看待在 1840 年前後中國對外貿易的情形，在他的說法中，我們幾乎可以肯定他是費正清的追隨者。黃氏對表 13-9 數據的解讀，正好是爲符合費正清對晚期帝制中國的分期，而忽略掉重要的歷史事實。現在，讓我們再回到表 13-9，因爲本文有意說明，茶葉（而非鴉片）才是貿易的要角，因此讓我們先看看茶葉在 1840 年的「樣子」。在 1840 年前後，絲製品的出口淨額約爲 225 萬兩，茶葉的出口淨額則約爲 1,100 萬兩，是絲製品的四倍多。這說出中國經由茶葉貿易，從世界各地賺得大把銀兩。雖然在當時，茶葉並非江南特產，但總之這項買賣對當時的經濟絕對有好處。換言之，在鴉片戰爭前夕，中國的茶葉在國際市場上競爭力頗強，絲製品則相形遜色，但後者對經濟活動的助益不容小覷，故此筆者認爲檢視總數額比百分比來得恰當。當然茶葉比起鴉片，可說是小巫見大巫，在貿易中相形遜色許多，畢竟我們高中歷史教育一直強調鴉片戰爭是因爲鴉片而開打的，但追根究底，「鴉片」戰爭的導火線是因爲茶葉，這與 1773 年 12 月 16 日倒入波士頓港的東西

是一樣的。

　　如同黃氏所提，在 1840 年前後在中國都是小額、瑣碎的貿易，這的確不令人感到意外，因爲他根本沒發覺到 1840 年代之前進入了江南地區的白花花銀兩。他認爲直到歐洲列強的槍砲叩門之前，中國都是鎖國不出，爲了堅持他認爲的，小農戶在過去六個世紀過著僅得溫飽的日子，卻完全忽略掉大量流入中國的白銀是何等重要！正由於白銀流入中國，使得明朝有第二個治世，經濟繁榮，能夠推動一條鞭法之稅制改革，其影響難以被忽視。但對黃氏而言，全球經濟活動對江南地區，竟全無影響，非得等到洋槍大砲把中國轟醒，才起身步入國際資本主義裡頭[71]。在他的認知與所學裡，在鴉片戰爭前中國並無海上貿易，也沒有一文銀是從國外輸往中國。

　　黃氏關懷貧窮農戶的初衷值得讚賞，但現在我們對他似乎有個疑問：我們到哪裡找失落的銀子？我們業已證明，中國每年經由馬尼拉進口西屬美洲的白銀達 200 萬到 300 萬披索之多，另外還有經由朝貢貿易帶到中國，爲數頗多的白銀。這些事實和黃氏所說的並不相符，如此大量的白銀絕不可能平白消失，雖然在此並不適合發掘銀子到底在哪，但箇中有兩種可能。第一個可能性爲，社會權貴魚肉鄉民，以極高的利率放款來壓榨百姓，榨乾他們僅有一點原本該拿來累積資本的餘錢。趙毅指出，在明英宗正統朝（1436-1450）時，平均利率爲 100%，最高利率在嘉靖年間（1522-1567），竟然有 600% 之譜[72]。同樣的問題看來也出現在清朝，黃氏知道按大清律法，禁止錢莊向農戶借救命錢時收取高利[73]。然而這鮮明的證據正說明，清朝高利貸的問題十分嚴重。

　　其次，貪污並不比高利貸少。研究指出在 1598 年到 1606 年的八年之間，明朝的宦官光是從江南地區便搜刮了 40 萬兩白銀，更有人認

71　Huang, *The Peasant Family and Rural Development*, p. 101.

72　趙毅，〈明朝高利貸論文〉，《東北師範大學期刊》，第 24 卷第 6 期（1996），頁 34-78，第 36-37 頁。

73　Huang, "Development or Involution in Eighteenth-Century Britain and China? A Review of Kenneth Pomeranz's *The Great Divergence: China, Europe, the Making of the Modern World History*," p. 530.

為，宦官從江南地區實際暴斂的金額達徵收財產稅額的十倍之多[74]。換句話說，十分之九的稅收進了官員的紅布袋去了。當然這些理由還需進一步闡釋，以回答這個問題：誰將錢拿走了？但黃宗智簡直就像個魔術師，將明清長江三角洲這塊富庶之地，變成了一塊僅僅得以餬口的農耕之地，並且將數以百萬計的白花花的銀子藏在某個「安全的」地窖之中。

黃氏貢獻所學，以地區乃至市鎮的層級，提供我們理解在過去的六個世紀中，中國鄉村發展的概況。但他似乎對明清時期世界資本的流入，對江南地區的影響視若無睹。而這筆被消失的白銀，若是從全球觀點來進行討論，就顯得更為重要。

當為數可觀的白銀源源不絕輸入中國的時候，為何江南地區的農民仍過著貧窮而僅以餬口的生活呢？最後究竟是誰將用來增進勞動生產力的錢給拿走？並且誰能為江南地區勞動邊際收益遞減負責？從以上討論，我們略微可以看出一點端倪，也終於明白，原來白銀並非憑空消失，而是黃宗智拿走了這些銀子。

本章結語

全球對一地的影響可在不同的方面上呈現，像是建築、生活方式、政治、經濟和意識形態。本文經由證明在明朝後期實行一條鞭法而帶來第二波經濟繁榮，來指出白銀流通的影響。如果不考慮絲綢與棉紡織業，特別是前者，那麼江南地區絕對無法在明清兩朝賺進大把白花花的銀子，也無法取得這樣多的稅收。不輸入白銀，江南的繁榮將無以為繼，因此中國輸入白銀所帶來的影響是顯而易見的。

從上文所述，美洲白銀的奇幻漂流，終點抵達長江三角洲，因為絲綢、棉花與後來的茶葉之外銷，使得這些銀子成為明清兩朝經濟能夠穩定發展的利源。然而是誰偷走了數量龐大的美洲白銀呢？貧苦的小農們為了維持生計而憂愁著，就《長江三角洲的小農家庭》這本傑作來看，黃宗智正是偷走了美洲白銀的人。

74　趙毅，〈明朝高利貸論文〉，《東北師範大學期刊》，第 24 卷第 6 期（1996），第 36-37 頁。

　　這是本書的最後一章，所以得來點不一樣的，否則新意就得等到下一本書才有可能了。本章的正標題〈顧忠華〉與副標題〈中國一帶一路與全球韋伯復興之不可思議的親合關係〉，其實都頗有創意。之所以選擇顧忠華，稍後再述之，我們先談談副標題。這個副標題讓人以為作者想談近期最夯的議題一帶一路[1]（Belt and Road Initiative, the BRI），其實不是，稍後只在「本章結語」，也就是最後一小節才會看到。至於「韋伯復興」，這是顧忠華教授的願景，他希望世界上所有學習社會（科）學的人都能加入這場復興（古典社會學）運動，因為韋伯正是三巨擘之一。我們的確會談到「韋伯復興」，但與「一帶一路」的親合關係，要等到文章的最後才能發現，而且內文的中間將不會再提「一帶一路」以及「一帶一路」與「韋伯復興」之間的關係。這可以看成是一種創意，希望學術界的朋友們可以用多一點點包容的心態來觀之，因為這種文章的寫法，畢竟不是學術主流裡頭所能看見者，大家都想看到標題，或者至多加上摘要，就得要知道作者想說什麼，要讀者將一本書從頭看到尾，還可能不知道作者想說什麼，這種文章應該不會太受歡迎才是，但在千篇一律的學術著作裡，總是得來點不一樣的。

　　回到撰寫本書之目的，就如書名所示，是為了證明歐洲中心主義的思維，普遍存在於社會（科）學之中，在本書之中我們已經討論了不少受此思維影響的西方學者，這些學者的共同點是，每個人都是大師級人

1　對於中國一帶一路有興趣的讀者，請參照：謝宏仁，《發展研究之風雲再起：中國一帶一路對西方及其知識體系的挑戰》（台北：五南圖書，2018）。日前，歐洲提出了關於歐洲版的一帶一路方案之初步看法，以避免讓中國專美於前，此議題極吸引吾人，日後有機會的話，筆者將會為此撰寫另一本新書。

物，相信讀者應該印象不淺才是。然而我們似乎不能單單地指責西方學者，因為如果沒有非西方學者的認同與配合，相信歐洲中心主義的思維也不可能如此根深蒂固。所以在這最後一章，吾人選擇了顧忠華教授，只是這樣講，好像還未說出理由。

事實上，非西方學者對於「歐洲中心主義」思維少有批判，筆者費了一番力氣找到兩位在學術界享有盛名的學者——黃仁宇、黃宗智，要超越他們著實不易。當然吾人之目的（之一）是為了解釋歐洲中心主義之所以會如此為非西方學者所接受，主要的原因便是非西方學者自己也誠心誠意地接受了這種偏頗的視角，來看待自己的歷史，同時試圖理解我們所處的世界。當然，研究者通常受過高等教育，深刻體會了名利如浮雲，所以我們的確不應該只選擇地位極為崇高的學者，特別是在大學這個追求「真理」的美麗殿堂之中，讓下一代產生誤解，這也不好。只是，在談論了兩位大師級的華裔學者之後，筆者遇到了難題，因為俗話說「有一就有二、有二就有三、無三不成禮」。那麼繼黃仁宇和黃宗智之後，實在找不到名氣及地位與他們相當者，這困擾著吾人。

後來因緣際會之下，先找到了顧忠華教授，看了他一些作品，東想西想之後，或許筆者可以「與之對話」，雖然沒辦法面對面地進行。但總得給讀者理由，畢竟身處在台灣這個雖然美麗但不太大的島嶼，要找到一位全球知名的社會（科）學家，似乎有些難度，絕非輕易地可以完成。那麼除了上述提到的，學者不應該只在意「大師級」人物，而忽視了其他（有潛力的）研究者之外，吾人在此提出三個討論顧忠華的理由，其一，顧氏是當今的韋伯專家，也就是世界知名的學者沃夫岡·施路赫特[2]（Wolfgang Schluchter）之嫡傳弟子，可以說顧氏師出名門。其二，顧氏對於韋伯的學說瞭若指掌，並且對於復興韋伯學說抱持著相當大的熱情，這一點與筆者相當不同，有必要花點時間討論。其三，吾人希望顧忠華教授在本文之後，可以在知識界獲得更大名氣，如此的話，出身自台灣這個小地方的學者，將更能在全球學術界站穩一席之地。基

2　對於施路赫特的批評，請參見：謝宏仁，第四章，〈演技派韋伯的造型設計師〉，《社會學囧很大 3.0：看大師韋伯因何誤導人類思維》（台北：五南圖書，2020），第 169-220 頁。

於上述的原因，筆者選擇在最後的章節與顧忠華教授對話，希望能對於本書的主軸——歐洲中心主義與社會（科）學——有更進一步的瞭解，同時在討論了顧氏的說法之後，能對於非西方社會的知識分子如何地全心全意服膺於這種偏頗的思維有更深刻的體認。

　　本章的結構安排如下：首先，我們先花點時間，稍微回顧一下文化大革命，因為顧氏對此「運動」有相當不同的見解。其次，顧氏執著於韋伯之「傳統主義」理念型，我們先看看顧氏對韋氏「傳統主義」的批評，然後再討論剷除了「傳統主義」之後，我們會看到什麼。第三，我們檢視 21 世紀的韋伯學說，先討論顧氏的大作，再說明顧氏是如何為韋伯辯護。第四，韋伯的學說，對顧氏而言，有著非凡的意義，是故我們將花點時間深入討論「韋伯復興」的五大意義，接著我們也會談到顧氏的「復興運動」可能遇到的險阻。第五，顧氏「擱置」的問題並非不重要，我們看看上個世紀末，他留下了什麼問題，另外因為顧氏——如同韋伯——將學術視為其志業，是故在 21 世紀初之時仍不斷寫作，同時也留下了新的問題，當時「新」的問題可能是上個世紀留下來的，只是時間延續得久一些而已。最後，總結本章的發現。

文化復興運動與文化大革命

　　就如一開始所談及，我們得來「點」不一樣的。若想看懂顧忠華教授日後對學術的貢獻，那麼我們得從文化大革命談起。過去數十年來，中國經濟改革吸引了無數學者的目光，這些被吸引過的學者，更應該認識顧氏之論點。

　　顧氏對於文化大革命與中國經濟改革二者之間的關係，有其獨到之見解，值得花時間一探究竟。不過在這之前，有必要介紹發生在台灣蔣介石政權於 1960 年代中期所推動的「中華文化復興運動」，這項「運動」可想而知，是為了與當時的毛澤東在海峽對岸所推動的「文化大革命」一較高下。當然二者皆與儒家思想有關，雖然未必真心，但蔣介石口頭上宣稱要在台灣復興中華文化，而毛澤東則想摧毀之。雖然前者發生的時間稍微晚了數個月，但讓我們先談談在台灣的「中華文化復興運

動」。筆者在 1975 年進入彰化縣二林鎮的中正國小就讀（「中正」二字正是蔣介石的別名，全台灣有著數不清的「中正」路，筆者老家隔壁的村落「五間寮仔」，至今還保存著「中正」巷），依稀記得校長在司令台上宣導為何要復興中華文化，當然蔣氏除了欲對抗毛澤東之外，也希望能藉由這個運動來「想像」自己是唯一繼續道統的人。「中華文化復興運動」由各級教育單位訂定實施辦法，尤其注意的是對家庭教育以及孝悌之道的實踐。此舉是中國國民黨為了顯示自己，而非中國共產黨（中共），是正統中華文化的代表，而展開的思想文化改造（或「強化」）運動，以復興中華文化為名，當然當時剛上小學的筆者，與所有接受黨國教育的學生一樣，只知道一邊舉起沒什麼肌肉的右手，一邊跟著校長喊著：「復興中華文化……解救大陸同胞。」

中華文化復興運動推行委員會開始其活動，就在海峽對岸開始其文革後的半年左右，其推行要項包括了以下幾個大項：開展倫理、科學與民主新文藝活動；利用大眾傳播，推動文化復興運動；讓全國國民在四維八德薰陶下，推動其新生活運動，並在國家走向現代化過程中，由政府積極研發一套完整的禮儀，以示台灣是真正的禮儀之邦；政府亦鼓勵出版中國典籍與思想名著之撰寫、譯述，藉以宣揚中華文化，同時加強溝通中西文化等。另外，該委員會的主要任務則包含：鼓勵公立與私立學術、文化機構在思想上宏揚中華傳統優良文化；研議文物典章與禮俗等制度，以加強國民生活禮儀；在國際上積極擴展海外聯合陣線，阻止毛澤東與中國共產黨摧殘固有之中華文化[3]。

海峽對岸自 1966 年開始的文化大革命，中共利用紅衛兵為主力，進行了「破四舊」運動，此運動號稱是為了破除剝削階級之「舊思想、舊文化、舊風俗、舊習慣」。同年 8 月，中共第八屆第十一中全會通過了《關於無產階級文化大革命的決定》，此法案肯定了青少年的革命方向，「破四舊」亦得到法律上之支持。文革十年的浩劫，造成了中華民族巨大的文化損失，大部分來自於初期的「破四舊」運動。千年以來，

3　陳益興，〈中華文化復興運動〉，國家教育研究院官網，https://terms.naer.edu.tw/detail/1302445/，檢索日期：2021.07.22。

孔子所倡之儒家思想，已成為傳統文化的重要組成部分，而此一部分在
20 世紀初期之時，曾被古典社會學巨擘韋伯批評為阻礙經濟發展之絆
腳石，數十年之後，其支持者更是奉韋伯的思想為圭臬，儒家思想遂成
為被眾人攻擊的對象。孔子及其思想可謂傳統文化的重要組成部分，在
文革期間，孔子被視為「四舊」之根源，當然逃避不了「破四舊」之厄
運。文革初期，紅衛兵衝入孔廟，推倒孔子塑像，之後縱火焚燒，損毀
文物無數，真可謂浩劫一場。然而這還只是冰山之一角而已，因為文化
大革命所造成之人類非物質文化遺產的龐大損失，難以估算。

　　大約在同一個時期，蔣介石政府在台灣實施了「中華文化復興運
動」，目的是與中共之「文化大革命」相抗衡。這裡我們得稍加留意的
是，1970 年代末期開始台灣經濟起飛了，約莫在同一個時期，中國大
陸改革開放的日子也到來了，經過了一段時間的努力之後，其經濟成就
可以說是有目共睹。可以這麼說，如果某一種（經濟）倫理可以讓經濟
發展成功的話，那麼台灣是個很好的例子；而如果某一種（經濟）倫理
就足以阻礙經濟發展的話，文革時期儒家倫理應該都被剷除了，所以中
國改革的成功，可以歸功於文化大革命。前一個例子，1980 年代曾經
吸引了不少學者的目光，注意到了亞洲四小龍，台灣即是一成功案例。
後一個例子，注意到的人極少，應該只有極具創見者才能一窺堂奧，本
章的主角顧忠華教授正是這樣的人物。

　　如果「傳統主義」真如顧氏所言，是經濟發展的阻礙，應該先行
廓清之，國民經濟的成長才可能發生。那麼為何無論是保護傳統（在台
灣）還是消滅傳統（在中國），後來經濟發展都是成功了呢？我們先談
談顧氏在上個世紀末對韋伯「傳統主義」有什麼批評。

韋伯的「傳統主義」

　　在上個世紀末，顧氏對於韋伯的「傳統主義」有所批評，可是到
了 21 世紀初，情況有些改變，原因並不清楚。此一小節再分為二，其
一，我們先看看顧氏如何批評韋伯的「傳統主義」。其二，在剷除「傳
統」之後，顧氏看到了什麼？

對韋伯「傳統主義」的批評

簡單說，20世紀的最後一年，我們還可以看到顧氏批評韋伯的「傳統主義」這個理念型運用起來會有問題，但沒多久，就在該書稍後的章節，等到顧氏回過神來，他又開始讚美韋伯的「傳統主義」用來描繪中國時，倒是十分貼切。曾經顧氏批評韋伯道：

> 韋伯的中國研究……，他所尋找的，是中國上下幾千年「阻礙」著創新的理念和心態。易言之，韋伯無法鎖定某一個時期的某一種特定文化理念作為分析目標，他的策略是搬出一個籠統的「傳統主義」概念，並將所有不利於資本主義的發展的行為態度都歸納進去。更嚴重的是，他在描述中國人的行為習慣時，似乎落入對「民族性」的刻板印象，又全將其形塑的來源導向儒教（道教則是更不理性的一個「異端」）。[4]

從上述這個段落看來，顧氏的確知道韋伯的研究方法是出了問題，舉例而言，顧氏注意到韋伯根本不是在談關於中國千年來任何一個具體的案例，事實上顧氏也發現了「他〔韋伯〕的文化比較研究亦曾被詮釋為『差異的文化社會學』，因為他〔韋伯〕自己承認是想找出其他文化和西方的『對立點』，由此途徑突顯西方的特色」[5]。利用這樣的比較法，只要找到自己（西方）有，但別人（東方）看似沒有的事物，那麼韋伯就「成功」。簡單說，韋伯說西方「有」宗教改革，東方則「無」，經過他的一番「論證」之後，資本主義只可能出現在西方[6]。可以這麼

4　顧忠華，《社會學理論與社會實踐》（台北：允晨文化，1999），第28頁。
5　前揭書，第15-16頁。
6　這種二分法的比較之例，倒不是說多到隨處可見，但要找到如此簡略的比較法，其實也不需要花費太多時間。當今的社會學家，早已不願意進入歷史，找一些對知識累積有幫助的例子來證明自己的說法。先前我們討論過的黃仁宇、黃宗智，也許他們都沒有明說（因為說了對他們的聲望有害！？），都是用發生在歐洲的工業革命為其比較的標準，所以他們看不出來「傳統」中國有什麼可以拿出來與西方相比較之事物。
　　事實上，顧氏也舉了些西方「有」而東方「沒有」的例子，像是海外殖民、戰爭借貸、國內市民階級的產生等，這些都是以歐洲發生的事物、制度等當作指標來檢視「傳統」中國，那麼只要是發生在中國境內的事物，都「應該」按照西方（看得懂）的方式進行才叫有意義嗎？而且即使與西方相當類似，但在西方知識體系底下，中國的例子（之位階）還是會被置於西方之

說，韋伯無法針對中國漫長歷史中「某一個時期的某一種特定文化理念」作探討，因為他對遠東這個「神祕」的國度所知相當有限[7]，所以用了其「比較」方法之後，反而讓很多人願意選擇相信他。對韋伯的支持者而言，這真相不易讓他們接受。

　　顧氏在上述批評了韋伯過於籠統的「傳統主義」，才區區數頁之後，顧氏立馬回到了韋伯的鐵粉（熱情支持、狂熱粉絲）之角色，顧氏在談論中國是否出現過資本主義萌芽的問題時，他說：「韋伯自己也曾表示過，『資本主義』如果是指透過買賣交易來營利的經濟活動，其實是人類文明相當普遍的現象，中國自不例外──他絕對會承認如『資本主義萌芽問題』裡討論的事例，都可以歸到這類最廣義的『資本主義』之列，但這不妨礙他同時堅持原先的命題，即中國受到『傳統主義』的阻礙，在經濟上未曾發展出具備『西方的、現代的、理性的』等特質的狹義資本主義。」[8]

　　奇怪的是，上一段文字之中，顧氏才批評了韋伯的「傳統主義」實在籠統，而這個段落當韋伯提到中國資本主義就算是萌芽了，也一樣是受到了「傳統主義」的阻礙，所以中國不可能出現像西方那樣「現代的」、「理性的」，而且還一定得是「狹義的」資本主義。因此，顧氏認為所有中國發生過的事物根本「不妨礙〔韋伯〕……堅持原先的命題」，也就是說顧氏同意且支持韋伯之說，中國在歐洲產生了「資本主義」之後的很久的時間裡，並沒產生類似於西方的「資本主義」，理由是中國受到了「傳統主義」的束縛。

　　應該這麼說，也許顧氏並非真心批評韋伯，因為同一年的同一著作中，而且僅僅相差了幾頁而已，我們就看到了顧氏（再度）擁抱韋

下，而這就是歐洲中心主義之上社會（科）學最大的問題。當然，顧氏對於韋伯提到的「（符合歐洲的）指標」並未提出質疑。吾人猜想，不去質疑，也就無須走進歷史；沒有走入歷史，也就沒有能力質疑，二者相輔相成，彼此提攜。

7　讀者應該還記得，中國傳統法律是被韋伯嚴厲批評過的制度，可是他不知道「傳統」中國是一個不同於西方的「義務觀社會」，在那裡自上至下，沒有人有「權利」的概念。也就是說，在國家治理上，「傳統」中國的法律體系是不同於西方的，韋伯根本不懂，但他還可以「比較」東、西方法律體系的差異，還比得「津津有味」的模樣，旁邊還有許多支持者在幫忙搖旗吶喊，讚美韋伯的聲音至今都不絕於耳。筆者以為，顧氏對這樣的難堪局面有其貢獻。

8　顧忠華，《社會學理論與社會實踐》（台北：允晨文化，1999），第 30 頁。

伯的「傳統主義」，並且顧氏看起來是完全地支持韋伯，他也認爲「傳統主義」正是阻礙中國經濟發展的絆腳石。顧氏在數年之後，他想到的「辦法」是好好利用文化大革命這場狂飆式的運動，來劉除中國「傳統主義」這塊擋在路中央的大石頭。因爲他相信大師韋伯，相信「傳統主義」是阻礙中國進步不了的障礙物，於是後來顧氏終於發現了中國經濟改革獲得舉世矚目的成功之背面原因了。顧氏多虧了大師韋伯的指引，猶如明燈一般。

劉除「傳統」之後

在掃盡「傳統」的束縛之後，如果韋伯想要提醒我們什麼事的話，經濟起飛就只是或遲或早的事而已。而在劉除「傳統」之後，顧氏教授看到了什麼讓他印象深刻的事呢？

在此筆者欲討論顧氏的另一重要文章〈資本主義「精神」在中國：韋伯學說的當代意義〉，該文充滿對韋伯觀點的擁護，顧忠華相信，不像是西方的「理性主義」經歷過韋伯所言的只有西方才可能產生的理性化過程，中國儒家思想屬於「傳統主義」，在在阻礙著資本主義的萌芽，更別說成長茁壯了。顧氏進一步引用韋伯的著作且絲毫不加懷疑，他認爲是「傳統主義」不知怎麼地「始終支配著文化發展的方向」，即使是「貴金屬和人口的增加」，然而「17、18 世紀的中國不只是未曾刺激資本主義的產生，反倒強化了傳統主義的力量」[9]。這麼說來，韋伯認爲任何「傳統」中國的文化特質、要素都阻礙著中國走向資本主義，最終導致中國在世界體系中地位的衰落。

但事實上在 17、18 世紀時，中國豈不是在全球白銀─絲綢（silk-silver）貿易[10]上賺取大量白銀嗎？而且這正是中國在（絲綢）產業領先全球的證明，但這段歷史向來不被華文學術圈重視。再者，17、18 世

---

9 韋伯，《中國的宗教──儒教與道教》（台北：遠流出版社，1989），引自：顧忠華，《韋伯學說當代新詮》，第 103 頁。

10 全漢昇，《中國經濟史論叢》，卷二（香港：新亞研究所，1972）；全漢昇，《中國經濟史研究》，卷二（香港：新亞研究所，1976）；謝宏仁，《顚覆你的歷史觀：連歷史老師也不知道的史實》，增訂二版（台北：五南圖書，2021）；Arturo Giraldez, The Age of Trade: The Manila Galleons and the Dawn of the Global Economy (New York: Rowman & Littlefield, 2015)。

紀康、雍、乾盛世長達一百三十四年，難道毫無作為嗎[11]？在國力，特別是經濟力強盛的時期，無論如何都無法產生資本主義，是因為「傳統主義」持續作怪，使這樣的情形得一直到改革開放才有機會改變。概略地說，韋伯對「傳統」中國的描述大致是：整個政治制度看起來「似乎千古不易」；在經濟結構上，「自給自足的小農經營和血緣團體的組織」導致經濟「停滯不前」的窘況[12]。令人難以置信的是，顧氏全然接受韋伯的說詞，並且認為無須再進一步探究了，因為是大師韋伯所說的。而對於改革開放的中國，顧氏的說詞更是讓人難以捉摸；以下這段話，應該可以證明吾人所言不虛。關於改革開放後的中國，他主張：

> 中國自 1978 年開始的改革開放政策，基本上能夠貫徹執行，而韋伯形容「缺乏固定的、公認的、正式的和可靠的法律基礎來保護工商業的自由發展」、「缺乏專業且具效能的文官科層體制」、「缺乏理性的貨幣經濟與財稅政策」、「缺乏理性的行政與司法制度」、「缺乏針對專業的教育與訓練制度」、「缺乏理性的科學與技術」、「缺乏理性的企業組織」、「缺乏理性的會計和簿記制度」等等阻礙資本主義發展的制度性因素，也在政策執行過程中，一一地被克服了……鄧小平的務實主義主張獲得了新的正當性，「社會主義市場經濟」的實驗也創造了巨大的經濟成果……我們若以歷史因果關係來分析，似乎必須承認：如果沒有狂飆式的「文化大革命」，中國數千年遺留下來的傳統主義恐怕不易就此被掃除，韋伯所指稱不利資本主義發展的條件也會持續產生作用，這時，是否不經過政治革命的「中國改革開放道路」能夠順利開展，顯然就充滿了變數……。[13]

11　陳婷，《中國盛世第 3 卷：康雍乾盛世》（北京：中國華僑出版社，2016）。
12　顧忠華，《韋伯學說當代新銓》（台北：開學文化，2013），第 103 頁。
13　顧忠華，〈資本主義「精神」在中國：韋伯學說的當代意義〉，《政治與社會哲學評論》，第 26 期（2008 年 9 月），頁 1-54，第 22、23 頁。

當目光掃到文化大革命，這個所謂的「十年浩劫」，卻變成中國改革開放獲致成功的大功臣了。由於韋伯的影響力太過巨大，就連1970年代末期開始的經濟改革都被韋伯給說中了，不知道韋伯或其（狂熱）支持者是不是也能夠聲稱韋伯已經準確預言近期中國某個倡議？

從以上分析，讓我們得知華人學術圈裡足以稱爲韋伯學專家（至少是其一）的顧氏，他對於韋伯的熱愛幾乎可說到了無以復加的地步。當然在這裡本文暫時不做任何價值判斷，也不會因爲上述論點，而對於顧氏之「價值中立」的看法預設立場。

韋伯學說在21世紀

韋伯學說在21世紀，光采依舊、亮麗如昨。至少顧氏絕對做如是想。

此時，應該是再度詮釋韋伯學說的時刻。換句話說，當文化大革命掃盡了「傳統」對經濟發展之阻礙的數十年以後，對顧氏而言，韋伯的學說終於得到一個「成功」具體的例子，吾人以爲，這一刻他等待了許久。於是在其大作《韋伯學說當代新銓》[14]，他可以無須再顧慮其他學者的批評，可以（再度）大肆地宣揚韋伯留給人類社會的珍貴遺產，並且可能的話，順便在此生之中爲自己贏得些微名利，因爲顧氏在其一篇名爲〈台灣的現代性：誰的現代性？哪種現代性？〉文後的〈隨想‧筆記〉中似乎曾提到過，「成名」是他心裡所思者，至少曾經是如此，顧氏這麼說：「這篇論文〔〈台灣的現代性〉〕總結了我從1988年由德國回來，逐漸『重新啟蒙』的心路歷程，怎麼說呢？我回來台灣後一頭栽進學術領域，剛開始幾年，想的就是儘快將留學國外所學到的知識，一股腦地教給學生，同時著書立說，建立自己的權威。」[15]

顧忠華教授抱著「有教無類」的心態，將全球最新的知識完完全全地、毫無保留地都傳授給下一代的莘莘學子了，而且在教學之餘，更持續地研究，以達「著作等身」之境，唯有如此才可能「建立自己的權

---

14 顧忠華，《韋伯學說當代新銓》（台北：開學文化，2013）。
15 顧忠華，〈台灣的現代性：誰的現代性？哪種現代性？〉：〈隨想‧筆記〉，《顧老師的筆記書 I：學習社會‧繁盛》（台北：開學文化，2012），頁131-155，第136頁。

威」。此時，也就是顧氏的成名之日，至少在台灣是如此，吾人相信顧
忠華教授的確已經家喻戶曉，但在國際學界，希望也許本文可以助其一
臂之力。那麼以顧氏的地位與聲望來看，其大作必然可以對我們產生啓
蒙之作用。

具重要象徵意義之大作

如果說顧氏在 21 世紀初的代表作是《韋伯學說當代新銓》這本書
的話，應該沒有太多人反對才是，尤其是關於介紹並重新詮釋大師韋伯
在這個新的世紀給學者們，特別是新的一代者。此外，我們還得認識在
這 21 世紀初葉，這本大作所承載的象徵意義，我們可以從哪裡找到這
些意義呢？當然，仔細地逐行閱讀顧氏這本書的確是最謹愼的方法了，
不過在這種大家都很忙的時代裡，一本書的封面上的介紹詞、廣告詞，
或者叫「本書特色」，應該是很適合用來瞭解這本書到底想說什麼的
「懶人包」了，我們尙且試試，雖然這將不會被學術界普遍認同，因爲
引用時，連頁數都找不到，極易產生誤會。在該書的封底，我們可以看
到以下的文字：

> 瑪克司・韋伯（Max Weber, 1864-1920），是德國著名的社
> 會學家，也是現代社會科學最重要的領航者之一，他所創新
> 的社會學體系和方法論述，不只對學術研究產生了廣泛的影
> 響，還加深了世人對於現實世界的理解與解釋。
> 韋伯的論著想構成社會科學的核心骨架，本身即具有經典性
> 的學術價值。進一步說，韋伯身後近百年來，人們對於韋伯
> 本人，及他所反映的時代風格，仍保持著莫大好奇，鑒於韋
> 伯的學術地位，我們無論就「其人」或「其文」都應當有更完
> 整的認識。
> 《韋伯學說當代新詮》針對韋伯學說，提供了深入淺出的介
> 紹，無論讀者基於何種理由而對韋伯學說感到興趣，本書都
> 足以作爲必讀文獻。書中的各篇文章，代表了作者近二十多
> 年來詮釋韋伯學說的心得，並整理出一貫的理論觀點，幫助

我們了解、掌握韋伯博大精深的思想脈絡。在紛繁複雜的人類文明進程中，解讀韋伯無疑像是點燃了一盞明燈，指引出21世紀社會變遷重要意義的正確道路。

雖然，學術界應該會視封底的說明（或稱「本書特色」）為理所當然，通常沒有人會去討論它，但有時還得有些不同的想法，就讓我們談一談這段話的象徵意義──韋伯是社會科學的一盞明燈。

首先，韋伯被顧氏（與難以計數的社會學家們）視為現代社會科學最重要的領航者，自然而然地，韋伯對西方社會與東方（中國）的看法，也成了人們理解世界的主要依據。其次，社會科學的核心骨架，是以韋伯的論述與著作所構成，是故韋伯所撰之文章與專書，本身就成為經典了，具崇高之學術價值。於是讀者在閱讀了顧氏這本《韋伯學說當代新銓》之後，對於韋伯「其人」與「其文」將會有更完整的認識。最後這本專書，可以說是一本瞭解韋伯思想的必要讀物，其中的各個篇章都是顧氏近二十餘年來殫思竭慮地詮釋韋伯學說的寶貴心得，韋伯幫社會學家們點了一盞明燈，顧氏則為了大家提著這盞燈，與韋伯一起指引出了「21世紀社會變遷重要意義的正確道路」。

顧忠華為韋伯辯護之例證

看完了上述的「象徵意義」之後，可以很清楚地得知顧氏應該還有許多想要讚美韋伯的地方，只是囿於該書篇幅的限制而作罷。因為在先前的章節之中，我們花費了不少心力在批評韋伯，而且吾人以為，有些批評的意見應該算是很明顯的，例如儒家倫理與資本主義精神同樣存在著「親合關係」、韋伯（與施路赫特、顧忠華）根本不懂中國傳統法律體系、價值中立與歷史研究之矛盾、信奉新教的蘇格蘭地區是大英帝國最貧窮的地區、不存在結構的韋伯，以及西方的理性化並無獨特之處等[16]。是故這裡僅再提出一個論點，證明顧氏的確無條件地為大師韋伯

---

16 關於對韋伯學說的批評，請見本書前述的〈韋伯〉專章。另外，關於對韋伯學說的詳細批評，請參照：謝宏仁，《社會學囧很大1.0：看大師韋伯如何誤導人類思維》（台北：五南圖書，2015）、《社會學囧很大2.0：看大師韋伯為何誤導人類思維》（台北：五南圖書，2019）與《社會學囧很大3.0：看大師韋伯因何誤導人類思維》（台北：五南圖書，2020）三本專著。

之看法辯駁。

　　只是爲何數十年來，學者不願意花費心力，或只是願意使用少許力量，來進行更深刻的（歷史）研究，讓真相得以呈現，是因爲「歐洲中心主義」的神奇力量太過強大，還是非西方知識分子早已喪失了對歷史——也就是對「過去」——（與對未來）的自信心呢？以下，我們再看一個例子。韋伯將「理性主義」視爲西方「獨特的」產物，別處無可尋找，如果其他地方也有，那麼韋伯的新教倫理與資本主義選擇性的親合關係，也就可以「分享」給其他種類的「經濟倫理」，西方的「獨特」就不那麼獨特了。而若是堅持韋伯抱著如此獨斷的看法，認爲理性主義只能出現在西方，恐怕也容易成爲箭靶，因爲韋伯是大師級人物，不太可能說出專斷、讓人覺得不可思議的論點。顧氏也這樣認爲，並且以費利德里希・田布洛克（Friedrich Tenbruck）的看法來佐證自己的論點，顧氏說：「照田布洛克的詮釋，韋伯以亞洲或以色列的宗教、歷史、文化做爲研究對象，正是從這個普遍的問題意識出發，想知道這些地區如何透過宗教與社會的辯證過程，曾經發展出不同的『經濟倫理』，而實際地影響過人類的經濟行爲。」顧氏認爲，如果按照上述田布洛克的解釋，「理性化」是全人類的共通現象，故不應只限於西方，並且顧氏認爲宗教倫理在塑造人類的理性上有不同的表現方式，不可一概而論。因此顧氏總結道，在進行東、西文化之比較時，韋伯並非「狹隘地只問其他非西方文化中是否有類似基督新教倫理這樣的因素，也不是絕對地認爲凡沒有由此引申出的『經濟倫理』便發展不出合理的、現在西方資本主義式的經濟制度」[17]。

　　以上是顧氏的洞見，也是筆者認爲上述說法是他爲韋伯保住大師地位的「標準作法」。只是，如果我們加上韋伯對於某種經濟倫理可以視爲人類歷史的「轉轍器」的說法，那麼我們就會知道，韋伯根本不可能如顧氏所言：其並不只是因爲非西方社會沒有與西方類似的經濟倫理，就宣稱這些社會不可能產生資本主義。不同於顧氏，吾人以爲，韋伯正是如此。

17　顧忠華，《韋伯學說當代新詮》（台北：開學文化，2013），第 30 頁。

　　韋伯曾經說過以下這段話，而且這段話還是引自顧氏在上個世紀末的大作，可能顧氏自己因為著作太多，所以也忘了自己曾經引用過韋伯的話。韋伯指出：「直接支配人類行為的是（物質上及精神上的）利益，而不是理念。但是，透過『理念』創造出來的『世界圖像』，經常如鐵路上的轉轍器一般，規定了軌道的方向，在這軌道上利益的動力推動著行為……。」[18]再加上，韋伯在選取了他需要的資料之後，比較了世界各大主要宗教，像是基督新教、天主教、儒教、道教與印度教等，他告訴我們，只有新教倫理才有所謂的「入世禁慾主義」之生活導引，此種新教倫理才有的精神狀態，有幸地但也意外地「突破了以往行事散漫、不精確的習氣，進而推動了生活領域各方面的『理性化』」。換句話說，新教徒的工作倫理無意中創造了連他們自己都不知道的「資本主義精神」，之後資本主義所需的「種種制度逐漸成形，也因為這種機緣，所以才在歐洲誕生了我們見到的『西方現代資本主義』」[19]。簡單說，西方（新教徒）因為有了這樣的理念（也就是轉轍器）才使得歐洲在宗教改革之後，轉向到了「現代」資本主義，或許韋伯總是沒有明說（也許不願意傷害非西方的人民），但對他而言，世界上除了西歐，其他地區根本不可能找到類似的「理念」、「精神狀態」，或者「工作倫理」，所以也就沒有轉轍器了，非西方這部列車只能繼續往同一個相對悲慘的方向前進。不像是顧氏要我們相信者，韋伯確實認為其他地區根本不可能產生資本主義，無論他用的是多麼委婉的語調來「安慰」非西方世界的人們。

　　明顯地，在我們分析顧氏的論點之後，顧氏只是在另一個場合繼續幫韋伯辯護而已。雖說知識分子應該摒除所有可能干擾研究進行的私人關係，但是這對全球韋伯研究的首席施路赫特的嫡傳弟子顧氏而言，談何容易呢？這讓人些許感慨，但我們還得繼續下去，看看顧氏對於21世紀的韋伯研究有什麼期許，聽說這與「韋伯復興」有關。

18　施路赫特著，顧忠華譯，《理性化和官僚化》（新北：聯經出版社，1986），第4頁，引自：
　　顧忠華，《社會學理論與社會實踐》，第32-33頁。
19　顧忠華，《社會學理論與社會實踐》（台北：允晨文化，1999），第13-14頁。

復興韋伯（學）

　　顧氏在《韋伯學說當代新詮》中認為，雖然不見得一定要成為一個「韋伯學派」，但是他仍然為眾多讀者們總結了五個要項，來說明他在21世紀初期所看到的「韋伯復興」之種種跡象。我們先看看顧氏的五大意義，再想想復興路上可能的險阻。

復興韋伯（學）之五大意義

　　首先，顧氏發現韋伯不像馬克思，在解釋西方「獨特發展」的時候，同時兼備「精神」與「物質」兩面[20]。是故，韋伯能夠將各種形塑西方文明的因素，像是「宗教、政治、城市、中產階級、科層官僚制」，使其在西方整體發展史上扮演各自的角色，這些因素之間的交互作用「交織一幅幅更接近歷史真實的多彩圖案」。顧氏認為，韋伯對近代西方「理性的」各種制度，以及相對應的生活安排之解釋可謂相當完備，當然吾人以為，這個部分應該是韋伯相對熟悉的部分，即使韋伯對此有著相當的理解程度，這似乎也只是應該的而已。不過，我們暫且先相信顧氏所言者。

　　第二，顧氏認為韋伯使用「理性化」這個概念，來「統攝了西方社會發展的基本性格」，再輔以「世界史」（universal history）的遼闊視野對於人類文明中之不同的「理性主義」類型加以比較。其研究對象更是「縱貫古今、橫跨東西」，涵蓋的題材堪稱包羅萬象，廣納全球各式各樣的多元性發展與解釋。換句話說，顧氏認為，韋伯的研究路數同時具備了兩種一般人不易做到的觀點之結合，其一是強調「發展」的貫時性觀點（diachronal perspective），其二則是著重「均衡」的同時性觀點（synchronal perspective）[21]。二者的巧妙融合，讓韋伯得以在其社會

20　顧忠華的老師施路赫特稱韋伯方法論之「精神」與「物質」兩面兼具為「進化理論的最小限度計畫」。在《現代理性主義的興起》一書的〈導論〉之中，施氏分析四種處理社會發展問題的立場，其中，第二、三種都稱之為「新進化的」（neo-evolutionary）姿態出現，韋伯是第四種，即使受到「進化」觀的影響，也是在「最小限度」的範圍下，幾乎難以辨識。請參照施路赫特著，林端譯，〈導論〉，《現代理性主義的興起：韋伯西方發展史之分析》（台北：國立臺灣大學出版中心，2014），第47-65頁。

21　顧忠華，《韋伯學說當代新詮》（台北：開學文化，2013），第67頁。

學研究上取得不少優勢，無論是在研究對象上、資料的取得上，或是多元性解釋的包容性之上均是如此。這也難怪，顧氏在其大作的封底提到過韋伯堪稱社會（科）學的一盞明燈，指引著千萬學者與學子們「正確」的方向。

第三，顧氏心目中的韋伯，是一位勇於「面對高度複雜的歷史因果解釋與社會行動之意義的理解問題」，於是像韋伯這樣的學者不可能逃避，也不可能採取化約論的作法。並且透過「理念型」超強的執簡馭繁功能，韋伯「冷靜而實際地」探討社會的運作律則與對生活世界的影響，韋伯「爲了層層剝開社會的實相，他更從事吃力繁重的概念定義工作，這些經由不斷錘鍊方始完成的思想結晶，象徵著社會學透過了成熟度的考驗」。並且，只要打從研究過程的第一天起，韋伯就會要求自己「秉持『價值中立』的自覺意識，遊刃於人類具體經驗的浩翰資料中，進行無與倫比的『思想實驗』」。顧氏奉韋伯爲終身學習的對象，「不論是在探究現代社會之結構特徵、組織形態、典章制度、階級組成與社會變遷等普遍課題之上，或是提升社會學對現代文化發展的敏感性和反省力上，韋伯豐富的精神遺產都持續地發揮其導航作用」[22]。

第四，韋伯的某些立場難免受到質疑，但顧忠華認爲，新近的韋伯詮釋不斷讚賞韋伯學說與研究發揮揚長補短的功能，並且讓韋伯的論點更加清晰。這點倒可以說是顧氏對韋伯詮釋的重要貢獻，因爲至少顧忠華認爲自己近年來的學者們（包括顧氏本人）對韋伯學說發揮了「揚長補短」的功效，透過有意義的對話，使得韋伯的論點得以呈現更爲清晰的輪廓。韋伯在「一連串重估西方邁向現代的歷程，俾與非西方地區文化傳統之轉型相對照的新興研究領域，無疑大大地擴展了不同觀點交融的機會」[23]。還好我們有了重新詮釋韋伯的顧氏，讓過去不明朗的地方都亮了起來。

第五，韋伯並非一味歌頌所謂的「進步」，相反地，在一個世紀以前，他就憂心忡忡地警告世人，我們將會看到「沒有精神的專家，

22　前揭書，第 68 頁。
23　前揭書，第 68 頁。

沒有情感的享樂人」，並且因為科層制不斷擴張，箝制了人類的自由。換句話說，顧氏堅信韋伯比誰都擔心，過度的「理性化」所引起的負面效果。另外，顧氏對韋伯的讚美似乎永遠不嫌多，他說無須有「韋伯學派」，只要人們知道韋伯將學術作為其個人之「志業」，並且以其「知性的誠實」（intellektuelle redlichkeit）為基礎，為社會（科）學盡一己之力，因而提醒我們注意對生活周遭個別現象之間的關聯，與如何理解文化的意義。用顧氏自己的話來說，「韋伯復興」的時代意義來自於他自己的研究。他發現，在所討論的內容底下，「幾乎一致肯定韋伯的學說與思想並未因時代變遷而有所褪色」，顧氏發現韋伯在一百（多）年前相當在意的問題，居然仍然存在相當大的「現實性」（actuality），吸引學者們前仆後繼地「詮釋、再詮釋」其著作，當然這也是顧氏撰寫其專書《韋伯學說當代**新詮**〔粗體為筆者所加〕》的理由[24]。

　　以上五點，是顧氏為我們所說明的「韋伯復興」之時代意義。以下我們逐一討論顧氏的說法。

復興路上的險阻

　　很明顯地，韋伯在顧氏內心的崇高地位，溢於言表。不過，筆者仍對顧氏「韋伯復興」的說法持不同的看法。首先，關於韋伯的方法論兼具「精神」與「物質」兩面向，在先前已指出，注重精神之「行為的韋伯」只要一不小心就會掉落「（心理）化約論」的泥淖。不過經由操作理念型，韋伯讓它看起來似有逃離化約論的機會，只是筆者認為效果有限。後來聰明的韋伯又說：某種「經濟倫理」（或「精神」）在一開始有作用，但後來則失去作用，這種遁詞的確了不起。至於「結構的韋伯」則更沒有說服力，除了他不懂「傳統」中國義務觀的法律體系，他竟然還認為「士、農、工、商」的排序是有經驗資料得以證實者，但事實上那排序只是知識分子心中的想像而已，並不存在於現實生活中，誰真的見過相對較為貧困的農夫與工人看不起有錢的商人的社會呢[25]？

24　前揭書，第 66、67 頁。
25　請參照謝宏仁，第二章，〈還原真相：西方知識體系建構下曲解的中國傳統法律〉，《社會學囧很大 1.0》（台北：五南圖書，2015），第 59-101 頁。

故此可知，「結構的韋伯」眞可謂乏善可陳。

第二，顧氏認爲韋伯將「西方社會發展的基本性格」用「理性化」概念來加以包攝，再用廣闊的「世界史」視野來比較人類文明中相異之「理性主義」，因此韋伯廣納各種多元性的發展和其解釋。另外，韋伯在研究中所涵蓋的材料更是極其寬廣。筆者與顧氏所言意見相左，因爲韋伯告訴我們「資本主義」、「理性化」乃是西方獨特之物，別的地方找不到，讓人看不出韋伯的「多元性」到底在哪裡？吾人認爲，韋伯自以爲在其他地方就是找不到他想看見的「理性主義」。顧氏所言，韋伯「廣納各種多元性的發展和其解釋」，充其量不過是口惠而已，韋伯的內心根本不是這樣想的。

第三，在顧氏的心中，韋伯所面對的是「高度複雜的歷史因果解釋」和「社會行動之意義的理解問題」，所以這樣的學者不可能採取化約論的作法，而且韋伯是「冷靜而實際地」探討社會運作的法則。這令人費解，爲何當一個人面對極其複雜的歷史「因果解釋」時，就自然而然地不會採取化約論的作法？另外，韋伯的臉部表情或許總是讓人覺得他「冷靜而實際地」處理所研究的問題，只不過這樣的人爲何一定能寫出一本具有說服力的著作呢？只因爲他總是「冷靜而實際地」看待生活世界嗎？當然沒有辦法證明，顧氏也不例外。那麼顧氏談到的「價值中立」又如何呢？因爲在其他的地方，吾人已經開闢專章詳論之，這裡只用極簡略的方式回應顧氏[26]，顧氏清楚地知道韋伯是古典社會學三大家之一，但他可能忘了，韋伯同時也是東、西方歷史比較研究的大師級人物。

什麼是歷史？可以這麼說，是研究者爲了「現在」之目的而與「過去」進行的對話。韋伯身爲歷史比較研究者，應該很清楚地知道進入歷史的重要性，我們一直以爲他曾經深入研究中國歷史，但忘記了兩件事，其一，韋伯不懂中文，當時他的確可以拿到一些中文資料，目前應該放在巴伐利亞的某個圖書館，但沒有人聽過，韋伯曾經充分利用這些

26　謝宏仁，第二章，〈隱身在歷史研究中的「價值中立」〉，《社會學囧很大 2.0》（台北：五南圖書，2019），第 69-122 頁。

難得的中文圖書。其二，比起東、西方歷史「比較」研究，韋伯更著迷於「理念型」的建構[27]。於是韋伯在連「傳統」中國是個義務觀社會都不知道的情況下，努力地建構出全球法律體系的四種形態，並且依其優劣性區分爲「形式理性的法律」、「實質理性的法律」、「實質不理性的法律」與「形式不理性的法律」[28]，可想而知，西方的形式法律的理性化過程是最爲韋伯所稱頌者，而中國充其量只可能是「實質理性的法律」。說實話，韋伯對中國還算是客氣了，至少從來沒有直接說，「傳統」中國的法律體系是「不理性」的。看起來，韋伯面對「高度複雜的歷史因果解釋」，像是中國法律體系的模樣，他選擇逃避，或至少轉了身，讓目光停留在他相對熟悉的理念型之建構上。

記得我們先前曾經提過，顧氏都知道——雖然不曾針對此點批評——韋伯研究中國時，其目的是爲了找到「現代的」西方之「對立點」，所以在韋伯已經預先設定好了的研究目的之下，韋伯能「找到」或者「聽說」的資料，必然是能夠支持「傳統的」中國的「證據」才是，這就是東、西方歷史比較研究大師級人物韋伯所從事的研究。那麼在所有的議題、資料、研究方法（包括理念型的建構）都是韋伯自己選擇的，在此情形下，有誰還能爲韋伯侈言「價值中立」呢？顧氏似乎是個不錯的人選。

第四，顧氏認爲，因爲韋伯將東、西方進行比較研究，於是我們對於非西方社會的觀點因而開闊了，並且對於非西方地區的轉型有幫助。這種觀點交融的機會，韋伯貢獻卓著。吾人以爲，韋伯應該是受到西方哲學二分法的影響，對於東方（中國）結構的分析不具說服力，並且將他想像的中國勉強塞進「傳統主義」的理念型，這乃是誤導人類思維的根源。另外，顧氏認爲韋伯的論點爲非西方社會的轉型提供了相當有幫助的觀點，但爲何非西方地區其「文化傳統之轉型」是必要的，顧氏沒有告訴我們，因爲他認爲不需要，韋伯都已經說過了，而且韋伯說

27　關於此一論述，請參照謝宏仁，第一章，〈但理念型還是魅惑了韋伯〉，前揭書，第15-68頁。
28　洪鎌德，〈韋伯論法律變遷與形式合理的法律〉，《法律社會學》（新北：揚智文化，2004），第173-211頁。

了算，無須懷疑。更重要的一點則是，顧氏認為自己在《韋伯學說當代新銓》對大師的論述所展開的新詮釋，對於「韋伯復興」有著不少的貢獻，當然「自信」是學者應該具備的長處，否則自己說的，連自己都會懷疑，筆者也相信顧氏本身對「韋伯復興」產生了極大助益，至少給了我們不錯的討論議題。

前（2020）年是全球受到 COVID-19 肆虐的一年，但剛好也是大師韋伯逝世滿一百週年，所以紀念大師的研討會就算只能在線上舉辦，但是吾人相信參與者的熱情絕不可能低於他們在現場的程度。所幸，台灣在當時疫情控制得相當好，於是台北就利用了疫情的「空檔」舉辦了一場劃時代的研討會，這場紀念韋伯的研討會位於外雙溪東吳大學社會學系舉行，盛況空前讓人難忘，特別是韋伯的粉絲們內心一定特別感動。吾人特別地提起這件事，是因為當時顧氏與他的恩師施路赫特相伴現身在東吳大學的研討會上，想當然耳，師徒二人的出席為會議增添不少光彩。筆者以為，這個研討會對於「韋伯復興」的貢獻，一定會詳細地被記錄下來，記錄的內容應該也會被顧氏所認同才對，而會議當中發表寶貴論文在未來將會對 21 世紀的「韋伯復興」貢獻良多[29]。

最後，韋伯的確為了人類的未來流了幾滴眼淚，不過對於德國人也從事過奴隸貿易卻隻字不提，是否其中有些人是虔誠的新教徒？韋伯應該沒想到自己意外成為「先知」，不過筆者相信韋伯的子弟兵們（例如顧忠華教授），其心裡應該會想，韋伯真是名符其實的「先知」，只是不好明說而已。

從上述分析中，不難看出顧忠華教授的確是施路赫特的嫡傳弟子，幾乎將韋伯最重要的論點照單全收，不僅如此，他還發現了五個現象足

---

29 在 2020 年年底的這場紀念大師韋伯的研討會上，發生了一件「軼事」，也許日後會流傳下去也說不定。當時尚在修習吾人開授的「專業倫理」課程的胡姓學生，研討會當天帶著筆者之三本拙著：《社會學囧很大 1.0》、《社會學囧很大 2.0》與《社會學囧很大 3.0》，去參加會議。胡姓學生在參加會議之後的隔週上課時，他描繪了研討會當天在東吳大學發生的情形，他說自己將三本吾人所撰之書置於他所坐位子的桌上，但被工作人員收走了，可想而知，當時他覺得有點莫名其妙，在儒家尊師重道的思維之下，雖然胡姓學生的本意未必合宜。後來，會議結束之後，胡姓學生繼續說道，東吳社會系系主任親自將三本書還給他，系主任同時也表達了對此事（指先收起書本這件事）的抱歉之意。再隔一週，筆者胡姓學生三本著作的親筆簽名書（雖然不見得有多值錢），藉以表達本人對胡姓學生敢於挑戰「（知識）權威」之勇氣感到十分佩服。

以說明 21 世紀初的「韋伯復興」。顧氏還說，韋伯從來不認爲自己是「先知」，但在顧忠華的心中，似乎只能用「先知」來形容韋伯而已。

顧氏期待著 21 世紀時，我們大家能夠一起復興韋伯（學），讓韋伯（學）再起，這的確是個理想。不過，讓我們先回到「過去」，看看顧氏在 20 世紀末時，爲我們留下的幾個錯誤。

韋伯復興的前置作業

顧氏爲「韋伯復興」不遺餘力，只是吾人以爲，如果顧氏可以先將其 20 世紀留下來尚未解決之問題再思考一番，並且因爲顧氏 21 世紀之初亦不忘著書立說，所以世紀初仍有問題亟待解決，若能一併予以解決的話，相信對「韋伯復興」的偉大工作會產生助益才對。

我們先看看上個世紀末，顧氏留下的問題，當然，他自己可能不知道。接下來，我們再檢視 21 世紀初可能的問題。吾人以爲，「韋伯復興」應該有一些前置作業得先完成，面對顧氏所留下的問題並解決之，應該有其重要性才是，我們得在這些事情上花點時間。

在20世紀末的錯誤

以下的爭議點，對於顧氏而言，應該不能說是「錯誤」。充其量，只能說是顧氏對韋伯使用了相對寬鬆的標準，如果換成是顧氏所指導的學生，下場應該不大相同，但這不易證明。這麼說大師韋伯──也包括了數十年來其眾多支持者們──正是在社會（科）學界裡坐擁特權的人，不少應該提出證據的論點，似乎不再需要如此大費周章去尋找了，因爲計較的人不是太多，想計較的人也不敢堅持。以下舉例說明之。

首先吾人相信，顧氏瞬間就能理解大師韋伯心裡所想的事物，是故對於韋伯的觀點，即使是（可能）因爲有新的事證得再重估之，因爲韋伯本身就是大師，何須再議！？當顧氏在上個世紀的最後一年撰文，題爲〈資本主義與中國文化：韋伯觀點的再評估〉[30]，爲給予「韋伯式

30　顧忠華，〈資本主義與中國文化〉，《社會學理論與社會實踐》（台北：允晨文化，1999），第 8-35 頁。

命題」一個較合適的定位，顧氏從「知識社會學」與「比較方法」這兩個角度出發，其實顧氏做得相當好，該文有不少吸引人之處，但吾人認為，無論是關於「資本主義」也好，關於「中國文化」也好，絕對不能論及歷史事實，因為顧氏在文章的開始處，即已表明了「有關歷史事實的論斷，則不在本文的處理範圍內」[31]。這顯然是顧氏推托之詞，原因是對歷史事實，他並無能力處理，也就是說（韋伯的）命題邏輯可能沒有問題，但是不能讓歷史事實來檢驗，否則出了事得自行負責。但韋伯是歷史學家也是操作理念型的專家，而理念型應該經常與歷史對話，讓理念型更臻完美，既然如此，顧氏竟然要我們別跟他計較歷史。其實韋伯也沒有辦法處理中國的歷史，所以也只能說點籠統的論點，因為他也不清楚具體的模樣是什麼，似乎也不能單單只怪顧氏本身。

其次，我們得談談「歐洲中心主義」，因為這是本書的主題，而且更重要的是，顧氏在上個世紀時，老早已經注意到了韋伯也難以避免這種偏頗觀念的影響。事實上，「歐洲中心主義」在社會（科）學裡頭，倒有點像是一件發生在日常生活當中的小事（至少在台灣並不難見到）：有一群人違規地將家裡的垃圾放在一根電線桿周圍，結果愈放愈多，當公家單位發現後，卻因為大家都做錯了，反而沒人受罰，看到的人只能在心裡嘀咕著卻無能為力。當然，21世紀「韋伯復興」的負責人（至少是提議者）顧氏很快地注意到了這種不是太可取的時代氛圍，也做出了反應。他說：

> 19世紀中葉，伴隨著西方帝國主義的節節擴張，使西方人自認為代表著進步的力量，而中國則逐漸淪為落後、僵化與愚昧的同義詞。這種「歐洲中心主義」的文化偏見，在今日看來頗不取，但它曾經是西方世界觀的一個構成部分，韋伯身處於此一知識脈絡中，他的中國命題多少染上了同樣的色彩。[32]

31　前揭書，第10頁。
32　前揭書，第11頁。

　　吾人以為，上個段落裡，顧氏對韋伯最深刻且嚴屬的批評是「在今日看來頗不可取」。不過因為在當時，所有的人都如此，所以韋伯也多少被影響了，而且如果不是那些有問題的人影響了大師韋伯的話，韋伯根本不可能被這種文化偏見所污染。

　　換個方式說，要不是那麼多人已經把垃圾放在電線桿旁邊，韋伯怎麼可能以為那裡會是垃圾堆呢？可是「理性的」人們不是應該很清楚地知道，沒有人會把電線桿當成垃圾堆的中心點嗎？顧氏明明說了韋伯的中國命題其實是被「歐洲中心主義」所污染了，具體而言，韋伯用「傳統主義」來解釋中國不可能產生資本主義根本就是有問題的，但顧氏竟然大力讚賞文化大革命狠狠地打擊了「傳統主義」，這才使得中國的土壤終於適合資本主義的成長了，改革開放才得以成功，不能不說韋伯真是有遠見啊！也難怪那根電線桿的垃圾永遠都清不完，終於找到原因了。是故吾人深信，此「歐洲中心主義」的問題，一直延續到21世紀，只因為電線桿旁堆滿的垃圾問題還沒解決！

　　第三，以前的人告訴我們「盡信書，不如無書」，多少得有自己的想法才對，不然的話就無須學習了，因為不可能超越老師，不可能突破當時的知識水準，應該是這樣沒錯。不過，對大師韋伯而言，這句話就不適用了。顧氏對於韋伯的著作，特別是方法論的部分，基本上是全盤接受而沒有批評的，至於韋伯到底寫得如何，其實顧氏不確定。顧氏在說明韋伯關於世界各主要宗教的經濟倫理時提到，韋伯本來計畫要寫伊斯蘭與古代基督教的部分，但韋伯英年早逝，並未完成計畫中的部分，但沒有關係，韋伯之「世界史的視野卻已清楚浮現。雖然韋伯並沒有接受過漢學、印度學或希伯萊學的專業，但他對於社會科學的方法論有高度的自覺，這使他在資料取捨上較能夠保持一定的水準，而他的論述內容也因此脫離了空泛的臆想，得以針對實質歷史紀錄進行社會學分析」[33]。看起來，當了大師真是不錯，難怪學者都很想出名，只是不知道如何達成而已，但希望本文可以助顧氏一臂之力。

33　前揭書，第 11-12 頁。

　　吾人以為，應該不容易找到比上述顧氏這段話更空泛的了，例如什麼是對於方法論的高度自覺？表現在哪裡？從什麼地方可以看出呢？選擇資料時，韋伯都能保持一定的水準，請問是馬克思還是哪位有名的學者總是選一些沒水準的資料呢？另外，韋伯是一位相當著重「專業訓練」的法律學者，那麼自己沒有接受過任何漢學、印度學與希伯來學的訓練，這一個缺憾，一遇到了韋伯，竟然變成了無關緊要的事了。韋伯活在他的年代，真是好事一樁啊！要是發生在當代，那可不得了了，不懂當地語言文字的研究者，要使人相信其研究是具說服力的，應該很難才對。可是韋伯不需要懂，因為他對於自己的方法論有著高度的自覺，但為何一位研究者對方法論有著高度自覺時，就可以不學當地的語言呢？所以當地人寫了什麼、有什麼文字紀錄對韋伯而言並不重要了？但這怎麼可能！顧氏對韋伯也太偏心。這樣的話，要如何建立顧氏權威呢？吾人深感懷疑。

世紀初持續堅守的錯誤

　　這裡，我們談談兩個顧氏的問題，吾人以為也是兩個錯誤。其一與「歐洲中心主義」有關，其二，與新教倫理有關。我們先看第一個問題。

　　顧氏的第一個錯誤，可以說正是「歐洲中心主義」的根源，這個根源與「西方優越主義」——在社會（科）學裡隱藏許久的歐洲中心主義正是西方優越主義的具體表現，當然歐洲中心主義隱藏到了幾乎讓人看不出來的境界，這也得靠非西方知識分子努力配合才行。先前，我們討論了黃仁宇與黃宗智，本章的顧忠華不也如此，對於來自西方的理論也好、概念也罷，理念型更是受到眾人百般的呵護，他們在「學術」上的批評，吾人以為只發生在東方（中國）社會而已。關於「歐洲中心主義」，事實上顧氏清楚地知道韋伯亦難逃這樣的指責，但可想而知，顧氏同樣選擇遺忘，不跟大師韋伯計較。為了證明顧忠華的確是如此，為了證明其所謂的「韋伯復興」之日是可以期待的，我們還得看看顧忠華又為韋伯做了哪些辯護，不這樣地推波助瀾，那麼等待「韋伯復興」的時候就得更長了些。

顧氏談到了，時下的我們，在進步的科技與種種制度安排帶給我們的舒適便利，很容易直覺地將之視爲「人類普遍追求的生活方式」，換句話說，倘若我們將這種日常生活當中所呈現出的「現代性」，認定爲一種「普遍性」的話，那麼無論是否接受過社會（科）學的訓練，心裡會浮現一個問題：既然「現代性」來自於「西方」，那麼「現代化」與「西化」是否同一呢？爲何西方的生活方式可以「自然地」與「現代性」連結在一起呢？又爲何西方可以聲稱，在其地區域中所發生的事物是具有普遍性的呢？韋伯對這樣的問題感到興趣，也回答了這個問題，韋伯說：

> 〔他自己〕身爲歐洲文化之子，在探討任何有關世界史的問題時，不可避免地，而且也正當地〔粗體爲吾人所加〕會問道：爲什麼在西方文明，而且僅僅在西方文明中，才出現了那些（我們常自認的）具有普遍的意義與有效性的發展方向之文化現象，這一系列事實之間的關聯究竟要歸結於何種環節呢？[34]

看完這一段韋伯的「大哉問」[35]之後，不難看出，社會（科）科學之中，最熟稔於理念型操作的大師韋伯，是在爲西方建構「現代主義」（或「現代性（格）」）理念型，而爲東方（中國）建構相對的「傳統主義」，這正是所謂的「正面問題」與「負面問題」的問題。一旦這樣的詮釋架構形成之後，歷史比較大師韋伯，於是就開始找一些「證據」來支持其說法[36]，只是這種方法，運用起來經常會遇到「證據不足」的情形。

舉例而言，顧氏先前曾經批評了韋伯，當韋伯在描述中國的「傳統主義」（或「傳統性（格）」）是相當籠統的概念，根本沒有具體的例

34　韋伯著，于曉等譯，《新教倫理與資本主義精神》（台北：左岸文化，2008），第1頁，引自：顧忠華，《顧老師的筆記書I：學習社會‧繁盛》，第132-133頁。

35　此爲顧忠華對韋伯的讚嘆之語，引自：前揭書，第133頁。

36　關於「正面問題」與「負面問題」的討論，請詳見：謝宏仁，第四章，〈演技派韋伯的造型設計師〉，《社會學囧很大3.0》（台北：五南圖書，2020），第173-182頁。

子，所以不可能知道韋伯談的是中國漫長的歷史中的哪一段，那麼韋伯的西方「現代性」不可能會是具體的。但顧忠華對此並沒有說什麼，因為他正是那位打算在新的世紀振興韋伯（學）之要角，想必不會對此說有什麼不同的看法，除了繼續支持韋伯之外。然而吾人以為，韋伯這樣的說法，應該給予一些批評才是。當然我們只得靠自己，不可能期待顧氏，但故事尚未結束，因為我們還得看看韋伯的支持者如何替韋伯擦脂抹粉。

　　為了上述那段話，顧氏這樣告訴我們，他說「值得注意的是，韋伯當時提問的語氣，是以『我們常自認為』這句話，來反映這種普遍性的想法，最早是西方人帶有一廂情願的觀點，並且成為韋伯追溯『現代性』之獨特文化根源的出發點」。我們以為顧氏將要為我們找出一些歷史證據，來說明西方人的「自認為」是情感遠遠多於事實成分但沒有，原來顧氏打算繼續原諒韋伯，於是顧氏接著說，「韋伯雖然謹慎地收斂了某種『歐洲中心主義』，但他環顧西方稱霸世界的歷史事實後，仍不由自主地強調地：西方現代性具有『理性化』（Rationalisierung; rationalization）的基本特徵，不只是在經濟生產力上有大幅的躍進，造成資本主義的蓬勃興盛，而是在全成位的生活領域……都注入了理性和進步的動力……」[37]。顧忠華相信這是韋伯為我們人類留下來的共同遺產，看起來，顧忠華幾乎是完全同意韋伯的看法，的確也是如此。

　　第二個問題，西方的獨特性來源於宗教改革，因為韋伯發現了新教徒身上有一種獨特的「經濟倫理」，而且在這樣的倫理下產生的生活態度，不小心促成了資本主義的產生。顧忠華在上個世紀就已相信「……新教倫理命題在西方已被普遍肯定……」[38]，因此顧氏認為無須再討論這個議題，重點是大家都已經相信了，所以不如將時間用在更有意義的事情上，這也不是沒道理。只是絕不只筆者曾經提及過，16世紀、17世紀時，蘇格蘭地區是新教徒聚集之處，為何在整個17世紀中幾乎

37　顧忠華，《顧老師的筆記書Ⅰ：學習社會‧繁盛》（台北：開學文化，2012），第134頁。
38　顧忠華，《社會學理論與社會實踐》（台北：允晨文化，1999），第16頁。

完全沒有被 15 世紀以來英格蘭「鄉村地區轉型」[39]之效應所觸及呢？
而且，顧氏曾經為了談「蘇格蘭啟蒙運動的獨特思想」，他刻意去突顯
了這個地區的經濟發展之不利情形，他說「……場景是 18 世紀……蘇
格蘭在地理位置上不甚有利，英國在崛起成日不落國時，蘇格蘭相對
貧窮，也沒有太多天然資源，但是它特殊的宗教改革歷史以及普及公
共教育……」[40]有助於培養新的思潮。重點是 16 世紀宗教改革之後的
約莫二百（餘）年，到了 18 世紀此地區還是相對貧窮，相信顧氏對此
有一定的瞭解，但他決定不談，只告訴我們，新教倫理的命題已經有了
共識，至少在西方是如此。所以為何資本主義精神沒有在這裡的新教徒
身上發現呢？也可能這裡的新教徒其資本主義精神還更強，但就是累積
不了資本。所以除了經濟倫理之外，應該還有其他因素得被考慮進去才
對，邏輯的推論理應如此。只是顧忠華告訴我們，不要再想它了。

　　那麼，韋伯最膾炙人口的命題又是什麼呢？顧氏認為，是「基督新
教倫理」與「資本主義精神」之間的「選擇性親近〔性〕」[41]。不過吾
人以為，此「親近〔性〕」絕不只存在於某種經濟倫理與某種精神之間
而已。

本章結語

　　顧氏應該是全球的第一人，將中國自 1978 年起改革開放政策之成
功，歸功於其所謂的狂飆式的文化大革命。對顧氏而言，幸好這場運動
延續得夠久，強度也夠，吹起的風力量大到足以將千年的傳統主義之遺
毒徹底掃除，順便洗滌了億萬顆受污染的心，否則的話所有顧氏心裡所
認定的阻礙資本主義發展的條件，就會持續地阻礙著資本主義的發展；

39　謝宏仁，《社會學囧很大 2.0》（台北：五南圖書，2019），第 216 頁。
40　顧忠華，《顧老師的筆記書》（台北：開學文化，2012），第 170 頁。
41　前揭書。對韋伯而言，西方之「獨特性」即來源於此。只是，如果真是如此的話，那麼世界上
　　多的是沒有宗教改革的地區，這些地區不就都沒有機會發現資本主義了嗎？對韋伯而言，的確
　　是如此，對韋伯的支持者而言，則絕對是如此。但令吾人高度懷疑則是：身為東、西方歷史
　　比較大師級的韋伯，竟然可以為西方的崛起（與東方的衰弱）得出一個如此簡單的答案，而且
　　選擇相信者（當然包括了顧氏）遠比不相信者多上許多，這是一件發生在社會（科）學領域內
　　不可思議之事。

中國的經濟改革之路，必然會遭受更無情的打擊，成功之日遙遙無期，因爲韋伯曾經教導我們，不利於資本主義茁壯的因素，像是欠缺正式與可靠的法律基礎來保護私有財產、欠缺專業的文官體制、欠缺理性的財經制度、欠缺理性的科技發展策略，以及欠缺理性的簿記制度等，必然會阻礙經濟發展。顧氏告訴我們，還好有文革，經濟改革得以發揮作用，中國終於擺脫了「傳統主義」的糾纏，大步邁向（目前尚不能公開宣稱是）「資本主義」的康莊大道。

　　吾人以爲，中國這個「成功」的例子，難道不是「韋伯復興」的重要證據嗎？難道還會比當代中國經濟改革更重要的例子出現嗎？應該沒有了。也許在這個時候，顧氏應該學習某位知名人士，宣稱又是「某某的終結」的時刻了。

　　在 21 世紀初的「韋伯復興」，將會巧遇什麼事呢？吾人以爲，有一重要事件值得談談。中國目前正透過「一帶一路」的龐大計畫將自己與西方世界連結在一起，途中必然會經過非西方世界，這些地區其中之大部分，正是顧氏所認爲持續被自己「傳統主義」荼毒之所在，進而導致經濟發展從來都不順遂。身爲計畫發動者的中國，剛好不久以前，才因爲文化大革命而徹底掃除了千年以來的「傳統主義」沉疴，正好可以將這寶貴經驗轉交給其合作對象。相信顧氏會舉雙手贊成這樣的說法才是。

　　原來，在同一年也就是 2013 年，中國「一帶一路」與全球「韋伯復興」看似毫無連結的二者之間，竟然存在著「選擇性的親合關係」。

　　學術研究的樂趣還眞隱藏在這意想不到之中。

　　當我們注視著前方「西方知識體系」這棵老橡樹時，我們清楚地看到了至少有十一根主要的枝幹（大師級學者）支撐住巨大的樹冠，因為枝繁葉茂，樹形頗佳，數百年來，吸引了無數的觀光客從東邊遠道而來，為了一睹其風采。不過，因為我們只看到正面而已，若是從不同的角度來觀看的話，主要枝幹的數量以總數來說應該更多才是。

　　在這顆大樹底下，下午時分一群人總是在那兒乘涼，其中有兩位看起來是大人物，因為人群開始圍繞著這兩位看起來有點年紀的人，另外還有一人，獨自站在較遠處，在他身旁者看起來零零落落，雖然人數少，但圈圈的形狀還是可以辨認出來的。最近的時日，吾人聽說前面兩人頗有名氣，第三人正努力在追趕當中，希望有朝一日能像那兩位有歲數的人。又聽說在人類的世界裡，有一種方式可以衡量大樹的存在價值，那就是計算在底下受到庇蔭的人數之多寡，而且能夠在樹下占據一個位置者，日後的「成就」將遠遠勝過同儕者。具體地說，努力寫出迎合歐洲中心主義之論點的非西方知識分子（雖然可能已經是某個西方「先進」國家的公民），才可能得到當前社會科學界的重要獎項，以及日後隨之而來的聲望，也就是說我們不小心發現了「歐洲中心主義」與「學者聲望」兩個變項之間的正相關。對於研究者而言，此「正相關」的發現，通常是其論文的結束。可是，我們的工作──為社會科學「豬羊變色」的新時代──掃除上述兩變項之親密關係才正要開始而已，這工作有其難度，但不得不做，因為這樣的「正相關」是問題的根源。

　　上述的說法──在學術的名利追求上贏過夥伴們──不能說是「正常的」。因為如果這棵漂亮的樹是生病的，那麼坐在樹下的人心裡一定會覺得怪怪的，不知道什麼時候會有毛毛蟲掉下來，掃了自己在大樹庇

蔭下乘涼的雅性。的確，這是讓人擔心的事，而在本書出版之後，過去曾經認為自己的觀點是對的，現在得重新再思量一次。可是歲月不饒人，名利雙收時，自己還算年輕有活力，現在體力已大不如前，想再自圓其說，恐怕中途會體力不支，只得放棄為之，假裝不曾聽過有一本叫《歐洲中心主義與社會科學──挑戰西方至上的舊思維》的書。

　　行文至此，我們的討論也逐漸接近尾聲了，但是就因為筆者本人也自詡為知識分子，是故我們還得談談非西方國家的知識分子，因為他們常常會捫心自問，到底能盡點什麼責任呢？歷史告訴我們，這樣的一群人在社會中的確曾經扮演過無數次的中堅分子，特別是在社會的轉型期間。然而在這之前，是不是可以先問問自己以下的問題呢？為何過去被殖民國家的知識分子，會成為歐洲中心主義的重要組成部分呢？為何非西方國家的知識分子會在歐洲中心主義的大樹底下搶著扮演某個角色呢？這是因為知識的擴散通常（或總是）從發展較好的國家或地區向相對落後之地流動而非相反，例如「西學東漸」之前的「東學西漸」，洛克的〈中國筆記〉即為後者之顯例。可以想見的是，當歐洲在世界經濟體系之位置逐漸上升之際，西學東漸的例子也會更為明顯，只是相較於非洲、拉丁美洲，與東南亞，清中國的勢力相對強勁一些，所以西學東漸的態勢得等到鴉片戰爭「西（武）力東漸」之後才會愈加明朗。

　　那麼，究竟為什麼非西方國家的知識分子是歐洲中心主義的要素之一呢？話說曾被殖民的國家，在喜獲獨立之後，知識分子還得歷經一段心態調整的煎熬，這表現在知識選擇、吸收，與融合在地思維的過程。具體而言，知識分子大都希望自己的國家進步，所以一方面努力地向外尋找學習的對象，而這通常是自己的殖民母國；另一方面，甫獲獨立之地位，不是應該用最快的速度追趕，讓人民的生活水準很快地像殖民母國的「高階」人民那般嗎？是故，知識分子一方面想方設法地擁抱原來的殖民者，希望可以得到各種新穎知識，一方面則是努力地想要脫離對殖民母國的依賴，這種愛恨交加的情愫，混雜著個人面對殖民母國時的自卑，與面對國家與國人時的自大。時間久了，「衣食足」而「知榮辱」，外來的知識恐怕成為下一波知識分子所欲攻擊之對象，於是與

國家發展密切相關的社會科學之本土化，似乎成為先前被殖民國家的知識分子理應承擔的責任了，只是多數的知識分子並非如是想，也非如是做，而是呼應殖民者的知識體系。但少數批判性較強的學者，仍掛念著知識的本土化過程，然而吾人以為，本土化之前，前期的準備工作亦有其重要性，那就是：去除歐洲中心主義。

　　社會科學的本土化過程，可能還得先汰換一部分來自西方的理論之不適用性，然而筆者以為，社會科學本土化的意義會是什麼呢？或者說得更直白些，知識的本土化到底有何用處呢？至少有一個看法可以是如此，如果我們將社會科學的知識簡單地分為「理論」加上「實務」的話，那麼無庸置疑地，關於實務的分析，資料可以在當地找；欲進行本土化過程之一部，而理論來自海外，是從西方社會之中抽象出來的社會運行之規則，如此的話無可避免地，一定會帶有幾分程度的歐洲中心主義。那麼，在談社會科學的本土化之前，是不是得將理論的「歐洲中心主義」之成分篩選出來，先丟棄在一旁呢？換個方式說，社會科學的「本土化」會是個長期的過程，在這之中，有些「要素」、「成分」，或「單元」將會被剔除、修正，或者再加上補充，如果我們不知道有問題的是哪些的話，怎麼能夠向「相對正確」的道路前進呢？應該不可能。是故，吾人以為，在投入心力於「本土化」之前，先去除帶有偏見的「歐洲中心主義」觀點與思維，應該會是一個值得考量的方向。

　　然而，要如何避開「歐洲中心主義」思維的影響呢？歐洲中心主義之解藥是什麼呢？筆者的淺見是：先趕走在樹下乘涼的人，再將那棵老橡樹給砍掉。雖然畫面好像會少了什麼似的，但留一些空白給後代不也是很好的嗎？

國家圖書館出版品預行編目資料

歐洲中心主義與社會科學——挑戰西方至上
　的舊思維／謝宏仁著. －－初版.－－臺北
　市：五南圖書出版股份有限公司, 2022.02
　面；　公分
　ISBN 978-626-317-602-7（平裝）

1.CST：社會科學　2.CST：文集

507　　　　　　　　　　　111001211

1PBH

歐洲中心主義與社會科學——
挑戰西方至上的舊思維

作　　　者 — 謝宏仁（397.5）

發 行 人 — 楊榮川

總 經 理 — 楊士清

總 編 輯 — 楊秀麗

副總編輯 — 劉靜芬

責任編輯 — 林佳瑩、吳肇恩

封面設計 — 姚孝慈

出 版 者 — 五南圖書出版股份有限公司

地　　　址：106台北市大安區和平東路二段339號4樓

電　　　話：(02)2705-5066　　傳　　　真：(02)2706-6100

網　　　址：https://www.wunan.com.tw

電子郵件：wunan@wunan.com.tw

劃撥帳號：01068953

戶　　　名：五南圖書出版股份有限公司

法律顧問　林勝安律師事務所　林勝安律師

出版日期　2022年2月初版一刷

定　　　價　新臺幣520元

經典永恆‧名著常在

五十週年的獻禮 —— 經典名著文庫

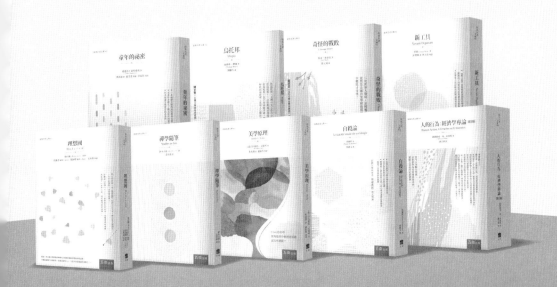

五南，五十年了，半個世紀，人生旅程的一大半，走過來了。

思索著，邁向百年的未來歷程，能為知識界、文化學術界作些什麼？

在速食文化的生態下，有什麼值得讓人雋永品味的？

歷代經典‧當今名著，經過時間的洗禮，千錘百鍊，流傳至今，光芒耀人；

不僅使我們能領悟前人的智慧，同時也增深加廣我們思考的深度與視野。

我們決心投入巨資，有計畫的系統梳選，成立「經典名著文庫」，

希望收入古今中外思想性的、充滿睿智與獨見的經典、名著。

這是一項理想性的、永續性的巨大出版工程。

不在意讀者的眾寡，只考慮它的學術價值，力求完整展現先哲思想的軌跡；

為知識界開啟一片智慧之窗，營造一座百花綻放的世界文明公園，

任君遨遊、取菁吸蜜、嘉惠學子！